百年大業

中華民國發展史

李功勤◎著

推薦序

　　李功勤博士著論民國歷史多年，新著《百年大業——中華民國發展史》即將出版，囑余為序。

　　功勤此新著，是在舊有的基礎上，順應時代的需要修訂補充而成。其與先前所發表者最顯著的差別，是補述了中華人民共和國的部分發展史，並附錄了一些相關資料。

　　作為一個歷史研究者，論述中國現代史時，理應先對近代西力東侵所引起中國的種種變化，作宏觀的考察；論民國史時，更不能缺少論述中華人民共和國史這一塊。否則，所論必會失之偏頗，甚或竟成二、三年間即可丟入垃圾桶的政論文宣。為此，功勤博士近年對中國大陸勤於考察，將兩岸當代政治發展兩相比較，聚其心得，而對舊著作了補充，庶幾免於從臺灣論民國、從臺灣論臺灣之偏。

　　就中國近現代史而言，雖曾經歷過西方列強侵略的慘痛經驗，但幾經奮鬥努力，晚近臺灣的民主步伐，大陸的經濟發展，乃至兩岸的互相交流影響，成就已非昔日阿蒙。當前兩岸歷史教育之要務，須是撇開任何政治成見，面對現實，彼此客觀的、理性的、認真的了解對方，然後始可看清楚當代的發展，議論未來的歸趨。在此前提之下，功勤博士此新著據「中華民國」立場而進行主體論述，用「中華人民共和國」的國號與立場闡述對岸，可謂中立不倚，不卑不亢，既符合歷史事實，也纔是論述民國百年大業應有的立場，客觀理性觀察現代中國的基礎。

　　現代史的態勢是分裂的中國，將來走向尚未知之。魏、蜀、吳鼎足競雄，南、北朝二分爭長，英雄各為其國，各為其主，不因對方的否定而自貶，不因對方的壓力而自卑，以故不論國號為何，終究呈現的仍是一個華夏中國。目前「中華民國」與「中華人民共和國」

並峙，作為歷史研究者，從過往史實中尋求經驗，用以印證於今，正不必避諱於此，或自貶國格，或自我否定。蓋領土有時而變，中樞因變而遷，「中華民國」當年競爭不過「中華人民共和國」而遷都臺北，此猶劉備移京成都而仍稱漢、趙構遷都臨安而仍稱宋而已，不妨礙漢、宋當時猶屹立於天壤之間。史家為論述方便而稱之為蜀漢和南宋，其用心並非如現今政客般險詐，將漢、宋視為已亡或流亡。

今日臺灣的本土「英雄」，在中華民國的卵護之下，儘管已然執政，高享厚祿，然而竟無敢稱漢稱吳者，甚者竟有墮落至反噬其母而謂中華民國已亡。此不僅是「英雄」氣短，且是喪心病狂，無視或逃避現代中國史的發展了。在這些氣短的人物中，上焉者自稱「中華民國在臺灣」，其實已如稱「蜀漢」——漢朝在巴蜀—般自貶，但猶未大違民國當前的現狀，只是目光短淺而已；至於其下焉者，竟詭稱臺灣尚待建國，此則不知漢、吳之頂立於天地之間了。休矣，本土的「英雄」們，面對劉備、孫權等真英雄，不知彼將何以自處！他們史識缺乏而又勇氣不足，或許功勤的新著，可以作為他們的參考。謹序。

雷家驥

自 序

　　中華民國推翻滿清，創建共和；在帝國主義和不平等條約的壓榨屈辱中，終於在1945年擊敗日本帝國長達20年的侵略，成功的捍衛國家主權及領土的完整，榮登世界四強和聯合國常任理事國，這也是蔣介石總統一生事業的巔峰。

　　1949年，國民政府在內戰中潰敗遷臺，成為中國歷史上繼魏晉南北朝、五代十國、南宋、南明之後，又一個分裂局面；但在所有分裂時期，尤以臺北與北京在領土、人口、資源相比，實力最為懸殊。然而歷史的弔詭就在於此，拜冷戰之賜，中共倒向蘇聯，因為「抗美援朝」而成為美國敵人，也使得華府放棄將毛澤東視為南斯拉夫「狄托主義」（Titoism，採中立親西方政策）的幻想。從此，臺灣成為美國「圍堵」共產主義的一環，在美國強大軍事協防下，中共無力攻臺，而國民政府也創造經濟奇蹟；彼時的對岸，不但未把握建國良機，反而陷入毛澤東近20餘年的政治鬥爭與經濟衰敗。相對於大陸的動盪，在蔣介石總統過世時，臺灣已享有20多年的和平歲月。

　　1978年，臺灣與大陸分別由曾經同為留學蘇聯的蔣經國和鄧小平掌權，大陸在文革後的殘敗中，步履蹣跚的開始實施「改革開放」，引入市場經濟並揚棄毛思想（華國鋒「兩個凡是」失敗即為明證）。但在臺灣，則在經濟奇蹟的基礎上，由蔣經國主導民主化及兩岸交流，企圖在美國與北京建交後，替臺灣人民的生存尋找一條新方向；但蔣經國於1988年猝逝，臺灣逐漸陷入內政上動盪。臺灣在李登輝及陳水扁時代，民主化過程因為黑金、黑道、族群，甚至貪腐而蒙上陰影。但是臺灣人民於2008年選擇第二次政黨輪替，並且由司法單位將陳水扁因貪瀆等案收押起訴。2010年12月2日，陳水扁因龍潭弊案遭判刑17年6月確定，被移送臺北監獄執行；2011年10月13日，陳水扁因二次金改弊案遭高等法院二審判處有期徒刑18年，妻子吳淑珍判11年。2011年6月30日，李登輝及前國民黨大掌櫃劉泰英兩人，涉嫌

侵占779萬餘美元，被依貪汙治罪條例侵占公有財物罪將兩人起訴。這證明民主政治已逐漸在臺灣成熟，人民可自由選舉總統，也同樣可由公開、透明的司法程序，將卸任的總統關進普通監獄，使臺灣司法獨立於行政機關控制，也使得政治人物被要求更高的道德指標。

在已經邁入一百歲的中華民國，當前社會最大隱憂仍為民進黨的臺獨意識及族群議題操弄，但從2008年馬英九的勝選即可看出，維持現狀、兩岸和平開放、發展經貿、重返國際社會、領導者清廉、效率與社會穩定，才是臺灣的主流民意。相對於政治上每逢選舉的激情對立，臺灣已經發展出一個高公民素質且富而好禮的祥和社會，然而臺灣能否「維持現狀」甚至「質化大陸」，都有賴兩岸關係的和平發展。兩個中國的分裂與對立，其最終歷史結局，目前無人可確切定論。馬英九繼承蔣經國的大陸政策，其國家發展策略在於爭取更多時間等待大陸制度更為開放、公民素質更為提升，唯有如此才能確保在將來談判統一問題時，臺灣人民不會恐懼生活在落差太大的制度與生活環境之下。就這點來說，馬英九背後不只有蔣經國的影子，其肩頭上更承擔中華民國及其人民所有幸福所託的重責大任矣。

2011年北京中國社科院也發行了全套共36冊的《中華民國史》，套書主編金以林指出，大陸重新看待民國史具有重要意義，因為「中華民國史已成為兩岸共同歷史記憶」，而且承認蔣介石是一位抗戰領袖，是讓中國成為「戰後四強」的關鍵人物。大陸學界也開始傾向國共歷史矛盾只是「不同社會菁英做出不同選擇」，並強調雙方都是出於「讓中華民族更好」的共同期待。而我這本《百年大業》於2010年3月初版以來，即獲得讀者普遍好評，直接反映出我們首開兩岸研究「民國史」的熱潮。所以在一年多之後，本書又推出第二版，其中在第九章的蔣氏政權和第十章李登輝、陳水扁政權的內容上，增加了大篇幅的新史料；另在附錄中的大事年表與中華人民共和國的

中央及地方領導名單都做了更新，使本書內文更豐富也更能回饋廣大讀者的期待。

　　為完整呈現中華民國百年建國大業，全書共分10章，約40萬字，其最大特色有三：第一，參考最新史料，全書以編年史貫穿，歷史架構完整；第二，專章介紹中共崛起及當今的政治變遷；第三，書中有最新的兩岸年表和大陸中央與地方領導人表；也是當今研究兩岸關係史不可或缺的專書及工具書。在撰寫期間，特別感謝雷家驥恩師及羅曉南、彭懷恩、張亞中、王曉波等老師的指正與督促；另外，也承蒙大陸中央社會主義學院、同濟大學、海協會和國臺辦的若干專家學者，幫助我進一步了解中國大陸在中共建政後這60年來的政治、社會、經濟的變化，尤其近幾年來，每年協辦寒、暑假的大陸文化研習營，使兩岸大學生透過交流互動，而有更深入的認識與同理心；對兩岸在未來的交往模式，奠定更成熟的基礎。最後，感謝世新大學通識中心助理劉冠縈小姐和政大東亞所黃翔翔同學幫我蒐集資料及整理編排，也感謝幼獅最棒的編輯朱燕翔小姐，不只是縝密編輯更提供珍貴的歷史照片，為本書增色不少。再一次，向我的師長友朋，獻上最誠摯的感謝與祝福。

李功勤

民國100年10月

目錄

◆太和殿為前清皇帝問政
之所在,於民國時代也
見證了洪憲帝制及復辟
事件。1930年代為躲
避日本侵略,國府將其
重要珍藏南遷,國共內
戰再將其中精華遷往臺
灣,現存放於臺北故宮
博物院

（楊文光先生提供）

◆這片圓明園廢墟見證了中國近代史上帝國主義的侵略與壓迫

（作者提供）

◆黃花岡七十二烈士墓園

（作者提供）

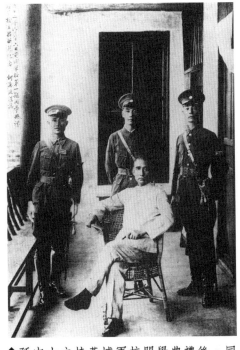

◆孫中山主持黃埔軍校開學典禮後，同
蔣中正（中）、何應欽（左）、王柏
齡將軍（右）合影

◆武昌起義勝利後，革命軍在武漢成立了湖北軍政府，圖為湖北軍政府舊址

◆蔣總司令誓師後檢閱北伐軍

◆1929年6月1日，於南京中山陵舉行國父安靈大典

（維基百科）

◆雪景中的南京中山陵

（李俊峰先生提供）

◆國民政府統治時期，於南京設立的總統府

（李俊峰先生提供）

◆抗戰時期蔣委員長伉儷接見東南亞盟軍總司令蒙巴頓（中），右為美國史迪威將軍

（僑務委員會）

◆1949年國共內戰，宋慶齡赴北京，由中共安排居住於前清攝政王府

（楊文光先生提供）

◆1949年，國民政府有計畫的搬運中國銀行（右棟）的黃金赴臺，挑夫即由這條甬道
（左棟為和平飯店）運到外灘的船上。這批黃金有助於穩定臺灣初期的經濟與建設

（李俊峰先生提供）

◆蔣介石於1950年復行視事時，偕夫人接受民眾歡呼

（僑務委員會）

◆1966年，蔣中正、嚴家淦當選第四任總統、副總統，就職典禮後，在總統府前對文武官員答禮。前排右一者為總統府祕書長張群，右二者為時任考試院院長孫科先生

◆東西橫貫公路於1956年7月開工，歷經3年9個月正式完工通車。蔣總統由時任退輔會主委的蔣經國陪同巡視施工情形

◆蔣經國經常深入民間與基層民眾博感情，至今仍是臺灣聲望最高的總統

（僑務委員會）

◆蔣經國接見李登輝伉儷

（僑務委員會）

◆1986年，蔣經國總統以中國國民黨主席身分主持三中全會，最右者為當時36歲的國民黨中央副祕書長馬英九

（僑務委員會）

◆2000年陳水扁與呂秀蓮當選第十屆總統、副總統，2004年連任成功

（行政院新聞局）

◆北京大學的未名湖和博雅塔

◆作者與臺灣同學合攝於北京大學圖書館。毛澤東早年也曾工作於北大圖書館，其館
內藏書量居於中國大陸第三位，僅次於北京與上海市圖書館。北大圖書館與未名
湖、博雅塔共構成著名的校園三景，諧音稱為「一塌（塔）糊（湖）塗（圖）」

第一章 走向共和

第一節 王朝崩潰

19世紀的鴉片戰爭打開了中國的閉關自守，從朝貢體制轉換為條約體制國家，並成為國際社會的一員。韋伯（Max Weber）認為一個國家現代化的過程，取決於對多元文化的包容程度。在此前提下，清廷先後推行過自強運動、百日維新、庚子後新政及立憲運動等諸項政治革新，以尋求各方面的現代化。

科曼隆（Meribeth E. Cameron）在其〈1898～1912的中國改革運動〉一文中明白指出，1900年之前，清廷的失敗是受百日政變的影響，1900年之後的政治失敗，則是滿清皇族引用親貴及普遍貪汙所致。慈禧在庚子拳亂後，或許比1898年的光緒皇帝開明，但1908年後的隆裕則比1900年之前的慈禧更為腐化。因此，近年來西方學者大都將中國現代化的多數成果，歸功於慈禧及其庚子後新政所奠定的基礎。

到了1911年，滿清政局更形惡化。隆裕太后與攝政王載灃普遍起用親私及貪汙腐敗之輩，度支大臣載澤是隆裕姊夫，海軍與軍諮大臣載洵及載濤則是載灃兄弟；而總理大臣慶親王奕劻，更以貪汙著名。此外，他們尚企圖以中央集權及高壓統治鞏固滿洲政權和利益，但清廷本身實在已不具備這種能力了。自太平天國亂事以來，清廷只能依賴重要地區的總督和巡撫來平息內亂，故從咸豐、同治以後，權力逐漸從中央轉移至各省（1840年滿清15個總督中，滿7漢8；但1864～1866年，15位總督全是漢人。而南洋大臣例由湘軍系統出任，北洋大臣則例由淮軍系統擔任）。但地方分權在當時並非健全的制度，因此當中央無權又無能時，自然就問題百出了。

由於清末政局不穩以及立憲運動失敗，使原本欲結合傳統與王朝以尋求安穩狀態的士紳階層和王朝關係破裂，在適應新情勢的變遷下，對傳統的擁護遂降至最低點，等到革新的觸媒來到，便投身革命推翻滿清。

1911年，郵傳部尚書盛宣懷鑑於民間興辦鐵路效果不彰，宣布收回川漢及粵漢鐵路，為償還民間股本，清廷亦向英、美、法、德4國銀行團借款。由於清廷擬以公債償還當時以現金出資的鐵路公司，復傳言滿洲親貴欲趁借外債機會，收取回扣，引起

川、鄂、粵、湘4省人民不滿。9月7日，四川哥老會組織「同志軍」包圍成都，實為辛亥的先聲，但四川為一盆地，對外影響不若爾後之武昌起義，故今人多謂辛亥革命的先聲為武昌起義。

由於湖北新軍部分被抽調至四川鎮壓保路運動，黨人預備於10月6日（陰曆8月15日）起事，風聲所播，市井間已流傳「八月十五殺韃子」的傳言。因此清吏於12日召集會議，決定自12～16日實施戒嚴，中秋節也提前一日慶賀。黨人在此風聲鶴唳的狀態下，未敢猝發，乃再改期於10月9日（陰曆8月18日）起事。

10月9日，孫武在漢口俄租界寶善里14號機關處製作炸彈，不慎引爆受傷，俄國巡捕聞風而至，許多黨人被捕，更重要的是黨人名冊被查獲。正當清廷準備大肆逮捕革命黨人之際，由於許多新軍牽涉在內，因此被迫採取行動。他們以文學社蔣翊武為總指揮，計畫當晚攻擊，然而由於信號錯誤，軍警搜查指揮部，劉堯澂及彭楚藩被捕，蔣翊武也受傷，遂再度延期至次日（陽曆10月10日）發難。

1911年10月10日夜12時，工程第八營黨人總代表熊秉坤，槍殺其哨官陶啟勝，這是辛亥革命第一槍。11日正午，總督瑞澂及統制張彪登「楚豫艦」，武昌全城光復；48天內，革命波及14省；81天後，中華民國建立，孫中山被選為臨時大總統。又42天（1912年2月12日），清帝下詔退位，結束滿洲帝國在關內268年的統治。溥儀退位後，孫中山在列強與黨內的各種壓力下，將臨時大總統職位讓予袁世凱[1]。

總括武昌起義的計畫，梁敬錞教授認為進行得十分倉卒[2]，當時黨人所能集結的兵力，亦只有新軍中的工程營、輜重營以及城外的砲兵，總計不超過3,000人；另一方

---

1 清帝陵分為東西兩處，東陵在今河北遵化縣，埋著5位皇帝（包括順治、康熙、乾隆、咸豐和同治）、15位皇后（包括慈禧太后及孝莊）、136位妃子，各陵以順治的孝陵為中心，西陵在河北易縣，葬有4位皇帝、9位皇后、27位妃子，以雍正的泰陵為中心。1900年八國聯軍劫掠東、西陵地面上金銀祭器及地面上所有值錢東西。1928年7月5日，軍閥孫殿英部將乾隆帝裕陵和慈禧陵炸開，地下殉葬財寶被搶劫一空。1952年，同治的惠陵又遭盜陵並嚴重破壞。現在大陸在整修完成後，已重新開放裕陵和慈禧陵的地宮，供遊人參觀，其中東陵帝后，幾乎演繹了清朝最重要時段的歷史。

2 梁敬錞，1980，〈1911年的辛亥革命〉，《中國現代史論集》，第1輯，頁15，臺北：聯經出版公司。

面，城外的清廷軍隊則超過10,000人[3]，因此孫中山後來把這場革命的成功歸為純粹的偶然事件。他認為，如果當時瑞澂及張彪堅守武昌，清軍指揮系統便不會潰散，地方政府仍然可以控制局勢[4]。由於湖北起事倉卒，同盟會領袖無人在現場，孫武受傷，蔣翊武與劉公也不在，於是發生了領導層權力真空現象。在起事前，共進會與文學社的聯合總部已有一個政府組織的規模，共進會在各部正副部長、參議及各處長人選中，即占了67%，文學社僅占10%，雙重身分占10%，其他者占13%，為此，文學社負責人蔣翊武已甚不快。如今，在領導層的真空以及亟待穩定混亂情勢的前提下，黨人最後從兵士所俘虜的清廷軍官中，挑選一名叫黎元洪的俘虜，強迫他擔任軍政府都督。黎元洪最初拒絕以鄂軍都督的名義簽署任何官方文件，所以黨人不得不代他簽署[5]。

其次，據梁敬錞教授的分析，辛亥革命後各省諮議局議長大多出任督軍[6]；芮瑪麗女士（Mary C. Wright）在〈辛亥革命的本質〉一文中，更確切指出中國在辛亥革命後，並沒有產生一個新的組織階層或團體，仍然由各省的士紳及軍人掌握權力。因此革命後的中國依然是由一個舊的、封建性質的階級來控制共和體制[7]。

革命在湖北能夠一舉成功的原因，蘇雲峰教授在所著的〈湖北與辛亥革命〉一文中，歸功於張之洞在湖北所從事的教育、新軍及財政政策[8]。

一、留學與文武合一教育

張之洞鼓勵留學日本士官生回到湖北擔任新軍教官，由於這些新軍教官在日本受到同盟會革命思想及社會主義薰陶，連帶影響新軍內的思潮。其次，張之洞提倡「鄂軍鄂化」，使湖北軍隊與爾後起義的湖北會黨在意識及鄉土情懷上能夠認同。湖北新

3　曹伯亞，中國歷史學會編，〈武昌起義〉，《辛亥革命》，第5卷，頁104。

4　薛君度著，楊慎之譯，1980，《黃興與中國革命》，頁93，香港。

5　同上，頁94。

6　同注2，頁12。

7　芮瑪麗（Mary C. Wright），1980，〈辛亥革命的本質〉，《中國現代史論集》，前揭書，第3輯，頁87。

8　蘇雲峰，1978，〈湖北與辛亥革命〉，《中國現代史論文選輯》，頁69-80，臺北：華世出版社。

軍復在張之洞的「學兵制度」下，不但識字率大為提升（約為50%），而且管理亦較鬆弛，使革命刊物得以在營區內傳閱，增長革命意識。

二、先賠錢主義

張之洞在湖北以「先賠錢主義」為前提，擴充建設，創造就業機會，卻使繼任的湖廣總督瑞澂在905萬兩的債務下，採取緊縮政策。由於公、教、學生的津貼被減，導致其心生不滿，遂與新軍中的革命黨人聯合，使湖北成為最有利的革命溫床。後人謂張之洞「欲為清室起衰運，卻為新邦奠始基」實不為過。

三、湖北革命團體

自1904～1911年，在武漢地區出現33個革命團體，最早的是科學補習所與日知會，成員由文武學堂的學生領導，在被偵破後才潛入新軍中。爾後在湖北的主要革命團體為與同盟會關係較為淡薄，由蔣翊武所領導的文學社，以及由孫武所領導的共進會（其強調以平均人權取代同盟會的平均地權）。共進會似乎是比較獨立的革命團體，不過它與上海「同盟會中部總會」（成立於1911年7月11日）關係密切，但是中部總會卻是一個未經正式討論及被孫總理所認可的分裂組織。雖然其成立時決議「仍奉東京為主體，認南方分會為友邦，分頭進行」，但在政治主張、成員及革命方略等方面，則與共進會較為接近，居正與焦達峰為雙方的共同領袖之一，宋教仁、譚人鳳等也與共進會有所聯繫。

中部總會對湖北的革命形勢一直不甚了解，宋教仁於1910年從革命難易的觀點提出「三區革命理論」：

（一）首都（北京）革命，雖最迅捷但也最艱難。

（二）中區革命，在華中各省發動革命，因接近北京，推翻舊政權容易，是為上策。

（三）邊區革命，由點擴及面，由小擴大，但衡諸從興中會以來的起義事實證明，效果不彰。

雖宋氏主張中區革命，但認為革命起義之地偏向湖南，實際則發生在湖北，足證宋教仁昧於湖北情勢。

黃興本人對於湖北的革命進展所知甚少，直迄起事前8日才接到居正的一份詳細

報告，而孫中山先生於海外奔走革命，在僑界募款，對武昌的情勢也就更有隔閡，故於1911年12月30日（陰曆11月11日）電黎元洪，「文於中國革命雖奔走有年，而此次實行，並無寸力[9]」。這一切都說明武昌起義是當地的共進會和文學社所領導，同盟會並無提供領導人才與經費。

武昌光復，孫中山適在美國科羅拉多州的丹佛市（Denver）為同盟會籌款，10月12日晨，方從報中得知起義消息，分析時局後決意從外交方面著手。孫先生按當時各國情形認為：「美國政府及輿論均大表同情於我；英國則民間多表同情，但政府則惟日本馬首是瞻；德、俄兩國之趨勢多傾向清政府。惟日本政府之方針虛實不可測，故當前之外交關鍵，可以舉足輕重為我成敗存亡所繫者，厥為英國。倘英國助我，則日本不能為患也。」於是孫先生啟程赴英，同時電粵督張鳴岐，勸其以廣州投降，革命軍保障其生命安全，此電文亦為有效[10]。

孫先生自美赴英後，即前往倫敦會見英、法、德、美4國銀行團負責人，要求停付清廷的借款，並委託維克兵工廠（Messrs Vickers, Sons and Maxim）負責人道生（Sir Trevor Dawson）向英國外交部提出三項要求：一、停止清廷一切借款；二、制止日本援清；三、取消各地英屬政府之驅逐令，以便取道回國。這三件事英政府都同意了。孫先生在英國的成功交涉，切斷了清廷國外的財政支援，使其財政陷入空前危機，對於以軍事行動平定革命也就更加力不從心了。茲將交涉結果對革命的影響分析如下：

一、4國銀行團止絕清廷一切借款

據英國公使朱爾典（Sir John Jordan）向英外交部報告中指出，隆裕太后將慈禧傳下的33箱金條（共300萬兩）送往匯豐（香港）銀行，以換取現金交予軍隊鎮壓革命軍，盒上封條顯示已積存40年以上（歷中法、甲午、戊戌政變、八國聯軍而未動用），同時也顯示清廷財政已面臨極度難關，無力與革命軍作戰，可見孫中山英國之行對辛亥革命助益良多[11]。

---

9 同上，頁75。
10 同注2，頁19-20。
11 同上，頁21。

二、制止日本援助清廷

在武昌起義後，日本分別於10月15日、12月2日及12月18日聲明將干涉革命，以保障滿洲政權。英國深恐在中國的影響力被日本取代，遂接受孫中山之要求，向日本提出三次干預，阻止其出兵。

三、取消英屬各地政府對孫中山的驅逐令

孫中山在英國完成上述交涉後前往法國，在巴黎曾往見其朝野之士，孫中山認為，咸表同情中國革命者，以首相克里蒙梭（Clemenceau）最為誠摯。之後從法國取道返抵中國，就任中華民國第一任臨時大總統。

辛亥革命所帶來的歷史意義及缺失有如下數點：

一、意義

（一）**民心歸趨**：除南京、西安、福州及雲南滿清駐軍有激烈抵抗外，其他各省皆和平獨立。

（二）**革命缺乏統一指揮**：革命後各省政府所使用的名稱及年號多不相同（只有江蘇省採用「中華民國軍政府江蘇都督府」）。參見表一。

（三）**孫中山及同盟會並未控制革命**：武昌起義初用雙圈旗，後各省皆用五色旗，並未使用青天白日滿地紅的三色旗[12]。

（四）**雙重革命**：一方面是民族革命，反抗異族及專制政權；另一方面則是藉民族革命形式，推動社會改革。梁敬錞教授認為中國歷史中的革命與英國克倫威爾革命（Cromwellian Revolution）、法國大革命及俄國革命均不相同，因為中國採取中庸之道，所以革命並不徹底[13]。

（五）**自秦始皇一統六國以來，中國歷史上第二次革命**：金耀基教授認為革命與叛亂的最大不同，是革命的目標為建立一個新的社會文化意理系統，而叛亂則僅達成

---

[12] 武昌起義爆發後，湖北軍政府使用雙圈旗（又稱18星旗），上海採用5色旗（紅、黃、藍、白、黑），只有廣東採用孫中山的青天白日滿地紅3色旗。民國建立，國旗採用象徵五族共和的5色旗，陸軍用雙圈旗，海軍則採用青天白日滿地紅旗。

[13] 同注2，頁4。

表一　1911年武昌起義後各省起義光復表

省分	日期	名號	領導人	經過
四川榮縣	9月15日	同志軍	王天杰	以黨人為核心，新軍支持
陝西西安	10月22日	復漢軍大統領	張鳳翽 錢鼎（副）	以新軍為核心
湖南長沙	10月22日	軍政府都督	焦達峰（前） 譚延闓（後）	黨人、新軍及諮議局皆參與
江西九江	10月23日	軍政府都督	馬毓寶	新軍起義
山西太原	10月29日	軍政府都督	閻錫山 溫靜安（副）	新軍及諮議局參加
雲南昆明	10月30日	軍政府都督	蔡鍔 羅佩金 唐繼堯	新軍講武堂首先起義
江西南昌	11月2日	軍政府都督	吳介璋	由諮議局及各界決定
貴州貴陽	11月5日	臨時政府	楊藎誠 趙純誠	黨人首倡，各界決議行之
江蘇上海	11月5日	滬軍政府都督	陳其美 李平書	警察與商會首先起義
江蘇蘇州	11月5日	中華民國軍政府江蘇都督府	程德全	黨人與新軍合作
安徽壽州	11月5日	總司令	王慶雲	黨人首先起義
江蘇鎮江	11月6日	鎮江都督	林述慶	光復會為中心，得新軍之助
浙江杭州	11月6日	軍政府都督	湯壽潛	新軍首先起義，諮議局同情
浙江寧波	11月6日	軍政府都督	劉詢 常榮清（代理）	寧波各界決定行之
廣西桂林	11月6日	都督	陸榮廷	諮議局決議
安徽安慶	11月8日	都督	朱家寶	諮議局決議
廣東廣州	11月9日	都督	胡漢民	諮議局及新軍決議
福建福州	11月11日	大都督	孫道仁	諮議局決議與清軍發生小型戰鬥
四川墊江	11月21日	蜀北都督	曾省齋	以黨人為核心，得陸軍教官與學生支持
四川重慶	11月22日	蜀軍政府	張培爵 夏之時（副）	以黨人為核心，新軍參加
四川成都	11月27日	大漢軍政府四川都督	蒲殿俊 朱慶瀾	由諮議局選舉，得新軍支持
江蘇南京	12月2日	臨時政府	徐紹楨及江浙聯軍	新軍首先起義與張勳部隊激戰
山東煙臺	12月12日	代理都督	杜潛	早先的山東獨立聲明取消，同盟會下令海軍駛入煙臺

資料來源：梁敬錞，1980，〈1911年的中國革命〉，《中國現代史論集》，第1輯，臺北：聯經出版公司。

社會系統消除內部緊張的一種調解機構[14]。由此分析，中國歷史上只有秦統一六國及辛亥革命是為真正「革命」。

二、缺點

（一）**滬、漢衝突**：黃興在前往湖北督戰失利後，埋怨湖北黨人不能合作與缺乏領導才能。於是在臨時政府的人事安排上，湖北首義黨人竟無一人入閣，只把4位次長安排給不在起義現場的湖北留日生，造成南方革命陣營分裂。

（二）**權力分配不當**：武昌內部權力分配衝突，造成黎元洪崛起，使得同盟會勢力再也無法進入。

（三）**缺乏能幹領袖及適當組織**：瑞肯（Mrs. Rakin）在她研究個案中下結論說：「秋瑾及徐錫麟的努力僅止於為革命信仰殉身，但沒有考慮將組織維繫下去。」楊格（Ernest P. Young）指出「革命非袁世凱所能承擔」。史扶鄰（Mr. Schiffrin）則認為孫中山不太重視革命運動的群眾基礎[15]。

芮瑪麗女士的評論或許最為中肯，她認為革命在各省未能產生合適的領袖，所以權力落到保守的地方人士手中，而他們根本就不是革命黨人。他們的成功證明了並非沒有革命發生，而是發生了一次沒有真正領袖的革命[16]。

（四）**外國勢力干涉**：列強支持袁世凱，楊格則認為領導權是由大家「交給」袁世凱的，「因為他有辦法同時使清帝退位，使國家統一而不給列強機會」。但外力的介入，迫使革命在溫和與妥協中進行，也因而延緩革命領袖的形成；爾後「容共」及「國共和談」也都是外力介入的結果。

（五）**發展成激進主義**：許多外國人在清末目睹中國的改革運動所表現的野心時，驚奇的批判為「巨大的、野蠻的跳躍」。曾經草擬門戶開放政策的赫普斯利（Alfred Hippisley）在觀察清末諮議局議員對國事的熱中，以及各種團體民眾對政治改革或革命運動熱烈的捐獻時，不禁說道：「一個國家有如此表現的國民，在將來必

---

14 金耀基，1980，〈從社會系統論分析辛亥革命〉，《中國現代史論集》，前揭書，第3輯，頁106-107。

15 同注7，頁80-81。

16 同上，頁81。

定大有作為[17]。」從清末立憲運動失敗之餘，產生了猛進心理並蔑視所有漸進理論，他們似乎單純的相信中國只要在「黨」的中堅分子努力下，即可超越一般國家的成長階段；僅靠人類的意志力和能力，便能實現理想中的完美社會。這種浪漫情懷造成現實與理想之間的巨大差距，此差距構成20世紀中國知識分子的主要困擾，其主因即是：制度的改變永遠落在知識分子天馬行空似的思想之後。余英時也認為在中國近代史上，知識分子的思想每進化一步，改造方案也就更徹底一步，但同時也與中國的社會現實愈離愈遠。辛亥革命成功，但共和政權依然由舊階層掌握，故常有人批評為「改朝不換代，新瓶裝舊酒」。而我們認為清末連串的政治改革，開啟中國現代化的腳步，因此辛亥革命是其結果，但辛亥革命並未使現代化畫下句點，因此中國革命的第二階段乃繼承第一階段主題，完成於1928年蔣介石北伐一統中國。

第二節　黨爭與國會

中國政黨起源於清末，最早為由資政院孫洪伊與湯化龍所領導的憲友會；至於最早的國會則是1911年11月30日集會的各省都督府代表聯合會，議定了「臨時政府組織大綱」，規定臨時政府為總統制。1912年1月18日，臨時參議院制定臨時約法，並選袁世凱繼位臨時大總統，政府採內閣制；4月，臨時參議院北遷，分別完成了國會組織法、眾議員選舉法及參議院選舉法，並由吳景濂當選為議長，湯化龍為副議長，其中吳隸統一共和黨，湯隸建設研討會。當時的臨時參議院，政黨競爭激烈，清末民初黨派的演變請參見表二。

1913年，國會參、眾兩院議員選舉，國民黨在參眾兩院皆占完全優勢，使國民黨不僅有組織政黨內閣的可能，且因總統由兩院聯合選舉，亦有實力問鼎總統。國會於4月8日正式開幕，參議院由國民黨的張繼及王正廷當選正、副議長，眾院則由民主黨的湯化龍及共和黨的陳國祥當選正、副議長。5月，共和、民主及統一3黨為了對抗國

---

17 同上，頁88。

民黨，正式合併為進步黨，受袁世凱資助並由梁啟超領導，在國會與國民黨對抗。當時各政黨除共和、統一、富強、和平、進步等主張外，其他具體主張參見表三。

1913年3月20日，袁世凱唆使國務總理趙秉鈞雇用武士英在上海刺殺國民黨代理理事長宋教仁；4月17日，未經國會同意，擅自與英、法、俄、德、日5國銀行團借款2,500萬英磅；5月20日，就外蒙古問題與俄國簽訂中俄協約案。結果國民黨與進步黨曾因這3案在國會中有不同見解而爭執不下。國民黨與進步黨的立場主張及表決結果，請參見表四。

表二　清末民初黨派演變

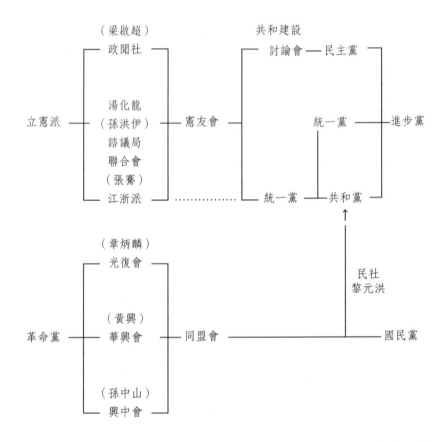

資料來源：張朋園，1980，〈從民初國會選舉看政治參與〉，《中國現代史論集》，第4輯，頁98，臺北：聯經出版公司。

表三　各政黨具體主張

黨別＼主張	國家主義	中央集權	軍民分治	徵兵制度	軍國主義	種族同化	各省自治	地方自治	政黨內閣	兩黨政治	男女平權	維護工權	民生主義	民生政策	國社主義	社會主義	社會政策	共產主義	普及教育	振興實業
民權監督黨		✓												✓	✓					
全國聯合進行會				✓		✓														
民生促進會													✓							
平民黨					✓															
進步黨	✓																			
政群社		✓		✓												✓				✓
中華共和憲政會																			✓	✓
中華進步黨													✓		✓				✓	✓
公民急進黨						✓														✓
公民黨		✓																		
國民協會								✓											✓	✓
大中黨															✓					
國民公會																				
工商勇進黨															✓					✓
統一國民黨			✓	✓		✓					✓								✓	✓
工商共進社												✓								✓
議院政治促成會							✓		✓											
中國佛教協進會																	✓	✓	✓	✓
中華民國競進會					✓					✓	✓								✓	
中華民國聯合會		✓														✓	✓	✓		
統一黨				✓		✓			✓											
中國社會黨						✓										✓				✓
社會黨																✓			✓	
自由黨								✓									✓			
統一共和黨				✓		✓														✓
中華共和促進會	✓	✓																		
共和建設討論會		✓							✓	✓			✓	✓						
中華民黨									✓											
民主黨		✓							✓	✓										
中國同盟會				✓		✓		✓			✓		✓			✓			✓	
仁黨													✓				✓		✓	✓
共和急進會													✓						✓	✓
廣東進步黨					✓										✓				✓	
共和黨	✓																			
國民黨					✓			✓	✓					✓						
總計	3	7	1	6	4	8	1	4	6	3	3	1	6	3	5	5	4	2	11	13

資料來源：張玉法，1980，〈民初政黨與分析〉，《中國現代史論集》，第4輯，頁39-40，臺北：聯經出版公司。

表四　國民黨與進步黨對宋案、大借款案與中俄協約案之見解差異

一、兩黨立場

案別 ＼ 主張 ＼ 黨別	國民黨	進步黨
宋案	部分主張興兵討袁，部分主張早日制定憲法，由憲法約束袁世凱	主張訴諸法律
大借款案	未經國會事先同意不能允許，並提出彈劾	承認借款，但應改組內閣，使負措施失當之責
中俄協約案	協約使外蒙與中國脫離關係，不能承認	外蒙事實已與中國脫離關係，協約可以承認

二、表決結果

案別	表決結果	備註
宋案	無結果	
大借款案	否決	袁政府對銀行團所付款項照收支
中俄協約案	否決	外蒙獨立事實依舊

第三節　黨爭與內閣

一、唐紹儀內閣

　　唐紹儀於1912年3月受命為國務總理，同盟會人時任內閣閣員者有教育總長蔡元培、工商總長陳其美、農林總長宋教仁、司法總長王寵惠，而唐紹儀本人亦經黃興等人介紹加入同盟會，並與宋教仁合作無間，人稱「唐宋內閣」，又稱「同盟會內閣」。唐紹儀當時施政的困難主要來自三方面：

　　（一）臨時參議院反對力量：臨時參議院北遷後的同盟會籍原任議長林森落選，而由共和黨籍吳景濂與湯化龍分任正副議長，對同盟會籍總理自是極盡掣肘之能事。

　　（二）當時國務員劉冠雄、熊希齡、趙秉鈞和交通總長施肇基皆對總理抱持冷漠

態度且甚少出席國務會議。

（三）府院權力的衝突：唐紹儀與袁世凱最大衝突在於袁不滿每發一令必經國務院副署，有時且遭駁回，同時懷疑唐支持宋教仁政黨內閣的主張。1912年6月中旬，袁世凱不同意唐紹儀所提名的王芝祥為直隸都督，復因大借款案備受各方攻擊，唐紹儀遂於6月15日辭職赴津。

二、陸徵祥內閣

唐紹儀辭職後，黎元洪建議推請無黨派的陸徵祥繼任國務總理，雖然袁世凱接受，但臨時參議院卻於7月18日否決其所提出之司法、財政、教育、農林、工商、交通6部總長人選。結果在袁世凱暗示北京軍警將對臨時參議院武裝威脅後，雖通過6位總長人選，但臨時參議院卻將報復矛頭指向陸徵祥而提出彈劾案，8月22日，陸徵祥失意辭職。

三、趙秉鈞內閣

孫中山與黃興、陳其美分別應袁世凱邀請，先後於8月24日及9月11日抵達北京與袁磋商總理人選，折衷結果由袁親信趙秉鈞出任國務總理，但全體國務員則加入國民黨，此即所謂「內閣政黨」。在當時閣員名單中除陸軍段祺瑞、海軍劉冠雄、外交梁如浩外，餘皆掛名國民黨。但趙秉鈞除將國務會議移入總統府，使內閣精神大為喪失外，復受袁指示，命其內務部祕書洪述祖收買槍手武士英，於1913年3月20日將主張政黨內閣的國民黨代理理事長宋教仁暗殺於上海滬寧車站（時國會已訂於4月8日在北京召開），至22日不治死亡。24日，凶手武士英被緝獲，4月26日江蘇都督程德全與民政長官應德閎將宋案證據公布後，舉國譁然。5月11日，趙秉鈞在壓力下辭職，其職務由段祺瑞代理。

四、熊希齡內閣

宋教仁被暗殺後，4月26日，袁世凱在未經國會同意下，擅自命令財長周學熙與英、法、俄、德、日5國銀行團借款2,500萬英鎊，年息5釐，84折交款並以鹽稅擔保收稅開支均由外國人監審。此外於6月9日起，先後免除贛督李烈鈞、粵督胡漢民、皖督柏文蔚職務，同時密令北洋嫡系李純率軍進入皖贛，並派人炸毀湖南長沙軍械庫，使譚延闓不敢輕舉妄動。7月12日，李烈鈞在江西湖口宣布獨立，通電討袁，正式揭

開二次革命序幕。當時國民黨籍議員紛紛南下廣州，使國會中黨籍議員人數只剩下50餘名，勢力落居進步黨人（時約200位議員）之下，7月31日，袁命進步黨人熊希齡組閣，內閣成員中梁啟超「名義上主持司法，實則與熊希齡共決大計」，梁並建議袁「挾國會以號召天下」，時二次革命方平定，於是熊希齡所領導的人稱「名流內閣」提出施政先決方針：

（一）軍民分治。

（二）改地方行政為道、縣二級制。

（三）以縣及城、鎮、鄉為上、下兩級自治團體。

（四）測繪輿圖、清田賦、行團練保甲之法。

（五）整頓司法和教育。

袁世凱在解散國會後另訂新約法，將內閣制改為總統制，並修改國會制定的大總統選舉法，成為有法源依據的終身大總統。新約法中另設立法院和參政院，由於國會無法召開，內閣亦成袁的僚屬機構。1914年2月12日熊希齡辭職，2月20日梁啟超辭司法總長與袁世凱決裂；8月3日袁憲法顧問美國政治學教授古德諾（Frank J. Goodnow）發表「共和與君主論」，鼓吹君主體制。因此當時的中國，一方面由楊度等人發起籌安會鼓吹洪憲帝制，另一方面孫中山等人也在東京將國民黨改組為中華革命黨，展開另一階段的革命鬥爭與國家權力之爭取。

1913年9月國民黨二次革命失敗後，進步黨及國民黨同感袁世凱桀驁難馴，急於制訂憲法，選舉總統，希望由憲法約束總統職權。10月4日，憲法會議公布「大總統選舉法」，10月6日、7日，袁世凱和黎元洪當選正副總統，31日公布憲法草案，又稱「天壇憲草」，共113條，政府採取責任內閣制，但11月4日國民黨被解散，憲法草案遂被擱置。茲以表五、表六分別列舉民國以來憲法之發展及其特色。

表五　中華民國憲法的發展

公布年代	名稱	制定者	表決者	特色	備註
1911年10月13日	臨時政府組織大綱	各省都督府代表聯合會	同左	• 政府體制設計為聯邦總統制 • 除共和國體之規定外，別無民治可言 • 憲法由國會另行制定	這是第一部中華民國臨時憲法，起草者為雷奮、馬君武和王正廷
1912年3月11日	臨時約法	參議院	同左	• 政府體制設計為內閣制 • 國務員對總統提出之法律案有副署權 • 參議員對國務員有質詢彈劾權	• 這是第二部中華民國臨時憲法 • 張東蓀批評它是「實則具內閣之假面具，而陰行總統制之實。」
1913年10月31日	天壇憲草	憲法起草委員會	憲法會議	• 政府體制為三權分立制 • 行政與立法之關係是內閣制 • 分別列舉中央與各省之事權	1914年1月10日袁世凱解散國會，因此憲草被擱置
1914年5月1日	中華民國約法	袁世凱	約法會議	• 政府體制為總統制 • 特別規定修改憲法的程序	又稱袁氏約法或新約法
1922年8月	上海國是會議憲草	國是會議	同左	• 聯邦色彩濃厚 • 具體列舉中央與各省事權 • 制省憲	• 憲草受省憲自治運動影響甚深 • 未引起各方注意
1923年10月10日	中華民國憲法	憲法起草委員會	憲法會議	同天壇憲草	• 又稱為賄選憲法或曹錕憲法 • 年餘之後，即被段祺瑞臨時執政政府棄置
1925年12月12日	中華民國憲法案	國憲起草委員會	（國民會議）	• 行政機關、正副總統由各縣選出的總統選舉人票選 • 列舉中央與地方權力	• 未獲國民代表會議審議，即因段祺瑞下臺而遭擱置 • 與曹錕憲法、上海國是會議憲草相似
1936年5月5日	中華民國憲法草案	憲草委員會	立法院	• 特別規定中華民國國體為三民主義共和國 • 對民權之保障，採間接的法律保障主義 • 五權政府體制 • 特設訓政到憲政的過渡條款	• 又稱五五憲草，前後經過3次重大修正，歷時3年 • 因抗戰發生，國民代表大會無法召開，因而擱置

公布年代	名稱	制定者	表決者	特色	備註
1940年 3月20日	五五憲草修正草案	憲政期成會	國民參政會	• 設置國民大會議政會 • 設特別委員會闡釋憲法 • 表面為五權憲法之形，實寓三權分立之意	• 根據五五憲草刪修而成 • 因抗戰期間國民代表大會無法召開而被擱置
1946年 3月	修改憲草意見	憲政實施協進會		• 取消副總統 • 五權政府體制 • 國都地點不必規定於憲法 • 領土規定採概括式	針對五五憲草提出之修正意見，基本上與憲草相同
1946年 11月19日	政協憲草修正案	政協會議憲草審議委員會		• 縮小國大職權，取消罷免立法、司法、考試、監察正副院長之權，創制、複決二權也須待全國半數之縣行使過，方得行使之 • 五權政府體制 • 省設自治法	以五五憲草為藍本，但精神上已有改變，內閣制色彩濃厚
1947年 1月1日	中華民國憲法	立法院	國民大會	• 五權政府體制 • 憲法基本精神為民主主義	• 憲法以政協草修正案為藍本 • 即今中華民國憲法
1991年 4月22日	中華民國憲法增修條文	第一屆國民大會第二次臨時會	同左	為因應國家統一前之需要，依照憲法第27條第1項第3款及第174條第1款之規定，增修憲法條文	

資料來源：李貌華，〈中華民國憲法的發展〉，《歷史月刊》，第28期，臺北：歷史智庫出版公司。

表六　行憲大記事

1946年11月15日	制憲國民大會在南京集會
1946年12月25日	制憲國民大會通過中華民國憲法
1947年1月1日	國民政府公布中華民國憲法
1947年12月25日	中華民國憲法施行；國民政府公布訓政結束程序法；選舉總事務所呈報國大代表、立、監委選舉結果
1948年3月29日	第一屆國民大會開會
1948年4月18日	國民大會制定「動員戡亂時期臨時條款」
1948年4月19日	國民大會選舉蔣中正為中華民國第一任總統，同月29日選舉李宗仁為副總統
1953年9月23日	總統電知第一屆國民大會代表之任期，依憲法28條第2項之規定至次屆國民大會開會之日為止

1954年2月19日	第一屆國民大會第二次會議在臺灣開會
1954年3月11日	國民大會決議「動員戡亂時期臨時條款」繼續有效
1960年3月10日	第一屆國民大會第三次會議修訂「動員戡亂時期臨時條款」，總統、副總統得連選連任，不受憲法第47條連任1次之限制
1966年3月19日	第一屆國民大會臨時會增訂「動員戡亂時期臨時條款」，授權總統設置動員戡亂機構，決定動員戡亂有關大政方針，並處理戰地政務
1967年2月1日	總統令：依據「動員戡亂時期臨時條款」，設置國家安全會議
1972年3月17日	國民大會三讀修訂「動員戡亂時期臨時條款」，規定增額中央民代選舉法源
1987年7月7日	立法院院會無異議通過「臺灣地區解嚴案」
1987年7月14日	蔣經國總統發布命令，宣告臺灣地區自15日0時起解嚴，國家安全法亦同時施行
1990年7月4日	「國是會議」閉幕，國民黨確定「一機關兩階段」修憲原則
1991年4月22日	第一屆國民大會完成第一階段修憲，增訂國會全面改選法源
1991年12月21日	國會全面改選，同年底，資深民代全面退職
1992年5月27日	第二屆國民大會臨時會通過第二次修憲，總統、國代任期改為4年；國大擴權，增加對總統行使國是建言、人事同意權
1994年7月28日	第二屆國民大會臨時會通過第三次修憲，改為總統直選，國大設議長，固定集會
1996年3月23日	第一屆民選總統產生
1997年7月18日	第三屆國民大會通過第四次修憲，凍省、總統任命行政院長無須立法院同意，立法院增加倒閣權，立委名額第四屆起增為225人

資料來源：1997年12月25日，《聯合報》，第4版。

第四節　洪憲帝制

　　清末，為了面對革命爆發困局，清廷重新起用原本已開革所有職務的袁世凱，原因是軍隊已不易為滿洲將領所控制，而袁世凱督導的數萬「新建陸軍」轄下將領如段祺瑞、馮國璋、王士珍、曹錕、李純、張勳、倪嗣沖等人擁袁態度亦影響清廷。1911年11月13日，袁世凱由湖北到北京，16日成立內閣，廢除傳統督撫的「專摺奏事」之權，規定各衙門應奏事件，概歸內閣核辦，應請旨事件，則概由內閣代遞。總之所有奏摺均遞至內閣，由內閣擬旨進呈鈐章。至此，袁世凱已經集所有政軍大權於一身，於是乘機對清廷要挾，對革命軍軟硬兼施，終獲立憲派、北洋派擁袁及革命黨讓袁，

得以成為中華民國第二任臨時大總統。

　　二次革命後，袁世凱勢力遍布全國。在1914年時，北京政府曾經認真考慮由一位滿洲皇室充當虛君，而由袁世凱兼任首相與攝政的可能性。但到了1915年，是什麼因素使得袁世凱想自己當皇帝？是所謂「黃袍加身、皇帝榮寵的意向」使他沖昏了頭，還是面對日益沓至的外患？尤其是1915年5月，袁世凱在屈服21條要求後，希望做些戲劇性的事情以資補救。當帝制運動於1915年8月展開時，袁世凱私下提到當總統的不如意，他表示當清朝總督時所受的限制比當總統還來得少。

　　1915年8月正式展開帝制運動時，帝制派所持的理由是：共和政體空談民主、自由，加以老百姓們教育水準低落，減弱了人民對國家的敬意，削減了中央政府的權力，也使以往忠誠的北洋軍變得愈來愈不服從中央。帝制運動展開後，鑑於中國社會實行共和體制所帶來的紛亂，而專制政體是維持安定的力量，他們便將獨裁政體建構在立憲的形式上，再以帝制的精神來統治。在理論方面，袁世凱所依靠的西方學者是曾任美國政治科學協會第一任主席、哥倫比亞大學教授和約翰霍普金斯大學校長的古德諾。

　　古德諾於1915年7月到達北京後不久，便在公開場合表達中國不適合共和體制，且極力鼓吹恢復帝制。他在文章中談到，「一個國家所擁有的政府形式應由現實生活的需要來決定」；在結論中提及，「就中國的歷史傳統、社會經濟條件，與列強的關係看來，中國如果發展君主立憲政體將比發展共和政體易於維持國家的主權獨立」。但帝制運動於8月中旬正式展開，便遭致革命黨的反對。1915年11月10日，陳其美刺殺袁的悍將——上海鎮守使鄭汝成，並於12月25日一度奪取停泊上海的「肇和」巡洋艦，是為「肇和之役」。12月25日，雲南將軍唐繼堯、李烈鈞和蔡鍔宣布獨立，組織中華民國護國軍，討袁帝制。

　　1916年的發展更是袁世凱和帝制派始料未及。3月7日，日本內閣決定推翻袁的政權，承認南軍為交戰團體，旋派領事駐雲南和桂林。廣西獨立後，北方將領受馮國璋、段祺瑞指使，逗留不進，大索餉械。3月22日，在與徐世昌、段祺瑞開會後，袁世凱下令撤銷承認帝制案。這時不獨南方孫中山、陸榮廷、居正等人起兵反袁，北洋各將領除張勳、倪嗣沖贊成外，餘皆反對袁續任總統。至是，袁自己嘗到4年前曾給

清廷的苦果。

1916年3月，袁世凱中風，5月中旬四川將軍陳宧宣布獨立，使其病情加速惡化，一度昏厥，不克視事。6月6日下午病逝，享年58歲。在洪憲帝制遭到全面挫敗之際，袁世凱曾自云：「誠不足以感人，明不足以燭物，予實不德，於人何尤？」倒不失敢做敢當的磊落氣魄。

陳志讓（Jerome Chen）是戰後歐美研究袁世凱的先驅，他將袁氏的興起與袁微納入時代的背景中加以分析討論，他認為1900年庚子亂後，中國的風氣由「盲目仇洋」排外民族主義轉變成了「盲目崇洋」，將早期對帝國的仇怨，轉移至清廷本身。再加上庚子後新政廢除科舉制度，結果導致儒家正統地位動搖，也使得忠君的傳統倫理受到巨大衝擊，進而逐漸喪失對清廷的支持。而清廷為了維繫政權，只得加強編練軍隊，從而使得袁世凱與北洋集團崛起，最後以其軍力逼使清室退位及南方革命政府讓出總統職位。然而陳志讓分析袁氏稱帝，與其說是純為個人的野心，還不如說是由於政治及文化的力量所促成的因素來得大。陳志讓就袁氏稱帝時的政治和文化力量，分析如下[18]：

一、二次革命後，北洋軍隊派駐全國各地，結果袁世凱中央威權因北洋軍受「聯省自治」的影響，開始銳意經營一己之地盤，使袁在政治及財政上備受束縛，只有先捨共和而改行專制。

二、社會瀰漫恢復舊制的呼聲，袁察覺此風氣，欲藉此使衰弱的中央領導權再次興起。但是袁世凱的失敗在於：

（一）帝制擁護者的對象是清廢帝而非袁世凱。

（二）北洋軍在各地勢力羽翼已豐，非袁可再任意指揮。

（三）共和體制乃時代趨勢，非袁可抗拒。

楊格也認為袁世凱對共和體制一直沒有信心，不甘自己領導權式微，卻又看不出中央集權的一些根本缺乏，於是訴諸帝制。楊格認為袁欲與拿破崙一樣，訴諸人民主

---

18 陳志讓（Jerome Chen），1980，〈袁世凱〉，《中國現代史論集》，前揭書，第4輯，頁195。

權理論（Popular Sovereignty），但袁所忽略的是中國人民並未被賦予權力來表達是否贊同帝制，因此袁世凱失敗在於採用「想像民意」[19]。

而楊格在其所著《袁世凱的總統職位》一書中，同時指出兩項曾為治史者所忽略的觀念，即「軍閥政治」是袁氏政策中有意的計畫。其實袁的政策一直朝中央集權的方向發展，但終究無法有效實行其集權中央的政策。此外，楊格也特別強調清末民初的士紳權力（Gentry Power）對於政治的影響力。就「省」的地位而言，辛亥革命的成功，實得力於各省的獨立和響應，故民國後省的地位愈加重要，無論是軍人或士紳，均執著「本省人治本省事」的原則，縱使是深具國家意識者，亦不懷疑此一主張。宋教仁深知此一勢力的重要性，所以在民初國會選舉時，國民黨極力拉攏此一力量，強調省的自治與都督省長的民選，而獲得大勝。反觀袁氏卻忽略此一力量，終於導致敗亡。

林明德認為袁世凱的外交政策一貫是「聯英制日」。但歐戰後日本取代英國在華的領導地位，使原本已惡化的中日關係更日益不可收拾。且袁世凱是日本大陸政策的一大障礙，故日本並不反對帝制，而只毀其不當人選。日本干涉的結果，促成反袁勢力的聯合陣線，導致袁氏沒落，並使中國陷入軍閥割據的狀況[20]。

唐德剛認為袁世凱在朝鮮監國、小站練兵、建請興學堂廢科舉等方面的成就，尤其他的將相之才，清末民初無人能出其右。武昌起義後，能以不流血方式，轉換兩千年來帝制政體，效率驚人。即使面對日本「21條要求」，袁政府亦已盡其所能，勉力維護中國主權。可惜晚節不保，在長子袁克定、籌安會楊度等人慫恿之下，演出洪憲帝制的鬧劇，終至羞憤而死。唐德剛分析袁氏個人沒有民主總統的智慧與條件，他所處的國家也沒有實行民治的社會基礎；但回頭實行君主立憲，卻已非主流政治及民意環境所趨。進退兩頭都失據，歷史形勢注定袁世凱是「近代中國轉型期中第一號悲劇人物」[21]。

---

19 楊格（Ernest P. Young），1980，〈現代化保守人物——袁世凱〉，《中國現代史論集》，前揭書，第4輯，頁171-192。

20 林明德，1980，〈日本與洪憲帝制〉，《中國現代史論集》，前揭書，第4輯，頁252-253。

21 2002年10月27日，《中國時報》，第35版。有關唐德剛著作可參考《晚清70年》（1998）、《袁氏當國》（2002），兩本皆由臺北遠流出版公司出版。

中國早在辛亥革命期間，已有仿美國聯邦政體之議，但北洋政府仍然採取中央集權制。二次革命後，袁世凱所頒布的「袁氏約法」，成為超級總統制。鑑於此，地方分權之說又起。1917年南北分裂，內戰再起，故主張聯邦制以憲法規範中央和地方權限者漸多。為避免用「邦」及「分權」字樣，改稱「聯省自治」。先由各省制成省憲，組織省政府，實行自治，再由各省代表組成聯省會議，制定聯省憲法，組織中央政府。當時的政論家章士釗、李劍農及名流熊希齡正式提出聯省自治理論，1920年7月，湖南省長兼總司令譚延闓即宣布自治，本「湘人救湘，湘人治湘」之精神，採行民選省長制，以維湘局。梁啟超與熊希齡起草自治根本法，1921年4月，完成湖南省憲法草案。

在聯省自治倡議下，當時南方軍人因為地狹兵弱，可藉此鞏固勢力範圍，影響所及，雲南唐繼堯、四川劉湘、熊克武、浙江督軍盧永祥贊成聯省自治的通電，尤為轟動，湘、黔、川、滇等西南當局同聲響應，此為聯省自治的高潮。然而當時北洋軍閥與南方孫中山均主張統一中國，故聯省自治空間日益緊縮，而成空談。不過在當時南北對峙的大環境下，地方主義（Regionalism）的滋長不但是時局所趨，亦影響日後政局的發展。

陳能治認為地方主義在中國歷史久遠，它早已存在於中國特有的地方分立及自治的傳統中，當文化、政治體系瓦解時，表現更為明顯。為了維繫地方的政治運作，地方主義又往往走上軍事主義之路，造成地方分立的局面[22]。故當袁世凱去世，中央威權崩潰，地方主義及軍事主義結合，就成為所謂的「軍閥割據」，期間從1917年督軍團叛變到1928年北伐統一中國及其後的「國民黨軍閥」。

---

22 陳能治，〈北伐後中國地方主義的發展：1926～1937年的四川、廣西和山西〉，《中國現代史論集》，前揭書，第8輯，頁153。

第二章　革命再起

第一節　革命與護法

　　1925年戴季陶發表了〈孫中山主義〉，譽孫先生為中國幾千年來正統思想的承續者。及至1940年，國民政府更以「光被四表、功高萬世」通令全國尊為國父，卻使孫先生的真面目為之模糊。此外，鄒魯曾斷言清末民初的革命組織是一脈相承，孫中山亦是各會黨的唯一領袖。這些論點，使我們對清末以來的革命勢力，產生一套公式化、標準化及若干脫離史實的說法[1]。

一、興中會

　　孫中山在清末從事革命運動，先後聯絡過的對象大致可分四類：第一是士大夫階級，第二是會黨，第三是外國勢力，第四是青年知識分子。在聯絡士大夫階級方面，孫中山在1892～1894年間便有聯絡康有為之意；1898～1899年間，與梁啟超更有一段水乳交融的往還；光緒20年的上書李鴻章尤其表現有意接近士大夫。在聯絡士大夫不成後，孫中山遂轉往檀香山成立興中會並轉而利用會黨。

　　興中會的成員大部分是海外的華僑並隸屬粵籍，此時期發動了廣州及惠州之役，然皆失敗。興中會在廣州起義之前的實際領袖是楊衢雲，孫中山為了與其爭奪領導權，遂聯合興中會支持者與三合會合組興漢會。孫中山在奪回領導權之後所發動的惠州起義，參加者中有70％皆為會黨人士；再者，海外華僑大半與洪門有關，欲得華僑財力支持，也不得不如此，因而使會黨成為支持革命的重要力量之一。此外，孫先生在聯絡日本方面，與犬養毅、宮崎寅藏等一批大亞細亞主義者暢談革命，獲得同情，因此有聯絡之意，惠州之役更曾有日本冒險家親身參與。

　　總而言之，孫中山聯絡日本和西方皆不算成功，畢竟列強和清廷之間皆有完整的條約和商業利益，因此反對破壞現狀的革命運動。直到1905年，同盟會的成立結合了新一代的青年知識分子，孫中山的領導地位直線上升，不但革命機運大為**轉變**，革命

1　陳福霖，1980，〈評薛君度「黃興與中國革命」〉，《中國現代史論集》，第3輯，頁134，臺北：聯經出版公司。

運動亦如火如荼的展開。各次起義的經過參見表一。

表一　1911年以前各次起義表

時間地點	領導者	參加團體	經過	備注
1895年10月26日 廣州	孫逸仙 陸皓東 程奎光		因事機走漏而失敗，陸皓東遇害	
1900年8、9月 漢口和安徽大通	唐才常 林奎 沈藎	哥老會及自立會	計畫敗露，唐才常、林奎遇難	依黃曆行事
1900年10月1日 惠州三洲田	鄭士良 史堅如	三合會	因無接濟而失敗	史堅如與山田良政遇害
1902年8月 廣州	洪全福 李紀堂	廣州及香港洪門會	計畫敗露，梁慕信遇難	以「大明順天國」之名起義
1904年10月 長沙	黃興 馬福益 劉揆一	哥老會	起義未起，計畫即已洩漏	張繼附和於黃興
1906年8月9日 惠州七女湖	鄧子瑜	三合會	起義維持4日	
1906年12月 萍鄉、醴陵、瀏陽	禹之謨 劉道一	工人兵士哥老會	起義支持數月	禹之謨、劉道一殉難
1907年5月22日 潮州黃岡	孫中山 許雪秋	洪門	起義僅1日	
1907年6月 安慶	徐錫麟 秋瑾	光復會	圖刺皖巡撫恩銘失敗	以「共和」之名行事
1907年9月4日 防城	黃克強 王和順	新軍亦介入	起義達2月，因無接濟而失敗	撤退至十萬大山
1907年12月1日 鎮南關	黃克強 胡漢民		占領鎮南關7日，因彈盡援絕而失敗	撤退安南
1908年3月27日 欽廉上思	黃克強 黃明堂	與新軍協商以尋求支持	因補給缺乏而失敗	撤退
1908年4月29日 雲南河口	胡漢民 黃明堂		攻占河口和蒙自，支持數月後乃失敗	法國宣布中立
1908年11月22日 安慶	熊成基	新軍砲兵營	起義僅1日即失敗	熊成基為光復會一員

1910年2月10日 廣州黃花崗	倪映典	新軍叛變起義	因缺乏後援而失敗	倪映典遇害
1911年3月29日 廣州橫枝崗	黃克強 趙聲	新軍支持	因協調錯誤而失敗	72烈士殉難

資料來源：梁敬錞，1980，〈1911年的中國革命〉，《中國現代史論集》，第3輯，頁5-7，臺北：聯經
出版公司。

二、同盟會

學術界對於同盟會與孫中山的角色常有不同看法，薛君度（黃興女婿）認為同盟會是雙元領導（Dual Leadership），即由黃興與孫中山共同領導[2]；于子橋認為孫中山在1907年遭日本驅逐後，黃興與胡漢民成為實際指導者[3]。另外從同盟會成員結構分析，863位在東京加盟者中，來自廣東的只有112位，遠較來自湖南人士少（黃興曾在湖南組織華興會）。

民國成立後，同盟會面臨往後的政黨取向而劃分為由胡漢民領導的「南方左派」與宋教仁的「中央右派」。左派主張同盟會繼續採取祕密集會形式並用武力統一中國，完成未竟之革命事業；右派則主張同盟會應配合新時代，改組成公開及合法性質的政黨，並用內閣制來箝制袁世凱。1912年3月，同盟會召開大會來解決雙方歧異，結果由宋系取得控制權，宋教仁不但代理理事長，並取消孫中山的建國三程序，主張立即實行憲政。於是在宋教仁領導下的同盟會體質轉換成西式政黨模式，而胡漢民轉任粵都，汪兆銘負笈海外，孫中山喪失實權後，專心致力於實業建設及民生主義。

三、國民黨

1912年8月25日，宋教仁聯合統一共和黨和國民公黨正式成立國民黨。國民黨於1913年國會選舉中獲得優勢，於是宋教仁以黨魁身分公開鼓吹內閣制。袁世凱為避免總統權力受國民黨控制的國會限制，於1913年唆使國務總理趙秉鈞雇前清雲南軍營長武士英為殺手，於3月20日晚刺殺宋教仁於上海車站。24日凶手捕獲，4月26日公布案情，上海地方法院傳訊趙秉鈞到案未果，國民黨籍激烈派議員南下主張討袁，部分議

---

2 同上。

3 賴澤涵，1980，〈評介于子橋「民國的政黨政治：國民黨，民國6年～13年」〉，《中國現代史論集》，前揭書，第4輯，頁48。

員則被袁氏金錢賄買。孫中山在內部不和諧，對外戰事又失利的情況下，率領部分忠貞黨員東渡日本，與袁世凱展開新階段的鬥爭。

四、中華革命黨

孫中山赴日後，思考國民黨的失敗，在於宋教仁忽略了革命組織的原則及特性；論者亦謂宋氏只求建立龐大政黨而又不以主義相求，只在乎從政黨員人數的增加及成立較大的統一局面，來滿足其權力欲和自尊心[4]。

為了改革國民黨在宋氏領導下的缺點，孫中山的中華革命黨於1914年9月1日發表宣言，除了堅持建國三程序外，還規定黨員必須對孫中山絕對效忠。結果引起老革命黨人黃興、張繼及李烈鈞等人強烈反對並脫離孫中山陣營，雙方嗣後在諸多行動中的意見多不一致，甚至對立。或許我們可以認為中華革命黨是國民黨的一個分裂組織，從同盟會以來的革命陣營也到此分裂[5]。

中華革命黨的奮鬥事業除了討伐袁世凱洪憲帝制外，就是維護臨時約法。孫中山在南方的護法事業並不順遂，1918年，桂系陸榮廷策動軍政府改組，由岑春煊擔任主席總裁，孫中山失勢下臺赴滬。1920年，孫中山再度回粵與列強衝突，爆發關餘事件。孫在憤慨之餘，於1921年將軍政府改組為中華民國政府，擔任非常時期大總統，以期內收統御、外應列強。孫中山在廣東積極籌備聲討北方軍事集團之際，與陳炯明起了嚴重衝突。陳氏以粵省長的角度衡量，主張先期奠定廣東政府的基礎，鞏固自治地位後，再團結西南各省共同對抗北方直系，因而反對孫中山的北伐，一再力勸孫中山應首重保境安民並與鄰省聯防互保。陳氏在被孫中山斥責為機會主義者後，趁孫中山在韶關督師北伐之際，砲轟觀音山總統府，直接發動一場兵諫，雖然宋慶齡夫人在警衛營營長薛岳等人護駕下安然脫險，卻導致孫先生的護法事業再度中斷，並影響爾後革命政策的重大取向。

五、中國國民黨

1919年五四運動發生，孫中山體察社會瀰漫反帝、反軍閥和宣揚馬克思主義的狂潮，一方面鑑於馬克思主義及社會主義提升了三民主義的號召力量，另一方面脫胎於

4　朱浤源，1980，〈宋教仁的革命人格〉，《中國現代史論集》，前揭書，第3輯，頁161。
5　薛君度著，楊慎之譯，1980，《黃興與中國革命》，頁93，香港。

西式背景的臨時約法又效果不彰，於是逐漸吸收俄國大革命的經驗，並樹立同盟會精神，以黨治國，於該年正式將中華革命黨改組為中國國民黨。

在1920年的新黨章中除重新聲明實行三民主義和五權憲法、總理握有絕對的權力外，為了擴大群眾基礎，將入黨公開於所有成年男女。中國國民黨的新特色如下：

（一）併入建國三程序，第一階段軍政、第二階段訓政、第三階段實行憲政。

（二）再度使用一黨政府的觀念。

（三）從革命開始到憲政完成前，均屬於革命階段，所有軍事與民事都是黨員的基本任務。

（四）1923年的「聯俄容共」，使中國國民黨具有「列寧式政黨」的特性。中國國民黨在政黨上採取功能性和地域性的組織，除了全國各地方黨部外，尚有依照社會各部門而組成的各產業黨部、新聞、海外與學校黨部，以期使中國國民黨成為超越體制指導與協調政府部門的組織，亦是唯一可出面領導各社會利益團體並輔以意識型態（如三民主義）的政治團體。

著名的國民黨史學者于子橋[6]，在其著作《Party Politics in Republican China: Kuomintang, 1912-1924》中，對國民黨自1912～1924年的發展及特性有詳盡的分析。于子橋認為宋教仁領導時期的國民黨，為求1913年國會選舉的勝利而擴大黨員人數，卻忽略黨員對主義及品質的要求，終於在二次革命期間四分五裂，不能團結而失敗。這個錯誤及教訓使孫中山先生始終耿耿於懷，並在1914年重組中華革命黨時，歸納出國民黨失敗的原因，是由於忽視原則及會員的特性。所以孫中山先生想創造一個對他絕對效忠且有紀律的政黨，並希望由此改造一個分裂的黨[7]。

孫先生此舉招致黨內同志如黃興、張繼、李烈鈞等人反對，他們認為「忠於個人」與共和的精神相違背，尤其按指模的入會程序實在近乎侮辱。孫先生在孤掌難鳴

---

6 于子橋是黨國元老于右任之孫，1926年獲得美國加拿大博士學位，曾任教於伊利諾大學政治系及亞洲研究中心，其所著《Party Politics in Republican China: The Kuomintang, 1912-1924》（民國的政黨政治——國民黨，1912～1924年）是英文書寫的第一本討論國民黨專書中，較有系統的著作。

7 George T. Yu（于子橋），1966，《Party Politics in Republican China: The Kuomintang, 1912-1924》，頁120，Berkeley: University of California。

之下，只好回到祕密社會之路上[8]。同時，孫先生鑑於討袁二次革命失敗，堅持實行建國三程序（即軍政、訓政、憲政），但三程序的時間不加限定，端看人民是否預備好行憲（同盟會時標出9年完成憲政）。批評孫先生的人都認為他的「訓政」乃屬於「專制」，但孫先生還是堅持不放棄[9]。

在1912～1924年的發展中，中國國民黨（1919年改組中華革命黨而來）由於革命不斷遭逢打擊及挫折，使中國國民黨的黨性產生了如下特色[10]：

（一）**派系之爭**：由於孫先生長期流亡海外，甚至到1923年取得廣東後，才在國內生根，但在近30年的海外流亡歲月中，國內領導歲月真空，造成爭奪領導權而形成的派系鬥爭[11]。

（二）**一人控制，寡頭領導**：從同盟會時期起，只由少數人，尤其是知識分子在控制，從1905～1924年均是由這群菁英集團在領導。再深入分析，一個長期流亡的政黨需要一個嚴密的組織才可順利操作，同時也必須靠一位堅強的領導人，黨的存在才有希望，這也是中國國民黨在歷經多次失敗後，卻不致於被毀滅的原因。因此，寡頭組織及一人領袖權威領導模式，一直是國民黨在歷史發展上的重要特色之一。由於孫中山無法掌控由宋教仁領導時的國民黨，因此他採取對個人絕對效忠的家父長式權威領導，雖然造成反對分子出走，卻使得黨純化為孫先生個人權力及一群忠心支持者的機構。

（三）**重視海外黨部與華僑**：自興中會以來，中國國民黨在發展過程中很少於群眾中生根，所以經費就得靠華僑捐助，為了華僑匯款，革命的目標地區不得不選在中國沿海。海外支援經濟，國內從事革命，使黨具有此「雙重性特徵」。而且海外黨部從未捲入派系鬥爭之中，卻一直提供僑胞的捐款，這種雙重性是黨在歷經多次挫折及

8　同上。

9　同上，頁125。

10　同注3，頁61-64。

11　薛君度教授認為在同盟會時代是孫中山與黃興二人的「雙元領導」，于子橋則認為孫中山在1907年遭日本驅逐後，黃興和胡漢民成為實際領導者。請參考李功勤，1997，《當代中國與兩岸關係》，頁48，臺北：幼獅文化事業公司。另外，賴澤涵則指出在1912年前，黨還維持形式上統一；但1913年後，黨幾乎沒有權力中心，中華革命黨是一群忠於孫先生個人的組織。見賴澤涵，前引文，頁61。

流亡之後還能成功的原因，也是黨極度重視華僑，視為「革命之母」的理由。

1925年孫中山病逝，使中國國民黨立刻因其「聯俄容共」政策，引發黨的分裂[12]。1926年的中山艦事件、1929年的中原大戰等，都是派系爭權或利益爭奪之下所引發的事端[13]。在抗戰爆發之初，蔣介石原本計畫將國內各政黨合併成一個單一政黨，以實現「一個主義、一個政黨、一個意志」的中國。當時青年黨接受了蔣介石的計畫，國家社會黨的張君勱亦表示準備談判此問題，最後卻因共產黨的反對而設想落空。而第二個蔣介石所關切的政治問題，是黨自身的衰落及腐化。1928年3月29日，在中國國民黨臨時全國代表大會的開幕式上，蔣介石批判：「我們的黨差不多已成為一個空的軀殼而沒有實質了，黨的形式雖然存在，但黨的精神差不多完全消失了[14]。」

為了振興黨的衰微，1938年正式成立三民主義青年團[15]。在蔣的構想中，三青團可以包括黨部所有的小組織，如力行社（或藍衣社）[16]、青白同盟（C.C.系）等。蔣

12　1925年孫中山病逝後，其遺囑中並未言明繼承領導人選，而胡漢民、蔣介石、汪兆銘、廖仲愷等4位則被視為代理人。但廖氏（支持聯俄容共）於8月20日在中央黨部附近遭暗殺，使一批遭俄顧問鮑羅廷所懷疑的反共黨員，如鄒魯、林森、吳敬恆、張繼等人，於1925年11月3日聚集孫中山奉厝的北京西山碧雲寺舉辦第一次會議，會中議決反對聯俄容共等，並另設國民黨中央黨部於上海，人稱「西山會議派」（又稱右派），與之對立的則被稱「聯俄容共派」（或稱為左派）。見董顯光，1980，《蔣總統傳》，頁62-66，臺北：中國文化大學出版部；及李功勤，前揭書，頁52-54。

13　見李功勤，前揭書，頁58-60、76。其中1929年的中原大戰是中國國民黨內部以往敵對的左、右兩派聯合閻錫山、李宗仁等，反對以陳立夫（時任中央黨部祕書長）、陳果夫兄弟為首的「C.C.派」（指二陳姓氏縮寫，或指Central Club而來）所控制的中央黨部領導權與反對蔣介石的裁軍等因素而爆發。另可參閱董顯光，前揭書，頁142-157。

14　易勞逸（Lloyd E. Eastman）著，王建朗、王賢如譯，1990，《蔣介石與蔣經國——毀滅的種子》（原名Seeds of Destruction/ Nationalist China in War and Revolution, 1937-1949），頁100，臺北：李敖出版社。

15　三民主義青年團的前身為「力行社」，後來由於組織團隊精神的低落、蔣介石對其功能產生疑慮，以及遭國民黨人士如陳誠等人不滿，認為該組織只是戴笠和康澤等人的特務組織而解散。在三民主義青年團成立時，陳誠為書記長，起初他甚至不願接受力行社人員的加入。見鄧元忠，1984年8月，《三民主義力行社史》，頁663-664、668，臺北：實踐出版社。

16　所謂力行社，其重要成員有戴笠、劉健群、賀衷寒、潘佑強、桂永清、鄧文儀、鄭介民、滕杰、康澤、胡宗南等人，中共方面分析這群幾乎都畢業於黃埔軍校的成員，認為其中核心人物是以胡宗南為首的賀衷寒、鄧文儀、康澤和戴笠等5人。見尹家民，1993，《蔣介石與13太保》，頁1-3，北京：中共中央黨校出版社。

介石在1938年宣稱：「吾視本團之組織，為吾國家民族生死存亡所繫之唯一大事。」又說：「青年為革命之先鋒隊，為國家之新生命，舉凡社會之進化政治之改革，莫不有賴青年之策功，以其為主力[17]。」

　　三青團原本期望以有理想朝氣的青年世代來取代已呈暮氣龍鍾的老世代（團章最初規定團員年齡在18～38歲，但團幹部及特許入黨者不在此限），陳誠也說：「三民主義青年團，這個『青年』的界說，與普通一般對於青年的解釋不同，團長（指蔣介石）指示我們，青年團裡的青年，並不以年齡為準。凡是有革命熱情與向上朝氣者，雖是白髮斑斑的人，在我們看來，還是一個革命青年[18]。」

　　不過，三青團的發展並不能達成蔣介石與陳誠的願景，因為原有派系領導人在成立之初便已介入運作，陳誠、朱家驊、張治中先後擔任書記長一職[19]，但黨章分別由代表國民黨政權內部各派系的領導人來草擬三青團團章。他們分別是康澤（力行社）、陳立夫（C.C.領導人）和譚平山（後來才加入國民黨的原左派人士）。因此派系鬥爭立刻上演，C.C.派和力行社人馬相互進行奪權鬥爭，最後由力行社成員控制了三青團內部重要的位置，例如，康澤把持了重要的組織處，1939年劉健群又成為中央團部書記（相當於國民黨祕書長），因此三青團內不少幹部，如黃季陸（宣傳處處長）和任卓宣（即葉青，常務幹事），都認為三青團根本是力行社的變形[20]。不過，C.C.系的陳立夫及谷正綱還是占有常務幹事會的位置。三青團除了內部有派系鬥爭，在外部也與國民黨發生衝突。1941年7月，蔣介石斥責黨與團部沒有能力進行合作。他沉痛說道：「我們無論做那一件事情，不僅不能收分工合作之效，而且處處要與人家衝突！即如現在我們有許多地方黨與團就不能協調，團員與非團員之間，更是時常發生衝突[21]。」

---

17 易勞逸（Lloyd E. Eastman），前揭書，頁103。

18 同上，頁104。

19 陳誠任期由1938年7月9日～1939年8月底止。陳氏因負前方軍事重任，團長蔣介石乃加派朱家驊兼代，1940年9月1日起，由張治中正式接任書記長。三青團重要人事名單請參看李雲漢，1994，《中國國民黨職名錄》，頁233、236，臺北：中國國民黨中央委員會黨史委員會。

20 見李雲漢，前揭書，頁233-262，及易勞逸（Lloyd E. Eastman），前揭書，頁107。

21 易勞逸（Lloyd E. Eastman），前揭書，頁111。

在1945年5月召開的第六屆全國代表大會上,三青團的領導人決定展開串連,以擴大他們在黨內的影響力。由於在出席的600位代表中,三青團只占60位名額,因此他們決定與黃埔系、朱家驊系建立聯盟,這三派人數約占出席代表一半,因此對陳立夫所領導的中央黨部構成強力挑戰。蔣介石對這種形勢發展極度不悅,為緩和情勢,只好在六全大會上,向三青團及其同盟者保證將兼顧所有各派系的利益[22]。1946年9月,在盧山召開的三青團第二次全國代表大會上,有些團員激烈的提出黨團分離的意見,但在蔣介石反對下,大多數代表投票反對獨立[23]。1947年下半年,在國民政府所舉行的行憲後第一屆中央民意代表選舉中,三青團與黨部又爆發激烈衝突,後來劉健群坦承因選舉而引發的派系鬥爭,其破壞力之大,導致共產黨全面勝利[24]。

鑑於黨團之間惡鬥,1947年9月12日,國民黨在六屆四中全會上,通過黨團合併方案。但1948年1月1日,「民主促進會」、「三民主義同志聯合會」等團體在香港成立「國民黨委員會」,選李濟琛為主席,由國民黨內左派人士何香凝(主張聯俄容共廖仲愷之妻)、譚平山、蔡廷鍇等人為中央常務委員,反對美國干涉中國內政[25]。1948年1月,沈均儒等在香港重建曾被政府宣布為非法而解散的「民主同盟」,宣言將與中共和其他民主黨派合作。而1948年的副總統選舉,也因為桂系李宗仁當選,加深政府內部的不和[26]。魏德邁(Albert C. Wedemeyer)即認為,國府剿共失敗是因為國民政府沒有強力威權所致,故無法落實政令推行[27]。

六、孫中山的評論

中國自鴉片戰爭以來,便進入長期的混亂、苦難,民國初建,承受舊有體制與社會價值崩解失序的交相衝擊,在袁世凱死亡後,反而進入軍閥割據的混戰時期。唐德剛將中國歷史分為封建、帝制與民治三大階段,他認為從第二階段的帝制到第三階段

---

22 同上,頁113-114。
23 同上,頁114-115。
24 同上,頁116。
25 許福明,1986,《中國國民黨的改造》,頁32,臺北:正中書局。
26 同上,頁33。
27 同上。

的民治,至少需歷經200年以上的轉型時間,照第一次轉型經驗來看,至少要到21世紀中期才會減緩。相對於袁世凱,孫文意志堅定、個性倔強、為達目的往往不擇手段。早年革命起義頗有「恐怖主義」性質,而其「畢其功於一役」的想法也未免失之躁進。他因宋教仁遇刺執意討袁,首開民國以來訴諸武力而非法律的惡例。在中華革命黨任黨魁時,要求黨員絕對服從,又顯示強烈的獨裁傾向。此外,他為了爭取日本協助討袁,祕密向日本交涉,打算出賣滿蒙利益,其規模不下於後來日本所提的21條要求。因此唐德剛認為,孫文之所以仍保有崇高的歷史地位,實由於他「革命尚未成功」;一旦如他所願,今天他恐怕也會成為眾矢之的[28]。

余英時認為孫中山先生在1925年聲言國民革命乃是上天賦予中國人的「大任」,可能是受了《孟子》的啟發,因此在1917~1923年這段期間,中國知識分子將中國革命與馬列主義的世界革命觀銜接在一起,帶給中國革命分子一種前所未有的「使命感」。革命的任務範圍擴大,不僅要推翻中國的過去(封建主義),也要打倒西方的現在(資本帝國主義),所以革命不再像過去以為的短時間內就能結束。瞿秋白領導下的共產黨在1927年之前,正式接受馬克思「不斷革命」的觀念。余英時分析中國現代化的困境在於:只要革命被視為「尚未成功」,踏實而有系統的現代化建設就無法推動。革命的本質就是國家與社會的破壞,現代化基本上是國家與社會的建設,建設與破壞不可能齊頭並進[29]。

1920年代晚期,國民革命完成,國民政府定都南京時,盲目崇拜革命者對實施民主憲政的政治現代化計畫,表現出強烈的敵意。余英時解釋這是民國初年知識分子疏離國民黨政權的開始,1928年的清黨使南京政府得以擺脫永無止境的革命暴力,保護既有的社會結構,使社會得以留下有限的空間,可以逐漸轉變成為所謂的「市民社會」[30]。

---

28 2002年10月27日,《中國時報》,第35版。

29 余英時,1994年6月26日,〈對革命的盲目崇拜——20世紀中國現代化的障礙〉,《中國時報》,第10版。

30 同上。

我認為孫中山先生是一位革命家，所以集夢想家、機會主義、務實主義、煽動家等性格於一身。他的政黨最早提出「中華民國」國號，不斷以行動及口號削弱滿洲統治者的政權合法性；但是，他的軍事實力卻不足以抗衡袁世凱及北洋軍閥。因此，孫中山必須提出吻合主流民意價值的觀點與共產主義者合作，藉以擴大支持者的社會基礎與號召力。總括孫中山的一生，雖然他不斷因革命事業上的奮鬥而流離顛沛，卻同時在政治上提出可貴的建國理想，在民族、民權與民生等方面也都提出一套完整計畫。相對於民國初年參與締造共和的各路英雄人物，反而凸顯他無可取代的地位，他的這些理想嗣後經由接班人蔣介石及其長子蔣經國於1949年之後在臺灣地區陸續實現，從而締造中國人自清末民初百年亂世以來，最為民主及富裕的生活[31]。

第二節　聯俄容共

一、時代背景及原因

孫中山的「聯俄容共」政策始於1922年8月，蘇聯代表越飛（Adolf A. Joffe）在上海會見剛經歷陳炯明叛變的孫中山，表示願意援助孫先生革命。1923年1月26日，「孫、越聯合宣言」發表，中國國民黨正式聯俄容共。孫中山的聯俄容共使當時孤立無援的國民黨有了重新爭取政權的力量，並有實力進行北伐，但聯俄容共亦造成國民黨分裂。以下分析孫先生聯俄容共的時代背景及其原因：

（一）新文化運動的影響：馬克思主義開始對年輕知識分子產生影響力，使一直迷戀西方自由主義的新文化運動領袖，在面臨巴黎和會中國被列強出賣的失望與不滿

---

31 王曉波，2003年7月，《孫中山思想研究》，臺北：問津堂書局。孫中山在《民生主義，第二講》中闡述「人類最先所成的社會，就是一個共產社會，民生主義就是共產主義，因為共產主義制度並不是由馬克思發明出來的，而是人類最先所成的社會，就是一個共產社會」。如果孫先生在1925年未病逝，中國近代史上國、共鬥爭和政局發展或將有全然不同的面貌。俄裔美籍猶太人威廉（Maurice William）撰寫的《歷史的社會詮釋》，副題是「駁斥馬克思對歷史的經濟觀點解釋」。指出馬克思以物質為歷史重心是不對的，社會問題才是歷史的重心，而社會問題又以生存為重心。孫中山說，民生問題就是生存問題。這就是孫中山在民生主義演講中批判馬克思學說的依據，由於這段因緣，威廉氏於1936年加入國民黨，介紹人是當時國府駐美大使王正廷，威廉氏也成為唯一外國籍的終身國民黨員。為酬謝威廉氏對三民主義的貢獻及對中國支持，蔣委員長在1940年特別頒贈采玉大綬勳章給威廉氏。2006年11月5日，《中國時報》，A18版。

後，將希望轉而寄託蘇聯。同時中共在五四運動後的崛起，也代表其社會主義思想及反帝國主義背景，確實反應當時中國在五四運動後，政治與文化上革命性的變遷。

（二）**兩黨具合作背景**：布爾什維克和中國國民黨在當時同樣面臨內憂及外患的困境，國內存在內戰，國際上又都陷入外交孤立，因此在此背景下，雙方具有尋求合作的條件。此外兩黨在理論上亦有相同之處，列寧的新經濟政策（NEP）及領導理論符合孫中山的民生主義與訓政觀念；列寧的帝國主義理論，更使孫中山的民族革命有了理論根據。因此列寧非常欣賞孫中山，1920年第三國際甚至讚揚他為「中國青年的靈魂」、「中國革命運動知識力量的化身[32]。」

（三）**尋求列強支持的失敗**：列強承認北京政府為中國唯一合法代表，尤其1920年的「關餘事件」中，列強對孫中山的敵視，使其必須另覓對象以支持北伐大業。

（四）**陳炯明叛變**：陳炯明主張聯省自治，首重保境安民並團結西南各省共抗直系，因此反對孫的北伐主張。孫中山則堅持北伐，並斥責陳炯明為機會主義分子。1922年6月16日，陳部葉舉砲轟總統府要求孫辭職，孫避難永豐艦，29日蔣介石從上海趕到並與孫中山會合，他是陪伴孫中山的少數人士之一，這也是蔣介石日後崛起的重要關鍵。但列強態度可由美國公使看出一斑，美國公使反對外國干預，因為這「將會使孫中山變得更顯赫，因而在日後可以更容易出名[33]」。從孫中山看來，陳的叛變以及他被逐出廣東是民國之不幸，而且更顯得道德淪亡[34]，因此他急於尋求援助。8月12日，蘇聯代表越飛抵達北京，預備和北洋政府商議條約，1923年1月16日，越飛親赴上海，26日發表「孫、越聯合宣言」，確定聯俄容共的方針。

（五）**中共接受「黨內政策」**：1922年7月，中共在上海舉行第二屆全國代表大會，在蘇聯代表的壓力下，決定和「民族主義者」合作，共同抗拒「封建與帝國主義的壓迫」。陳獨秀、李大釗遂於1922年8月在孫中山核准下，加入中國國民黨。

---

32 陳福霖，1980，〈孫中山與中國國民黨改組的起源〉，《中國現代史論集》，前揭書，第10輯，頁71。

33 同上，頁68。

34 同上。

二、影響

孫先生「聯俄容共」的影響如下：

（一）陳福霖教授認為這是成功的改組，使國民黨獲得新生，有能力再爭取國家權力。同時中共在五四後的成立，指出中國社會革命性的變化，即反帝、反軍閥、走向蘇聯革命模式。故容共不但是對五四之後政治與文化變遷現實上的反映，同時使得過往提倡激進政策，逐漸失去吸引力的中國國民黨重新獲得國內各階層的重視；而聯合蘇聯，也使國民黨有實力進行北伐大業[35]。

（二）沈雲龍教授認為「聯俄容共」導致國民黨正式分裂。廖仲愷被刺後，一批黨人如林森、鄒魯等反共，尤其鄒魯以青年部長兼廣東大學校長身分，在校內吸收甚多反共學生，籌組各種社團與共黨對抗，久為俄共和中共指為「反革命的大本營」，為避免蘇聯顧問鮑羅廷等迫害，遂至北京召集西山會議從事反共工作，時稱西山會議派（又稱國民黨右派）[36]。

（三）陳志讓認為1920年代的革命派從北洋曲解或公然違背臨時約法而產生大破壞的現象，得出的結論是：中國人並未預備接受憲政，因此產生軍政之後必須要有訓政的想法。故從1929～1949年期間，除了1948年與1949年之外，中國都是由1931年頒布的訓政約法統治，造成立法院幾乎無法控制行政院的現象[37]。

第三節　新文化運動

民國成立後，由於袁世凱的剛愎自用與爾後南北分裂的軍閥混戰等連串亂象，使民初對共和抱有極深期望的知識分子開始鼓吹新思想。1914年5月，章士釗等人在日本創《甲寅雜誌》，鼓吹民主憲政。同年6月，留美學生趙元任、胡明復等人發起「中國科學社」，並出版《科學》雜誌，為民初首倡科學言論之先驅。1918年起，

---

35 同上，頁82-83。

36 沈雲龍，1978，〈陳炯明叛變與聯俄容共的由來〉，《中國現代史論文選輯》，頁197-198，臺北：華世出版社。

37 陳志讓，1980，〈現代中國尋求政治模式的歷史背景〉，《中國現代史論集》，前揭書，第1輯，頁287-288。

《甲寅》、《科學》這兩份刊物在國內分別力倡民主思想、鼓吹科學技藝，為新文化運動先聲。

新文化運動主要領導人為胡適與陳獨秀，而當時首倡文學革命的則為胡適先生[38]。1916年2月，胡適在與陳獨秀信中即表示有「今日欲為祖國造新文學」之意。在時局方面，胡適認為中國應取法英、美諸國，朝自由、民主及科學之路循序漸進；至於另一領導人陳獨秀，雖出生於舊式書香門第之家，卻厭惡八股制義之學。1902年冬，陳獨秀參與籌組「青年會」，從事民族主義與革命宣傳。1916年秋，康有為上書黎元洪與段祺瑞，主張應尊孔教為國教並列入憲法，陳獨秀強烈反對，並於同年11月於《新青年》2卷3號發表「憲法與孔教」，認為孔教與中國共和體制不相容且相互牴觸[39]。

在政治方面，巴黎和會的挫折使陳獨秀轉向取法蘇聯。1920年5月，陳獨秀開始籌設共產黨，11月陳獨秀如此說道：「民主恰只是資產階級過去用以推翻封建制度，以及現在用來詐騙人們以保持政治權力的工具而已[40]。」故陳獨秀主張取法蘇聯、採行共產主義理論，才能實踐康有為的全變與速變。

陳獨秀在1940年12月所寫的〈我的根本意見〉，說了一句耐人尋味之語：「應該毫無成見的領悟蘇俄20餘年來的教訓，科學的而非宗教的重新估計布爾什維克的理論及其領袖之價值[41]。」陳獨秀同時表示，特別重要的是應給予反對黨派自由。余英時教授認為陳獨秀是早期中國共產黨運動中最具獨立思考，且徹悟民主是近代文明基礎者。

---

38 胡適於1958年接任臺北中央研究院院長，在就任典禮上，蔣介石總統出席致詞時表示，要不是發生五四自由運動，共產黨不可能坐大，國民政府也就不必從大陸撤退到臺灣來。沒想到接著上臺的胡適硬是當著蔣介石的面說：「總統，您說錯了！」中央研究院院士李亦園認為這句話，讓學術界擺脫政治糾纏，為追求學術自由與獨立立下新里程碑。胡適在1962年2月過世時，有超過30萬民眾前來追思，顯現他受到社會各界高度肯定與敬重。有關報導請參閱2004年10月17日，《中國時報》，A4版。

39 鄭學稼，1978，《中共興亡史》，第1卷，頁252，臺北：學術出版社。

40 Maurice Meisner，1968，《Li Ta-Chao and the Origins of Chinese Marxism》，頁113，Cambridge，Massachusetts。

41 1949，《陳獨秀的最後見解》，香港：自由中國社。

此外，民初新文化運動的蓬勃發展也與蔡元培於1917～1923年擔任北京大學校長期間有莫大關聯。北京大學前身原是清末康有為百日維新期間所創立的京師大學堂（創立於1898年），雖在民初改為北京大學，但學風依然保守，被批評為官僚養成所。最初學生多為京官且學習動機僅為謀求官位，直至蔡元培任校長時情形方有改善。

蔡元培改革北大的基本政策有二：其一，將北大定位為純粹學術研究機構，對中、西文化兼容並蓄並創造新文化；其二，維護學術自由，對不同的學問，只要能在學理上有其根據，都可在北大自由發表。這種辦學理念在當時可謂空前，其影響亦極為深遠，總括蔡元培改革北大的方法如下：

一、聘請教授摒除門戶黨派之見，純粹以教授的研究熱忱、學問和教學能力及引導學生研究學問興趣為標準。在當時的教授群中，依黨派有國民黨的王寵惠、無政府主義的李煜瀛、共產主義的李大釗與陳獨秀，陳在當時任《新青年》主編，蔡元培聘其為文科學長，教學成效卓著；依政治見解有帝制派的劉師培、復辟派辜鴻銘；依學派有今文學派崔適與古文學派陳漢章；史學上有考古派的王國維、疑古派的錢玄同和信古派陳介石；依文學有白話文派胡適、陳獨秀，有文言派黃侃和改良派朱希祖。這些教授再加上周作人、周樹人、錢穆等，都為當時新文化運動與爾後學術界留下深遠影響[42]。

二、設立研究所，提升學生研究風氣並建立自由選系制度。蔡元培於1919年撤去文、法、理、工4科的界限，分成數學、物理、哲學、中國文學、史地等17個學系，各系學生得選修他系課程並採取選科制度，使學生興趣得以自由發展。為鼓勵教授和學生研究高深學問，在北大初設9個研究所，至1920年起改組為自然科學、社會科學、外國文學和國學4個研究所。

三、創辦刊物，鼓勵社團發展。蔡元培接掌北大之後，為了培養學生獨立自主的精神，並能更進一步體認己身之社會責任，遂於1917年至1918年先後成立哲學會、雄辯會、技擊會、進德會、新聞研究會、社會主義研究會等社團，此外，蔡元培又推動

---

[42] 北京大學校徽為魯迅設計，校園美景「未名湖」則由錢穆命名。未名湖與著名的圖書館、水塔，合稱校園三景，其英文校名 "PEKING UNIVERSITY" 從民初沿用至今。

成立學生儲蓄銀行、消費公社、校役夜班與平民學校等。

　　1917年11月16日，蔡元培出版北大第一份校刊──《北大日刊》，接著於1919年1月25日創《北大月刊》，作為全校師生發展研究成果的刊物。當時對新文化運動影響最大的厥為陳獨秀所創辦的《新青年》與《新潮》等雜誌。其中《新青年》曾網羅北大胡適、李大釗、錢玄同、沈尹默及劉復等教授擔任主編，但1920年陳獨秀將之遷回上海，使其成為共黨機關報。《新青年》於1918年首先用白話文編排，內容致力於鼓吹青年人的創造力與活力，並批判過度崇拜傳統的不合理觀念，深受當時年輕知識分子崇尚與歡迎。參與工作的教授則有傅斯年、羅家倫、毛子水和朱自清等人。由於蔡元培治理北大時所灌輸的獨立思考和勇於批判的精神，使北大在爾後不但成為全國學術重鎮，同時於1919年「五四運動」中帶頭以「外爭國權，內除國賊」為口號，終使徐世昌政府拒簽對德和約，並反對列強出賣山東權益[43]。

　　孫中山對新文化運動及五四運動給予甚高的評價，而若干國民黨人如蔡元培、吳敬恆、朱執信、葉楚傖等對於新文化運動亦曾直接參與及推動。1918年5月「七總裁事件」後，孫先生到上海專心著述，並完成第一本著作《孫文學說》，其要旨在闡明「知難行易」的道理。在全國青年高喊「民主」之際，孫先生提出「全民政治」的主張，他發表了一篇標題為「三民主義」的專文，以林肯的「民有、民治、民享」主張來闡釋三民主義的精義。1920年1月29日孫先生寫了一封長信給海外同志，倡議創辦一份英文雜誌及「最大最新」的印刷機關，他在這封信中，再度對五四運動和新文化運動作如下的評價：

　　此種新文化運動，在我國今日，誠思想界空前之大變動，推原其始，不過由於出版界之一二覺悟者從事提倡，遂至輿論大放異彩，學潮瀰漫全國，人皆激發天良，誓死為愛國之運動。倘能繼長增高，其將來收效之偉大且久遠者，可無疑也。吾黨欲收革命之成功，必有賴於思想之變化，兵法攻心，語曰革心，皆此之故，故此種新文化運動，實為最有價值之事。

---

43 1927年，北大招生，胡適激賞一位考生的作文，給予滿分，但這位學生的數學卻考了零分，最後北大破格錄取這名考生進入北大文科，這名考生就是羅家倫。後來羅家倫當上清華大學校長時，也碰到一位語文能力奇佳，但數學不及格的考生，經由羅家倫特准入學，這名考生就是文史大家錢鍾書。

新文化運動在當時產生的影響如下：

一、中國第一個全盤西化運動

有人認為是中國的文藝復興，故在史學上有學者認為中國因而缺乏一部近代史。儒家思想在遭受衝擊下，產生了新儒學，將其中權威性與若干不合時宜的部分滌淨磨光。不過也曾有人評論：「『五四運動』在思想上沒有介紹培根、洛克、霍布士、斯賓諾沙、拉梅特利、荷爾巴哈、狄德羅、黑格爾、費克巴黑、恩格斯、狄慈根等，反而介紹了一段如朽物和市儈之輩，如叔本華、倭鑑、柏格森、羅素、杜威、泰戈爾等，這實在是『五四運動』之最大失敗[44]。」

二、馬克思主義傳到中國社會主義彌補知識分子對西方的失望

當時的國民黨尚處於「以軍閥制軍閥」，對帝國主義缺乏有效對付辦法的情況，促使中國共產黨於1921年成立。新文化運動刺激1919年的「五四運動」，孫中山從新文化運動及五四運動看出社會和文化的變遷，遂於1923年正式「聯俄容共」。

三、民主與科學觀念傳至中國

余英時認為中國人追尋西方的民主及科學時，往往忽略它們的文化背景，只是尋求一種政治形式而已；國人嚮往科學，卻不全為西方人「為真理而真理」的精神，徒為技術發展而已[45]。

第四節　巴黎和會與中國廢除不平等條約

中國不平等條約始於1842年（清道光22年）的南京條約，至1915年的「21條要求」，總數在30種以上。巴黎和會為中國爭取廢除不平等條約之始，正式運作於華盛頓會議。1943年1月11日，與英、美簽訂平等條約，百年來不平等條約全部中止，國民政府定是日為「司法節」。廢約的階段發展及成果敘述參見表二[46]。

---

44 同注40，頁262，所引李建芳之評語。

45 余英時，1976，〈工業文明之精神基礎〉，《歷史與思想》，頁377，臺北：聯經出版公司。

46 傳啟學，1957，《中國外交史》，上下冊，臺北：商務印書館。

表二　中國廢除不平等條約的階段發展及成果

會議名稱	廢約交涉及其結果	備註
巴黎和會	代表：陸徵祥、顧維鈞、施肇基、魏宸組、王正廷 中國提出希望條件： 1.廢棄勢力範圍 2.外國軍隊巡警撤退 3.裁撤外國郵局及有線無線電報 4.撤銷領事裁判權 5.歸還租借地 6.歸還租界 7.關稅自主 8.將山東權利由德國直接交還中國，反對讓予日本 結果： 1.巴黎和約承認日本繼承德國在山東權利。因1918年中國駐日公使章宗祥與日本訂立濟順、高徐二鐵道借款合同時，關於山東問題之換文，中國有「欣然同意」之語，中國代表受五四運動影響，拒簽對德和約 2.1919年9月10日，王正廷與陸徵祥簽訂對奧和約 3.1920年6月4日，由顧維鈞代表簽訂對匈和約 4.1920年8月10日，因對土和約中，各國在土耳其保有領事裁判權，我國代表並未簽字	1919年9月15日，徐世昌總統宣布對德戰爭終止 1921年5月20日，簽訂第一個平等條約，即「中德協約」
華盛頓會議	中國代表提案： 顧維鈞：中國關稅自主案。但各國拖延而無結果 王寵惠：取消領事裁判權案。議決提交委員會解決 施肇基：取消在華外國郵局案。1923年1月1日前撤銷 施肇基：取消外國駐軍、護路軍、警及電信設備案 　　　　關於撤軍案，決議是將來中國請求時，由各國派代表會同中國代表3人，共同秉公詳細調查，並預備一詳明之報告書 　　　　關於電訊設備，外國根據條約或事實存留電臺仍得經營，但未得中國允許而存留之電臺，俟中國交通部有能力經營電臺時，得予充足之償付收回	

	顧維鈞：取消租借地案。法國聲明願歸還廣州灣；日本願歸還膠州灣，但保留旅順、大連；英國願歸還威海衛，但保留九龍 1. 會外解決山東懸案問題：美國首席代表C. E. Hughe與英國代表A. Balfour與中、日代表調停山東問題。1922年2月4日，中日簽訂「解決山東懸案條約」。至於21條撤銷問題，則未獲提出大會討論 2. 金法郎案風波：1922年，由於紙法郎跌價，法國要求中國以金法郎償還法國部分之庚子賠款。中國拒絕，法國要脅以延批九國公約，並邀比、義、西班牙扣留中國關餘。結果段祺瑞臨時執政府基於財政困難，指示駐法公使沈瑞麟於1925年12月與法國公使交換照會，解決金法郎案中之中法協定。此亦為孫中山在北京無法與段合作因素之一	
國民政府 10年建國 時期	1927年	1. 收回租界及租借地方面：收回漢口及九江英租界	
	1930年	收回天津比租界、鎮江英租界 收回威海衛（惟劉公島續租10年） 收回廈門英租界 2. 收回租界法院方面：1月7日，收回上海臨時法院	
	1931年	7月28日，和法國達成在法租界內設置中國法院之協定 3. 取消領事裁判權方面：5月4日，國府公布「管轄在華外國人實施條例」，定1932年元旦實施，但因「918事件」而暫時中止	
	1928年 12月	4. 關稅自主方面：計有英、法、美、荷、挪威、比利時、丹麥、義大利、葡、瑞典等10國，與我簽訂關稅新約，日本則遲至1930年5月6日才與我簽約	
	1931年 1月1日	國府實施海關新稅則，除米、麥、書籍等免稅外，稅率分12級，最低為5％，最高為50％。此後海關又在1933年及1934年續修訂	

抗戰時期	1937～1939年	這段期間國聯大會或行政會議，大部分時間都是根據中國的申訴或要求來討論中、日糾紛，但都未做出有利中國之決議。當時最支持我國的為俄國大使李維諾夫，希望國聯宣布日本為侵略國而不果	
	1942年	美國將中國列為4強，9月，魏道明繼胡適為駐美大使，協商新約，終達協議，雙方約定1942年10月10日正式發表	
	1943年1月11日	美國→由魏道明與國務卿赫爾簽新約 英國→由外長宋子文與英大使薛穆簽字，但保留九龍問題 百年來不平等條約全部廢除，中國以此日為「司法節」	中、德1921年訂新約 中、俄1924年北京協定 日、義在中國向軸心國宣戰後，自動廢除。法國至1946年才放棄在華特權

第五節　外蒙古問題

　　外蒙古一直是俄國垂涎的戰略空間，本節將要分析民國初年外蒙古從獨立、自治、撤治，最後再度叛離中國的經過。

一、獨立

　　辛亥革命發生，俄人指使活佛哲布尊丹巴逐清駐庫倫大臣三多，於1911年11月宣布獨立，稱大蒙古國。1913年北京政府與俄簽訂「中俄協定」，允許外蒙自治，但遭參院否決。1913年10月6日袁世凱當選總統，於11月5日派遣新任外長孫寶琦與俄使達成協議，條文與中俄協定內容大致相同。

二、自治

　　1915年，中、俄、蒙在恰克圖訂立協議，外蒙取消獨立，實行「自治」。中國在協約中所得的不過是衛隊人數比俄國多50位，其餘為冊封尊號，改用民國年曆等虛儀。俄國所得的是俄蒙商約的實惠，蒙古形式上所得的是自治，實際上已受俄國支配。

三、撤治

1917年俄國大革命，外蒙已感孤立，北京駐外蒙都護副使陳毅於1918年6月電請北京政府派兵入外蒙，1919年中國軍隊到達，外蒙於1919年11月16日議院表決通過撤銷自治。

四、脫離中國

北京政府徐樹錚在擔任西北籌邊使後，大失蒙人之心，外蒙遂又復議自治。1921年俄國白軍占領庫倫，3月21日成立「外蒙獨立政府」，1921年蘇俄出兵恰克圖，7月蘇俄軍隊再入庫倫逐退白軍，並成立「蒙古人民革命政府」，外蒙再度脫離中國。

五、餘緒發展

至1924年「中俄協定」，俄國始承認中國在外蒙的主權；1945年「雅爾達密約」允許保持外蒙古現狀（蒙古人民共和國），爾後在同年8月的「中蘇友好同盟條約」第8條規定，如外蒙依公民投票證實其獨立願望，中國當予承認，蘇俄聲明尊重其政治獨立及土地完整。1952年，政府在聯合國提出「控蘇案」獲得通過，不承認「中蘇友好同盟條約」，但爾後中華民國在聯合國為爭取非洲國家支持，只得允許外蒙古與非洲新興國家的「整批入會案」通過。中華民國政府並預定於1993年在外蒙古籌設「臺北經濟及文化中心」。不過在「檯面上」，外交部仍宣稱外蒙古的領土及主權歸屬中華民國[47]。

---

[47] 中華民國已於2002年正式在外蒙古設立代表處，雙方實質關係大為進展。

第三章　統一大業

第一節　蔣介石的崛起

　　1906年，浙江奉化青年蔣介石來到日本，由於並非滿清政府保送的學生，故無法進入日本士官學校。1908年，蔣介石22歲時終於進入日本振武學校學習軍事，畢業後分發到北海道新潟縣高田野砲兵聯隊當1年的二等兵，蔣氏在此接受當時已採取德制操典的日本軍隊嚴格磨練。

　　留日期間，對蔣介石思想影響最大之處，一為軍隊的嚴格訓練，一為接受陽明學的影響。在軍隊方面，他日後回憶道：「這是我生平最大的學業，到如今仍覺以苦為樂、不畏艱險的精神，完全得力於此。」另外於日本期間，由於受到日本人閱讀王陽明《傳習錄》風氣普及影響，蔣介石傾全力購買陽明著作苦讀研究，從而得知日本以此蕞爾小島竟能強大至此，實得力於實踐「致良知」、「知行合一」哲學的結果，而這種哲理也正是日本武士道精神的根本支柱。

　　1907年，蔣介石經由陳其美介紹在東京加入同盟會。辛亥武昌起義後，都督之中最具實力者為粵督胡漢民與滬督陳其美二人，蔣介石時在陳麾下擔任團長。1912年1月14日上海光復軍司令陶成章為人暗殺，刺陶者實為蔣介石。1913年，國民黨二次革命失敗後，孫中山率部分效忠黨員東渡日本。10月，蔣在滬加入，應為國內最早入黨者，旋去東京得中山個別接見。據蔣自述：「嗣後即不時予以指導，付以各項重要革命任務[1]。」

　　1916年5月，陳其美在滬遭刺殉難，中山在軍事上頓失支柱，旋由陳炯明替代陳其美之地位。1918年，蔣介石至汕頭任援粵軍總司令，1920年9月在朱執信殉難於虎門之後更為孫所倚重。孫以為：「計吾黨中能知兵事而且能肝膽照人者，今已不可多

1　蔣永敬，〈國民黨三巨頭胡汪蔣的分合〉，《傳記文學》，第62卷，第3期，頁17，臺北：傳記文學出版社。

得。」他認為蔣之勇敢誠可與朱比，而知兵則又過之，但其缺點則為「性剛而嫉俗過甚，故常齟齬難合」，希其「勉強犧牲所見，而降格以求[2]」。

1922年3月21日，孫中山愛將，時任粵軍參謀長兼師長鄧鏗被刺身亡，6月16日陳炯明叛變，蔣介石由滬聞變，即於6月29日到粵登艦赴難，前後為時40天。一般咸認此為蔣嶄露頭角之關鍵，孫在蔣撰《孫大總統廣州蒙難記》的親筆序言中說道：「陳逆之變，介石赴難來粵，入艦日侍余側，而籌畫多中、樂與余及海軍將士共生死。」1923年蔣受孫命率團赴俄考察，1924年擔任軍校校長時，將軍校辦得有聲有色，而成為真正的革命軍搖籃，最後終於在1928年完成北伐統一中國大業，實現中山先生多年來的理想。

史景遷（Jonathan Spence）所著《中國近代史》一書曾提出，在上海英租界巡捕局有蔣介石的檔案，但原文未敘係刑事偵緝或因政治關係而得；黃仁宇分析蔣在上海的一段生涯，似有做浪人的趨向[3]。史迪威在敘及蔣介石時曾寫出：「他想做道德上的權威、宗教上的領導者和哲學家，但是他沒有充足的教育，這是何等的可笑，假使他有大學4年的教育，他尚可以了解現代的世界，這是實情，然而他全不了解，假使他能了解那倒好了，因為他想做好事。」可是曹聖芬的《懷恩感舊錄》裡提及蔣遍覽群書，並敘述：「北京大學一位哲學教授賀麟先生曾經說過，德國的黑格爾歷史哲學最是晦澀難懂，中國哲學家對之真有深刻研究，真能透徹了解的，只有幾位，而總統是其中之一[4]。」

哥倫比亞大學的狄白瑞（Theodore de Bary）曾向黃仁宇教授談起他和蔣介石暢談陽明學的經過。陳榮捷是當代研究陽明學的權威，他書中即分析王學優點在行事果斷、知行合一，但缺乏邏輯上之綿密，因而我們從蔣介石的少年行徑及其崛起過程得知，只有靠意志力及不顧程序的幹勁，他才能從一位日本士官生，完成北伐和抗戰[5]。蔣夢麟也曾敘及經歷國共內戰，甚至政府遷臺，在承受杜魯門政府強烈的敵視下，蔣

2　同上，頁18。
3　黃仁宇，1991，《地北天南敘古今》，頁288，臺北：時報出版公司。
4　同上，頁286。
5　同上，頁287。

介石仍然能鞏固復興基地，抵擋共產赤禍[6]。這似乎都透露其知難行易的思想背景。

蔣氏在南方革命勢力中，原本是一位資淺的留日士官生，1922年陳炯明政變，蔣氏隨侍孫中山一同經歷所謂「永豐艦蒙難」後，方受青睞。1923年蔣氏奉孫大元帥之令率領代表團前往蘇聯訪問，在訪俄旅程中開始質疑布爾什維克的革命論，爾後在與俄人論及外蒙古問題時，方體會蘇聯所謂團結世界弱小民族，進行無產階級專政，只不過是另一種形式的帝國主義罷了，因此對聯俄容共缺乏信心。返國後蔣介石並未立即前往廣州，原因似乎是未獲選黨大會代表，或聞當時孫中山有意自兼軍校校長。後以留日摯友戴傳賢之勸告：「暫時忍耐，先謀掌握實力，以觀其變。」方前往廣州並就任黃埔軍校校長[7]。

在擔任軍校校長任內，蔣氏首先平定由陳伯廉為首的廣州商團叛亂。當時商團受英人支持火力旺盛，蔣氏卻以半日光景使其繳械，並以商團槍械成立教導團，由何應欽出任團長，稱為校軍，從此黃埔善戰威名不脛而走。北方統治集團在段祺瑞的臨時執政名義下，邀請孫中山至北京共商國是，孫中山抱病入京，不幸於1925年3月12日以膽囊癌病逝協和醫院，臨終遺言：「和平、奮鬥、救中國」。

1925年7月，廣州改組元帥府成立國民政府。蔣氏先後兩次擊潰陳炯明叛軍，就在此時，聯俄容共主要推動者——國府委員兼財政部長廖仲愷於8月20日在廣州中央黨部被殺手陳順狙殺。此事造成的影響有三：

一、粵軍總司令許崇智、外交部長胡漢民下臺。

二、國民黨內部原本反對聯俄容共派的部分黨員，由於懼怕俄國顧問鮑羅廷的迫害，於1925年由粵赴京，在孫先生停柩處西山碧雲寺召開第一屆中央執行委員第四次全體會議，議決：（一）取消中共黨員的國民黨籍；（二）解除鮑羅廷職務；（三）由於國府主席汪兆銘左傾，故停止汪氏黨籍6個月。

此派人馬因不得廣州政府承認，乃自設中央黨部於上海，人稱西山會議派。國民

6　顧維鈞，1990年5月，〈韓戰初期中美關係回憶錄〉，《歷史月刊》，第28期，頁55，臺北：歷史智庫出版公司。

7　郭廷以，1980，《近代中國史綱》，頁556，香港：中文大學。

黨正式分裂為三派，時人謂即汪兆銘的左派（贊成聯俄容共）、林森的右派（反對聯俄容共）及蔣介石的中派（在當時不表態）。

三、蔣介石在國府內部掌握了軍事大權（時兼廣州衛戍司令），宋子文負責財政（宋氏乃江浙財閥），汪兆銘負責黨政（俄國人擔任預算委員會顧問）。蔣介石從此躋身決策階層，並掌握黃埔嫡系勢力，成為爾後蔣氏在政治舞臺上的最大籌碼。

在蔣介石籌備北伐之際，俄國顧問開始懷疑這項行動及其影響。俄國人尤其懷疑蔣氏對聯俄容共的忠誠度，於是鮑羅廷發表「革命武力在後，黨力量在前」，深恐蔣氏的北伐影響力將會擴充至俄國人控制範圍之外，俄國軍校顧問季山嘉（Kissarka）並在軍校校務會議發表「北伐必敗論」。而在正反意見激盪時，1926年3月20日爆發了「中山艦事件」。

中山艦是蔣氏個人往返廣州與黃埔島的座艦，艦長是黃埔畢業但主張聯俄容共的李之龍。照國府說法，李之龍受共黨分子蠱惑，預備於3月20日綁架蔣氏於艦上，將之劫持至海參崴，再經由陸運到西伯利亞終身禁錮。但今日學者對此說法頗有懷疑，因為中山艦噸位不大，似乎無法遠航，而且由廣州海面通過北洋海軍轄區更為不易。

因此當今學者對中山艦事件爭議仍多，當時汪兆銘的廣州親信之一陳公博在其回憶錄《苦笑錄》書中〈三月二十之變〉一章，頗多內幕資料，但仍然認為「有名的三月二十之變，也和西安事變一樣，同是一個難解的謎。不過三月二十之變，其難解在原因；而西安事變，其難解在結果」。今日有關中山艦事件原因推論，約有三個方向[8]：

一、汪兆銘受俄籍顧問指示，阻止蔣介石北伐。在當時軍校中，共黨學生所組織的青年軍人聯合會與反共的孫文主義學會發生嚴重衝突，涉及中山艦事件艦長李之龍屬前者。同時為北伐問題，蔣介石亦與俄國顧問季山嘉發生衝突，18日晚，海軍代局長李之龍令中山艦駛抵黃埔，19日汪兆銘妻子陳璧君3次電蔣宅問他何時回黃埔。因此事後蔣認為季山嘉涉有主謀之嫌，但汪兆銘亦涉及其中，汪心理不安遂請假離粵赴

8　蔣永敬，1989年10月，〈中山艦原因的考察〉，《歷史月刊》，前揭書，第21期，頁24-36。

歐，中央政府委員會乃推譚延闓代理國府主席。

二、西山會議派挑撥汪、蔣二氏間矛盾，欲藉此打擊共黨勢力。據陳公博回憶，西山派人士鄒魯於1930年的閒談中告訴他中山艦事件實乃伍朝樞等玩的「小把戲」。一日，伍請俄領事吃飯，次日又請蔣之左右吃飯。在席間不經意透露俄領事昨晚告知蔣將於近期赴莫斯科一行，使蔣懷疑。其次，陳璧君原本好熱鬧之人，故天天促蔣動身，再加上蔣曾向汪刺探，擬往莫斯科休養之詞亦獲汪爽快答應，使蔣以為汪欲謀扣押他並直接送往莫斯科，因此蔣遂決定反共反汪。李之龍也曾說西山派鄒魯不斷在省港散布謠言，挑撥蔣介石與廣州各軍間及汪兆銘的不和之說，而蔣情緒亦大受影響，遂於中山艦事件後爆發。

三、蔣介石個人自導自演，一方面厚植己力，另一方面清除俄人及汪兆銘在黨、政、軍方面的影響力。蔣永敬教授認為這一事變或可推論為李之龍以汪兆銘為靠山，打擊孫文學會隸屬蔣派的海軍軍校副校長歐陽格，而歐陽格為反擊，遂利用李之龍奉令調艦之事做成「挾持」之文章。事後從海軍局值日官日記和調艦關係人筆錄證明李之龍並無矯令調艦之事，李遂於4月14日獲釋。或許此一陰謀論正好製造蔣清除異己的前提，亦不無可能。

總之，3月20日，蔣介石展開整肅，扣留中山艦，拘捕李之龍，包圍俄籍顧問住宅及共黨機關，並收繳由共黨分子所操縱的罷工委員會槍械。在後續行動中，季山嘉被遣送回俄，軍校左傾的「青年軍人聯合會」遭解散，教務長鄧演達（左派）的職務被解除，最後汪兆銘亦下臺避居歐洲，自此，蔣介石成為廣州最有實權的人物。1926年5月15～21日，中執會全體大會通過蔣介石所提的整理黨務及準備北伐案，蔣氏並邀請紅軍將領布魯徹（Bluchero，其在中國別名為嘉倫〔Galen〕）擔任其軍事顧問。兩人曾於1924～1925年共同籌組黃埔軍校及國民革命軍，1926年5月，布魯徹至廣州協助蔣氏擬訂北伐計畫。7月，蔣氏任職總司令，正式誓師北伐。

第二節　北伐時期北洋政局

北方政局自直奉二次戰役後，始終不穩。1924年馮玉祥率師倒戈後，所部改稱「國民軍」入據北京，並違反「優待清室條件」將溥儀驅逐出北京紫禁城，人稱「首都革命」，此一舉動是刺激溥儀投靠日本建立偽滿洲國的一項重要動機。

1925年，北洋集團又爆發直奉第三次戰爭，孫傳芳自稱浙、閩、蘇、皖、贛5省聯軍總司令，對抗奉軍，時稱新直系。繼之吳佩孚在武漢重整旗鼓，自稱14省聯軍總司令，也同時聲討奉張。另有倒戈將軍之稱的馮玉祥（因其信奉基督教，洋人稱其為基督將軍）亦暗中勾結張學良在東北講武學堂亦師亦友的前同盟會會員郭松齡反奉，郭松齡在1925年11月通電反對張作霖，要求張作霖息戰去職，將政權交與張學良，並私下致函張學良決意：「另造3省之新局面，成則公之事業，敗則齡之末局。」爾後便揮軍瀋陽，但由於日本援助張作霖，郭氏被俘殺害[9]。郭松齡一直為張學良之部下，對其「叛意」，張學良也「早就知道」，當時他曾擔心「連郭茂宸（松齡）這麼親的人都容不下，將來誰敢跟我？」因這「一念之私」而未預先採取行動[10]，郭敗死後，學良對部下才不再放任職權，除了他本人之外，確實也缺乏如郭氏這等能統轄全東北軍的人才。西安事變後，東北軍群龍無首，終至內訌分裂東北軍的226事件（少壯派將校不滿蔣氏扣押張學良，因遷怒而槍殺軍長王以哲等人，後為楊虎城平定），似乎也跟張氏的大權獨攬不無關係吧[11]？

1926年，張作霖與吳佩孚妥協，聯合進攻馮玉祥。4月18日，奉軍與直魯聯軍進入北京，此時張作霖與吳佩孚二人雖在軍事上仍保持「合作討赤」（指馮），但當政治上取消了臨時執政政府而改由內閣攝政後，雙方即圍繞組閣問題展開微妙的鬥爭。

1926年8月，北伐軍於兩湖擊敗吳佩孚，繼之敗孫傳芳軍於江西，10月，南方國民革命軍攻占武漢，吳佩孚退入四川。12月1日，張作霖面對此不利局勢，在天津就任「安國軍總司令」之職，而張學良亦在與記者談話中，暗示不再仇視「黨軍」（即

9　1992年7月，〈張學良專輯〉，《歷史月刊》，前揭書，第54期，頁44。
10　同上，頁45。
11　同上，頁48。

國民革命軍）的條件，亦即希望南方放棄「聯俄、容共、扶助農工」三大政策[12]。

1927年，蔣介石派何成濬、張學良派葛光庭為特使，往返商談罷兵言和之事，但因為張作霖堅持對等議和，使談判未能達成協議。同年，軍閥間錯綜複雜的利害關係下，閻錫山的晉系與奉系爆發激戰，鬩牆之爭，民眾深受其害，而張學良對內戰也就愈感厭惡了。

1928年春天，各地軍人有鑑於南方革命軍勢如破竹而紛紛倒戈於蔣介石。蔣介石本人擔任第一集團軍總司令，國民軍系馮玉祥、晉系閻錫山、桂系李宗仁則分任第二、三、四集團軍總司令，聯合向奉系進攻。在南方節節獲勝之際，日本為阻止中國統一，出兵山東，殺害國府交涉員蔡公時，史稱「五三慘案」。

5月9日，在張學良的泣諫下，張作霖發出息爭的通電，同時奉軍陸續後撤。5月底，張作霖決定離京返奉。日本公使芳澤謙吉在張氏瀕臨潰敗之際，要求張氏履行當年日人援助制止郭松齡事件時，所答應的「日張密約」（即日人商租權及5條鐵路築路權），日本黑龍會領袖土肥原更威脅：若不簽字就要反奉。但張作霖一方面拒絕張宗昌「聯日抗蔣」之建議，並於6月3日離京，當天下午在中南海辦公廳再度拒絕於「日張密約」簽字[13]。

日本人眼見要求未遂，在未知會田中義一首相的狀況下，由關東軍司令長官岡長太郎總策畫，命令關東軍高參河本敏夫在皇姑屯京奉及南滿鐵路交會的橋洞（張氏走京奉，而日人控制南滿）吊下重150公斤，分裝成30大麻袋的黃色炸藥。6月4日清晨，張氏的包廂剛駛入橋洞，炸藥即行引爆，在身受重傷下，張氏被送回瀋陽帥府，於9時30分過世。張氏身亡後，帥府祕不發喪，直到張學良於6月17日到瀋，21日才舉行喪禮。而關東軍也因為未獲天皇批准出兵的「大詔奉敕令」以及不了解張氏在「皇姑屯」事件後的混沌情勢，錯失出兵良機。二次大戰結束後，日本關東軍參謀田中隆吉在戰犯法庭作證時曾說：「如在當時得逞（指趁張氏被炸後出兵滿洲），則918事變將提前在1928年發生[14]。」

---

12 同上，頁65。

13 趙天輯，1989年1月23日，〈少帥在東北〉，《聯合報》。

14 李雲漢，1978，〈七七蘆溝橋事變的背景〉，《中國現代史論文選輯》，前揭書，頁263。

「皇姑屯事件」在當時及爾後則產生如下的政治影響：

一、張學良易幟，中國統一

在張作霖被炸身亡後，父子情深的張學良拒絕日本特使林權助（天皇裕仁師輩）的合作抗蔣之議，也力排奉系內部反對聲浪，毅然於1929年1月1日正式易幟，新中國來臨。同時在返回東北後，即槍殺老帥時代大將楊宇霆及常蔭槐，使奉系徹底改造，納入個人全權指揮，時人又稱新奉系。

二、天皇政治沉默說

天皇在皇姑屯事件後，曾召見田中義一首相詢問實情，但田中首相對實情亦不知曉而遭天皇斥責，隨後田中內閣總辭。當時元老政治家西園寺公望暗示天皇裕仁，不應該對政治直接表明個人意見，自此天皇未再直接對政治發表意見，部分輿論根據此點認為天皇不應對二次大戰的發動負戰犯之責。

三、西安事變

皇姑屯事件張氏身亡，再加上1931年「918事件」東北淪亡，使飽受家恨國仇的張少帥於1936年發動兵諫劫持蔣委員長，要求其放棄剿共政策，改行「聯共抗日」，史稱西安事變。學良的仇日心態，當與皇姑屯事件有莫大關聯。

第三節　北伐時期的國民革命軍

1926年7月9日北伐開始，蔣氏取代共產黨人譚平山兼任組織部長，並被推舉為中央常務委員會主席，掌握黨、政、軍三系大權。

蔣氏在此之際的敵人，大致可分兩類：一為北洋統治集團，二為內部共產黨分子。在南方，共產黨於下層發展農工勢力，在上層發起迎接當時人在巴黎的汪兆銘歸國復任國府主席運動。1926年12月13日，鮑羅廷宣布成立「中國國民黨中央執行委員暨國民政府委員臨時聯席會議」。在共產黨人徐謙主席的領導下，12月15日議決將中央黨部及國民政府所在地遷於武昌，而右派黨人張人傑、譚延闓及蔣介石均主張中央黨部及國民政府應暫駐南昌，但仍不為左派接受。1927年，鮑羅廷提出聯俄、聯共及工農3大政策，藉武漢人民日報（3月12日創刊）專門宣傳無產階級專政，除了大力搞工農運動外，並分化國民革命軍，拉攏一切勢力，展開國民黨左、右兩派激烈的奪權

鬥爭。

一、清黨

1927年4月15日，右派的中央執監委（吳敬恆、蔡元培、古應芬）在南京開會，決定定都南京，17日推胡漢民為國府主席，正式接受查辦共黨分子案。5月5日，胡漢民在南京中央所提清黨原則第三項：「土豪劣紳、貪官汙吏、投機分子、反動分子及一切腐化、惡化分子，前經混進本黨者，一律清除。」胡氏為當時的清黨委員會所訂「腐化惡化之解釋」如下：

凡違背黨義、黨章、黨紀及黨政府之政策或法令，不顧本黨的國民革命和民眾的利益，有意或無意以個人利益為前提，懈怠黨的工作；如攙入本黨之貪官汙吏、土豪劣紳、政客官僚以及一切投機腐敗不忠實不努力的分子，其行為將令本黨漸起腐化者，為腐化分子。

凡違背本黨黨章、黨紀及一切議決案，不顧本黨國民革命的民眾利益，自覺或半自覺以其私黨之利益為前提，受外人之意旨與金錢，供其利用，實施篡奪、欺詐、破壞種種卑劣手段，致釀成恐怖者；如攙入本黨之共產分子及受其勾結利用之一切惡劣分子，為惡化分子。

胡漢民認為國民黨內部的共產分子就是所謂惡化分子，而腐惡同源。他說道：「我們平常只知道共產黨惡化，沒有知道惡化的朋友也會腐化的。原來惡與腐本屬一家，同為罪惡，不過態度上面有些不同。惡是急進的，腐是緩進的；硬一點是惡，軟一點就是腐；為陽則惡，為陰則腐罷了。惡化的人，一定腐化；腐化的人，一定惡化，原不足奇。共產黨員貪汙枉法的地方，早就數說不盡了，像前清官僚剝削人民的脂膏來，又要快，又要盡；心地狠處，手段辣時，既奪他人的財產，便不得不先奪他人的生命，更非惡化而何？」

5月7日，中央清黨委員會成立並公布「清黨條例」，各地共黨分子或被殺，或被拘，或逃匿，這場血腥清黨，論者謂乃日後國共永久的心靈創傷。

二、寧漢分裂

武漢的親共立場似乎一開始即面臨不利。武漢政府在當時主要控有贛、湘、鄂3省，但東南各省及四川支持清黨，使武漢陷入孤立地位。此外共產黨人在兩湖沒收地

主土地的行為，引起保守派軍人如夏斗寅（14獨立師長）及許克祥（唐生智轄下35軍33團團長）的反動；另如贛省主席朱培德遣送共黨分子離境，並停止農工活動。但最戲劇性的轉變還是在於汪兆銘本人的反共態度。

汪氏是前清秀才，加入同盟會，在1910年謀炸醇親王被捕，經粵督張鳴岐力保出獄，並與袁世凱兒子袁克定結拜兄弟，後返回南方，以袁特使身分洽商南北議和[15]。汪氏是孫中山信徒，其主張「聯俄容共」的態度及其在黨、政的資深地位，都被時人視為國民黨左派的領袖。

1927年6月5日，第三國際代表魯易（M. N. Roy）轉給汪氏一封莫斯科電報，大概內容是增加共黨對武漢政權的控制，擴大工農活動並處分反革命派。汪兆銘說：「綜合這5條而論，隨便實行那一條，我們國民黨就完了[16]。」7月，武漢左派當局再度發現史達林指示鮑羅廷以武力控制其政府陰謀，於是武漢宣布「和平分共」，但由於中共回以「南昌暴動」，8月8日汪兆銘亦開始清黨。在與南京磋商過程中，汪兆銘聯合桂系李宗仁等要求蔣介石下野，蔣雖然於1928年1月4日正式復職，但雙方的心結及權力鬥爭卻一直持續下去。

三、北伐結束

1927年8月，蔣介石於引退同時與上海革命家兼富商宋嘉樹的三女美齡結婚。宋氏早年與孫中山結識，次女慶齡嫁與孫中山，長女宋靄齡嫁與孔祥熙。其後宋慶齡女士在孫中山逝世後，依然繼承其夫婿的「聯俄容共」遺策來領導國民黨左派，至於孔祥熙與宋子文則長期隨蔣介石負責中國財金政策。

1928年春天，經整頓的國民革命軍由復出的蔣介石和右派領導，在往北京途中加入了馮玉祥及閻錫山勢力，6月在與奉系協議下，和平進入北京，並在東北張學良的響應下統一中國，北洋集團的5色旗遂被青天白日滿地紅旗所取代[17]。北伐雖然完成，

---

15 梁敬錞，1980，〈1911年的辛亥革命〉，《中國現代史論集》，前揭書，第1輯，頁26-27。

16 李雲漢，1986，《中國近代史》，頁269，臺北：三民書局。

17 中華民國的國花是梅花，在1928年由國民政府核定，梅花有三花五瓣，以此象徵三民主義及五權憲法；梅開五瓣則象徵五族共和。國府遷臺後，1964年7月21日由行政院正式核定。2006年2月28日，《中國時報》。

但整個中國在邁向現代化的過程中，仍有漫長且艱辛之途。綜觀北伐，其意義可分三點來探討：

（一）北伐的成功反映民眾自五四運動以來對北洋當局與帝國主義列強結合的反感及厭惡，在心態上遂接受聯俄容共後的國民黨反列強與反軍閥的意識型態宣傳。而北伐得以完成，亦是國民黨聯俄容共下最大的收穫，這種共識清楚的指出中國人民自清末以來，渴望國家能夠光榮獨立自主的心態。故楊格認為自1890年代到1949年間，中國所有的政治運動，其旨都在訴求恢復中國光榮自主的地位，外國對中國的帝國主義侵略應當排除，因此民初以來的政治領袖必須具備軍事強人的背景方能承當。而在追求國家自主的過程中，也歷經了3個階段革命運動，第一個即為清末改革運動到辛亥革命；第二個則為1920年代的民族主義革命運動，這個運動受「五四運動」啟發，而由蔣介石於1928年結束；第三個運動則是由共產黨所發起，並持續至中華人民共和國成立後[18]。

（二）蔣介石北伐成功統一中國只達成其表面目的，但事實則不然。各地響應北伐的軍閥對統一後的中國所採取的態度是「認廟不認神，聽封不聽調」。我們可認為北伐前的中國存在著一國兩府的分裂；北伐後的中國，在一統的國號下，各省區仍存在「國民黨諸侯」的分裂割據。

（三）北伐期間，國民黨基於權力鬥爭，首先因清黨而推翻了孫中山「容共」政策。1927年12月，又因為蘇聯唆使中共在廣州暴動，宣布斷絕與俄國一切關係，故1927年中國國民黨正式放棄孫中山「聯俄容共」的遺策。

---

18 楊格（Ernest P. Young），〈現代化保守人物——袁世凱〉，《中國現代史論集》，前揭書，第4輯，頁191。

第四章　艱苦建國
（1928～1937年）

第一節　裁軍大戰及廣州獨立

一、裁軍內戰（1929～1930年）

　　北伐結束，國府鑑於兵員過鉅影響軍政及財政統一，於1929年1月1日，在南京正式召開國軍編遣會議。會中馮玉祥、李宗仁因自己嫡系被刪甚多，懷疑這是中央變相「削藩」行動，遂心生不滿。

　　同年3月，中國國民黨在南京召開第三屆全國代表大會，結果由蔣介石親信陳果夫及陳立夫分別出任中央執行委員會常委與中央黨部祕書長，掌握實權，人稱C.C.派（名稱由來或為二陳姓氏縮寫，或指Central Club），日後並正式改組為青白同盟。在三全大會的安排下，左派及西山會議派在重大人事權上紛紛落空，心生不滿，於是國民黨內部奪權失敗的左派、西山派便與不服裁軍的將領李宗仁、馮玉祥及閻錫山結合反蔣，雙方戰爭主要集中於河南、山東，故又稱為中原大戰。

　　雙方動員軍隊合計140餘萬，戰況尤以河南省最為慘烈。楊永泰建議蔣介石以政治對付閻錫山、經濟對付馮玉祥、軍事對付李宗仁，再以外交籠絡地位舉足輕重的東北張學良。蔣介石派遣張群、吳鐵城、方本仁、李石曾等前往東北做說客，許以中華民國陸海空軍副總司令及若干實質利益予張少帥，而閻錫山的說客則相形見絀，於是東北軍出山海關，閻氏在北平成立的國民政府迅速瓦解，全國又告表面統一[1]。

　　中原大戰的影響主要如下：

　　（一）1929年10月27日，閻錫山在即將宣告失敗時完成「太原約法」。沈雲龍教授認為其於中央與地方權限、國家賠償、教育及生計篇等方面均甚精采，在國家憲政發展史上有其地位。在約法中，閻錫山建議召開國民會議，蔣介石爾後也欣然接受[2]。

---

[1] 沈雲龍，1980，〈擴大會議之由來及經過〉，《中國現代史論集》，第8輯，頁118-120，臺北：聯經出版公司。

[2] 同上，頁121-123。

（二）在裁軍大戰中最大功臣為張學良。經此事件，張氏成為中華民國第二號政治人物，影響力亦達到個人從政的最高峰。

二、湯山事件（1931年2月28日）

蔣介石預備於1931年召開國民會議，並頒布「訓政約法」，但粵籍大老胡漢民及譚延闓對約法內容不表同意，蔣介石則指責胡漢民反政府、勾結軍隊、阻撓約法。2月28日，鑑於胡漢民不肯妥協，蔣介石派兵將胡氏幽禁於南京西郊之湯山（傳聞國民會議將制訂總統選舉法，對胡氏不利），史稱湯山事件[3]。

三、廣州獨立（1931年5月27日）

胡漢民與蔣介石同為中央政府的兩大柱石。胡為國民黨元老，言行嚴正，對於主義、政綱、法紀至為堅持，尤其在孫中山逝世後，許崇智、汪兆銘相繼遭到排擠，而蔣介石卻迅速崛起，頗有一人之勢，使得長期在國民黨居優勢地位的粵人早有不平之感，至胡漢民被禁，終告決裂。

3月5日，桂系陳濟棠請蔣對胡愛護，以免內憂。時在廣州的國府文官長古應芬連電請辭，司法院長王寵惠、鐵道部長孫科均留滬不歸，表示對蔣的抗議；李宗仁、白崇禧乘機返回廣西與廣東進行串連。4月30日，中央監察委員鄧澤如、林森等通電劾蔣，汪兆銘與粵軍將領分別響應，而南京方面大老和將領則紛起辯駁，以電報戰隔空交火。

5月27日，反蔣中央委員在廣州召開非常會議，自立國民政府；南京方面不甘示弱，正式通過訓政時期約法，由蔣介石出任國府主席；中共亦於11月7日，在江西瑞金成立中華蘇維埃共和國，主席毛澤東，副主席項英、張國燾，紅軍總司令為朱德。至是中國計有南京、廣州、瑞金3個政府，而日本已占據東北兩個多月了（918事變）。

四、政府改組——妥協下產物

寧、粵衝突最後因「918事件」而和解，11月，南京及廣州代表在上海召開第四屆全國代表大會，決議重新改組國府、行內閣制，且蔣氏不必下野。蔣派、西山派及左派的權力重新分配改組如下：

---

3 郭廷以，1980，《近代中國史綱》，頁608，香港：中文大學。

國民政府主席由西山會議派林森擔任，行政院則由左派的汪兆銘擔任院長組閣，而蔣介石則出任軍事委員會委員長，宋子文擔任行政院副院長兼財政部長。

論者嘗謂，辛亥革命中同盟會與北洋派的對抗，由於外力介入，最後雙方妥協而由袁世凱掌政，但是北洋派內爭不斷，政權遂為國民黨所得。北伐後，國民黨本身卻自陷內鬥及相互牽制覆轍，促成中共崛起。毛澤東自己也說過，只要國民黨不斷長期分裂及內戰，紅軍就可日益發展，贏得最後勝利。

第二節 西安事變與其他動亂

一、閩變（1933年）

1932年「128事件」結束後，第19路軍成為國人心目中的抗日英雄，蔣介石為避免刺激日軍，將之調至福建，而引起19路軍將領陳銘樞和李濟琛等人不滿。在入閩後，國民黨改組派（左派）鄧演達及宋慶齡相繼抵達，陳銘樞並組織生產民主黨。然而19路軍在福建的反蔣、反國民黨措施太過激烈（孫中山遺像、國旗等一概不准懸掛），雖然於1933年11月20日在福州成立「中華共和國人民革命政府」，但終不獲民心。

此外，因兩廣猶豫、北方諸侯的觀望，加上莫斯科阻撓，使中共臨時爽約而終告失敗[4]。其他次要戰亂尚有1932年廣東陳濟棠部與粵海艦隊之戰、山東韓復榘與膠東劉珍年之戰，而四川一地，自民國以來，即爆發大小戰役480餘次。

二、馮玉祥察省抗日事件（1933年5～8月）

馮玉祥在918事變後，欲利用抗日風潮及反蔣風氣，在察哈爾建立抗日根據地並發展勢力，尤其駐防平津的29路軍由其舊部宋哲元統帥，以為可資利用。結果因兩廣及東北軍皆不支持，宋氏亦反對而草草結束[5]。

三、兩廣政變（1936年5月）

桂系陳濟棠、李宗仁、白崇禧對蔣介石成見始終未見冰釋。5月胡漢民病逝，於是陳濟棠以抗日為名，出兵湖南，此舉引起粵籍國民黨元老普遍反對，高級將領余漢

---

[4] 同注3，頁635-636。

[5] 李雲漢，1980，〈馮玉祥察省抗日事件始末〉，《中國現代史論集》，前揭書，第9輯，頁157-176。

謀、李漢魂擁護中央，空軍也被號召歸附中央，結果陳出走，中央續派陳誠向李宗仁及白崇禧表明抗日決心和計畫，9月事件和平落幕。

四、西安事變（1936年12月12日）

1932年東北完全失陷，除了引發國人的抗日風潮，也連帶譴責張學良為「不抵抗將軍」，然而東北的不抵抗政策實奉行蔣介石的命令（時任國府主席）。蔣氏的著眼點在於抗日準備未成，如在東北與日本正式宣戰，喪權失土將很難收回，不如製造日本侵略之名，再訴諸國際聯盟保留轉圜餘地。蔣氏於1931年7月12日曾電學良：「此非對日作戰之時。」于右任亦於7月13日電張氏：「中央現在以平定內亂為第一，東北同志宜加體會[6]。」

1932年，蔣氏仍委張學良「華北綏靖」重任，翌年，屬張氏防務的熱河失陷，張氏為負責，毅然請辭下臺，赴歐旅遊至1934年返國。張氏曾要求轉任蔣氏侍從室主任未果（或因其非黃埔嫡系出身），反被蔣介石命為鄂、豫、皖剿匪軍副總司令（蔣自兼總司令），前往西安負責剿共[7]。

整個西安事變，以吳天威教授的評論最為中肯，吳氏認為西安事變發生原因應為：「蔣介石忽略張學良的心理變化，導致共黨在兩者矛盾中發展[8]。」從張氏個人回憶錄中透露，西安事變原因綜合如下[9]：

（一）**國仇家恨**：張氏服膺蔣氏的主要原因即在於先翁被日人炸死，爾後亦因東北淪陷，使其抗日意願與蔣氏剿匪政策，形成認知上的差距。

（二）**反對內戰**：從1926年與北伐軍作戰開始，張氏便反對內戰。在旅歐期間，張氏會見希特勒和墨索里尼，非常欣賞德、義人民那種對領袖和國家效忠的精神，且全民團結無內戰，使兩國迅速由大戰的陰影中復興。故張氏更反對內戰，導致其剿匪意願低落。

6　沈雲龍，1980，〈918事變的回顧〉，《中國現代史論集》，第9輯，前揭書，頁92-95。

7　黃仁宇，1991，《地北天南敘古今》，頁116，臺北：時報出版公司。

8　吳天威，1980，〈西安事變〉，《中國現代史論集》，前揭書，第9輯，頁207-217。

9　張學良，〈西安事變回憶錄摘要〉，《傳記文學》，第56卷，第6期，頁24-28，臺北：傳記文學出版社。

（三）**剿匪失敗**：在陝北剿共中喪失兩個王牌師及師長（110師師長何立中及109師師長牛元峰皆戰歿），使張氏了解剿匪的困難，並懷疑目標正確與否。

（四）**不滿中央對東北軍偏頗**：918之後，東北軍全體罰減俸20％作為「國恥」；在喪失兩個師之後，中央不但未補充兵力，也不撫恤陣亡將士家屬，使張氏疑惑中央是否「以毒攻毒」（使東北軍與共匪互相殘殺殆盡）。

（五）**重視中共宣傳**：1月25日，中共向東北軍發表公開信，內容為挑撥東北軍與中央關係及「以毒攻毒」之語。2月，張氏在上海晤共黨代表潘漢年，3月4日在洛川再晤李克農和戴鏡元，4月9日終於和周恩來會晤，達成最後協定，准許中共在延安「保安立足」，但中共的抗日聯合陣線也必須包括蔣介石。至此，張學良的聯共抗日政策已大致底定。

10月25日，蔣介石親至洛陽，表面是作50大壽附帶旅遊，實則邀集西北軍政長官勉以支持「攘外必先安內」政策。張學良嘗試與蔣溝通「聯共抗日」可行性，但蔣在閱兵中訓話，表示主張聯共者其人格連殷汝耕都不如（殷氏乃日本冀東防共自治政府的傀儡漢奸），迫使張氏放棄溝通機會。蔣至西安後，曾數度邀集東、西北軍長官訓話，但張學良、楊虎城二位皆未受邀。12月12日，張氏命令警衛營營長孫銘九率眾突襲蔣氏駐所──華清池，進行「聯共抗日」的兵諫。

事變發生後，國內一片反對之聲，國際上（包括蘇聯亦指示中共和平解決）亦不贊成，而國府則討撫並進，由宋美齡偕同宋子文親赴西安談判。張氏則因蔣介石拒絕談判而邀請周恩來至西安，最後蔣氏接受調停，放棄攘外必先安內政策，全國團結一致抗日。張學良則在12月25日，不顧眾人反對親送蔣氏一行返回南京，經過內部運作，張氏被判刑10年。抗戰時張氏一度要求蔣氏放其參加抗日報國未果，抗戰勝利後由於釋放張、楊呼聲日高，政府遂祕送張氏至臺灣幽禁。至於楊虎城，據軍統局人員的說法，1949年楊氏夫婦及子女在重慶被殺，張氏後來聽聞曾唏噓不已[10]。

---

10 高茂辰，〈給張學良自由的人〉，《傳記文學》，前揭書，第60卷，第6期，頁40。

西安事變對中國現代史的影響如下：

（一）東北軍被遣散到皖、蘇各省，納入國軍編制，東北奉系集團成為歷史名詞。

（二）蔣氏聲望在被釋放後達至最高點。根據協議，國民黨為了抵抗日本侵略，再度「聯俄容共」。

（三）加速日本侵略。李雲漢認為西安事變為中日關係轉捩點，日本軍國主義分子眼見蔣氏政策轉向，欲趁中國力量不穩之際加速對華北侵略，終演變為中國全面抗日[11]。

（四）中共利用抗戰趁機擴充勢力。據張國燾回憶，毛澤東在達成統一戰線後，曾提到：「讓蔣介石做阿Q，我們則做句踐[12]。」

前美國總統尼克森認為包括中共在內的叛將只要一遇危機，即對蔣表示「忠誠」和「歸順中央」，蔣也就網開一面，讓他們生存下去。尼克森分析整部中國現代史，到處充斥著「不規則」的事情和一批勇於創新的英雄豪傑；蔣最大的缺點在於墨守成規，只能照他的「規則」行事，怯於創新和改革。然而成功常屬於勇於開創的人，因此，毛澤東在爾後的鬥爭中勝利了，這是蔣的最大不幸[13]。

1989年6月1日，張學良在89歲生日的晚宴上，向在場的郭冠英等人透露西安事變是「逼出來的」，因為在1936年12月9日，西安學生示威要求國民政府停止內戰及抗日，蔣介石威脅要以機關槍壓制，從而促成張學良決定發動兵諫。張學良於1992年接受哥倫比亞大學口述歷史訪問時，談及最佩服周恩來，說周是相才；但共產黨的成功毛居功最大，晚年則敗在江青手裡[14]。1936年西安事變前，張學良一面與中共祕密聯絡，暗商聯合蘇聯，共舉西北抗日大旗。張的「通共」舉動，蔣介石大致知曉，但未予深究，相信少帥不致鋌而走險[15]。張學良也自承蔣介石對他十分信任，幾乎將北方的事都交由他處理[16]。

---

11 李雲漢，1978，〈七七蘆溝橋事變背景〉，《中國現代史論文選輯》，頁28，臺北：華世出版社。

12 郭廷以，前揭書，頁678。

13 2001年10月28日，《聯合報》，第3版。

14 2002年6月16日，《中國時報》。

15 同註14。

16 同註13。

在張學良的口述歷史中,對蔣介石的評價是好抓權、頑固、守舊;但蔣經國則識人舉才、一心為國,不遺餘力拔擢臺籍菁英[17]。而同時代的人物又是如何評價張學良呢?蕭公權曾在東北大學執教(1929～1930年),據他觀察,「張少帥」不是具有特殊才智或崇高理想的人,而毋寧是一個「紈袴子」或「昏小子」。左舜生在1932年上海代表團訪見張學良時,聽聞有人提出:「如果日本進攻華北,他怎麼辦?」張學良竟大聲回答:「我在這裡,那個小子敢來!」左舜生出門後不禁尋思:「張學良在中國歷史上究竟是何等人?安祿山嗎?不像;李存勗嗎?也不像。」余英時認為張學良的人生價值觀,完全承襲他父親張作霖綠林俠義、重感情的傳統。張學良一生的行事風格,包含綁蔣、釋蔣,又親自護送回南京等,其實都反映出草莽英雄(或稱俠客)的作風。余英時認為張學良所能理解的民族主義就是抗日,而中共以抗日為中心的統戰工作,在張學良與其東北軍到西安「剿匪」時,就成為中共最理想的「統戰」對象和精神俘虜了。余英時在評論「西安事變」時,認為目前在中國人思想極端分歧的情形下,很難有含括性的結論,而西安事變是歷史長流中的一大浪潮,張學良因其家世淵源、時代背景、心理狀態以及特殊性格,而成為一個「弄潮兒」,他只能對自己因「弄潮」沒頂而負責,他個人並沒有掀起這場漫天巨浪的神通[18]。

雷家驥認為歷史學家應該對歷史人物抱持「溫情與敬意」的胸懷來從事研究,我了解雷先生治學用意所在。張學良希望中國團結一致抗日,避免他最厭惡的內戰不斷傷害國本,這些看法都值得肯定;但是身為方面大員,卻對當局攘外必先安內的政策不甚了解,尤其安內方面,除了剿共之外尚包括軍事及財經各方面的建設,必須待其完備之後方有能力與日本決一死戰。八年抗戰,農業社會的中國在尚未準備完善之際倉促與已工業化的日本應戰,在軍民死傷無數、財經損失無計下,落了個慘勝的代價。這正足以說明自古以來良相、良將難求之真理。

---

17 同注14。
18 余英時,2001年10月18日,〈張學良的政治世界〉,《聯合報》,第9版。

第三節　十年建國中的外患

一、蘇聯中東路事件（1929年）

1929年7月10日，國府以國際「非戰公約」的簽訂，與蘇聯向以援助被壓迫民族為號召及國際孤立等理由，命令張學良接管中東鐵路。

後因列強不表支持，於是在俄軍壓境下，雙方簽訂「伯力協定」，中東鐵路暫時恢復原狀。

二、日本侵華

日本在明治維新初年（約1870年），頒布第二個徵兵法規，即以向外侵略為目標。1886～1889年，日本全面改革兵制及軍備，並締造其大陸政策，於是日本在資本主義與達爾文主義結合下，不但由農業社會快速轉型至工業社會，並發展成新帝國主義，開始向外侵略。

日本的大陸政策內容，基本上為其新帝國主義的產物，陸軍主張北進，以朝鮮、滿洲及蒙古為目標；海軍則主張南進，以琉球、臺灣為跳板，中國東南沿海及南洋為目標。不論北進或南進，都以亞洲大陸為主，此即日本的大陸政策。南進結果：自清末以來，併琉球、臺灣、澎湖，劃福建為勢力範圍；北進結果：併朝鮮，獲得旅順、大連租借權及南滿鐵路經營權。

日本的大陸政策導致其與周邊列強（俄、英、美）各國不可避免的衝突，而華盛頓會議所簽訂的九國公約，再度重申維持中國領土及主權的完整，故爾後日本全面侵華即破壞九國公約，並與列強利益衝突。蔣介石全面抗戰的著眼點即在此，並賴以獲得最後勝利。

三、日本對華政策分析（1927～1937年）

（一）田中奏摺（1927～1929年）：田中奏摺是否真有其事，史學界有正反不同的意見[19]。這份奏摺於1927年7月25日，由田中義一首相密摺昭和天皇，內容為：「欲征服亞洲必先征服中國，欲征服中國則必先征服滿蒙。」在這個行動綱領下，所進行的就是五三慘案及皇姑屯事件。

---

19 有關田中奏摺的真偽問題，請參考1991年7月1日，《歷史月刊》，第42期，頁38-60，臺北：歷史智庫出版公司。

（二）滅亡滿蒙祕密計畫（1930～1933年）：1930年，日本在遭逢世界經濟不景氣的情形下，導致經濟蕭條，社會暴動層出不窮。日本少壯派軍人認為財閥與政客的勾結要為此付出最大責任，因而組織「血盟團」專門對付立場親華的政治人物。

從1930年起，日本首相濱口雄辛、1932年「515事件」的犬養毅首相，及「226事件」中內大臣和大藏大臣等親華派相繼被殺，導致「暗殺政府」之名不脛而走，政界亦無人敢再言及親華之事[20]。於是日本軍方徹底取得政治主導權，並加緊侵略中國的腳步，分別製造「918」、「128」、偽滿洲國等事件，攻陷熱河後並與中國簽訂「塘沽協定」。其中對日本傷害最大的就是因滿洲國問題而退出國際聯盟，使日本陷入國際孤立，最後加入德、義軸心國陣營，啟動二次世界大戰的浩劫。

（三）天羽聲明（1934年4月17日）：日本外務省情報次官天羽英二，為阻止歐、美國家對華援助而宣布「天羽聲明」，內容性質就像是「亞洲門羅主義」再版。日本鑑於中國不肯屈服，南京總領事須磨彌吉郎便製造了南京副領事藏本英明失蹤事件，指示其服毒自殺，好讓日本有干涉藉口。然而藏本畏死，向中國警方托出實情，成了一場政治笑話。

（四）分離華北陰謀（1935年）：日本軍方獲得滿洲及熱河後，便準備積極入侵華北，使之與中央脫離。1935年11月，命令駐防平津的宋哲元29軍限期宣布自治，於是在中央「攘外必先安內」的政策下，雙方簽訂「何、梅協定」，由宋氏出任「冀察政務委員會」委員長，華北自治。

同年10月，日本外相廣田弘毅也發表「廣田三原則」，為國府拒絕。1936年11月，傅作義部隊在綏遠痛殲由日本教官訓練的內蒙叛軍，史稱「百靈廟大捷」，不但中止雙方的談判，也激起全國民眾抗日風潮的最高點。而此時猶堅信「攘外必先安內」的蔣委員長正準備親臨西安，勉勵東、西北軍再堅持最後三分鐘便克竟全功的剿共方針。

---

20 同注11，頁259-296。

第四節　十年建國中的建設事業

在這十年間，國民政府於內部進行國家整合之際，不但要應付地方軍人對中央權威的挑戰，同時還得清剿共產黨，外患亦未曾稍歇。有關本期間的外患，請參見表一。

表一　建國時期外患表

國家	事　件
蘇聯	1.1929年，中國接管中東鐵路，蘇聯派軍入侵，7月17日雙方斷交，12月3日簽訂臨時停戰協定，史稱「中東路事件」 2.1933年，中、俄始恢復邦交
日本	1.1931年「918事變」至1932年1月2日，東北淪陷 2.1932年「128事變」，日本進攻上海，5月5日在英、美調停下，達成「淞滬停戰協定」，3月日本在長春成立偽滿洲國，27日日本退出國際聯盟 3.1932年，日本進攻並占領熱河省，中國於5月31日與其簽訂「塘沽協定」，日本將熱河省併入滿洲國 4.1935年雙方簽訂「何、梅協定」，中國將北平軍事委員會政治部撤銷，抗日部隊撤離；日本發表廣田三原則，並以殷汝耕成立「冀東防共自治政府」

然而政府在這十年間亦進行多項現代化的重大建設，這是民國史上第一次有機會進行現代化實驗。國民政府首先在南京附近規劃一個示範新村，由市政府設計一張包括道路、下水道、電話、電燈、學校等現代化設施的藍圖，並希望推行到全國每個角落。胡適先生曾經說過，今日中國有三大待解決的問題，即：

一、建設和連接全國鐵路幹線，使全國各地擁有最經濟便捷的交通網路。

二、用教育及各種節省人力、幫助人力的機器來增加個人生產能力。

三、養成個人對於保管事業的責任心。

由於交通是現代化的關鍵，於是國民政府的現代化建設計畫就由交通著手。1931年之前，中國92％鐵路由外國經營，但1933～1937年間，除去日本占領的東北鐵路外，共新建鐵路3,300公里、公路超過10萬公里，汽車均可直達西南和西北等地區，並新添1萬多公里以上的電報線路。

在教育方面，除了1928年成立中央研究院，由蔡元培擔任院長以提升研究風氣外，並普及幼童教育。到了1936年，學齡兒童上小學比例由1929年的17％增加到42％，而中學生人數也增加到60％。有關其他建設事項，請參見表二。

表二　建設事業表

項目	內　容
財政改革	民初以來，軍閥割據，財政權多被軍人把持；統一之初，仍有多數省區拒將稅收解交中央；討逆剿共之役以後，財權逐漸統一，中央改革財政計畫漸能收效，歲入、歲出漸增，國力亦盛 ㈠劃分中央與地方的稅收 　1.中央：關稅、鹽稅、統稅（棉花、麵粉、捲菸等貨物稅由中央統一徵收）、菸酒、印花各稅屬中央 　2.地方：田賦、營業、執照各稅屬地方 ㈡廢釐金 　1.整頓：自1931年起廢除釐金，提高海關稅則，並廢除苛捐雜稅 　2.成效：經此改革，稅收大增，人民負擔減輕，1928年中央歲入、歲出不到5億銀元，1937年各在10億以上 ㈢幣制改革：過去公私銀行多自發通貨，外匯為外國銀行壟斷，銀元與銀兩並用 　1.廢兩改元：1933年4月，廢兩改元，交易改用新鑄銀元計算，幣制統一 　2.以鈔票為法幣：1935年11月3日，發行統一貨幣，規定中央、中國、交通3銀行的鈔票為法幣。其他銀行不得發行，禁止銀元流通 　3.外匯買賣不受限制：打破外國銀行之獨占
經濟建設	㈠工商業投資的扶助獎勵：1922年起中央積極施行經濟建設方案 　1.重工業：基本化工、基礎礦業歸中央舉辦，其餘由地方政府與人民合營 　2.輕工業：人民經營，政府給予扶助獎勵 ㈡改進農業：政府設置農村復興機構，進行農業試驗，改良稻、麥、棉之種植，辦理農貸、儲蓄、調劑農業生產，促進農產運銷
交通建設	是十年建國期間經濟建設中最突出的成就 ㈠鐵路：1931年以前鐵路92％為外國經營。1933～1937年除日本占去的東北鐵路外，新建3,300公里 ㈡公路：進展更快，汽車均可直達西南、西北 ㈢航空：航線遍及國內各大都市及偏遠省區 ㈣水運、郵政、電信都有極大的擴充和改進

軍事建設	(一)1934年聘德人福根豪森上將任顧問團長，提出整備中國國防的5年計畫，原計畫在1938年完成，惜抗戰提前1年爆發，部分計畫未能有效實施 (二)訓練軍事幹部：黃埔軍校遷校南京，稱中央陸軍軍官學校；1937年中央航空學校成立於杭州筧橋，為空軍訓練中心 (三)1936年公布兵役法，首先依法徵兵5萬人，為我國兵役制度一大改革
教育與學術發展	(一)北伐統一後，頒訂教育宗旨，規定學校設備及課程標準，充實經費，健全師資 (二)發展科學研究：1928年設立中央研究院，蔡元培任院長，為全國學術研究之最高機構，1929年復有北平研究院之設立，國內著名大學均設有研究所 (三)晏陽初推行平民教育運動，另外美國洛克斐勒基金會也協助中國推行鄉村改革，此即所謂的「中國計畫」

　　1934年，蔣介石在南昌剿共時，同時發起新生活運動。蔣介石曾說過其初抵南昌的感想：「我去年初來江西的時候，看到的幾乎無不是披頭散髮、有釦子不扣、穿些不合適的衣服，和野蠻人一個樣子；在街上步行或是坐車都沒有一個走路坐車的規矩，更不知道愛清潔，甚至隨地吐痰。還有，看到師長不知道敬禮，看到父母也不知道孝敬，對於朋友更不知要講信義。這樣的學生，這樣的國民，如何不要亡國？」有鑑於此，1934年2月19日，蔣介石在南昌以「新生活運動之要義」為題作講演，這就是新生活運動的開始。蔣介石強調：「新生活的重大任務，有如以狂風掃蕩社會的落後狀況，並以柔風鼓吹社會的生活力與正當精神[21]。」有鑑於中國的復興，日本首相阿部信行曾說道，中國有三件不可輕視的大事，就是整理軍備、整理財政和新生活運動。

　　1935年4月1日，蔣委員長又在貴陽發起了「國民經濟建設運動」，著重行動及物質。蔣委員長說明這一運動的精神是「啟發民眾與公務人員的心思，使之了解目前的重大需要，其目的在復興中國，其任務在警醒國人，使之從一個幾乎純粹的農業國家進至工業國家之深切需要」。

　　新生活運動與國民經濟建設運動的實際功效，在為即將來臨的抗日戰爭做好準備。根據1931年2月擬訂的「對日作戰全盤計畫」中，蔣介石選定西北為抗戰後中央

---

21 同注20，頁274。

政府的基地，1934年10月正式將行營設在重慶，以督導西北各省軍政，並改定以四川省（原定甘肅）為抗日的根據地。

五三慘案後，日本人認為中國人只有五分鐘的愛國熱度，918事變時，日本國聯代表松岡洋右傲慢的宣布：「中國只是一個地理名詞，不是一個有組織的國家。」但目睹中國顯著的變化後，日本外交官若彬不禁要讚揚：「中國次第變化著，中國現正邁向國民革命的大道，中國的青年、大學生、軍人，都把愛國這件事，視同自己生命般熱心努力維護；中國目前雖不能依照孫中山的理想快速完成革命，但是平等互惠及民族解放，已經成為國民的常識。」

雖然田弘茂教授認為十年建國有三個特質：

一、國民黨與國民政府的實際政權落入軍人的手中。

二、國民政府的實權是由所謂的C.C.派、藍衣社、政學系所控制。

三、在蔣氏與其國家主義派系領導下，國民政府似乎是往法西斯方向前進[22]。

但田氏似乎忽略蔣介石的三個建國難題：

一、國民黨諸侯的地方主義。

二、日本侵略東北、華北。

三、共產黨的挑戰。

這三個困擾也確實延緩了中國現代化的建設。

魏德邁將軍（General Albert C. Wedemeyer）於1951年9月19日出席美國第82屆國會參議院司法委員會作證時，曾盛稱這十年為中國現代史上的「黃金十年」（Golden Decade）。魏德邁說：「1927～1937年之間，是許多在華很久的英、美和其他各國僑民所公認的『黃金十年』。在這十年中，交通進步了，經濟穩定了，學校林立，教育推展，而其他方面，也有許多的建制。」但誠如梁敬錞教授所指陳：「我們被告知，中國的弱點鼓勵了日本的野心；我們同時也被告知，中國的實力導致了日本的侵略[23]。」

---

22 麥金鴻，1980，〈評介田弘茂著「國民黨中國的政府與政治（1927～1937）」〉，《中國現代史論集》，前揭書，第8輯，頁89。

23 同注11，頁276-278。當時美國駐華大使江森（Nelson T. Johnson）認為1936年秋季，乃是中日關係發展過程中的一個轉捩點，他似乎認定蔣委員長已放棄了對日謀求妥協的政策。在10月中旬訪問南京之後，他曾電告國務院說「蔣和他周圍的人已準備以實力對抗實力」。

第五章　八年抗戰

第一節　蔣介石戰略

　　針對當時的中國問題，日本軍方主要分成兩派，即由東條英機為首的「擴張派」，和以石原莞爾為主的「反擴張派」。擴張派主張日本應該採取「分治合作」方式占領全中國，而後再對抗蘇聯；反擴張派則主張中日雙方合作，以滿洲國為基地，對抗蘇聯共產帝國。結果「擴張派」取得主流地位，於1937年正式展開對中國華北地區「分治合作」的侵略，而蔣介石了解日本政策將導致中國分裂成傀儡割據的局面，遂下令駐軍在蘆溝橋事變後就地抵抗，並透過國際聯盟來制裁日方侵略，此即中國全面抗戰的開始。

　　日本侵華的最終目的是要集結中國、朝鮮及日本國力以應付蘇聯共產主義的擴張，而太平洋另一端的美國亦是日本防範的目標，於是日本希望採取以戰逼和策略，在中國「分治合作」，以遂其目的。1937年11月2日，日本透過德國駐華大使陶德曼向中國提出第一次停戰條件，主要內容為「華北建立自治政府，承認偽滿洲國」，但遭蔣委員長拒絕。

　　12月12日，中國首都南京淪陷，日方再度提出更苛刻的條件，主要內容為：「中、日、滿共同經濟合作及反共，劃中國必要地區為非武裝區，成立特殊組織；中國賠償軍費，在談判期間日方不停止戰爭行動。」1938年1月2日，日本透過德使限國府在3天內回覆，遭蔣介石峻拒後，日本便放棄由德國協助進行談判。1月16日，日本宣布不再以蔣介石的國民政府為談判對象，決以「軍力」徹底消滅國民政府。1938年6月16日，國府在山東嶧縣創下台兒莊大捷，日方首相近衛文磨撤換陸相松山元，由宇垣一任外相，在香港再度與國府展開談判，然而日方的先決條件是蔣介石必須辭職，整個談判遂告中止。

　　在華的日軍此時正面臨中國的炎熱夏季，於丘陵、沼澤的長江流域艱苦挺進，戰線太長且談判無成；而中國方面則由蔣介石和全體軍民以「空間換取時間」的戰略，英勇進行這場長達8年，充滿血淚的抗日戰爭。抗戰前的中、日兵力參見表一。

表一　抗戰前中日兵力比較表

日本

空軍	約2,700架飛機
海軍	190餘萬噸軍艦
陸軍	常備師團17個
第二補充兵	905,000人
第一補充兵	1,579,000人
後備兵	879,000人
預備役	738,000人
現役	380,000人
兵員	4,481,000人

中國

空軍	314架飛機
海軍	5,825噸軍艦
陸軍	182個師及46個獨立旅
學校軍訓	合格預備士官18,378人
壯丁訓練	約150萬人
國民兵	尚未舉辦
續役兵	無
陸軍正役兵	無
陸軍	170餘萬人

資料來源：蔣永敬，1978，〈對日8年抗戰之經過〉，《中國現代史論文選輯》，頁305-306，臺北：華世出版社。

1937年8月6日，蔣委員長在「國防會議」中宣布採取「守勢作戰」，重點如下[1]：

一、一部集中華北持久抵抗，注意山西南部天然堡壘（如果日軍由晉南渡黃河入陝西，西南各省將遭威脅）。

二、主力部隊集中華東，力保吳淞，鞏固首都。

1　吳相湘，1978，《歷史與人物》，頁68，臺北：東大出版社。

三、調撥最少兵力防守華南各港口。

首先，日本不願在華擴大戰事，而且蘇聯在東北與外蒙形成對日軍初期的威脅；其次在中國方面，判斷華北地勢雖然平坦，將有利於日本機械化部隊運作，但日方在腹背受敵的情況下，勢將避免在華北決戰。有鑑於此，8月13日陳誠建議當局將日軍引到上海，擴大東戰場，誘使日本攻勢路線從「由北至南」轉往「由東向西」。因為中國長江流域地形多沼澤且丘陵起伏，一方面不利日本機械化部隊運作，一方面可遂行當局以空間換取時間的戰略，進行消耗戰。

當局接受其建議後，大舉增援上海地區，一共調動黃埔精銳嫡系部隊共計75師80萬士兵。另一方面，日本也希望直接由上海攻勢下占領南京，遂其「3月亡華」策略，在此情況下，日軍出動10個師團，20餘萬兵力與國軍作戰。11月9日，國軍在損失約40萬部隊的情況下退出上海，同日太原失守，第二戰區司令長官閻錫山率部退守晉南山地，直至戰爭終了，日軍皆未能由此渡過黃河進攻陝西，晉南遂成為西北大後方屏障。在東戰場，日本隨著中國軍隊的西撤而愈陷愈深，此為日本自主動攻勢轉為被動攻勢的一大關鍵。

在上海會戰中，蔣介石的嫡系部隊陣亡40萬，11月9日撤退時，原本欲留孫元良的88師死守上海，後改派黃埔4期畢業的謝晉元團長率262旅524團「八百孤軍」防守四行倉庫以為殿後。而這一切慘重代價的目的和影響為何？我們認為蔣介石一方面藉此誘敵至東戰場，一方面藉擴大戰場和八百孤軍的悲壯行為引起國際聯盟和九國公約簽字國的重視和干涉（九國公約簽字國預定在11月於布魯塞爾集會），結果國際聯盟並未以實際行動制裁日本。今日學者對上海會戰因而出現不同評價，有人認為這麼慘重的犧牲並不值得[2]，易勞逸（Lloyd E. Eastman）更進一步指出，蔣介石嫡系部隊大多在抗戰初期即遭覆滅，而軍閥主義餘孽依然殘存，使得國民黨內部離心力更為加大，導致日後蔣介石的領導地位和聲望不斷遭受挑戰，並加速爾後於國共鬥爭中的失敗[3]。

---

2 李君山，1991年2月，〈八百壯士和抗戰策略〉，《歷史月刊》，第37期，頁88-95，臺北：歷史智庫出版公司。

3 易勞逸（Lloyd E. Eastman），1990，《蔣介石與蔣經國──毀滅的種子》，頁149，臺北：李敖出版社。

1938年，國府命令五戰區司令長官李宗仁布防長江北岸，九戰區司令長官陳誠駐防長江南岸，兩岸合計駐防國軍106個師及2個獨立旅。蔣介石的戰略是「戰而不決」，以60％的部隊進行消耗戰，40％的部隊進行持久戰，這就是有名的「守勢作戰」。經過4個半月的消耗，國軍奉令在10月25日撤出武漢。經此會戰，日方終於體會中國幅員遼闊、軍民韌性堅毅，相形之下，缺乏資源的日本戰力逐漸呈現疲態，到了1940年，日本攻勢已相對由初期的94％轉弱為54％，中國的攻勢則相對由初期的6％增強為46％。

1940年，蔣委員長發表「三不變政策」[4]：

一、抗戰政策不變。

二、維持九國公約不變。

三、對太平洋各國外交方針不變。

蔣介石早就判斷，隨著日本戰線的擴張，終究會與英、美及蘇聯利益衝突。蔣永敬教授認為蔣介石的戰略就是不與日本談判，以長期抵抗使日本陷入泥淖，無法取得對全中國的「分治合作」，並造成亞洲各關係國對日本的制裁和反擊。黃仁宇教授認為蔣介石的目的，是將局部戰爭（日人著眼）擴大成全面抗戰，造成無人可以規避的結果，最後終於形成國際戰爭，蔣介石就據此獲得最後勝利。

1941年，史達林為避免同時受德國與日本夾攻，於4月13日與日本簽訂「日、蘇中立協定」。日軍在華北和東北的壓力因6月22日希特勒進攻俄國而減輕，中國在華北的防務也就相形吃緊，不過蔣介石的最後籌碼終於來臨，那就是日本的「東亞共榮圈」已威脅到英國和美國在亞洲的利益。7月底，隨著日軍進占越南南部，美國宣布凍結所有日本在美國的資產並禁運石油，英國與荷蘭繼之抵制日本，此外，美國並在菲律賓設立遠東陸軍司令部，英國亦增防新加坡。

---

4 可參閱蔣永敬，1979，〈對日抗戰的持久戰略〉，《革命與抗戰史事》，臺北：商務印書館。

10月18日，日本東條英機內閣成立，預定美方若不肯接受「日美諒解方案」，將在12月初對美國發動攻擊。12月8日，在山本五十六的策畫下，日本預計於珍珠港殲滅美國太平洋艦隊，陸軍則對南洋群島及馬來半島發動攻擊，取得婆羅洲油田，以突破英、美、荷的石油禁運措施，然後集中全力攻占中國，集合此東亞力量與美國展開最終決戰。基於此戰略，由南雲中將所指揮的聯合艦隊，在8日早晨成功偷襲美國太平洋艦隊總部——珍珠港。

基本上，珍珠港之役並未達成日本的預期目標，當時美軍航空母艦全部駛出外海而躲過一劫，對整個太平洋艦隊實力損害不大，總計對日後影響如下[5]：

一、美國終於放棄「孤立主義」，正式對軸心國宣戰，使同盟國陣營加入當時國力最強的有力盟友。

二、中國也於12月9日突破初期孤立作戰狀態，加入同盟國且正式對軸心國宣戰。蔣介石的判斷正確，終於使局部戰爭變成國際戰爭，中國賴此獲得最後勝利。

三、1942年，日本發動「中途島之役」，結果大敗於美國太平洋艦隊，不但證明珍珠港之役的計畫失敗，也使得日本海軍在太平洋轉攻為守，再無能力發動大規模攻勢，整支聯合艦隊（包括山本及南雲等將領）在大戰結束時已蕩然無存。

第二節　內部陰謀

一、地方勢力陰謀

根據陳能治教授研究，中國地方割據色彩濃厚的山西、四川和廣西省，都在共產主義進入而又無法獨自應付下，才尋求與中央合作共同剿共，爾後日本入侵，蔣介石方能領導3省共同抗日，不過陳能治亦指出中國這種地方主義（Regionalism）在抗日期間並未真正消失[6]。吉米‧謝里登（James E. Sheridan）在《軍閥主義餘孽》書中也

---

[5]　1991年12月，〈日本偷襲珍珠港50周年專輯〉，前揭書，《歷史月刊》，第47期。

[6]　陳能治，1982年2月，〈北伐後中國地方主義的發展〉，《中國現代史論集》，第8輯，頁153-169，臺北：聯經出版公司。

詳細說明中國在北伐後，軍閥割據依然存在的情形。易勞逸更具體指出，中國在當時似乎還算不上是一個現代民族國家，泰半省分皆在「省主席」的治理下獨自存在，易勞逸也認為中央政府和地方軍閥不能統一，是中國國民黨政權機制的致命弊病[7]。

魏德邁將軍曾說過：「委員長還不能算是一個獨裁者，事實上僅僅是一幫烏合之眾的首領而已，他常常難以保證自己的命令能否推行。」即使在中央直接控制的省分裡，基層權力機構也會由若干中央政府駕馭不住的地方士紳把持，幾乎有一半的軍隊是受一些並不絕對服從中央命令的將領指揮[8]。

當時國民政府的大後方——西南各省，原本是國民黨統治力最薄弱的地區。卡柏（Robert A. Kapp）教授的研究指出，抗戰時期政府所在地成都對馬上要發生叛變的傳聞早已司空見慣，1938年，中央已經擁有壓制公開反抗的力量，但因後果將不堪設想而遲疑不決，因此省內軍閥在相當程度上可影響中央政府對四川的政策。1938年1月，四川省主席劉湘死後，蔣介石所屬意的張群就因川省將領的公開反對而無法繼任省主席，結果由劉湘的部下王纘緒接任。1年後，由於其他將領反對，王纘緒又被免職，逼使蔣介石自己兼任；到1940年張群才接任四川省主席以迄抗戰勝利。然而1950年投向共產黨的正是戰時留在四川的川省四大諸侯：鄧錫侯、潘文華、劉文輝、王纘緒[9]。

1939年9月，中央派川省主席王纘緒出省作戰，由蔣介石親自代理省主席職務；10月，中央又命令彝族出身的雲南省主席龍雲調遣兩個軍的兵力前往河南省作戰，同時中央軍開始進駐雲南省境內。雖然龍雲極力抗拒中央勢力介入，但在1941年下半年，中央軍已經遍布雲南省，1943年5月，中央軍以4比1的優勢在數量上勝過滇軍。

1943年9月，蔣介石為徹底鞏固大後方及派系爭執不休的政體，開始更進一步集權中央。美國駐華大使高斯（Clarence Gauss）認為：「蔣介石……似乎愈來愈渴望，事無大小，都必須向他面呈細報了[10]。」

7　同注3，原序頁5。

8　同上，頁1。

9　卡柏（Robert A. Kapp），1980，〈中國國民黨與大後方：戰時的四川〉，《中國現代史論集》，前揭書，第9輯，頁224。

10　同注3，頁20。

同年，各地諸侯及野心政客為了應付來自中央的壓力，開始互相試探有無聯合一致對抗中央的可能性；此外，民主政團同盟也基於國民黨長期壟斷政治資源的仇恨，而參與這次密謀。在各省的反蔣活動發展成兩個中心，第一個是在桂系李濟琛領導下的廣西省，據說在龍雲、張發奎和余漢謀的支持下，計畫於桂西北部組織一個自治政權。1944年11月初，李濟琛首先成立民眾動員委員會，並趁湖南危局，暗通史迪威欲迫蔣介石下野[11]。

　　密謀反蔣的第二個中心在昆明，以民主同盟羅隆基等最為狂熱。到1944年，民主同盟已經和許多素有政治聲望的人物建立聯繫，其中包括四川軍事領袖潘文華、劉文輝和鄧錫侯，還有馮玉祥、閻錫山（1944年在山西簽訂了停戰協定）、支持張學良的東北籍國民黨人、余漢謀及陝西將領孫蔚如等（據了解，桂系將領白崇禧則並未捲入）[12]。民主同盟甚至打算在1944年10月10日召開國民大會，國民黨占40%，共產黨占20%，民主同盟占20%，其他團體占20%；此外還將在國民大會的基礎上組織國防政府，作為蔣介石下臺到日本投降後，新政府誕生前的過渡政府[13]。

　　另外，據說包括龍雲、余漢謀、劉文輝等人決定，一旦日本人進攻他們的防區，將採取不抵抗政策，將自己的嫡系部隊撤往深山安全地帶，然後冷眼旁觀黃埔嫡系和日本相互損耗，最後藉同盟國力量擊垮日本。如此一來，奄奄一息的蔣介石再也無法集權中央，這些諸侯們便能輕易收拾他，中國亦可回到民初「聯省自治」的局面，各省仍由「藩王」控制[14]。1945年4月，中央準備將西南聯大所在地的雲南納入直接控制。10月2日，中央命令龍雲調任軍事參議院議長，並撤除其在滇省所有黨、軍職務，經過滇軍短暫抵抗，龍雲終於在6日下午從他私人的王國飛往重慶。

　　中央對付龍雲的後遺症在國共內戰中充分顯露：1946年3月，派往東北剿共的滇軍第60軍第184師全部投共；1948年10月長春戰役，60軍又大批叛變，投降共產黨。龍雲則在同年11月由南京逃到香港，並於1950年回到北京擔任國家國防委員會副主席

---

11 同上，頁21-23。

12 同上，頁23。

13 同上，頁24-25。

14 同上，頁26-27。

（1958年被共產黨打為右派，不久病逝）。繼龍雲之後任省主席的盧漢，也於1949年底與共產黨合作，使蔣介石無法在西南建立最後一個反共基地。

易勞逸認為，蔣介石對付地方諸侯的策略與中國共產黨日後的發展相較並無過錯，因為中共在1945年之後，也是靠收編不隸屬共產黨的各地雜牌軍和投降變節的黨軍（有如北伐時投靠中央的各地武人）來擴張實力，但是國民黨的問題在於它沒有採取相應的政治、社會和經濟政策，因此很難將各省將士對藩主的效忠，充分轉換到中央政府這邊[15]。

二、汪兆銘投日事件

汪兆銘祖籍浙江，1883年出生於廣州，爾後慣以粵人自居。汪氏在政壇上屬於國民黨聯俄容共的左派，在政治立場上曾經分別在中山艦事件、裁軍大戰（中原大戰）及廣州獨立事件上與蔣介石對立。

盧溝橋事變時，中國政壇有一批所謂「低調俱樂部」人士，有胡適（後任駐美大使）、周佛海（中央宣傳部副部長）、陳公博（四川省黨部主任委員）、梅思平、高宗武和陶希聖等人。當時輿論皆不敢公開主張與日言和，低調俱樂部則認為中國無力長期進行抗日戰爭，如國府繼續抗日到底，徒讓共產黨擴張勢力，因此他們主張與近衛內閣議和。

1938年，近衛宣布不以蔣介石為談判對象，此時汪兆銘對蔣介石的抗日政策愈來愈不滿意，例如國府採行焦土抗日，結果11月13日長沙城被焚毀，但6年後長沙才淪陷。而最令汪氏所不滿的，即是國民政府與共產黨的「抗日統一戰線」，因為他認為共黨的最後目的在毀滅國民政府，控制全中國[16]。

（一）重光堂會議（1938年11月12日）：汪兆銘代表梅思平、高宗武和日本代表今井武夫、影佐昭禎舉行重光堂會議（於上海重光堂洋房），議決：

1. 汪兆銘承認滿洲國。

2. 日本於兩年內由長城撤兵，但保有內蒙駐兵權。

---

15 同上，頁39。

16 麥金鴻，1980，〈評介John Hunter Boyle著「中日戰爭期間的通敵者政治」〉，《中國現代史論集》，前揭書，第9輯，頁264。

3. 中日兩國合作推行華北工業發展及防共。

由於今井武夫一行只獲得日本政府默許，因此日後日本政府不承認該協定。

（二）河內暗殺事件（1939年3月21日）：1938年12月6日，汪氏與蔣介石再度爭辯抗日策略，蔣氏指著桌上茶杯告訴汪氏，如果與日本人談判，那麼日後連喝杯水的自由也沒了。8日，汪氏離開重慶到昆明，會同雲南省主席龍雲商量與日本合作事項，次日與周佛海、陶希聖搭機赴河內。

汪氏到河內後，南方軍人龍雲、張發奎並未表示支持汪的和平運動，此外日本方面則由平沼騏一郎取代近衛首相於1939年1月組閣，導致汪氏想遠赴德國。但這時國民黨特務也追至河內，3月21日，汪氏祕書曾仲鳴在河內住處被誤認為汪氏，遭鄭介民（來臺後曾任國安局長）、王魯翹（來臺後曾任臺北市警察局長）刺殺[17]。這次暗殺事件使汪氏與重慶關係絕裂，4月25日汪氏乘船遠赴上海。

（三）愚園路會議（1939年11月1日）：1939年7月，日、俄在滿洲國與外蒙之間邊界爆發軍事衝突，9月16日俄軍在諾門汗（Nomonhan）大敗日軍，日本希望盡快與中國停戰，全力對付蘇聯，至此才重視汪兆銘的和平運動。

1939年11月1日，在上海愚園路汪氏住宅的會議中，日本同意不派人擔任汪政府顧問，但拒絕自中國撤兵。12月30日，高宗武和陶希聖不滿汪氏對日本讓步太多，在上海聞人杜月笙的保護下逃往香港。1940年1月21日，愚園路密約在香港公開，不但使汪、蔣二人關係徹底破裂，而汪氏亦喪失扮演日方與重慶國府之間的橋梁角色。

1940年3月26日，南京成立由汪氏領導的國民政府，由於對日本讓步太多，故無法獲得一般民眾的尊敬。此外詹森（Chalmers A. Johnson）分析汪兆銘領導的國民政府在黨名（國民黨）、黨旗都沿用重慶國民政府之式樣（只有在青天白日滿地紅旗旁邊用白條書寫「和平反共救國」6字），而且與重慶國府一樣強調反共，遂落入中共把柄，共產黨藉此大力宣傳只有中共真正領導抗日，帶給重慶國府莫大困擾[18]。

1944年10月10日，汪氏病逝東京，1945年在日本宣布無條件投降後，周佛海領導

---

17 同上，頁265。

18 吳學明，1980，〈評介Chalmers A. Johnson著「農民民族主義與共黨勢力」〉，《中國現代史論集》，前揭書，第10輯，頁218-219。

的汪氏政權軍隊和日軍共同幫助蔣介石維持占領區秩序，並阻止中共接收和進入。

綜觀汪氏投日事件，波義爾（John Hunter Boyle）認為在當時亞洲由日本所扶持的傀儡——諸如印尼的蘇卡諾、緬甸的巴莫，都借助日本的力量擺脫西方殖民式控制，使本國獨立；然而汪兆銘的和平運動因日本並未授予汪政府實權，國內西南諸侯，甚至淪陷區人民都未予以支持和肯定，導致汪氏欲與日本合作共同對抗共產黨的策略失敗[19]。

邦克（Gerald E. Bunker）則認為汪氏是一個有強烈道德與責任感的理想主義者，在內憂外患下傾向和平與妥協，汪氏也企圖從民國以來政局的二極化之中，努力走出自己的第三條路線。邦克認為當中國的敵人是共產黨時，汪是愛國者；可是當日本侵華，必須團結一致，其他問題變為次要時，汪成為一個賣國賊。汪氏的和平計畫似乎相當合理，但日本並未作此思考，因此一切化為妄想[20]。

第三節　暗潮洶湧的1944年

一、中、俄關係惡化——伊寧事變

1941年4月13日，蘇聯鑑於德國的威脅，而與日本訂立中立協定，日軍在華北暫時解除後顧之憂。1942年4月12日，史達林策動新疆政變，欲推翻有「新疆王」之稱的盛世才，結果盛世才殺其弟盛世祺（機械化旅長）平定政變，並向國府輸誠。8月，第八戰區司令長官朱紹良偕同蔣夫人前往迪化，盛世才進一步殺共產黨人陳譚秋與毛澤民（毛澤東弟），中央勢力方得以進入新疆。

1944年，蘇聯唆使哈薩克人在新疆伊寧建立「東土耳斯坦共和國」，並以空軍助偽軍進攻北塔山，整個新疆問題一直到1945年「中蘇友好同盟條約」簽訂後方解決。

二、日本一號作戰計畫

1943年，日本參謀本部鑑於美國麥克阿瑟將軍採取「跳島攻勢」，使日方在太平洋島嶼防禦備受壓力，於是擬訂「一號作戰計畫」，預備占領全中國，然後再全力對

---

19 同注16，頁269-270。

20 楊清順，〈讀Gerald E. Bunker著「和平陰謀——汪精衛與中日戰爭」〉，《中國現代史論集》，前揭書，第9輯，頁264。

付美國。1944年4月17日，62萬日軍精銳投入戰場，9月集合駐防廣東及湖南部隊攻擊廣西，並沿桂黔路北犯。12月，陷貴州南境的獨山，獨山距貴陽僅60公里，大後方為之震動。

蔣委員長一方面將警備陝西共軍的湯恩伯部南調，並抽調緬甸戰場兩個美式裝備師增防貴州，而國內知識青年也在政府號召下投筆從戎，這就是爾後「青年軍」的由來[21]。12月8日，中國軍隊雖然在參謀總長何應欽的指揮下收復獨山，但經此一役國軍損失慘重，軍輜武器損耗至鉅，不但導致中共在華北地位增強，也爆發與美國關係惡化極多的「史迪威事件」。

三、羅斯福電報

1944年4月3日，羅斯福致電函蔣委員長，命令中國立刻出兵緬甸（英、美則著力開闢歐洲第二戰場），爾後蔣氏面臨日本一號作戰攻勢壓力及湖南戰局日危，擬調回雲南遠征軍，但蔣氏的美籍參謀長史迪威不表同意，且羅斯福希望立授史迪威統率全部國軍的權力。

1944年6月，美國副總統華萊士（Henry A. Wallace）訪華，象徵美國對華政策的改變。美國軍事觀察小組得以派駐延安，對中共來說是一項勝利，因為中共亟思與美國聯繫，不過華萊士一行對中共的無理要求及狂妄態度卻無任何安排和影響[22]。

9月16日，羅斯福不顧蔣介石身分，來電嚴厲斥責中國不可撤回滇西遠征軍，其次命蔣立授史迪威指揮國軍全權。20日，蔣在尼爾森（Donald Nelson，美生產局局長）餞別餐會上，請尼爾森轉告羅斯福，蔣有所謂「三不接受之事」[23]：

（一）與三民主義不合之事。

（二）損害中國主權之事。

（三）損害中國國格及我個人人格之事。

蔣氏認為中國軍民願為美國朋友，亦願虛心接受其意見，但絕對不為美國的奴隸，當時美國特使赫爾利（Patrick J. Hurley）也在座。9月24日蔣氏告訴赫爾利欲撤換

---

21 1992年6月，〈青年軍專輯〉，《歷史月刊》，前揭書，第53期。

22 關中，〈戰時國共商談〉，《中國現代史論集》，前揭書，第10輯，頁277。

23 郭廷以，1980，《近代中國史綱》，頁727，香港：中文大學。

史迪威，如羅斯福不從，即公開其來電，使國際及美國人民知其政治作風，勢將影響其政治生命；而史迪威則電告馬歇爾將軍，謂蔣無意為戰爭再作努力，繼續運用不支持他則將拆夥的故伎，以榨取美國物資，並認為蔣無意建立民主政體或與共產黨組織「聯合政府」，故蔣氏已成為中國統一及合作抗日的主要障礙[24]。

10月5日，羅斯福在害怕與蔣決裂會導致中國戰局瓦解，以及由共產黨統治的中國或將變為蘇聯附庸的情況下，解除史迪威職務，10月18日改派魏德邁（A. C. Wedemeyer）繼任。

史迪威事件使中美關係降至最低潮，甚至瀕臨破裂，而國府內部亦有不同看法，像張治中、王世杰、孫科等要員皆認為蔣氏處置不當，美國輿論界——尤其在華記者久對蔣氏的不滿，在史迪威去職後益盛。紐約時報愛金生（B. Atkinson）謂史迪威被召回，代表的是一個垂危、反民主政權的勝利；時代雜誌白修德（Theodore White）的報導對蔣更為不利；美國駐華大使高思亦持悲觀論調；羅斯福總統自難免對蔣耿耿於懷。梁敬錞教授分析中美關係的分水嶺是開羅會議，爾後就每下愈況，衡諸往後歷史發展，所言不虛。

四、史迪威事件

史迪威事件的關鍵點有二，第一點就是史迪威一貫主張「聯合政府」，尤其日本在1944年所發動的攻勢，更增強史迪威欲聯合華北共軍共同抗日的決心。戰時國共關係的演變，使美國與中國間產生一基本矛盾：國府認為為了貫徹抗戰政策，封鎖共區是必須的，如此才能防止中共顛覆政府、破壞抗戰（胡宗南即統率12個軍駐防陝西南部）；美國則認為國府將部分軍力用來防堵中共，是分散了抗日力量，並據此認為國府無意認真對日抗戰。這一矛盾產生的背景主要在於國府同時有兩個敵人——日本和中共，故國府的目標是雙重的——在軍事上擊敗日本，在政治上防止共黨乘機奪權，而美國在亞洲卻只有日本一個敵人。雙方矛盾在此，再加上羅斯福令蔣將兵權交予史迪威，衝突遂不可避免。

當史迪威與蔣衝突後，美國特使赫爾利曾經持平的評論史迪威的基本錯誤，是一味想壓制一位領導革命國家與優勢敵人作戰7年的領袖，況且蔣介石並非不肯合作；

---

24 同上。

如支持史迪威，便失去蔣與中國，戰爭勢必延長，應照蔣的提議，派一位美國將軍在蔣的領導下指揮中國軍隊。而史迪威身為蔣委員長的副手，卻寫道「解決中國問題的方法為消滅蔣介石」，甚至計畫殺害蔣委員長，並以美國政府和羅斯福的名義來壓迫國府交出軍權，這些才是導致史迪威事件的根本因素[25]。

第四節　駐華派遣軍的報恩

　　1945年8月6日，美國以原子彈轟炸廣島，8日再以原子彈轟炸長崎。10日，日本知會同盟國接受波茨坦宣言，但須不損及天皇的皇權。11日，同盟國覆允，惟天皇應受同盟軍統帥命令，14日，天皇敕令，保證實行波茨坦宣言規定的條件。

　　日本投降對重慶山城的國府而言，喜不待言。為了抗戰，先後徵發兵員1,400萬人，傷亡官兵320萬人，平民犧牲以千萬計，財產損失約計4,880億美元。付出這一切代價的國府立刻面臨一個更嚴肅的問題──淪陷區的接收。如何在與中共競爭下，將部隊由西南戰區快速送往東北、華北、華中及華南？這一切都不是立即能夠達成的，基於此危局，蔣介石在15日廣播「不念舊惡」、「與人為善」，其根本目的就是與各地日軍及偽軍合作，一方面暫時協助國府維持淪陷區秩序，一方面阻止共產黨接收。由於日本派遣軍總司令岡村寧次充分合作，爾後，除東北外（雅爾達密約規定由蘇聯接收），國軍均在日軍及偽軍的協助下阻止共產黨並順利接收，此即「以德報怨」政策的根本目的[26]。

　　在戰爭結束之際，日本駐華派遣軍總司令岡村寧次，基於蔣介石在開羅會議上力保日本維持天皇制度，反對戰後列強軍事占領日本和賠款等「恩澤」，拒絕東京大本營命令駐華日軍介入國、共兩黨內戰，製造中國混亂的提議。岡村命令駐華日軍全

---

25 美國激進自由派史家常以史迪威事件等對蔣介石懷有強烈偏見，請參閱王成勉評，邁可謝勒著，1991年6月，〈20世紀之美國與中國〉，《中國現代史書評選輯》，臺北：國史館。

26 有關與日軍合作接收事項，請參閱丁永隆、孫宅巍合著，1992，《南京政府崩潰始末》，頁11-20，臺北：巴比倫出版公司。林照真，1996，《覆面部隊──日本白團在臺祕史》，臺北：時報出版公司。而徐宗懋分析蔣介石與國民黨官員中很多都曾留學日本，視日本為第二故鄉，因此能區分侵略的軍閥與一般日本人之間的不同，並且對投降的日本軍人尊重、細心照顧，使這支150餘萬的前駐華日軍及數百萬眷屬，對蔣總統永遠心存感念。見徐宗懋，1997，《日本情結──從蔣介石到李登輝》，臺北：天下出版公司。

力配合國軍接收，並以武力擊退來犯之共軍。戰後，國民政府以最快速度於3個月內將200餘萬駐華日軍及眷屬、日僑等遣送完畢，南京軍事法庭也判決岡村無罪，並於1949年大陸軍事潰敗，中共強力要求判刑之際，將其祕密送返日本。國民政府流徙臺灣，派密使赴日本會晤岡村，接洽派遣前日本駐華派遣軍之中優秀軍官赴臺灣，協助蔣介石訓練軍隊並反攻大陸。這支日本軍事顧問團由前日本派遣軍駐廣東第一軍參謀長富田直亮率領，成員全採中文化名，故被稱為「覆面軍團」，又稱「白團」（富田直亮取中文名白鴻亮）[27]。岡村寧次曾於1961年6月17日抵臺視察，並蒙蔣介石總統設宴款待。此時，戰前的敵人在戰後基於「反共」及「報恩」而合作。雖然最後在美國的壓力下撤離臺灣，但也應驗了外交上沒有永遠的敵人及朋友，只有「現實利益」的考量而已[28]。

　　至於戰敗後的日本，在麥克阿瑟的「統治」下，也有所改變：一、保留天皇制度，但將天皇的地位從神降為人，僅賦予象徵性地位；二、大力推動日本的民主議會政治，為戰後的日本制定一套「麥帥憲法」；另一方面准許共黨及左翼活動和發表言論，但又大力挾持政界的保守勢力。麥克阿瑟為拉攏日本成為戰後美國的盟邦與「圍堵」共產主義的伙伴，發動宣傳攻勢，說裕仁心念和平，但權力全由軍閥把持，導致大權旁落，故應盡全力免除裕仁戰犯之責。麥帥總部在東京大審戰犯時，祕密要求

---

27 蔣介石在臺北大直成立「圓山軍官訓練團」，作一般性高中下各級軍官的短期訓練工作，蔣介石擔任團長，彭孟緝任主任。第一批日本顧問團工作是針對大陸撤臺國軍指揮官階級進行再訓練。當時蔣介石的算盤是：「武器靠美援，士氣則靠日軍重振。」而岡村寧次祕書，戰後白團的聯絡人小笠原清中佐認為，這批白團83名軍官從少佐到少將的舊日軍，多數畢業於日本陸軍大學或海軍大學，屬於兵團參謀或團長。小笠原清認為與麥克阿瑟庵下的200名軍官團相較，在質與量上皆有其1/3至1/2的實力。見林照真，1995年10月29日，〈白團——戰後日軍在臺報恩的一段祕辛〉，《中國時報》，第3、7版。

28 1950年夏天，白團事情終於外洩，為此盟軍最高總司令麥克阿瑟命令岡村寧次出面說明。岡村的回答是：「我們為報答終戰時的恩義而參加這個行動，這也不違反美國的利益，美國還應該感謝我們，難道不是因為美國對中國大陸的認識不足，才丟掉大陸的嗎？」在白團成行後，岡村曾寫了一封信給老總統，信中提到最終目的，是結合前日本軍人，組織以反共為目的的義勇軍，共同參加反攻大陸的戰爭。同注27，《中國時報》，第7版。但落在中共手中的日軍關東軍戰犯，被中共實施毛澤東的「改造人性」工作。1956年，除了36名戰犯被判處有期徒刑外，其餘人也全部免訴並遣返日本。1963年，被判刑的日本戰犯也全部獲釋。這批人回日本後，絕大多數投身促進日本與中共的友好事業。見1995年9月9日，《中國時報》，第10版。

軍事檢察官聽命於麥帥總部，以執行上述計畫[29]。被認為是美國學界研究日本近代史第一把交椅的麻省理工學院歷史學教授約翰‧陶爾（John Dower），在2000年後接受《關於亞洲的教育》期刊專訪時強調，美國在戰後刻意保護裕仁，讓他完全不必負責任，而裕仁又裝出一副懦弱無助的偽善面目，乃是對日本民主政治與國民心理健康的一大打擊，同時也剝奪了日本人民本諸良心，公開辯論戰爭責任的機會[30]。現任教東京一橋大學的赫伯特‧畢克斯（Herbert P. Bix）亦指出，裕仁不認錯，日本人民怎麼會認錯[31]？陶爾在專訪中說，東京大審期間，麥帥總部下令任何人不得透露731部隊（美軍祕密向日軍學習如何製造細菌彈）和慰安婦的實情，因此陶爾和畢克斯都強調，美國的縱容和曲意維護，導致日本戰後在政治、文化與心理上的不健全──一種只會掩飾錯誤，卻又不敢面對錯誤的心理。

90年代，日本學界或論壇對於裕仁天皇戰爭責任的討論已經較為普遍。2001年8月15日，被認為較左傾的《朝日新聞》在終戰紀念日的社論中，首次言及天皇的戰爭責任，象徵了時代的變化。日本左傾學者如吉田裕、藤原彰、安田浩、山田朗等人及論壇對於裕仁的戰爭責任之認定，有以下三項觀點：

一、裕仁天皇在戰時是一切都知情的。

二、戰爭的開始及結束都是由裕仁的詔敕而開始與結束的，因此日本人之中裕仁的戰爭責任最大。

三、裕仁要為戰死的全體軍民負責。

前東京大學教授小堀桂一郎的著作《裕仁天皇》書中承認「天皇以握有統帥權的人而發揮其實力，實踐了對戰爭的指導；此外有些輿論調查也顯示多數的日本國民並不真的覺得裕仁沒有戰爭責任，但是畢竟大部分的日本國民對於日本天皇制度以及天

---

29 林博文，2001年5月6日，〈日軍國主義不死，美難辭其咎〉，《中國時報》，第10版。

30 可參考陶爾經典作品：〈擁抱戰敗──二次大戰之後的日本〉，轉載於2001年5月6日，《中國時報》，第10版。

31 畢克斯（Herbert P. Bix），2002年2月25日，《裕仁天皇與當代日本的形成》，臺北：時報出版公司。

皇基本上還是支持的，因此僅有少數人想去追究天皇的責任[32]」。

　　中國在蔣介石委員長的領導下，在艱苦環境中與日軍長期對峙，不但成功牽制百餘萬日本精銳之師，且捍衛中國領土主權完整與民族尊嚴。八年抗戰期間，國軍光是在上海就投入70個精銳師，犧牲30萬人以上，與日軍激戰3個月，贏得舉世敬佩。但是軍民也付出慘重代價，南京大屠殺即為明證[33]。至於國軍陣亡將領有211名，其中上將8名、中將45名、少將158名，而共軍只有1、2名少將陣亡。國軍的犧牲，當為共軍百倍以上，因為國軍面對絕大部分的日軍主力[34]。

　　日本戰後，在美國保護下，保守派崛起，曾任首相的岸信介在戰前擔任滿洲國國務院實業部總務司長，戰後被指為甲級戰犯，收監3年半，但是沒有遭到起訴，由甲級戰犯翻身躍居為首相之座，因而被人稱為「昭和妖怪」。其外孫安倍晉三、姪孫麻生太郎、弟弟佐藤榮作等人都在戰後擔任過日本首相，佐藤榮作親臺反共，也是日本在位最久的首相（從1964年12月～1972年7月），曾於1965年貸款給中華民國政府，1967年也曾訪臺。這種右派人物的親臺行為，正是隱含了當年的殖民情結、反共意識及對蔣介石報恩情結的混合，當然也混雜著防範中國（北京）崛起的思維，使日本一直在兩岸關係之中，保有一定的影響力。

---

32 2002年4月20日，《中國時報》，第14版。

33 有關南京大屠殺史事，可參考華裔作家張純如的英文著作《被遺忘的大屠殺》（The Rape of Nanking），1997年出版後很快就達50萬本銷售量，其日文版本因不同意日本右翼人士要求更正若干錯誤，而與日本出版商柏書房解約不出版。中文版則由臺灣天下文化出版。參見2004年11月12日《聯合報》的介紹。

34 可參考郝柏村，2005年9月1日，〈緬懷抗戰回復歷史真相〉，《聯合報》。

第六章　中共崛起

第一節　中國共產黨的誕生

　　1919年，知識分子在面臨巴黎和會失敗的挫折和憤懣之際，直接懷疑西方文化行於中國的可能性。適1919年7月25日蘇聯代理外交人民委員會委員長加拉罕發表對華宣言，聲稱革命後的俄國放棄沙皇時代與中國或和他國所訂的一切侵害中國權益之條約，其中並將無條件交還中東鐵路和外蒙古。

　　中國甫由巴黎和會對西方列強的幻夢中甦醒，如今面對蘇聯肯以友善態度第一個平等待我，遂回應以最熱情之擁抱。但當時知識分子在宣傳社會主義的同時，並無具體主張。1919年9月，張東蓀在梁啟超創辦的《解放與改革》創刊號中，撰社論名為〈第三種文明〉，認為國家主義和資本主義已到末路，故需社會主義拯救。

　　而其中影響最為深遠的即為李大釗與前述的陳獨秀。李大釗於1888年誕生於河北樂亭縣的「小資產階級」家庭，1900年庚子事變在陳獨秀看來，是中國環境裡最落後與反動的一面，但對李大釗而言，則是中國抵抗帝國主義最光榮的一頁歷史[1]。

　　1917年俄國布爾什維克黨於「10月革命」中推翻了「2月革命」的臨時政府。當時在中國首先察覺此舉之意義者為孫中山先生。孫中山以個人名義致函列寧道賀，而李大釗則於1918年夏天發表〈法俄之革命比較觀〉一文，認為法國為19世紀革命之先驅，俄國亦為20世紀革命之先導。到了1918年11月，李大釗在對俄國革命有更深體驗之後發表了〈Bolshevism的勝利〉一文。

　　李大釗主張歷史過程是周期循環的唯物辯證發展，如同萬物榮枯以及垂死之物包含著再生的種子，因此一個嶄新、年輕的新中國即將出現，尤其中國的落後，反而是促成再生的最有利條件[2]。

　　李大釗對共產主義最大的貢獻，主要在於促使知識分子在面對「五四」以後瀰漫

1　Maurice Meisner，1968，《Li Ta-Chao and the Origins of Chinese Marxism》，頁6，Cambridge，Massachusetts。

2　同上，頁26。

著民族主義和社會主義的知識界時，迅速投向共產主義的懷抱。至於陳獨秀則認為欲改造國家必先改造新青年，這是他創辦《新青年》時的基本看法，因此他曾表示：「後來責任，端在青年[3]。」而改造新青年主要內涵，就是民主與科學。

　　陳獨秀在巴黎和會之前，可說是全面擁抱西方文化的價值觀。他認為西方文化包含了使現代人類與社會面貌一新的三大發明：第一是基本人權理論；第二是成長發展理論；第三則是社會主義哲學。而學習西方才能導致一個人知識、道德發展乃至於體格之健壯[4]。

　　雖然爾後在巴黎和會的失敗使陳獨秀對西方文化思想極度失望而轉向馬克思主義，但誠如Meisner所說的：「根植於西方資本主義經濟架構的民主並未在中國真正生根，因而使得馬克思主義在中國未逢真正之對手[5]。」

　　1920年，蘇聯派遣東方部書記吳廷康（G. N. Vointinsky）至中國策動並籌組共產黨。吳廷康到北京拜訪了北大政治系主任李大釗，由於當時北京政府嚴格限制過激派的行動，李大釗遂介紹吳廷康去上海拜訪正在上海主辦《新青年》的陳獨秀。陳獨秀在會晤吳廷康之後，與戴傳賢、邵力子、譚平山等人於1920年5月1日在上海成立了「馬克思主義研究會」。8、9月間，陳獨秀、李漢俊、沈定一、李達、俞秀松、施存統、戴傳賢（旋即退出）等7人於上海創立了中共臨時中央，推陳獨秀為書記。同時在北京、上海、武漢、山東、廣州、長沙設立了6個支部，而國外重點則在法國，原因是受李石曾等舉辦「留法勤工儉學」的影響，約有2,000名中國留學生分別於1919、1920年間前往法國。當時如李立三、鄧小平與周恩來、任卓宣等於1920年10月在巴黎成立「中國少年共產團」，並派人前往莫斯科爭取經費，後奉共產國際之命，改為「中國共產黨旅法支部」。另朱德等留德中國學生，亦有類似的活動。

　　1921年3月，共產國際派遣荷蘭人馬林（G. Maring，原名Sneevliet）與李克諾斯基至華，兩人所負的任務為指導成立中國共產黨，另外也預備前往廣州會晤孫中山先生。

　　1921年7月27日，在上海舉辦了第一屆全國代表大會，由張國燾任主席，陳獨秀

3　《新青年》發刊詞。

4　Thomas C. KUO，1975，《Chen Tu-Hsiu and the Chinese Communist Movement》，頁43-44，New Jersey。

5　同註1，頁120。

為書記並組織中央局。在通過的黨綱中有兩點非常重要,即對外接受第三國際的領導,對國內各政黨均採取攻擊和排斥態度。而馬林則於12月南下廣州會晤孫中山,23日雙方見面,馬林勸孫改組國民黨,容納農、工社會分子,建立軍校等,以定革命基礎。馬林亦提及聯俄容共,並解釋列寧的新經濟政策和實業計畫的同質性,但孫中山僅允和蘇聯進行道義上的合作,拒絕與中共合併。

1922年,達林(A. S. Daling)至廣州會見孫中山,建議國共兩黨合組聯合戰線。孫中山同意允許中共分子以個人名義加入國民黨,於是馬林於該年8月22日中共杭州所召開的第二屆中共中央全體委員會,強迫中共黨員以個人身分加入國民黨,進行所謂「黨內合作」。

1923年1月16日,來華與北京政府談判建交的越飛(Adolf A. Joffe)到上海與孫中山直接商討「聯俄容共」問題。孫中山南下廣州護法之際,內部先後於1917年和1922年歷經陸榮廷與陳炯明反叛,在國際上又只有蘇聯願意提供協助,於是1月26日與越飛發表共同宣言,人稱「孫、越聯合宣言」,內容如下:

一、蘇維埃制度不適用於中國,而俄國則幫助中國完成統一。

二、蘇聯承認加拉罕於1920年對華宣言,放棄一切帝俄時代特權。

三、蘇聯保證無意使外蒙脫離中國,中、俄並將協商中東鐵路管理辦法。

第二節　共產黨的發展

一、與國民黨分離

在武漢和平分共後,中共即發動連串暴動。1927年8月7日,於漢口舉行所謂「八七會議」,在會中將聯俄容共的失敗歸於當時的總書記陳獨秀,為其冠上「妥協右傾機會主義」的罪名,並改由瞿秋白主持中央局,全面「布爾什維克化」,發動土地革命,預備在秋後於湘、贛、粵、鄂暴動。由於這個原因,使瞿氏爾後被批判為「左傾危險主義」者[6]。

6　在武漢和平分共後,共產黨由葉挺、賀龍等人於8月1日發動「南昌事變」。中共建政後,稱此日為「建軍節」。迄今中共所有軍種軍旗皆寫有「八一」字樣。

9月27日，史達林宣布不再與國民黨聯合，12月11日，因史達林唆使中共廣州暴動，被國府斷絕一切關係。

二、紅軍與蘇維埃區的建立

1927年10月，毛澤東率眾前往江西省寧岡縣井岡山，建立軍中黨部，開始發動土地革命，按照人口分田。毛澤東認為，中國廣大人力、物力皆在農村而非都市，所以必須在農村建立和發展紅軍及革命根據地，這也是毛的「人民戰爭」。1928年3月，在湘、贛交界成立邊區政府，5月朱德前往會合，建立紅第四軍，毛任政委、朱任軍長。毛澤東此時敏銳察覺到在中國廣大的農業人口中，土地分配甚為不均，階級衝突已成為潛在的問題（即地主與佃農之間的衝突），而其土地革命及人民戰爭即著眼於此。

馬克・賽爾登（Mark Selden）認為中國農村的貧窮主要是舊有社會秩序層層壓迫的結果。首先，中國傳統社會就是不平等的社會——土地分配不均，宗教與價值觀令農民在統治者面前手無寸鐵，家庭裡男女有別，重男輕女，長幼有序，貧不與富敵，幼不與長爭。在土地改革之前，僅占全人口3％的地主階級卻占有約26％的土地；相反的，占人口69％的貧農卻只占有22％的土地。多於一半的中國農民是租戶，1/3是全租戶，1/4是半租戶，租金高昂，土地集中，死人霸占土地的情況在華中與華南最為常見。在一些地區，租戶占全耕種人口60％～80％，租金竟然超過了總收成的60％，但田租剝削只不過是千萬種剝削之一而已，在這裡，大概有數百萬的工人（相當於全勞動力的10％）是租用工人。

1930年約翰・巴克（John Buck）曾統計出：2/5的農民瀕臨破產邊緣，他們的平均欠額是76元，年息則達到32％。3年之後根據國民政府的統計，人口中56％已變成負債者。在戰爭期間，農民們更發覺他們不斷受到多方勢力的壓迫，包括官方、地主、買辦、強盜、收稅者的欺詐等，所以在鄉村危機中，貧農是最具革命性的。這些困難是揉合著戰火對土地的破壞與長久以來社會秩序的破產，帶來的結果是不幸的——破壞樹林導致水災、灌溉失宜、河道失修，及土地過度利用。這種階級中潛伏的不安，為日後共產黨發展的有利基礎。

三、莫斯科六全大會（1928年7月）

這次大會首先清算陳獨秀和暴動失敗後的瞿秋白，由向忠發任總書記（李立三掌實權），周恩來掌組織兼軍事（毛受排斥）。由於李立三堅持正規城市戰，導致連串失利，於是中共於1931年1月召開四中全會，清算李立三路線失敗（李被召喚至莫斯科看管15年，到1945年才返回中國），由陳紹禹等為首的國際派當權，分派項英、張國燾、夏曦主持贛、鄂、豫、皖及湘鄂的蘇維埃中央局[7]。

四、中華蘇維埃共和國（1931年11月7日）

蔣介石於1930年10月10日宣布「今後五項政治方針」，其中第一項即為「肅清共匪」，至1931年「918事變」止，一共進行了三次圍剿。11月7日，中華人民共和國在江西瑞金成立，毛澤東任主席（被嚴厲批判，一切均須聽命由國際派所控制的中共中央），副主席為項英、張國燾，紅軍總司令朱德。

1932年「128事件」後，蔣介石宣布「攘外必先安內」政策。1934年1月，國軍在「閩變」平定後，採用新式「碉堡戰術」，配合公路網及經濟封鎖共軍，使共軍的游擊戰術失敗，國軍則全力向贛南進攻。10月15日共軍主力自瑞金祕密南移，項英、陳毅部留守至1935年3月前，之後大部被消滅，瞿秋白被捕處死，江西剿共終於告一段落[8]。

五、陝北基地的成立

1935年1月5日，共軍攻占遵義，15日至17日召開「遵義會議」，在「閩變」中失勢的毛澤東，指責共軍在第五次被圍剿時的短促突擊及單純防禦之錯誤，於是大會罷免國際派總書記秦邦憲，由張聞天繼任，並免除周恩來的職務，由毛澤東接替軍委主席。同時，毛被選為政治局委員及中央常務委員，這是毛的權力在中共中央迅速上升

---

7 中共國際派重要人物有陳紹禹、秦邦憲、張聞天、楊尚昆等，均曾留學莫斯科孫逸仙大學，並受知於校長Pavel Mif，在中共黨史內有「28個布爾什維克」之稱。

8 瞿秋白曾任上海大學教授，向青年學生介紹馬克思主義和孫中山思想，1925年領導「五卅慘案」抗爭遊行，這次遊行使工人組織結合戰鬥力，並使得共產黨員人數增至萬餘人。而中共開始由紅軍總司令朱德發布「紅軍萬里長征，所向勢如破竹」——即所謂「長征」的由來，其間經過瑞金、遵義、成都、天水而抵達陝西的延安，除了依靠天險，以及獲得少數民族歃血為盟的資助外，也利用四川軍閥與蔣介石之間的猜忌，一再成功脫逃，並培養紅軍這批基層戰士與資深幹部的戰鬥力、凝聚力和革命情感。參見2006年8月15日，《聯合報》。

之始[9]。

　　1935年10月19日，毛澤東率殘部2,000餘人抵陝北吳起鎮，毛在黨部任職軍委主席，在政府方面則擔任蘇維埃中執會主席。而此時設在西安的鄂、豫、皖剿匪軍司令部，由甫自歐洲返國的張學良任副司令，另輔以出身綠林，前陝西省主席楊虎城統率西北軍協助。1936年12月，「西安事變」前夕，共軍僅殘餘2萬餘人[10]。

第三節　共產黨的挑戰

一、新四軍事件（皖南事變）

　　1939年9月，歐洲大戰爆發，面對歐洲新局勢，蘇聯不願國共衝突擴大。當時中共武力分布在山西、河北及山東諸地的稱八路軍，江蘇、安徽的為新四軍。1940年4月，在蘇聯大使潘友新（A. S Panuyaskin）的調解下，中央命令八路軍與新四軍由魯南與蘇北的攻占地移往黃河以北，但中共僅允將江南的新四軍移防江北。

　　1941年1月4日至12日，新四軍在皖南涇縣遭政府軍包圍，結果軍長葉挺以下5,000人被俘，副軍長項英被殺，番號撤銷，中共自行任命陳毅為新四軍軍長，劉少奇為政委，要求國府承認其抗日政權並成立各黨派聯合委員會，由國共代表分任正、副主席。

　　事變發生後的同日，俄顧問團長崔可夫（Vassily I. Chuikov）及大使潘友新勸蔣勿因此再起內戰，羅斯福亦派遣行政助理居里（L. Currie）前來，盼國共密切合作，事遂緩和。但國府因此事件關閉各地八路軍辦事處，並強力封鎖陝、甘邊區中共基地，

9　1932年10月，由陳紹禹和秦邦憲所領導的中共蘇區中央局在寧都召開會議，堅決主張攻打大都市，批判毛澤東的右傾錯誤，一直到「遵義會議」才確立毛澤東的地位。在遵義會議上達成兩個決議，第一、明確指出秦邦憲、李德（俄軍事顧問）在國軍第五次圍剿上，犯下嚴重的「單純防禦路線」錯誤，使紅軍失利。第二、改組中央領導機構，選舉毛澤東為中央政治局常委兼中央軍事委員會主席，周恩來、朱德副之。至此，中共才算真正形成一個領導核心，並且擺脫史達林的控制。

10　毛澤東先後有四位妻子：羅一秀、楊開慧、賀子珍、江青。毛與楊開慧（1930年11月14日被湖南軍人何鍵部槍決）育有2子，長子岸英（後於韓戰陣亡）、次子岸青（精神狀態不佳，1997年病逝，育有一子毛新宇）。江青命運坎坷，原是上海小明星，1938年與毛結婚，中共建政後由於她的出身，在元老們抵制下很少以第一夫人身分公開出席活動，1976年9月9日毛澤東過世，中共最高領導人華國鋒（2008年8月病逝北京）在葉劍英、李先念等軍界大老支持下，逮捕以江青為首的「四人幫」成員，而江青則於1990年自殺身亡。

斷絕經濟援助，中共稱其為第二次反共高潮。中立的《大公報》認為：「就軍紀軍令而言，統帥部的處置是無可置議的。」並強調：「擁護統一、反對分裂是全體國民的良心，是我們抗戰建國所必不可缺的條件[11]！」

二、聯合政府

根據關中先生的研究，中共利用抗戰擴充勢力，擁有約47萬7千名正規軍、15個抗日根據地（邊區政府）、220萬民軍，並轄有8,800萬人民。在新四軍事件兩年後，中共與國府的權力結構均產生重大變化，國府長期局限於西南，戰局僵持，權力結構由僵化而腐化。反觀中共由於整風運動，使毛的領導地位更鞏固，黨的建設亦加強，故中共準備以此實力正式向國民黨挑戰——此即1944年中共正式要求與國民黨合組「聯合政府」。

1944年1月，毛澤東提議重開國共談判。2月，羅斯福正式由美國派員赴陝北，要求蔣成立聯合政府，聯合政府運動正式展開。1944年中期的國共談判，事實上正如國府所稱的「中共要求與時俱增」，事後中共自己也承認「一定會『與時俱增』」。關中認為中共態度強硬的關鍵在於[12]：

（一）**國共雙方權力的消長變化**：中共利用抗日擴充軍備已如上述，而國府則因擔任抗日的主力，犧牲慘重。

（二）**日本在華之1944年攻勢（一號作戰）**：1944年4月17日開始，為時9個月，動員62萬日軍，戰線長達1,400公里。一方面占領桂林及柳州區域，阻止美軍使用B29轟炸機轟炸日本，一方面防止盟軍自印度及雲南反攻在華南之日軍，其最終目的即為打通平漢及粵漢鐵路，摧毀國軍主力，加速重慶政權的崩潰。

國府雖未如日本預期崩潰，但的確付出慘重代價，更導致中共在華北地位的穩固及「史迪威事件」。

（三）**1943～1944年美國對華態度**：1944年6月，美國副總統華萊士（Henry A. Wallace）訪華，象徵美國對華政策改變，使美國以其影響力促成美國軍事觀察組派駐延安。史迪威事件所暴露的問題即在於國共合作抗日，但在1944年期間，任何國軍與

---

11 關中，〈戰時國共商談〉，《中國現代史論集》，前揭書，第10輯，頁255。
12 同上，頁273-281。

共軍的軍事合作如無某種程度的政治安排，是不可能實現的，在這種僵局下，美國駐華外交人員遂想出一個聯合政府的方案，而此一方案被中共利用為1944年與國府談判時「距離太遠」的基礎。

（四）中蘇關係惡化：1943年初，蘇聯擊退德國對史達林格勒的包圍，當俄國西線壓力減輕後，開始有餘力關注中國情勢的發展。1943年夏，蘇聯駐重慶外交官員開始就國共關係與美國官員接觸，同時攻擊國府的文章也在蘇聯報章出現。1944年6月，蘇聯一刊物指責國府對共區的封鎖，是造成日本「一號作戰」成功的原因，11月，蘇聯開始攻擊國府為「法西斯極權主義」；更值得注意的是，在攻擊國府時，蘇聯經常引用美國方面的報導來支持他們的論點[13]。

另外，中蘇邊界爭執——新疆，也與中、蘇關係惡化有關，蘇聯的策略顯然是以打擊國府來抬高中共身價，而中共在判斷國內外情勢對國府極為不利下，便改採不妥協態度。中共當時曾聲明：「中國共產黨中央預見到中國抗戰陣營在日寇新進攻之前，將遭遇到嚴重的軍事失敗及政治經濟各方面的重大危機，為避免此項危險局面，中共中央將派林伯渠同志赴渝（重慶）。」這種說詞是對國府「挺身相救」抑或「落井下石」，不得而知。

1944年，抗戰仍然漫無期限的進行，在國府統治地區的甘肅及四川農民開始反抗徵糧、徵兵；甘、川、康地區爆發回民及少數民族的暴動；河南省則陷入旱災及蝗災。知識分子與小黨對國民黨不滿，而派系的鬥爭則未曾稍歇。

在重慶國府掌握黨政和教育實權的依然是C.C.派，與之抗衡的則是源於政學會（曾策動七總裁事件），由楊永泰、黃郛、張群、陳誠及陳儀所領導的政學系，此外還有成員以黃埔出身為主，由戴笠及康澤所領導的力行社（又稱藍衣社）。政學系認為黨政腐敗的原因在於控制教育人事的C.C.派，及掌財、經的孔祥熙與主管軍事的何應欽。在面臨一號作戰的壓力下，蔣介石又與孫科互相指摘，蔣在日記中指孫科欲與中共勾結，聯合美國推翻中央[14]。

蔣介石對於國民黨內部派系鬥爭深感失望，因而希望建立一個新的「革命組

---

13 同上，頁279。

14 郭廷以，1980，《近代中國史綱》，頁724，香港：中文大學。

織」，消除過去的紛爭，並吸引全國青年繼續「革命任務」，而這個新希望就是1937年正式成立的三民主義青年團。

在武昌的臨時全國代表大會上，蔣介石曾經聲明：「號召組織三青團，是為了充實黨的組織和鞏固黨的基礎……因此大會決定，必須在一個統一的組織領導下，建立三青團，訓練全國青年，引導每個人來相信三民主義[15]。」

蔣介石為了使三青團徹底拋棄派系紛爭，於是決定由三個不同派系的人物來起草三青團團章，他們是康澤（藍衣社）、陳立夫（C.C.派）及譚平山（左派人士），但在C.C.派和藍衣社爭奪領導權的情形下，三青團的原本目的逐漸模糊。

1941年，一份由三青團主辦的雜誌在社論中寫道：「坦率的說，他們大多數人的目的，只是為了結識幾個大官和重要人物以及他們的圈子，以利於自己爭奪地位和飯碗。」而蔣介石亦指責團員及幹部無視國家需要，只是利用他們在團內的地位，謀求個人升遷。蔣說：「這是本團不能獲得社會尊重的一個原因，亦是不能喚起團員熱烈信仰的最大毛病[16]。」

三青團成立後，除了內部派系鬥爭外，又開始對黨部展開領導權爭奪，基於此弊端，蔣介石終於將它從政治領導力量的地位，降為國民黨訓練新黨員的工具。1947年9月12日，蔣介石於國民黨六屆四中全會中，通過三青團與國民黨的合併方案，蔣氏說道：「由於黨團合併，大家思想一致，精誠團結，不再有爭權奪利的鬥爭，會議的精神使我極為感動[17]。」但是合併後的國民黨派系鬥爭仍然持續，以迄國府遷徙來臺。

第四節　土地革命及意識型態勝利

美國學者馬克‧賽爾登認為中共的延安經驗不但是第三世界國家掙脫壓迫饑饉枷鎖的模範，其後領導抗日的行動也獲得農民支持，擊敗日本侵略，同時推翻地主軍閥

---

15 易勞逸（Lloyd E. Eastman），1990，《蔣介石與蔣經國——毀滅的種子》，頁103，臺北：李敖出版社。

16 同上，頁110。

17 同上，頁118-119。

統治，為建立平等新秩序的反殖民主義先驅[18]。

　　賽爾登認為中國農村社會土地租佃不合理，故存在著地主與佃農間的階級壓迫問題，所以中共的土地改革乃歷史的必然產物，中國共產黨也因而達到最後勝利。他分析中共在1936年之前是以農村二極分化為鬥爭手段，即將農民分為封建勢力（士紳、地主、富農及其支持者）及基本群眾（貧農、雇農及同情中共的富農），然後利用基本群眾去鬥爭個別壞分子，將個人仇恨在鬥爭時轉化成階級仇恨。年復一年的血腥鬥爭，使大多數基本群眾都納入由共產黨所控制的「農抗」（類似今日的農會組織），並在獲得土地後成為共產黨的忠實擁護者（陝北土地革命的高潮，使東北軍剿共蒙受重大損失）。

一、瓦窯堡政治局會議

　　1935年底，中共召開瓦窯堡政治局會議，鑑於土改固能動員成千上萬農民，但同時一定會激起反土改的巨大力量，得不償失，因此瓦窯堡會議主要方針有二：對內部不再以階級鬥爭而改用「經濟改革」之名，對外則冠以民主改革之號作為宣傳。在經濟改革方面實施減租減息、廢除苛捐雜稅、大生產及合作化運動爭取基本群眾支持，另外在民主改革上則推行所謂「鄉選」。鄉選目的如下：

　　（一）地方自治符合國父遺教，不但以此證明中共比國府更熱中三民主義（國府推行地方自治成就有限），更可對外宣傳中共這種經由民眾選舉所建立的鄉村政權，合乎情、理、法，國府亦無權干涉。

　　（二）以鄉選取代陝北地區一些國府時代殘留，而在當年不得不用的鄉、保、甲長。

　　（三）透過鄉選動員群眾，同時在確保鄉選的成功下，幹部必須重視輿情、民情，此外也可藉此機會培養、訓練基層幹部合法鬥爭的政治技巧。

　　（四）所有農村設有農抗組織，嚴禁地主士紳等參與，另外對會員不斷灌輸階級仇恨思想，如此一來鄉選使農鄉中共階級敵人競選成功的機會非常渺茫，中共即經由此徹底建立並鞏固其農村政權的基礎。

　　中共對付反對人士的策略亦頗高明，就是運用「三三制」。所謂三三制即中共在

18　陳永發，1980，〈評介Mark Selden著「中共的延安經驗」〉，《中國現代史論集》，第10
　　輯，頁230，臺北：聯經出版公司。

其邊區政府皆設有參政會，其成員席次分配以中共、中間人士、進步人士（改造後的封建勢力）各占1/3，一方面保障共黨的領導地位，另一方面也保障地主的人、產、法、政權。中共當時的目標是奪取地主士紳對農村的控制權，一旦這個目標達成，中共就會在「總打」之後來一個「總拉」，以免打過了頭，致使地主士紳因此積極投效國民黨或親日勢力。三三制精神即在此，也凸顯國民黨不擅長處理政治對立人士的手腕。

瓦窯堡會議後，其政策宣傳普遍獲得各大城市知識分子的支持及歡迎，造成大批知識青年因中共的抗日號召，不遠千里奔赴延安「朝聖」。

二、1941年的危機及打破危機的整風運動

賽爾登分析中共在1941年危機形成的因素如下：

（一）大批擁有空虛理想的知識青年在奔赴陝北後，因缺乏實務經驗，只好安排他們坐在辦公室，竟形成了官僚主義的隱憂。

（二）國府在新四軍事件後封鎖陝、甘、寧邊區，並停止所有財政支援。

（三）日本在1940年底於「百團大戰」中受到共軍重創，於是大舉清剿中共邊區政府。

這些因素的集合，使中共自1941年起的地方稅收即增加一倍有餘。這種膨脹在往後兩年也無法減輕，使中共政權支柱的基本群眾離心力擴大，在這個前提下中共遂展開「整風運動」。整風運動的內容主要有下列兩點：

（一）馬克思主義中國化。學習毛澤東思想，建立毛的一元領導。

（二）檢討黨、學、文風。嚴厲批判內部官僚主義傾向，全面改造落後農村經濟。

整風之後的共產黨重振其控制權，並利用日本的侵略逐步擴充及建立農村政權，而國府除艱苦的擔負作戰主力外，派系鬥爭也逐漸腐蝕中國國民黨的精髓。

美國學者詹森在其《農民民族主義與共黨勢力》的著作中，認為中國近代史上有兩次因帝國主義入侵影響農民生活而爆發的農民民族主義，第一次為義和團，第二次就是因日本軍事侵略而引起的中國農民民族抗日主義[19]，詹森認為中共在抗日期間因

---

19 吳學明，1982，〈評介詹森著「農民民族主義與共黨勢力」〉，《中國現代史論文選輯》，第10輯，頁215-217，臺北：聯經出版公司。

以下兩項因素而得勢：

（一）農民支持：因為日本對占領區農民進行三光政策（即燒、殺、搶光），激起農民痛恨，而在華北及黃河下游的政府軍隨著日軍的入侵而撤退，大多數官員及行政組織亦後撤，使鄉間成為無政府的真空狀態，遂由中共進入占領區農村，一方面整合各抗日勢力，一方面取代國府的領導地位，並動員農民抗日。

（二）汪兆銘南京「國民政府」帶給國府的困擾：使中共可同時攻擊南京與重慶政權的「反共不抗日」，以及一般群眾對汪兆銘國府的認知盲點（黨、旗、主義與名稱都與重慶一致），從而疏離中國國民黨領導抗日的角色。

詹森認為抗戰期間共黨軍事的成功，基本上是農民動員與農民共產主義者聯合的附屬品，而中共在1947～1949年內戰的成功，顯然是由於在戰時取得戰區一般鄉村支持的結果。著名的「鄉村包圍城市」軍事戰略被「人民解放軍」所運用，使內戰中的國軍必須駐紮在被中共農村勢力所包圍的城市中，而早在1939年之後，大部分占領區的鄉村已在共產黨掌握中。

哈佛大學教授史瓦茲（Benjamin Schwartz）認為國民黨只能訴諸純粹的民族主義，但共產黨卻能進一步向世界證明中國已走在世界的前端，共產主義使中國能夠以西方的觀點、西方的標準來批評西方，是更耐人尋味的民族主義[20]。

鄒讜則認為共產主義是一種針對中國人自19世紀以來，處於列強交相侵逼危機下的全面回應。共產主義對知識分子那種在面對嚴重挫折後，急於找到一條迅速超越西方的捷徑心理，成功的予以填補[21]。

20 史瓦茲（Benjamin Schwartz），1952，《Chinese Communism and the Rise of Mao》，頁15，Cambridge。

21 Tang Tsou，1988，《The Cultural Revolution and Post-Mao Reforms》，頁32，Chicago。

第七章　內戰再起

第一節　政治協商會議

　　1946年政治協商會議於1月3日舉行第十次會議，通過政府改組、和平施政綱領、軍事問題、國民大會及憲法草案等決議，即行閉幕。

　　當時各方主要關切的議題如下[1]：

一、政府組織

　　過渡時期的政府採取委員制，國民政府委員名額經商定為40人，其中半數由國民黨人員充任，半數由其他黨派及社會賢達充任。行政院現有部會及擬設之不管部會政務委員中，將以7席或8席約請國民黨以外人士充任，國府主席提請選任各黨派人士為國府委員時，由各黨派自行提名，但主席不同意時由各黨派另提人選。

　　此項議題最大的爭議點在於非國民黨人員構成之20名國府委員如何分配。由於國府委員會議對一般事項係以出席之過半數為通過，若涉及施政綱領之變更，則須出席之2/3贊成始得通過，因而中共堅持其與民盟必須合占14位，俾足全額1/3以上以行使否決權。此項要求無法得到國民黨、青年黨及無黨派人士的同意，後來中共拒絕參加聯合政府，此問題即是理由之一。

二、施政綱領

　　作為協商成果的「和平建國綱領」，是國民政府擴大組織之後，憲政實施以前的施政準繩，條文中有「尊奉三民主義為建國之最高指導原則」的語句，此項議題較無爭議。

三、國民大會

　　原先中共方面堅持抗戰前選出的約900名代表應為無效，主張重新選舉。協商之後中共不再堅持，惟將國民黨中委為當然代表之460位，及政府遴選之240位，合計700個名額分由各黨及無黨派人士作合理之分配，此外並決定1946年5月5日召開制憲國大。

1　陳儀深，1990年5月，〈民國35年政治協商會議述評〉，《歷史月刊》，第28期，頁108-109，臺北：歷史智庫出版公司。

四、憲法草案

政協會議對於五五憲草提出12項修改原則，並決定組織「憲草審議委員會」，根據修改原則，參酌各方意見加以整理，以製成五五憲草修正案，供國民大會採納。

由於12項修改原則中的國民大會無形化、責任內閣制、省憲制度，與國民黨的「總理遺教」出入頗大，遂一一在國民黨的六屆二中全會中受到「修正」，導致周恩來在3月18日（國民黨中全會閉幕的第二天）舉行中外記者招待會，對國民黨違背「政協決議」提出嚴厲的指責，周恩來在隨後的「憲草審議委員會」中敷衍應付，或許與此有關。

五、軍事問題

中共因擁有武力而具備與國民黨談判的籌碼，國民黨則對中共的「擁兵自重」最感疑忌，可見軍事是雙方最棘手的問題，不過政協會議還是獲致幾點冠冕堂皇的原則：（一）軍隊屬於國家；（二）禁止一切黨派在軍隊內的黨團活動；（三）改組軍事委員會為國防部，隸屬於行政院；（四）軍事3人小組照原定計畫，盡速商定中共軍隊整編辦法，整編完成，中央軍隊應照軍政部原定計畫，於6個月內完成其90師之整編，上兩項整編完竣，應再將全國所有軍隊，統一整編為50師或60師。

所謂軍事3人小組，是指政府代表張治中、中共代表周恩來，及美國馬歇爾特使。他們從1946年2月14日開始，經過6次會商而獲致協議，即「關於軍隊整編及統編中共部隊為國軍之基本方案」，於2月25日由3人正式簽訂並公布。蔣委員長在詳閱此一方案之後，自記所感曰：「整編時期定為1年半，乃全照共黨之意見而定，又華北5省，政府只可駐7個軍，而中共反可駐4個軍，初尚以為只限於冀魯兩省，殊不料其所談者係指華北5省也，甚矣！文白（張治中）之足以誤事也。」果然，4月3日國府方面即以強硬派的陳誠，接替溫和派的張治中，作為軍事3人小組的政府代表。

政治協商會議中最主要的問題，就是如何調和各黨派的需要。張君勱先生曾有如下記載：

當時發生的問題，是如何調和各黨的需要，政府要三民主義，我們要歐美民主政治，青年黨要責任內閣，共產黨主張司法制度各省獨立、國際貿易地方化。我每天晚上將憲草內容為共產黨解釋，譬如共產黨要司法地方化，我舉美國離婚制度，各州不

一，弄得美國婚姻很亂；關於國際貿易，就連德國聯邦憲法，也是屬於中央的，一個海關制度，不能由省各自為政，原來共產黨要將滿洲大豆由省經營出口到蘇俄去，我說如果組織特別公司，也可達成這種目的。又此外共產黨還要地方有保安隊。

每天晚上為共產黨解釋清楚，白天裡正式開會，要與國民黨爭辯，國民黨所要的是三民主義、五權憲法和總統制。我說：「三民主義共和國是不通的，因為孫中山先生領導革命是歷史事實，我們承認，但三民主義一書裡面說民生主義即共產主義云云，如果此段將來作為解釋憲法之標準，與美國大理院之引用Federalist一書相同，則將來思想界之錯綜複雜，遺害無窮。所以有一條中只能說中華民國基於三民主義，是承認民國之造成由中山先生三民主義為主動，至於今後之民國，則主權在於人民，故名曰民有民治民享共和國。」結果幸得通過。關於五權，中山先生是把各國制度雜湊而成，雖有意別出心裁，但20年來五權憲法施行之成效如何，為眾所共見，五權名目，國民黨一定不肯放棄，所以照舊採用。實質上此次新憲法之精神，為兩層樓政府之廢止——國民政府為上層，行政院為下層——以行政院與立法院對峙為中心。青年黨主張責任內閣、職業代表，民主派主張議會監督，都比較容易解決。

3月5日，國府代表張治中、中共代表周恩來及美國馬歇爾議定「軍隊整編及中共部隊為國軍之基本方案」。政治協商會議有了結果，各方均表欣慰，中共尤為滿意，毛澤東致函馬歇爾謂：「中共準備對地方性及全國性事務與美國合作，美國式民主將在中國展開。」

是年5月以後，政府在軍事上居於優勢，7月3日，決定於11月12日召開國民大會施行憲政，以抵制聯合政府。馬歇爾於7月18日偕同美國新任大使司徒雷登前往盧山會蔣，此後兩個月，8次飛行於南京及盧山間，繼續努力調停國共在東北的衝突。此時國府與蘇聯關係再度因「滿洲經濟問題磋商」無法談攏而破裂，根據中蘇友好同盟條約的協議，蘇軍須於日本投降後3個月內撤兵，蘇聯則希望在撤兵前與國府在東北充分合作，並在冷戰前提下阻止美國勢力進入中國。由於蔣主席對俄人的疑慮，使蘇軍在4月4日撤離長春時，立刻扶助中共向國軍進攻，史達林相信由共產黨控制的中國將較國民黨統治的中國符合蘇聯利益。

國、共在東北的戰端，使中共及附共的民主同盟抵制制憲國民大會的召開。1946

年12月1日，馬歇爾向蔣主席痛陳經濟及軍事危機，共產力量非軍事行動可以消滅，必須使之納入政府；蔣認為共軍可望在8～10個月內全部肅清，中國經濟以農村為基礎，無崩潰危險；參謀總長陳誠則稱1年內將全部殲滅共軍[2]。

1947年7月4日，國府正式動員戡亂，而共軍亦展開全面進攻，分別自冀南、魯西渡過黃河，進入魯、豫間的政府軍轄區。就全盤戰局而言，國共兩軍已攻守易勢，國府以傅作義為華北剿匪總司令，一方面統一華北指揮，另一方面支援東北危局。

東北剿匪總司令由熊式輝、陳誠以至衛立煌，皆無法阻擋共軍攻勢。1947年10月，毛發表政治宣言，號召聯合各被壓迫階級、人民團體、黨派及少數民族、華僑，共同打倒蔣的獨裁政權，逮捕內戰罪犯，希望蔣方人員起義立功。同月，重新頒定解放軍三大紀律、八項注意，並由中共中央公布土地法大綱，鼓勵人民參政、參軍、參戰、支援前線。12月，毛指出目前革命戰爭是偉大轉折點，是一百多年帝國主義在中國發展的消滅階段，並認為現在已經勝券在握，其意氣之豪，有如1926年北伐軍底定湖南時的蔣總司令[3]。

1948年11月2日瀋陽失守，國軍40萬美式裝備部隊被殲，中共稱之為「遼瀋戰役」；1949年1月10日徐蚌會戰（共軍稱淮海會戰），國軍嫡系損失40餘萬（徐州剿匪副總司令杜聿明被俘，兵團司令黃百韜、邱清泉自殺）；1月31日平津戰役結束，傅作義與林彪訂立和平協議，解放軍進入北平。政府軍集此三大戰役共損失約150餘萬部隊。

4月21日，解放軍分別於安徽荻港、江蘇江陰渡越長江，23日第二野戰軍入南京，11月14日蔣到重慶，仍希望以四川天險再次拒退強敵，但時不我與。國民黨四川諸侯鄧錫侯（四川綏靖主任）、劉文輝（西康省主席）及雲南諸侯盧漢（省主席）於12月9日聯袂投共，10日蔣抵臺北，以胡宗南部留守成都。12月27日，解放軍入成都，1950

2　郭廷以，1980，《近代中國史綱》，頁770，香港：中文大學。
3　同上，頁774。

年3月27日，國府在大陸最後據點西昌淪陷，結束國民黨在大陸地區的統治權。

1949年10月1日，毛澤東在北京宣布成立「中華人民共和國」；12月7日，國府宣布遷設臺灣，1950年3月1日，蔣介石復任總統，並以陳誠為行政院長，歷史進入「一國兩府」第二期，以迄今日。

時至今日，一般學者論及國府退守臺灣的原因時，論點似可歸諸兩派：一派認為當時中國需要一個社會「革命」來改革百病叢生的結構，而共產黨領導此革命，終於取代國民黨在大陸的統治權；另一派則認為大陸淪陷因素不外乎日本入侵所帶來的破壞、蘇聯援助中共和美國未妥善軍援國府。以下各節僅就各家論點作一綜合敘述。

第二節　美國對華政策的轉變

周恩來曾經說過：「侵略中國的日本，是中共崛起的恩人[4]。」梁敬錞教授認為這番話只吐露中共40年間約1/3的國際關係史，餘下2/3。前一半的恩人是1946年6月以後，將大批裝備交付中共部隊的蘇聯；後一半的恩人，應該提到1945年12月以後變更對華政策的美國[5]。

1945年12月，馬歇爾特使來華所攜來的三件訓令，一件公開（對華政策聲明），兩件保密（一、杜魯門致馬歇爾函；二、國務卿致陸軍部長信）。在密函中，明白指出應使用「美援」為逼使中國國民政府接受「聯合政府」的武器。此外，訓令中否認中共是真正共產黨，從而亦非國際共產之一員，遂將中共問題的國際性與多邊性，一變而為國共兩黨間的雙邊性[6]，使杜魯門派遣馬歇爾來華預防蘇聯在東亞代替日本戰前地位的指示，完全落空。故美國軍事史專家曾說過：「開羅會議是抗戰期中美關係由盛而衰的分水嶺[7]。」

4　梁敬錞，1982，〈抗戰勝利後的中美關係（1945～1949）〉，《中美關係論文集》，頁148，臺北：聯經出版公司。

5　同上。

6　同上，頁149-150。

7　《Stillwell's Command Problems》，頁49-82。

1945年12月史達林曾明告蔣經國：「你們如能不讓美國在東北各省獲取利益，蘇聯對東北一定可作必要的讓步。」又說：「你們中國人要明白，美國想利用你們以滿足他的利益，在必要時候，美國會犧牲你們的[8]。」在當時蔣經國可能未對此語有全面了解，其實在1945年所召開的倫敦五國外長會議中，美國國務卿貝恩納斯已將馬歇爾到重慶後要壓迫蔣主席的方法，以及杜魯門已通令暫停援華接洽的情形，原原本本祕密告知了英外相及俄外長莫洛托夫，所以史達林的「犧牲」之語是別有用心、有所依據的[9]。而戰後蘇聯面對冷戰新局勢，確實希望根據「中蘇友好同盟條約」與國府共同合作，以排除美國在華勢力。而蔣介石爾後在滿洲經濟磋商中，一不敢信任蘇聯，二不願排除美國勢力，遂導致與蘇聯關係破裂，此時，蔣介石不知道他所信賴及依靠的盟邦——美國，其對華政策已悄悄的改變了。

　　影響戰後國府與美國關係至鉅的戴謝集團（Davis-Service Group），是一群美國在華立場親共的外交官，梁敬錞教授指出成員包括戴維斯、謝偉志、盧登、伊默生等人，當年在史迪威指揮部任職時，即常與中共駐重慶代表接觸，企圖改變美國支持蔣介石的政策，以廣結中共抗日[10]。抗戰勝利後，又復呼應中共「聯合政府」主張，並強調中共與蘇聯不同，只是單純的農村改革者[11]。經由他們的報告，在某種程度上深

8　蔣經國，1972，《風雨中的寧靜》，頁74-75，臺北：幼獅文化事業公司。

9　F.R.U.S.，1945，vol.2，頁757、812。

10　根據范宣德報告，1942年11月20日左右，周恩來曾在渝與其會晤（時任美使館參事），囑其應以民主對抗法西斯口號中為中共張目，見F.R.，1943，China，頁197。

11　關於范宣德，見Gary May，1979，《China Scapegoat: The Diplomatic Ordeal of John Carter Vincent》，Washington, D.C.: New Republics Books。不過同情國府的人士，包括當時駐華大使赫爾利（Patrick J. Hurley）、當時美國駐華最高軍事首長魏德邁（Albert C. Wedlemeyer）將軍、杜魯門白宮參謀長李海（William D. Leahy）上將、陸軍部長派特森（Robert P. Patterson）、海軍部長佛瑞斯特（James V. Forrestal）與國務院中國科科長莊萊德（Everett F. Drumright）等人。可參見Russell D. Buhite，Patrick J.，1973，《Hurley and American Foreign Policy》，Ithaca: Cornell University Press。

深影響了美國對華政策。美國國務院中國科科長范宣德（John Carter Vincent）被杜魯門擢升為遠東司司長後，即盡得主持遠東政策之職位，更本其平日「倒蔣擁共」之主張，與戴謝集團合謀在他們的職務上提出一系列有計畫、有步驟、互相配合的錯誤報告[12]，這是導致1945年杜魯門改變對華政策的一個基本原因。從1945～1949年，美國對華政策由施壓國共間和談，轉換成「白皮書」的發表，實象徵國、共內戰力的消長及國府在大陸政權的覆滅。

在這個階段，馬歇爾除利用美援壓迫國府接受聯合政府方案外[13]，並逼迫國軍在東北停戰，使東北戰局逐漸改觀[14]。此外否決由魏德邁接任駐華大使的提議，改由司徒雷登繼任[15]，其用意有二：一因司徒能操浙語，得直接探悉蔣委員長之原意，二因司徒曾擔任燕京大學校長，其學生多在中共方面工作[16]。馬歇爾自知其在華時日無多（時馬歇爾已在艾森豪訪華期間，得到杜魯門約其擔任國務卿之口訊），故以此項任命確保與中共接洽之便。1946年7月22日，電國務院轉商國會暫緩援華之5億美元，故國軍在東北改採守勢[17]；相較之下，1946年12月21日，中、蘇共訂立貿易協定，蘇聯開始大量軍援中共，使中共從1946年12月～1947年11月之間，先後發動6次攻勢，1年之間，東北戰局完全改觀。

---

12 介紹這些人士對中共看法的書籍很多，較重要文書，除Gary May之外，亦可參閱Michael Schaller，1979，《The U.S. Crusade in China，1938-1945》，New York: Columbia University Press；E.J. Kahn, Jr.，1976，《The China Hands: America's Foreign Service Officers and What Befell Them》，New York: Penguin Books。

13 馬氏促成美國政府於1946年7月底前對華實施軍火禁運，以壓迫國府軍隊不得乘勝進軍哈爾濱。見U.S. Department of State，《Foreign Relation of the United States: 1946》，vol.10，頁753-757。

14 馬氏一度以退出調停來脅迫國府不得進攻中共所控制的張家口，但國府並未因此就範，國共全面戰爭於焉爆發。見同上，頁258-292。

15 毛澤東在1949年8月16日發表著名文章《別了，司徒雷登》，文中痛批司徒雷登是「美國侵略政策徹底失敗的象徵」，其實，蔣介石也討厭燕京大學及司徒。2008年，司徒雷登（1867～1962年）的骨灰終於歸葬於出生地杭州，其父母親和兩個弟弟已在1920年代埋骨於西湖九裏松外國傳教士公墓。

16 梁敬錞，前引文，頁336-337。如司徒的學生黃華後任外長、副總理。司徒自1919年起主持燕大校務長達27年。

17 F.R.U.S.，1946，vol.10，頁753。

1947年1月17日馬歇爾就任國務卿，在返美中途發表聲明（1月7日返美），將調處失敗歸咎於國共雙方之不妥協分子，對國府責備尤厲。此時美方將領、國會議員、駐華使館和輿論界幾乎一致籲請更易禁運軍火援蔣的建議，但馬歇爾堅持己見，除撥付舊款外，所有援華建議悉被擱置[18]。

1948年1月，中共在東北第七次大規模攻勢成功，國軍久戰力疲，軍火兵員皆乏補充，相形見絀。據美國駐瀋陽總領事伍德（Angus Ward）密報國務院稱：鞍山之役，瀋陽國軍缺乏軍火不能馳救，本身只能維持1週[19]。值此困境，蔣委員長還是拒絕了蘇聯欲調處國共的試探，將所有希望寄託於美方[20]。

馬歇爾得知國府東北戰局逆轉後，迫於輿論壓力，通過對華5億7千萬美元的軍費提案，但在提案後第三天（1948年2月21日）於國會參眾兩院聯席祕密會議中宣稱[21]：

一、蔣失民心，剿共不能，援華無益。

二、美國基於地理及輿情，均無與蘇聯爭取中共之可能，對華援助無法與杜魯門主義相提並論。

三、在法案上明載美國嗣後不再負中國經濟措施和軍事行動責任之必要。

馬歇爾的聲明明顯揭露了美國援華的底牌，暗示國府剿共前途之悲觀，對中國前方軍心及後方民心士氣打擊甚大。1948年4月，美國進行蓋洛普民意測驗，受訪者中

---

18 梁敬錞，前引文，頁340-342。馬歇爾在返美之後，對中國局勢已感絕望，他認為在政治上，國共內部都各有「反動」與「極端分子」，故兩黨難以合作；軍事上，中共善於流動性作戰，國軍力量不足以剿共行動；經濟上，只要內戰不停，必會引起經濟崩潰。故美國不應以大批軍力援助國府從事無益的剿共行動。見F.R.U.S.，1946，vol.9，頁1105、1469；vol.9，頁51-52、576、578、603-604。

19 梁敬錞，前引文，頁343。

20 1945年12月25日，蔣經國以蔣委員長私人代表身分前往莫斯科，至1946年1月14日回國。蔣委員長說：「史達林在與經國兩次談話中，表示他對中、蘇及國共兩黨和平共存的意願，並表示贊同中美蘇三國合作，但反對中國採取門戶開放政策，尤其反對第三者的勢力進入東北，而力勸中國採取不偏不倚的獨立政策。史達林最後對經國表示其希望我訪問莫斯科，或在中俄邊境上適當地點會談，實則此次史達林邀經國訪俄，其目的全在於此。我曾以此事徵詢馬歇爾特使的意見，馬歇爾特使的答覆是，如有助於中俄的邦交，他無不贊同，於是我對他亦未便再道其詳，否則，他或許以為我有挾俄自重的心理，我乃決定婉謝史達林的邀請。」載蔣中正，1957，《蘇俄在中國》，頁51，臺北：中央文物社。

21 梁敬錞，前引文，頁343。

贊成以軍事援蔣者占55%[22]。

　　1949年1月27日，艾契遜繼馬歇爾就任國務卿。艾氏命傑賽普（Philip Jessup）總其資料，於8月5日公布對華關係白皮書，其主要論點為美國不能負擔國民政府在中國大陸失敗的任何責任：「一個不幸但是無可逃避的事實是，中國內戰的惡果超出美國政府的控制範圍。在美國能力合理的範圍內，美國曾做的或是所能做的都不可能改變這個結果；同時，美國沒去做的也並未造成這個結果，這個結果是中國國內勢力所造成的，美國曾試圖影響這些勢力，但是沒有做到[23]。」

　　綜觀「白皮書」全文，其將中國局勢演變歸諸於國民政府的無能與錯誤領導；另一方面歸諸於中共革命之成功。同時「白皮書」還勾勒出美國對中共統治下的中國的願景，那就是中國深奧的文明（Profound Civilization）及民主的個人主義（Democratic Individualism）終將推翻外國之桎梏（指蘇聯），並表示美國對這種發展應該予以鼓勵[24]。該文其實傳遞了一個重要的訊息，即在美國的認知中，中國這個具有悠久文明的古國與蘇聯截然不同。美國希望得到中共善意的回應，最好是能與他們一起圍堵蘇聯。在白皮書發表後，國府開始全力阻止。阻力之生，中國方面在華府為譚紹華公使，在廣州為董霖外交次長。譚於6月25日根據報傳消息向遠東司副司長提及，謂在此時機發表此件，將對中國民心士氣大有妨礙，請加注意。董於7月11日面告美代辦

---

22 不過到了1949年秋季，中國局勢急速逆轉，國務院中極具影響力的「政策設計委員會」（Policy Planning Staff，簡稱PPS，1947年5月成立）主席肯楠（G. Kennan），於9月7日提出一份極具影響力的報告，其中國局勢具體建議有三：一、仍承認國民政府；二、國府如垮臺，美國再決定是否要承認中共；三、盡量以各種方式阻止中共成蘇聯附庸。此報告後未被「美國國家安全會議」（National Security Council，簡稱NSC，1947年7月成立）接受，並作成「國家安全會議第34/1號報告」，內中建議將對國民政府的援助排序在其他地區之後，並建議美國防止中共成為蘇聯的附庸。見F.R.U.S.，1948，vol.9，頁474-475。

23 見1967年由史坦福大學所出版的《The China White Paper》（With a New Introduction by Lyman P. van Slyke），Introduction，頁5-6。

24 同上，頁16-17。

克拉克[25]，謂如美國發表白皮書，中國亦將不得不發表其對於雅爾達會議及其以後之意見[26]。

美國方面反對白皮書發表者，有參議員范登堡、國防部長詹森及國務院官員白魯德（Henry A. Byroade）等。范登堡於7月15日告知國務院國會聯絡員古斯，謂目下國民政府尚管轄比重慶時代更大之疆土與更多之人民，如在此際發表此書，將引起共和黨同路人之爭論，影響兩黨在外交上的合作[27]。詹森部長於7月21日函告國務卿，附上聯合軍事幕僚全體意見，堅以中止發表白皮書為請。聯合軍事幕僚長意見分19項，其中最重要者如下：

一、無端過分毀謗蔣委員長，恐將影響東方民族間之情感。

二、偏袒中共、攻擊國民政府，造成裂痕，對於將來援助國府之措施發生障礙。

三、前言（即艾卿致杜總統函）最後3句如是政策指示，軍事聯合幕僚長未能同意。

四、書中所引馬歇爾、史迪威、赫爾利、魏德邁、巴大維各將軍之說帖，皆只是各位將軍的個人意見，不代表聯合軍事幕僚的共識。

結論認為是書須經各方面充分考慮及修訂後，始能作最後決定[28]。

白魯德曾任馬歇爾使華重要隨員，亦曾任調處執行部執行長，於7月25日簽覆國務卿，提出兩點看法：

一、在國共生死搏鬥之秋，美國此舉將促速國府崩潰，恐非國內外世論所能容。

二、書中對於中共顯有偏袒，其實破壞停戰協定的責任，90％皆屬中共，而書中並無一語提及，故白皮書如須發表，其內容與時機均需斟酌[29]。

雖然各方面阻力仍強，但艾契遜在盡速尋求與中共建立新關係的前提下，於7月29日奉杜魯門核准，待中共允許美國駐華大使司徒雷登離華後，在8月25日予以發表[30]。

---

25 F.R.U.S.，1949，vol.9，頁1396。

26 同上，頁1373。

27 同上。

28 同上，頁1373-1382。

29 同上，頁1383。

30 同上，頁1390。

1949年4月，國府正式函請各國使館遷至廣州，但美國務院囑司徒大使留京觀察並伺機爭取，且以告各國使節，於是所有西方使館均留駐南京[31]。27日美使館被共軍闖入，使館顧問傅涇波前往拜訪司徒主持燕大時的學生黃華（時任中共外事處主任），6月12日，黃華與司徒會晤，並在28日邀請司徒赴燕大度誕日（6月24日）[32]。但兩件事阻止了司徒北上之行：美國參眾兩院議員36人連署杜魯門，勿作承認中共之舉；其次，美國駐上海副領事被領館華傭所辱，使美國民情沸騰。這兩件事使司徒在白皮書發表前夕狼狽返美[33]。

艾契遜在毛澤東宣布政權後一星期，於國務院召開遠東專家圓桌會議（10月6、7、8日），會中議決十點，主張美國應該盡早承認中共並使其加入聯合國[34]。10月12日，艾契遜在記者會上提出美國對中共新政權承認的三條件：

一、此一政府必須有效控制其所宣稱已控制的地區。

二、有意履行國際義務。

三、統治必須得到其所統治下人民的同意[35]。

1949年10月26日、27日兩日，艾契遜在主持遠東專家圓桌會議時，達成若干對華政策的重要決定，包括：

一、援助國民政府及其軍隊，不但無用且有害，爾後將取消一切公開或祕密的援助。

二、莫斯科與北京間的緊張情勢對美國有利，應引其自由發展、擴大發展，避免中共成為蘇聯的附庸。

---

31 同注16，頁348。

32 同上。

33 Staff Study，Committee of Foreign Relations US Senate，93rd Congress，1st Session，1973，《The US & Communist China in 1949-1950》。

34 會中由傑賽普任主席，其中以太平洋學會分子出席最多，親共學者拉鐵摩爾（Owen Latimore）及羅辛格（Lawrence K. Rosinger）發言最多。會議期間，國務院曾將祕密文件當場散布，而馬歇爾也曾一度出席。見同前引文，頁349。

35 U.S. Senate，Committee for Foreign Relations，1973，《United States and Communist China in 1949 and 1950: The Question of Rapprochement and Recognition》，頁12-15，Washington, D.C.: U.S. Government Printing Press。

三、放棄以外交承認作為謀取中共讓步的方法，放棄以武力占領臺灣的企圖，也放棄以臺灣民族自決為由，向聯合國申請託管的提議，但是如果有其他國家自行向聯合國作此項建議，美國也可以贊同[36]。

1949年12月16日，毛澤東啟程赴莫斯科訪問史達林，顯示中、蘇之間雖然有矛盾[37]，但毛在美、蘇冷戰對峙期間，仍然選擇以蘇聯作為結盟的對象。然而美國也不放棄拉攏中共。12月23日，在臺灣的國民政府正式籲請美國派政、軍顧問團訪臺，協保臺灣。可是在這一天，美國國務院向遠東地區的使節們發表祕密備忘錄，傳達美國政府對臺灣的「袖手旁觀政策」（Hands-off Policy），指出臺灣淪陷於中共已可預期，這個島嶼對美國而言已無特殊的軍事意義，故決定讓中華民國政府自己防衛臺灣[38]。

當時美國有軍政人員主張臺灣不宜落入反美政權之手，亦有主張臺灣應照開羅宣言交還中國，但此時國府正在臺灣，因此國防部等單位主張援臺，而國務院則仍然反對援蔣，經由白宮核定，國務院的意見被接受，於是杜魯門總統在1月公開聲明美國政府無意援臺，12日艾契遜發表「國防界線」（Defense Perimeter）演講，其內容為以下三點[39]：

一、蔣介石失去大陸，係由其人民之委棄，而非由於其兵力之不足，更不由於其外來軍援之缺少。

二、中國人民民族意識已甚強烈，誰說親蘇，誰就是中國的敵人！

三、美國太平洋防線是自阿留申群島經日本、沖繩，而至菲律賓。

梁敬錞教授認為艾契遜國務卿面對國共內戰、江山易主情況下的新對華政策，以

36 梁敬錞，1971，《史迪威事件》，頁317-318，臺北：臺灣商務印書館。

37 史達林在國共內戰中的如意算盤是製造一個分裂且親蘇的中國，而不是一個統一而親美的中國，故當中共解放軍在渡長江前夕，史達林曾電毛澤東欲阻其渡江，即為證明。而美方亦認為毛澤東斯時因不能滿足史達林索秦皇島、海州、威海衛、煙臺、青島各港管理權及新疆內蒙少數民族自治權，而被軟禁於莫斯科。見F.R.U.S.，1950，vol.6，頁249，及梁敬錞，1982，〈韓戰期間之中美關係〉，《中美關係論文集》，前揭書，頁202。

38 Hungdan Chiu，ed，1979，《China and Taiwan Issue》，頁149，New York: Praeger Publisher。

39 Dean Achenson，《Present at the Creation》，頁356-357。

「三化」概之：第一，醜化國民黨統治，冀其為美國民眾所速棄；第二，美化臺灣居民之向背，使其不受毛共之治理，亦不得為國民政府之復興基地；第三，南斯拉夫化新中國，使其不為蘇聯之傀儡。因此自1949年2月1日後，即已分別指定傑賽普大使為第一化主持人，其為白皮書之主編；第二化主持人為莫城德（Livington N. Merchant）參事，遂有銜命來臺甄選臺灣省主席及與「臺灣再解放同盟」分子暗中接洽；司徒雷登大使則為第三化主持人，在1949年與傅涇波、黃華（曾任中共外長）聯絡[40]。

第三節　蘇聯對華政策

一、中蘇友好同盟條約簽訂

　　1945年，美國鑑於太平洋的「跳島反攻」蒙受重大損傷，羅斯福估計當美軍登陸東京灣時將再損失百萬美軍，因此於2月4～11日與英國首相邱吉爾、俄國領導人史達林，在黑海海濱雅爾達簽訂「蘇聯參加對日作戰協定」（即雅爾達密約）。其內容如下：

　　（一）保持外蒙古（蒙古人民共和國）現狀。

　　（二）恢復蘇俄1904年被日本侵害的權利：

　　1. 庫頁島南部及附近島嶼。

　　2. 開大連為國際商港，保障蘇聯在該港的優越利益，另以旅順為蘇聯租借的海軍基地。

　　3. 中東鐵路及南滿鐵路由中蘇合營，保障蘇聯的優越權利，維持中國在滿洲的全部主權。

　　（三）千島群島應歸蘇聯。

　　關於外蒙古、滿洲事項，俟羅斯福徵得蔣主席的同意後，史達林準備與中國締結一友好同盟條約。

　　中國在事前並不知曉雅爾達密約的內容，直到5月22日才由赫爾利將協定內容告知蔣主席。中國在被盟國出賣下，6月30日由行政院長兼外交部長宋子文與蔣經國飛

---

40 梁敬錞，1982，〈美國對華白皮書之經緯與反應〉，《中美關係論文集》，頁180，臺北：聯經出版公司。

抵莫斯科，7月2日談判開始，雙方爭執焦點在外蒙古問題。宋子文表示願給外蒙高度自治，蘇聯有權駐兵，但史達林堅持如外蒙不能獨立，則中蘇條約一概免談。

7月6日，蔣主席再電宋子文，謂外蒙獨立問題須在中國真正統一、領土主權真正無缺時，才能考慮，此外，蘇聯如能保證東三省領土主權完整、不支持中共叛亂、不鼓勵新疆動亂，則中國願在抗日勝利後，經由外蒙公民投票，許其獨立。同時命蔣經國以私人身分向史達林說明不同意外蒙獨立的理由，但遭史達林拒絕。史達林告訴蔣經國，蘇聯之所以要外蒙獨立，完全站在軍事戰略的觀點，以防範一個軍事力量從蒙古向蘇聯進攻；蔣經國則回答戰敗的日本及中國皆無此能力攻擊蘇聯，史達林以第三力量即為美國的可能性，回絕了蔣經國的說項[41]。

宋子文返回重慶後，不願負責中蘇條約談判，因此改由王世杰繼任外交部長。8月7日，王世杰偕蔣經國、熊式輝、沈鴻烈、錢昌照等再赴莫斯科談判，史達林以日本已遭原子彈轟炸，投降在即，在惟恐失去參戰以獲取利益的前提下，在9日對日本宣戰，同時逼迫我加速談判，謂再不定約，中共軍隊即將進入滿洲。

王世杰在此時已同意與蘇聯簽訂「中蘇友好同盟條約」，王世杰本著「統一與和平」之大原則來處理，否則一旦蘇軍參加對日作戰，將會造成若干不利因素，王世杰分析如下[42]：

（一）蘇軍根據雅爾達協定進入東三省後，將使中國領土主權與經濟利益受損。

（二）中共將與蘇聯發生正式關係。

（三）外蒙脫離中國已25年（1931年蘇聯在外蒙建立蒙古人民革命政府，1924年改稱蒙古人民共和國），除非用武力與蘇聯解決外蒙問題，否則無法收回外蒙，在缺乏實力的前提下，只有犧牲外蒙古以保全東北。

8月12日，蔣主席一再電囑代表團，指示外蒙疆界應以1919年後新勘定疆界為準（1919年前，現新疆阿爾泰區屬於外蒙，1919年後納入新疆），談判時並要備有地圖。在王世杰的堅持下，史達林終於讓步，雙方於8月14日簽訂「中蘇友好同盟條約」。宋子文說此條約為雙方帶來30年和平合作，史達林舉杯對熊式輝說（熊式輝內

---

41 郭廷以，前揭書，頁735。
42 請參考1993年3月10日，〈王世杰簽訂中蘇友好條約的經過〉，《中國時報》。

定為東北軍政負責人）：「祝中國軍隊永遠強大，日本、德國之失敗為野心太大，貪人土地者，其後必敗。」

中蘇友好同盟條約內容如下：

（一）兩國協同對日作戰。

（二）互尊主權與領土完整，不干涉內政。

（三）戰後彼此給予一切可能的經濟援助。

（四）條約有效期限為30年。（以上為正文）

（五）蘇聯同意予中國中央政府，即國民政府以道義、軍需品及其他物資援助。

（六）蘇聯承認中國在東三省的充分主權，並尊重其領土及行政之完整。

（七）蘇聯對於最近新疆事變，無干涉中國內政之意。

（八）如外蒙古依公民投票，證實其獨立願望，中國當予承認，蘇聯聲明尊重其政治獨立與土地完整。（以上為換文）

（九）中東、南滿鐵路合併為中國長春鐵路，歸中蘇共有共管，中國擔任保護國，其支線、附屬事業與土地為中國所有。

（十）大連開為自由港，行政權屬於中國，碼頭倉庫之一半由蘇聯租用。

（十一）旅順作為中蘇共用的海軍基地。設立中蘇軍事委員會，蘇聯負擔保護之責，民事行政屬於中國。

（十二）蘇軍入滿洲後，中國國民政府派員在已收復之領土設立行政機構。（以上為協定）

（十三）蘇聯聲明，日本投降後3星期內，蘇聯軍隊開始撤退，3個月完成。（以上為紀錄）

王世杰部長認為中蘇友好同盟所達成的成就如下[43]：

（一）外蒙獨立以現有疆界為界（保住阿爾泰區）。

（二）蘇聯正式聲明不接濟中共（此為毛澤東願意與蔣介石重慶會談的原因，因蘇聯已暗中促中共與國府妥協）。

---

43 同上。

（三）蘇軍可望在日本投降後3個月內從東北撤兵，使中國得以保有東北領土及主權完整。

（四）蘇聯不得參加大連行政機構或工作。

（五）蘇聯在平時不得使用中東鐵路運兵。

當時各界對中蘇友好同盟條約頗多好評，卜道明認為此約的簽訂表示莫斯科已棄絕了中共。達林（David J. Dallin）也認為此盟約使中國避免內戰，史達林將成為防止共產黨勝利的重要力量。但是中國與蘇聯的蜜月時期很快於「滿洲經濟問題磋商」時全面破裂。

二、中蘇危機——「滿洲經濟問題磋商」

1945年11月15日，中方代表張嘉璈（東北經委會主席）與蘇聯代表斯拉德夫考斯基（Sladkovski M. I.）展開滿洲經濟問題磋商。由於中國宣稱須先解決政治局面（即蘇軍先撤兵）而告破裂，12月7日，雙方再因對「戰利品」一詞之定義看法不同，未獲致任何具體結果。

1946年2月1日雙方再度會商，蘇方堅持：

（一）日本軍事工業應為紅軍戰利品。

（二）蘇方願將工礦權之一部分讓與中國。

（三）東北經營合作，不需第三者參加。

國府對蘇方的三點堅持因下列原因而無法達成協議[44]：

（一）國府無法接受排美。

（二）雙方對戰利品見解不一致。

（三）國府認為應該先解決政治局面，再談經濟合作。

（四）國府對雙方經濟合作方式有疑慮，如由蘇聯控制旅順及大連，易使滿洲脫離中國。

三、蘇軍撤退與中蘇關係的惡化

就戰後蘇聯在華的目標而言，為了鞏固和享受因雅爾達密約在東北所獲得的利

---

[44] 許湘濤，1980，〈戰後初期之中蘇關係（1945年8月～1946年8月）〉，《中國現代史論集》，前揭書，第10輯，頁389-391。

益，其顯然迫切希望出現如下列一些最有利條件[45]：

（一）一個排斥美國勢力的中國，至少必須阻止美國進入東北，以便確切而安全的保有其在東北的利益。

（二）一個在東北願意接受他支配的傀儡地方政權，在某種程度上獨立於中國本部之外，以便為蘇聯在東北的利益服務。貝洛夫（Max Beloff）曾說：「遠東大陸的主柱仍為中國大陸的東北，我們惟有參照這個時常為人忽略的事實，才能了解蘇聯在整個遠東區域中的政策性質。」如此我們便不難理解自1689年（康熙28年）尼布楚條約以迄文宗時代中俄璦琿、天津及北京條約簽訂的背景了。

（三）一個因分裂而衰弱的中國，使蘇聯早日開始享受美、英所承諾在戰後給他的酬庸。

如今與國府在東北既達不到經濟合作，又無法獲承諾阻止美國勢力進入中國，在中蘇友好同盟條約期限下的撤兵時日也已超過甚多，於是蘇聯在1946年3月22日，正式通知中國決定於4月底前撤出東北。11日，東北蘇軍參謀長特羅增科中將突然通知我方稱蘇軍決定3月15日全部撤離瀋陽，幸好國軍準備周詳，於3月13日及時進駐，確保瀋陽的安全。此時，我方並不了解蘇軍的後撤計畫，因此在蘇軍撤退之後，瀋陽以北我方已接收之各據點，即相繼遭到共軍的嚴重威脅與壓迫。5月23日，蘇聯大使照會我政府，謂蘇軍已於5月3日撤退完畢。在這期間，我方與蘇聯於4月16日的談判再度破裂。5月6日，蔣主席婉拒史達林邀請其訪問俄國的提議，蔣主席稱：「如訪問俄國，今後一切都將從俄[46]。」

蔣介石拒絕訪俄、美軍繼續留駐、中美租借協定延長、內戰難以真正停止，以及中共在東北有可能建立一個比較鞏固的地方政權等等，在莫斯科的評估看來，中共有勝利的可能，加上國府親美反蘇的態度日益明顯，那麼蘇聯逐漸採取擁毛倒蔣的政策，也不是沒有可能。

---

45 同上，頁413。
46 蔣中正，《蘇俄在中國》，前揭書，頁152-153。

四、結論：一個流動的彈性政策

許湘濤教授認為戰後蘇聯對華政策可分成三個層面來觀察[47]，第一個層面是蘇聯與美國的冷戰對峙。蘇聯往往把在遠東的中國及日本問題作為和美國交涉的籌碼，故蘇聯對華政策大致上受到美蘇關係影響。第二個與第三個層面分別是蘇聯與國府和中共的關係，在兩手策略下，蘇聯一方面想據中蘇友好同盟條約承認國府並與之交涉；另一方面又祕密與中共在華北和東北不斷進行反對國府的陰謀活動，在史達林的策略中，完全依據國共兩黨實力消長決定交涉的層次。

美國前駐蘇聯大使肯楠（George F. Kennan）便指出，蘇聯的對華政策是一種流動的彈性政策，在蘇聯境外的亞洲大陸部分，以最小的責任獲致最大的權力。許湘濤認為蘇聯未把握中蘇友好同盟條約，後又公然支持中共，其所造成的後果不但使國府退居臺灣，以今視昔，史達林的對華政策不但缺乏遠見，也是失敗的（中、蘇共關係在赫魯雪夫時代就已破裂，直至蘇聯解體）。

---

47 許湘濤，前揭書，頁426。

第八章　關鍵時刻

第一節　大遷徙

1947年7月4日，國府正式動員戡亂[1]，而共軍亦展開全面進攻，分別自冀南、魯西渡過黃河，進入魯、豫間的政府軍轄區。就全盤戰局而言，國共兩軍已攻守易勢，國府以傅作義為華北剿匪總司令，一方面統一華北指揮，另一方面支援東北危局。

東北剿匪總司令由熊式輝、陳誠以至衛立煌，皆無法阻擋共軍攻勢。1947年10月，毛發表政治宣言，號召聯合各被壓迫階級、人民團體、黨派及少數民族、華僑，共同打倒蔣的獨裁政權，逮捕內戰罪犯，希望蔣方人員起義立功[2]。同月，重新頒定解放軍3大紀律、8項注意，並由中共中央公布土地法大綱，鼓勵人民參政、參軍、參戰、支援前線[3]。12月，毛指出目前革命戰爭是偉大轉折點，是一百多年帝國主義在中國發展的消滅階段，並認為現在已經勝券在握，其意氣之豪，有如1926年北伐軍底定湖南時的蔣總司令[4]。

1947年11月，國府舉辦行憲國民大會代表選舉，絕大多數當選者隸屬於國民黨的C.C.派（指蔣介石的親信陳立夫與陳果夫，名稱由來為二陳的英文姓氏縮寫），落選的青年黨、民社黨人絕食抗議，以死相爭者，政府乃強迫部分國民黨候選人退讓，結果又引發內部滋鬧[5]。1948年3月29日國民大會開幕，4月，蔣介石當選為行憲後第一任總統，覬覦副總統者多至6人，蔣屬意孫科，與坐鎮北平的桂系李宗仁相爭不下，經4

1　1947，《總動員與戡亂建國運動》，頁3，臺北：時代出版社。
2　郭廷以，1980，《近代中國史綱》，頁774，香港：中文大學。
3　同上。
4　蔣介石如今鑑於戰局每下愈況，憂心如焚，夜不能眠，只好每晚飲威士忌酒一杯半，方能安睡片刻。見董顯光，1960，《蔣總統傳（三）》，頁497，臺北：中華出版社。
5　為因應國大選舉糾紛，1948年2月4日，中常會第140次會議通過《中國國民黨員當選國大代表立法委員自願讓與友黨獎勵辦法》6條，對不自願退讓者除以黨紀處分外，還要開除其行政職務。而這些被要求退讓的代表連日向中央黨部請願，「屢欲向居正、張厲生、陳立夫等施用暴力，幾經防止而未生事故」。見《南京國民政府檔案》，藏「中國第二歷史檔案館」。

次投票，李宗仁當選副總統，蔣極為不悅[6]。國民黨提名翁文灝擔任行政院長，何應欽接替白崇禧為國防部長[7]。

1948年9月以後，國共間進入決戰階段。1948年10月，共軍發動的「遼瀋戰役」全面展開。10月16日占領錦州，21日攻陷長春，11月2日占領瀋陽，東北全部落入中共手中。東北剿匪副總司令范漢傑、鄭洞國先後被俘，總司令衛立煌倉皇出走。國軍在東北原來投入的40多萬精銳部隊，最後從海道撤出者不過3萬[8]。

遼瀋戰役結束後，淮海戰役與平津戰役也相繼展開。1948年10月底，陳毅的華東野戰軍與劉伯承、鄧小平的中原野戰軍已開始向徐州前進，兵力約60萬人，民兵民工200萬人，採攻勢。政府軍約50餘萬人，由徐州剿匪總司令劉峙、副總司令杜聿明指揮，採守勢。11月6日，戰鬥開始，徐州東路政府軍才剛與解放軍接觸，便有2萬餘人叛變，西路、南路各數千人投降。解放軍採取一貫的「圍點打援」戰術，使國軍各路無法互相接應，全部陷入被動，損失慘重。11月30日政府軍放棄徐州，南退蚌埠。1949年1月10日，杜聿明被俘，蚌埠不戰而下。歷時兩月餘，規模最大的另一次決戰結束，政府軍損失40餘萬人，中共稱之為「淮海戰役」，國軍方面稱之為「徐蚌會戰[9]」。

---

6 當時美國駐華大使司徒雷登在呈給美國政府的報告中說：「作為國民黨統治象徵的蔣介石，已經大大喪失了他的地位……李宗仁上將日益獲得了公眾的信賴。」但李宗仁對蔣要求其放棄競選副總統，則予以拒絕並執意參選。見1957，《中美關係資料彙編》，第1輯，頁299-300，臺北：世界知識出版社；以及1980，《李宗仁回憶錄》，下冊，頁885，廣西：壯族自治政協文史資料研究委員會編。

7 蔣於同日委白為華中「剿匪」總司令，這點是否帶有迫其離京，以防範李宗仁與白崇禧合謀之意？由於副總統競選風波，蔣與桂系已心生芥蒂。

8 杜聿明認為蔣介石誤判敵情，不但無法掌握地勢且雙方兵力十分懸殊，卻定要反攻錦州，以致慘敗。見杜聿明，1981，〈遼瀋戰役概述〉，《文史資料選輯》，第20輯，頁28，濟南：山東人民出版社。

9 蔣介石認為「政府仍保有徐州時，敵軍不能安然以其全力進攻長江陣線。但徐州一失，南京上海便不易保守」。見董顯光，前揭書，頁501。邱清泉黃埔軍校第一名保送德國深造，寫得一手好詩，抗日戰爭時的廣西昆侖關之役，與杜聿明聯手擊斃日軍少將旅團中村正雄，在徐蚌會戰失敗之際，舉槍自戕但未死，命令侍從再補兩槍才殉國。另一位殉國的黃百韜，雖非黃埔嫡系，但打仗格外賣命，共軍付出慘重代價才在碾莊困住黃百韜。杜聿明被俘後，經過中共10年改造獲特赦，是諾貝爾獎得主楊振寧的岳父；另一位黃維將軍，則是因部屬叛變被俘，勞改後「堅不認錯」，直到1975年才獲中共最後一批特赦。而副司令胡璉率領戰車殘團從雙堆集突圍，爾後所部調往金門，創「古寧頭大捷」。

當華東、中原野戰軍猛攻徐州時，林彪所部的東北野戰軍已開始向承德、冀東前進，聶榮臻的華北野戰軍則占領河北保定，準備會師爭奪北平、天津。華北剿匪總司令傅作義率60萬國軍防守平、津。12月初，林彪部入古北口，聶榮臻部占南口，12月中旬，北平、天津近郊發生激戰，1949年1月15日解放軍占領天津。1月22日，傅作義與林彪訂立和平協議，1月31日，解放軍入北平[10]。中共稱此為「平津戰役」，與遼瀋、淮海戰役並稱「三大戰役」，政府軍折損共約150萬人。

1948年12月24日，淮海戰役近尾聲，國軍已注定失敗之時，華中剿匪總司令白崇禧通電主張與中共謀和[11]，一時謀和之議四起，湖南省主席程潛、河南省主席張軫甚至要求蔣中正總統下野[12]，由此可見當時大敗之際人心恐慌之一斑。

1949年1月8日，南京外交部照會美、英、法、俄大使盼協助和談，但遭拒絕，1月21日，蔣介石終於在李宗仁等施加的壓力下，宣布引退，李宗仁代理總統職權。陳能治教授認為中國的地方派系中，以桂系最具雙重性格，領導人在地方意識外，還積極參與全國事務，具有強烈國家主義傾向，且桂系能彼此合作，例如黃紹竑、李濟琛固守地方主義，李宗仁、白崇禧參與全國事務，並相互支援[13]。李宗仁至此得償夙願，但白崇禧堅持應備戰以求和，勿求和而忘戰[14]。

蔣介石在被迫下野時，曾親筆寫下「冬天飲寒水，雪夜渡斷橋」這兩句話[15]，以作局勢惡化之長嘆。1948年12月31日下午，蔣介石邀約國民黨中央執監委約40人在黃

---

[10] 在傅作義宣布《北平和平解放實施辦法》後，只有中央嫡系兵團司令石覺及李文要求率眾出走，傅同意，以後李去胡宗南部，石則去湯恩伯部。是役，除塘沽守軍3萬餘人從海上南逃外，合計約52萬餘名部隊被殲滅、投降。見1959，《戡亂簡史》，頁260、269，臺北：國防部史政局。

[11] 白崇禧要求：一、請美、英、蘇出面調處；二、民意機關雙向呼籲和平，恢復談判；三、雙方軍隊應在原地停止軍事行動，聽候和平談判解決。見程思遠，〈蔣介石發表求和聲明的經過〉，《文史資料選輯》，前揭書，第66輯，頁78。

[12] 在12月30日張軫發出請求蔣下野通電的同時，白崇禧再次發出通電主和，並警告說：「無論和戰，必須速謀決定，時不我予，懇請趁早英斷。」見程思遠，前揭書，頁79。

[13] 陳能治，1980，〈北伐後的中國地方主義──1926～1937年的四川、廣西和山西〉，《中國現代史論集》，第8輯，頁158-159，臺北：聯經出版公司。

[14] 郭廷以，1994，《近代中國史綱》，頁787，臺北：曉園出版社。

[15] 蔣經國，1973，《風雨中的寧靜》，頁31，臺北：幼獅文化事業公司。

埔路官邸聚餐，由張群代為宣讀次月他將發表的新年文告，徵求意見。當爭論到是否要公開表示下野時，蔣介石憤怒的指陳：「我並不要離開，只是你們黨員要我退職，我之願下野，不是因為『共產黨』，而是本黨內的某一派系（即指以李宗仁、白崇禧為首的桂系）[16]。」

3月1日，李宗仁在其官邸召集何應欽、童冠賢、吳鐵城、顧祝同、徐永昌、張治中、黃紹竑開會，決定了將來談判的三條指導思想：

一、和談必須建立在平等的基礎上，絕對不能讓共產黨以勝利者自居，強迫我方接受不體面的條件。

二、不能同意建立以共產黨為統治的聯合政府，應建議停火，在兩黨控制區之間畫一條臨時分界線。

三、不能全部接受所謂八條，而只同意在兩政府共存的條件下討論八條[17]。

會後，張治中攜李宗仁親筆信去溪口見蔣介石，徵求他對「和平條件和限度的意見」。張治中陳述南京方面對和談的保留看法，並特別強調李宗仁「希望能夠確保長江以南若干省分的完整，由國民黨領導，如東北、華北各地由中共領導一樣，必要時讓步到湖北、江西、安徽、江蘇4省和漢口、南京、上海3市聯合管理」。對李宗仁「隔長江而分治」的主張，蔣介石並未表示什麼異議[18]。

1949年3月24日，行政院長何應欽召集的行政會議最後決定邵力子、張治中、黃紹竑、章士釗、李蒸及劉斐為和談代表，張治中為首席代表。26日，中共派周恩來、林伯渠、林彪、葉劍英、李維漢為代表，周恩來任首席，之後又增派聶榮臻，決定4月1日在北平談判。

---

16 董顯光，前揭書，頁509-510。

17 《李宗仁回憶錄》，前揭書，下冊，頁942。行政院長孫科採取七大和平措施：一、將各地「剿總」改為「軍政長官公署」；二、取消全國戒嚴令；三、裁撤「戡亂建國總隊」；四、釋放政治犯；五、解除報章雜誌禁令；六、撤銷特種刑事法庭；七、通令停止特務活動，對人民非依法不能逮捕。1949年1月27日，李宗仁致電毛澤東，並公開表示不承認八項和談條件，這八項條件的內容是：「一、懲辦戰爭罪犯；二、廢除偽憲法；三、廢除偽法統；四、依據民主原則改編一切反動軍隊；五、沒收官僚資本；六、改革土地制度；七、廢除賣國條約；八、召開沒有反動分子參加的政治會議，成立民主聯合政府，接收南京國民黨反動政府及其所屬各級政府的一切權力。」請參閱蔣經國，前揭書，頁139。

18 張治中，〈北平和談前的幾個片斷〉，《文史資料選輯》，前揭書，第13輯，頁4。

當南京政府和談代表團於4月1日飛赴北平與中共和談代表團舉行會談時,蔣介石又令蔣經國向國民黨中央黨部轉達他的兩點補充指示:

一、和談必須先訂停戰協定。

二、共匪何日渡江,則和談何日停止,其破壞責任應由共方負之[19]。

7日,國民黨在廣州召開中央常務委員會會議,會議在蔣介石的指示下,決定五項和談原則:

一、為表示謀和誠意,取信於國人,在和談開始時,雙方下令停戰,部隊各守原防。共軍在和談期間,如逕行渡江,即表示無謀和誠意,政府應即召回代表,並宣布和談破裂的責任屬於共黨。

二、為保持國家獨立自主精神,以踐履聯合國憲章所賦予的責任,對於向以國際合作、維護世界和平為目的的外交政策,應予維持。

三、為切實維護人民的自由,應停止所有施用暴力的政策,對於人民的自由權利及其生命財產,應依法予以保障。

四、雙方軍隊應在平等條件之下,各就防區自行整編,其整編方案,必須有互相尊重、同時實行之保證。

五、政府的組織形式及其構成分子,以能確保上列第二、三、四各項原則之實施為條件[20]。

同時蔣介石還在溪口和張群商談準備對李宗仁坦誠示以利害,只要「彼能站穩本黨立場,認清國家民族利益,共同對共,則無論和、戰,必全力予以支持[21]」。

在此期間,李宗仁首先訪問蘇聯大使羅申,羅申回答:「現在已經太晚了,我親

19　蔣經國,前揭書,頁172。
20　同上,頁174-175。
21　同上,頁175。

愛的總統先生，中國永遠也不會斷絕同美國的聯繫，蘇聯能為他做些什麼呢[22]？」由於美國政府對李宗仁的態度不滿，於是司徒雷登大使亦拒絕了李宗仁求援的要求[23]。

4月1日起，在北平一共舉行兩次正式會議：第一次由周恩來面交〈國內和平協定〉8條24款，第二次會議中共方面接受了南京政府代表所提的20多條修改意見，在戰犯懲辦、改編軍隊、組織民主聯合政府等方面，中共做了若干讓步。16日，黃紹竑攜帶〈國內和平協定〉的最後修正案返回南京，但蔣介石閱畢內容後認為如果接受，無異無條件投降，應該拒絕接受並宣布全文，以明是非與戰爭責任之所在[24]。於是由李宗仁與何應欽聯署長電予以拒絕，國共談判全面破裂。

蔣介石為使李宗仁安心主政，決定約其定期晤面，切實商定辦法，規定今後徹底堅持「剿共」政策，不能再有和談，同時應使政府不能再與共匪中途謀和，否則等於自殺[25]。22日，蔣介石邀約李宗仁、何應欽、張群、白崇禧等人至杭州，決定在國民黨中央常務委員會下設「非常委員會」，並作出以下決議：

一、關於共黨問題，政府今後惟有堅決作戰，為人民自由與國家獨立奮鬥到底。

二、在政治方面，聯合全國民主自由人士，共同奮鬥。

三、在軍事方面，何敬之（應欽）將軍兼任國防部長，統一指揮陸海空軍。

四、採取緊急有效步驟，以加強本黨之團結及黨與政府之聯繫[26]。

至1949年，人民解放軍總兵力已凌駕國軍之上[27]。國府精銳部隊中，只剩下3個集團軍能夠保持一定實力，即防守長江中下游的湯恩伯集團軍、長江中上游的桂系白崇禧軍團，及駐防西北地區的胡宗南軍團。

---

22 《李宗仁回憶錄》，前揭書，下冊，頁945。

23 《中美關係資料彙編》，前揭書，第1輯，頁345。

24 同注19，頁181。

25 同上，頁182。

26 同上，頁184。

27 依照國府軍事當局的統計，國共兵力消長情況是：1945年為7比1，1946年是4比1，1947年是3比1，1948年是2比1，1949年「匪之總兵力已凌駕於我」。《戡亂簡史》，前揭書，頁189。

4月21日，人民解放軍渡長江，5月27日上海淪陷，湯恩伯軍40萬人被殲。蔣經國曾寫道：「自此一役後，江南半壁……風聲鶴唳，草木皆兵[28]。」李宗仁則認為長江下游的潰敗為「不堪回首的江南戰役[29]」。接著白崇禧兵團在粵桂潰敗，11月23日，白崇禧命令張淦第三兵團及魯道源第十一兵團分向粵南廉江、花縣、茂名及信義地區進擊。在進攻前，白電張淦曰：「此役是影響大局和取得『美援』的關鍵，希轉飭全軍將士全力以赴，攻克茂名，完成任務，重振聲威為要[30]。」由於十一兵團左翼暴露，導致第三兵團瓦解，司令張淦被俘，其他三個兵團不久後也被消滅，只有黃杰率第一兵團殘部退往越南，華中和華南淪陷，桂系成為歷史名詞。

11月30日，蔣介石飛往成都，同日重慶淪陷，蔣介石命胡宗南部死守成都以與臺灣相呼應。12月7日，成都保衛戰展開，國民黨四川諸侯鄧錫侯（四川綏靖主任）、劉文輝（西康省主席）及雲南諸侯盧漢（省主席）於12月9日連袂投共，10日蔣抵臺北，以胡宗南部留守成都。26日成都淪陷，胡率殘部退守西昌，但以解放軍進逼為由，與西康省主席賀國光飛往臺灣。1950年5月18日，監察院以「喪師失地，貽誤軍國」罪名，予以彈劾[31]。

1948年12月24日，蔣介石在接到白崇禧要求和談、程潛要求其下野的通電，同時面對11月2日東北全境淪入共黨之手的危局時，據曾向當時總統府祕書長吳忠信指示「立即發布陳誠接任臺灣省主席的任命[32]」。12月29日，行政院正式任命陳誠接替魏道明。陳誠同時兼任臺灣省警備總司令、國民黨省黨部主任委員，行政院又電令中央駐臺各機構概歸陳誠節制指揮[33]。在陳誠總攬一切大權之際，透露了何種訊息？是否有可能是蔣介石在面對戰局的危殆險惡下，預備轉進臺灣的一項重要人事部署？

28　同注19，頁201。
29　同注22，頁952。
30　張文鴻，〈桂系部隊在粵桂邊境的覆滅〉，《文史資料選輯》，前揭書，第50輯，頁133。
31　劉紹唐，1973，《民國大事日誌》，頁853，臺北：傳記文學出版社。胡宗南長子胡為真在扁政府時代任駐星代表，曾公開反對民進黨政府的「去蔣化」與「去中國化」政策。胡維真於2010年起，接替蘇起出任中華民國國家安全會議祕書長。胡宗南當年祕書熊向暉是中共潛伏的共諜，直屬周恩來，因其之故，國府的剿共計畫，早被解放軍摸清。見2011年4月4日，《中國時報》，A14版。
32　茅家琦，1988，《臺灣30年（1949～1979）》，頁1-2，鄭州：河南人民出版社。
33　同上，頁2。

1949年1月10日，蔣介石派蔣經國赴上海訪中央銀行總裁俞鴻鈞，洽商央行庫存轉移臺灣之事。根據李宗仁回憶錄所述：「庫存全部黃金為390萬盎司、外匯7,000萬美元和價值7,000萬美元的白銀，各項總計約在美金5億上下[34]。」而李宗仁在代理總統後，財政困難，「為維持軍餉、安定民心，曾命行政院財政部將運臺庫存運回一部分以為備用。但陳誠奉蔣暗示，意作充耳不聞的無言抗命[35]。」蔣經國也曾憶及：「在上海快要撤退的時候，父親派我們幾人到上海，將中央銀行庫存黃金全部搬運到臺灣來。臨行的時候，父親再三囑咐我們：『千萬要守祕密！』因為早已預料到李宗仁將以這批黃金作為和談的籌碼。由於這批黃金爾後順利運臺，政府在播遷來臺的初期，如果沒有這批黃金來彌補，財政和經濟情況早已不堪設想，那還有今天這樣穩定的局面[36]？」

　　在東南沿海防務方面，蔣介石任命陳誠兼任臺灣省警備總司令、朱紹良為福建綏靖主任、張群為重慶綏靖主任，21日，薛岳接替宋子文任廣東省主席，湯恩伯為京滬杭警備總司令。在部署妥當下，1月21日蔣下野，由李宗仁根據憲法代行總統職權。此可解釋蔣介石在隱退之際，已經將防務重心置於東南沿海一帶，而以臺灣為中心[37]。同時蔣介石命令京滬杭警備總司令湯恩伯把江防軍主力集中至江陰以下，而以上海為據點集中防守，至於南京上下游只留少數部隊應付，這就是「守上海而不守長江」。李宗仁則支持國防部作戰廳長蔡文治的計畫，主張江防軍主力應自南京上下游延伸，因為這一段江面較窄，北岸由於支流較多，共軍易徵用民船藏於這些河灣內。

---

34 李宗仁口述，唐德剛撰寫，1989，《李宗仁回憶錄》，頁924，臺北：曉園出版社。這第一批黃金、白銀是在1948年12月1日深夜，由挑夫經過上海中國銀行和現在和平飯店之間通道走向黃埔江邊的海關緝私艦「海星號」，運抵基隆港順利登陸；第二批則在1949年1月20日深夜運走，爾後陸續從廈門、舊金山、菲律賓、日本以商船運回臺灣。這筆數量龐大黃金先後運用於1949年的舊臺幣兌換新臺幣（4萬元比1元）及軍費開支；但到1950年中，由於支付龐大的軍餉開銷，黃金僅剩不到50萬兩。現在位於臺北新店「文園」內的金塊，大陸來的僅占百分之7，其餘都是中央銀行陸續購進，而目前共有450噸的黃金儲存於內。2009年11月23日，《聯合報》，A3版。

35 同上，頁925。

36 同注19，頁47-48。

37 李宗仁認為蔣介石在隱退之前的部署，是將海、空軍主力逐漸南移，並以臺灣為最後基地。見李宗仁口述，唐德剛撰寫，前揭書，頁926。

至於江陰以下江面極闊，江北又無支河，共軍不易偷渡[38]。

另一方面，蔣介石在隱退之後，命令蔣經國偕同空軍總部盡快建築定海飛機場。蔣經國回憶道：「記得父親隱退之後，交代我辦理的第一件事，是希望空軍總部迅速把定海的飛機場興建起來。那時，我們不太明白父親的用意，只能遵照命令去做。父親對這件事顯得非常關心，差不多每星期都要問，機場的工程已完成到何種程度；後來催得更緊，幾乎三天一催，兩天一催，直到機場全部竣工為止。到了淞、滬棄守，才知道湯恩伯將軍的部隊，就是靠了由定海基地起飛的空軍掩護，才能安全的經過舟山撤退到臺灣來，而成為現在保衛臺灣和將來反攻大陸的一支重要兵力。如果不是父親的高瞻遠矚，湯將軍的部隊恐怕連舟山也無法到達，還會到臺灣來嗎？假使這一支部隊在上海就犧牲了，對於我們重建軍力，將增加很大的困難；乃至於我們能否安然度過39年上半那一段最黯淡的時期，也許都成了問題[39]。」

由上述事件分析，蔣經國督導定海機場的興建，是為了空軍能夠掩護由淞、滬棄守的湯恩伯部隊撤退到臺灣；而湯恩伯「守上海而不守長江」的計畫，應該也是以上海為屏障，把握時間將上海物資搶運來臺，而守軍也可在危急時迅速撤出上海，再由定海轉進臺灣。在中國現代史上，上海似乎是繼八年抗日戰爭之後，再度扮演類似的角色[40]。蔣介石也偕同經國在上海淪陷前抵定海，5月17日飛抵澎湖馬公，26日抵高雄，6月24日到臺北定居草山，8月1日，國民黨總裁辦公室開始在草山辦公[41]。

隨後國府由廣州撤退到重慶及成都，蔣介石也以總裁身分到上述各地。中華民國

---

38 同上，頁933。

39 同注19，頁47-48。

40 1937年底，沿海地區已不能固守，於是政府希望民族工業各廠遷移到內地，據經濟部統計，內遷工廠占全國合乎工廠法之工廠總數的17％，技術人員內遷者占全國技工的22％，而上海一帶所剩的工業及技工無幾。見國防部史政局編，1962，《中日戰爭史略圳》，頁79-80，臺北：國防部史政局。

41 同注19，頁200-212、225。

行政院於12月7日奉總裁命決議遷設臺北，8日閻錫山院長抵臺，宣布行政院將於9日起在臺北正式辦公並召開首次院會。11日，中央黨部也遷至臺北。12月9日，蔣介石離開成都飛來臺北。

1949年，中國共產黨在大陸建政，成立「中華人民共和國」，而國民政府則退據臺澎金馬，堅持「中華民國」主權及於全中國地區。故就國際法而言，中國雖然因內戰而分裂，但臺北和北平兩個政府皆反對任何分裂國土之兩個中國主張，因此中國在國際法上只有一個。而聯合國內「中國代表權」問題的由來，關鍵在於世界上大多數國家的政府只承認臺北或北平為中國唯一的合法政府[42]。

1949年11月18日，中共外長周恩來致函聯合國祕書長及聯大主席，要求由「中華人民共和國」取代中華民國政府在聯合國的席次。當時聯大主席未立即採取行動的原因，是聯大證書審查委員會已通過由臺北政府派遣之代表出席聯大的合法資格。11月25日，蘇聯及其共產集團代表，於聯大第四次大會第一次委員會開會時，對臺北政府代表出席該委員會提出抗議，認為中華民國已失去大陸地區，無權代表全中國，這是聯合國第一次對中國代表權問題發生爭論[43]。

1949年國府倉皇辭廟，1949年5月20日，大批難民因中共猛攻上海而湧向臺灣，為求內部穩定，陳誠宣布臺灣全省戒嚴。在戒嚴期間，除基隆、高雄、馬公3港在警備總部監護下仍予開放，其餘各港一律封閉，嚴禁出入。5月24日，立法院通過「懲治叛亂罪犯條例」，對率隊投共、擾亂治安、金融及煽動罷課罷市者，均處以重刑[44]。這些措施主要是針對當時大量湧入的敗兵難民，以及共產黨在臺灣的地下活動，以鞏固在大陸內戰全面失敗的國民政府，使有一處安全的復興基地。

1949年10月24日，臺海戰爭又起。中共解放軍由廈門浮海進攻金門，戰事至27日

---

42 王國璋，1993，〈中共如何取代我國在聯合國之席位〉，《問題與研究》，第32卷，第5期，頁11-23，臺北：國立政治大學國際關係研究中心。

43 UN yearbook，1948～1949，頁295。

44 作者不詳，1990，《臺灣全紀錄》，頁300，臺北：錦繡出版公司。

146 百年大業──中華民國發展史

上午全部結束，史稱「古寧頭大捷」[45]。事後中共承認：「戰鬥失利，2次登陸部隊4個團9,086人（內含船工、民夫、游擊隊員350人）大部壯烈犧牲，一部被俘，這是我成軍建制以來部隊受到的最大損失[46]。」這場勝利固然振奮臺灣人心，但更重要的是證明解放軍在當時並不具備渡海攻臺的能力。當時負責打金門的解放軍第十軍團司令員葉飛事後對此役追溯可為佐證[47]，他說：「在現代戰爭的條件下，沒有制海權、制空權，要實行大規模渡海登陸作戰是非常困難的。50年代初，在我海、空軍還處於劣勢的條件下，要僅僅靠木帆船橫渡臺灣海峽、攻占臺灣，現在來看，恐怕是會吃比攻金失利更大的苦頭的。金門失利以後，接受了教訓，頭腦清醒過來。接受攻金失利的經驗教訓的真正意義也許就在於此。」

1950年3月1日，蔣介石在臺灣復職，國軍則先後於5月2日及16日撤出海南島和舟山群島。5月13日，我國防部宣布破獲在臺共諜80餘處。5月17日，美代辦則報告國務院：建議撤僑，臺灣命運已盡[48]。5月19日，國務院電准撤僑，並准其自度形勢而定離臺日期[49]。5月28日，國務院密向菲律賓季里諾（Quirino）總統詢問其願否接受蔣介石總統及其高級人員來菲避難之安排[50]。故當時蔣經國認為往後的一百天，是臺灣最黑暗的時期[51]。

---

45 此次戰役共軍第10兵團司令員葉飛將攻擊任務交由第28軍負責；而國府在金門防務，則有湯恩伯、李良榮（22兵團司令官）、胡璉（12兵團司令官，下轄第18軍軍長高魁元、19軍軍長劉雲瀚、25軍軍長沈向奎。12兵團在安徽宿縣雙堆集被殲，兵團司令黃維被俘，副司令胡璉搭戰車突圍），以上部隊統歸湯恩伯指揮。在國軍海、陸、空的夾擊下，共軍第251團團長劉天祥、253團團長徐博等被俘，244團團長刑永生、246團團長孫雲秀陣亡。古寧頭大捷是國府黃埔軍系在1949年徐蚌會戰慘敗後的首度大捷，不但重振國軍士氣，也使得兵敗大陸的國民政府得以立足臺灣，是兩岸分裂分治迄今的關鍵戰役。請參考李福井，2009，《無法解放的島嶼》，臺北：臺灣書屋出版公司。1950年7月26日傍晚，中共七百多名士兵從廈門出發登陸大、二膽島，國軍三百兵力在營長史恆豐率領下，經過整晚激戰，斃敵300人，俘虜252人。當年傳令兵賴生明冒險建大功，金防部司令胡璉在營光樓落成時，特命他題字。見2011年7月27日，《聯合報》，A8版。

46 王功安、毛磊編，1991，《國共關係通史》，頁967，武漢：武漢大學。

47 葉飛，1998，《葉飛回憶錄》，頁608，北京：解放軍出版社。

48 F.R.U.S.，1950，vol.6，頁343。

49 同上，頁349。

50 郭廷以，前揭書，頁792。

51 同注48，頁346。

臺灣在1945年日本投降後，結束了51年的殖民地統治，回歸中華民國政府管轄。從1945～1949年，臺灣先後歷經兩件大事，其一為228事變[52]；另一更具意義的大事，則為中華民國政府的遷移。對臺灣而言，代表著由歷史上的邊陲地位躍升為政府的核心，甚至是整個中華民國的根基所在。

　　在國際上，由於中共介入韓戰，使得美國由「靜待塵埃落定」的觀望政策，轉變為對中華民國的支持。在島內，伴隨國府剿共失利而遷移來臺的外省軍民則約達200餘萬人之眾，這可算是臺灣發展史上最大的一次人口遷移。以軍隊來說，駐臺部隊由1946年的25,510人，到1949年1月的28,279人，6月的68,804人，9月的158,826人，12月的173,393人，1950年3月的192,168人，其後復有撤自舟山群島的13,575人，撤自海南島的73,311人，以及越南歸國的16,289人。根據陸軍總部統計，在短短的3年內，駐臺部隊單是陸軍方面，即從25,000人增至44萬人[53]。

　　研究顯示，這些不同番號、建制，又曾面臨大陸軍事潰敗的部隊，絕大多數在經歷孫立人將軍所領導的陸軍訓練司令部與第4軍官訓練班的各式訓練下，大幅度提升了軍隊的戰鬥力及品質，自1947年秋至1952年，總計訓練了約50萬個人次，同時由於軍隊素質提升，也扭轉臺灣本地人自光復以來對國軍的惡劣印象。而且，經由訓練，國軍成為足以擊潰來犯共軍的部隊，1949年的金門古寧頭大捷即為證明[54]。

　　除了武裝部隊之外，當時不願附共的社會聞達、秀異分子，有的逃往港澳、海

---

52 林照田教授曾憶及其父執輩在歷經228事變後，產生一種因恐懼而對政治議題的沉默，並分析該事件對當時尚以血緣、宗親為聯繫的農業社會，會形成連鎖式的衝擊與族群之間的隔閡，而這種隔閡往往在那一代臺灣人心目中留下難以抹滅的痕跡。

53 陸軍總司令部第一署編製，1954年2月，《陸軍人事統計輯要》，頁9-14。逃亡人數在1950年10月止，約2萬5千人。自殺人數在1951年為軍官129人（其中96人死亡）、士兵378人（其中295人死亡）；1952年則為軍官93人（其中65人死亡）、士兵399人（其中294人死亡），前揭書，頁41。從這些資料中可研判當時這些大陸遷臺軍人在面臨陌生環境及思鄉情切下選擇棄世，稱得上一種屬於外省人的悲哀吧！

54 朱浤源，1993年11月，〈臺灣新軍的搖籃：鳳山第四軍官訓練班〉，《臺灣光復初期歷史》，頁462-463，臺北：中央研究院中山人文科學研究所。

外，有的則隨政府來到臺灣[55]。美國已逝著名的「中國通」費正清（J. K. Fairbank）即指出，蔣介石為了釐清並鼓勵政黨系統而任用許多大陸來臺的自由派人士，另一方面也重用前「國家資源委員會」派往美國深造、爾後隨國府遷臺的工程師。這批人中，對臺灣往後的經濟發展有重大貢獻[56]。此外，費正清也指出北京大學來的傅斯年以及其他學術機構教授合力主持臺北的國立臺灣大學校務，並恢復中央研究院各研究所的學術工作，使教育成為另一重要建設[57]。

1933年，北京故宮國寶避日軍戰火侵逼南遷，近兩萬箱文物先後暫存於上海、南京。七七事變爆發，政府再將其中80鐵箱精品用輪船由武漢一路運往四川巴縣。1948～1949年間，故宮先後分三批，以軍艦、商船運送2,972箱文物抵臺，這批文物號稱是精品中的精品，文物來臺之初，一部分曾暫存於楊梅的鐵路局倉庫，之後寄居臺中糖廠一年，1950年，國寶悉數遷藏臺中霧峰[58]。

在轉進的同時，也有相當部分的企業人才與資金來到臺灣，而成為當時臺灣發展經濟最主要的民間資金與企業人才來源。像是當時最主要的產業是棉紡織業，由民間或銀行在大陸投資而遷廠來臺灣的企業有大秦、中國、雍興、遠東、臺元、申一、六和、臺北等家，其中遠東、臺元（裕隆集團）、六和（六和汽車集團）、申一等公司都以其盈餘轉投資於其他產業，而成為大財團[59]。這些紡織業在1950年代供應臺灣最缺乏的民生物資——布，也提供大量勞工的就業機會，並在1960～1970年代，轉變成

---

55 這些不願附共但也不支持蔣介石的知識分子，以張君勱、黃宇人為代表，在徐蚌戰役即要求蔣介石下野。爾後大陸陷共，他們選擇非蔣介石控制的港、澳地區居住，稍後在香港結合其他在野人士及不支持蔣介石的國民黨員成立了「中國自由民主戰鬥同盟」。但選擇臺灣的另一批反共自由派知識分子，則以胡適、雷震為代表，他們當年反對蔣下野，並期盼蔣介石總統統治下的中華民國能成為自由中國。請參見薛化元，1993年7月，〈張君勱對「中國前途」看法之研究（1949-1969）〉，《法政學報》，第1期，頁151，臺北：淡江大學公共行政學系；張忠棟，1990，《胡適五論》，頁271，臺北：允晨文化公司。

56 費正清，1994，《費正清論中國——中國新史》，頁389，臺北：正中書局。據了解其中包括孫運璿、趙耀東等人，對臺灣日後經濟等方面饒有貢獻。

57 同上。

58 1965年，臺北外雙溪新建的故宮博物院落成，今日已成為外國及大陸遊客最熱門的旅遊景點。有關故宮文物南遷及渡海的幕後故事，可參看大陸中央電視臺於2009年初完成的12集紀錄片「臺北故宮」。2009年12月3日，《聯合報》，E2版。

59 王作榮，1999年3月，《壯志未酬》，頁341，臺北：天下遠見出版公司。

臺灣最主要的出口工業。而一批高級技術官僚，如葉公超、俞大維、尹仲容、蔣夢麟、嚴家淦、楊繼曾、徐柏園等人及其大部分部屬，蔣介石總統本人亦常在經濟情況危急時，親自與他們召開財經會議，詳細討論問題，以便作出決定。他們無一不具備深厚的中國文化傳統與西方現代知識，愛國守分、操守廉潔[60]。

中央政府於1949年遷臺，而當時臺灣局勢極為困難，陳誠有下列描述[61]：

38年臺灣的局勢怎樣呢？政治方面，政府的信用並沒有建立，少數野心分子勾結國外不肖之徒，從事「獨立」、「託管」活動。軍事方面，當時臺灣的兵力有限，由大陸撤退來臺的若干部隊戰志消沉、紀律敗壞，不僅不能增強臺灣的防禦能力，甚至反足以加深內部的危機。財政經濟方面，金融震盪、通貨膨脹、物資缺乏、物價高漲。社會方面，到處充滿了消極悲觀和動搖失望的心理。

這段人心灰黯的日子因韓戰爆發而扭轉，第七艦隊於1950年6月27日進駐臺灣海峽使局勢轉穩之際，蔣介石在7月26日宣布遴選陳誠、張其昀、連震東等16人為中央改造委員[62]，並於8月5日正式成立改造委員會，委員會的成員與簡歷請見表一。

表一　中央改造委員簡表

姓名	年齡	籍貫	重要經歷
陳誠	54	浙江青田	時任行政院長
張其昀	50	浙江鄞縣	時任中央宣傳部部長
張道藩	52	貴州盤縣	時任中央常務委員
谷正綱	48	貴州安順	行政院政務委員兼社會部長
鄭彥棻	48	廣東順德	時任中央常務委員兼祕書長
陳雪屏	49	江蘇宜興	時任教育廳長
胡建中	48	杭州	時任中央委員及立法委員
袁守謙	48	湖南長沙	時任國防部政務次長
崔書琴△	45	河北	時任立法委員
曾虛白	56	江蘇常熟	時任中國廣播公司副總經理
谷鳳翔	44	察哈爾龍江	時任監察委員
蔣經國	41	浙江奉化	時任國防部總政治部主任
蕭自誠	44	湖南邵陽	中央日報副社長
沈昌煥△	38	江蘇	時任政府發言人及中央宣傳部副部長

| 郭澄 | 43 | 山西陽曲 | 歷代中央執行委員，青年團中央團部幹事 |
| 連震東※ | 47 | 臺灣省臺南市 | 時任臺灣省參議會議長，國大代表 |

△具有博士學歷者

※連震東是16位中央改造委員中，唯一臺籍者。

資料來源：1950，《改造半月刊》，第1期，頁19-25，臺北：中改會，及1950年7月26日《中央日報》、《新生報》發布之資料整編而成。

從這16位中央改造委員背景分析，其共同特色為：

一、平均年齡層為40歲，普遍具有高學歷，其中博士2位、碩士1位、國內大學畢業有5位、軍校畢業有2位，以當時標準可謂高學歷人才。

二、多數都曾任黨政要職，其中原任中央委員有3/5，非中央委員有2/5。

三、多數與蔣介石有師生、部屬的關係，較能直接向領袖負責，大刀闊斧推動黨的改造方案[63]。

論者分析這一份中央改造委員名單中最大的特色，就是對派系主義的唾棄，使更集權於蔣個人的威權領導。首先，利用撤退來臺的契機，將孔宋集團的2位領導人孔祥熙及宋子文擯棄於國門之外，不准他們到臺灣來。其次，將C.C.派的陳立夫逐到美國新澤西州去養雞，另一領導人陳果夫來臺不久便病逝。最後，逐漸削減陳誠勢力，從三青團開始，到蔣親自接掌黃埔校友會，最後以蔣經國取代。至於政學系及軍統，前者領導人張群被虛懸，後者由蔣經國組織政治行動委員會，任命鄭介民及葉翔之整頓[64]。

---

60 同上，頁339。王作榮憶及追隨這批官員之後，只聽他們如何憂國憂民，如何盡忠職守，開闢新出路。因為他們忠奮，使臺灣在歷經大戰殘破、建設全被摧毀而且大軍初敗之際，能在短短8年內造成中興之局，並創造臺灣的經濟奇蹟。

61 陳誠，1952年10月12日在中國國民黨第七次全國代表大會施政報告，黨史會藏。

62 1950年7月26日，《中央日報》，第2-3版。

63 許福明，1986，《中國國民黨的改造》，頁62，臺北：正中書局。

64 陳明通，〈派系政治與陳儀治臺論〉，《臺灣光復初期歷史》，頁280。另據陳立夫回憶，陳本人向蔣建議應該進行黨的改造，並可將一切責任推給陳氏兄弟，兄弟二人也不必參加改造工作；但因傳話誤會，蔣送暗示陳隱退。陳立夫分析其背後真正原因是立院受袁守謙請託，以82%高票通過由陳誠擔任閣揆，且陳戲言今天C.C.派是指陳立夫與陳誠，這番話導致蔣的不滿，日後陳誠認為陳立夫妨礙行政院施政，兩相激盪致使蔣在美國展開近20年的養雞生涯（1950～1969年）。後因蔣經國寫信盼其回國定居，才結束在美流亡生涯，但從此遠離政治及權力核心。請參見陳立夫，1994，《成敗之鑑》，頁380-384、395-397，臺北：正中書局。

因此，中央改造委員中除陳誠為團派的領導人之外，其餘15人中，無一是5大派系的領導人或重要成員。另外，蔣介石依照「改造的措施及其程序」第一項第四節規定，聘任吳敬恆、居正、于右任、鈕永建、丁惟汾、鄒魯、王寵惠、閻錫山、吳忠信、張群、李文範、吳鐵城、何應欽、白崇禧、陳濟棠、馬超俊、陳果夫、朱家驊、張厲生、劉健群、王世杰、董顯光、吳國楨、章嘉、張默君等25人為中央評議委員，負責監督改造工作的執行與推展[65]。中央改造委員會組織系統請參見表二[66]。

緊接著，通過蔣總統所提出人事案，遴派張其昀為中央改造委員會祕書長、周宏濤為副祕書長、陳雪屏為第一組主任、谷正綱為第二組主任、鄭彥棻為第三組主任、曾虛白為第四組主任、袁守謙為第五組主任、唐縱為第六組主任、郭澄為第七組主任、李文範為紀律委員會主任委員、陶希聖為設計委員會委員、蔣經國為幹部訓練委員會主任委員、俞鴻鈞為財物委員會主任委員[67]，中國國民黨的改造運動正式展開。

在改造期間，中國國民黨擴大了社會基礎，積極配合375減租與經濟動員、工業建設、農業改造等步驟，使黨的組織普遍深入到各行業的核心，以黨的組織領導來吸收黨員，因此中國國民黨以一個外來的政黨之姿，成功吸收農、公、知識分子階級。根據1951年底統計，農工成分即占全體黨員的37.7％，知識分子占65％，30歲以下的青年占49％，尤其重要的是本省黨籍黨員有顯著增加，占56.9％[68]。以臺灣省委員會所轄組織為例，改造後黨員成分的統計分析參見表三[69]。

---

65 引自1950，《改造半月刊》，第1期，頁19，臺北：中改會。在這份中央評議名單中，我們可看出其中包含了國民黨內部的反對派，如「桂系」中曾在民國25年發動「兩廣政變」的陳濟棠，以及要求蔣辭職下野的白崇禧、閻錫山（曾任行政院長、中原大戰主事者之一）亦在名單之內。在黨國元老方面有民國16年下令南京清黨的吳敬恆，廣東中山大學校長、當時反對聯俄容共的鄒魯和自由派的王世杰等人。從其中歷史背景及人物脈絡，可看出政府遷臺後，力求團結精誠的一番企圖心。

66 引自《改造半月刊》，前揭書，第1期，頁29。

67 中國國民黨中央改造委員會第一次會議紀錄，1950年8月6日，油印原件，黨史會藏。另於8月8日第二次會議，通過蔣總裁提出派羅家倫為黨史史料編纂委員會主任委員之職務。

68 參見1952年8月1日，《改造半月刊》，前揭書，頁34。

69 同上，頁41，在改造後所吸收的黨員中，很重要的發展便是年齡層降低、本省籍貫人數增加、知識分子的參加比率顯著提升。

表二　中央改造委員會組織系統表

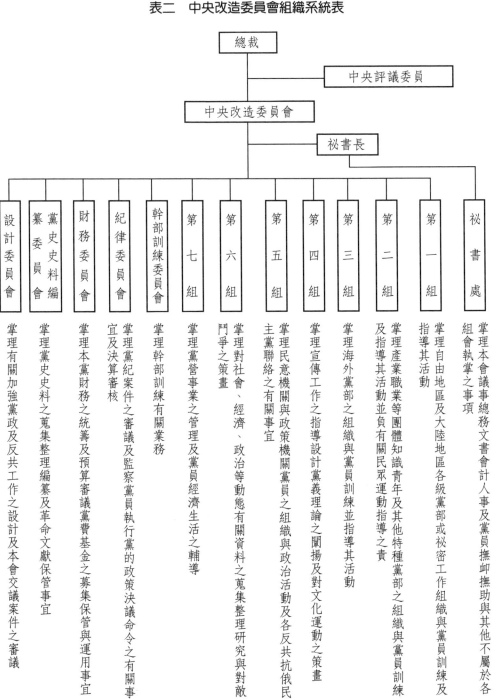

總裁

中央評議委員

中央改造委員會

祕書長

設計委員會	黨史史料編纂委員會	財務委員會	紀律委員會	幹部訓練委員會	第七組	第六組	第五組	第四組	第三組	第二組	第一組	祕書處
掌理有關加強黨政及反共工作之設計及本會交議案件之審議	掌理黨史史料之蒐集整理編纂及革命文獻保管事宜	掌理本黨財務之統籌及預算審議黨費基金之募集保管與運用事宜	掌理黨紀案件之審議及監察黨員執行黨的政策決議命令之有關事宜及決算審核	掌理幹部訓練有關業務	掌理黨營事業之管理及黨員經濟生活之輔導	掌理對社會、經濟、政治等動態有關資料之蒐集整理研究與對敵鬥爭之策畫	掌理民意機關與政策機關黨員之組織與政治活動及各反共抗俄民主黨聯絡之有關事宜	掌理宣傳工作之指導設計黨義理論之闡揚及對文化運動之策畫	掌理海外黨部之組織與黨員訓練並指導其活動	掌理產業職業等團體知識青年及其他特種黨部之組織與黨員訓練及指導其活動並負有關民眾運動指導之責	掌理自由地區及大陸地區各級黨部或祕密工作組織與黨員訓練及指導其活動	掌理本會會議事總務文書會計人事及黨員撫卹撫助與其他不屬於各組會執掌之事項

表三　臺灣省黨部所轄組織黨員成分分析表

性別	男	94.4％
	女	5.6％
年齡	18-30歲	48.9％
	31-40歲	31.1％
	41-50歲	15.6％
	51-60歲	4.3％
	60歲以上	0.1％
籍貫	臺灣省	56.9％
	其他省市	43.1％
職業	農人	18.9％
	工人	20.9％
	商人	10.8％
	青年及知識分子	40.6％
	其他	8.8％

　　著名的政治學者杭廷頓（Samuel Huntington）即曾指出：「在一個革命初成、建國方殷的新興國家，特別是在外患頻仍、內憂嚴重的國家內，倘若人民所支持的強勢政黨主政，對於安定及經濟發展是有其貢獻的[70]。」從政治發展的理論來看，改造是政治體系內因應環境改變，所做的組織和權力結構的變革；就政治發展的過程而言，改造是國民黨的時代化和政治化。從政治發展上來分析改造：

　　一、有效促使組織結構的「分疏化」（Differentation）和專門化（Specialzation），而每一個部門和機關有特別和限定的功能，並趨專業化。

　　二、以有效的執行能力，促進社會的發展、安定與國家安全。

　　三、由於改造方案及組織是由中央到地方，本省籍黨員人數大幅增加，增強了國民黨的代表性、合法性和服務性[71]。

　　由於國民黨進行改造，許福明認為成功的解決政治發展中的「合法性危機」（Legitimacy Crisis）及「認同危機」（Identity Crisis），並由於改造後中國國民黨

70　杭廷頓（Samuel P. Huntington），1968，《Political Order in Changing Societies》，頁423，New Haven: Yale University Press。

71　許福明，前揭書，頁198。

地方黨部健全，擴大了社會基礎；也因為黨政關係的建立，使政策和政令能順利貫徹，解決了「貫徹危機」（Penetration Crisis）；另外透過地方自治和土地改革、計畫性自由經濟制度，解決了參與（Participation）、整合（Intergration）與分配（Distribution）危機[72]。

中央改造委員會於1950年9月1日發布「本黨現階段政治主張」，主張一切從臺灣做起，不但要建設臺灣，並強調375減租、耕者有其田等經濟改革和推行地方自治，加強中國國民黨建設臺灣為三民主義示範區的信心[73]。在為時3年（1950～1952年）的政黨改造期間，臺灣先後進行政治方面的改造如下：

一、縣及地方選舉：1950年8月至隔年7月完成第一屆縣市長選舉。

二、省級地方選舉：1952年11月以間接方式選舉出臨時省議員55人[74]。

另外在經濟改革方面，強力延續土地改革政策，1951年實施公地放領，並擬定將在1953年2月起實施耕者有其田政策[75]；在社會改善方面，省政府於1950年公布「臺灣勞工保險辦法」及實施細則[76]，至1953年，投保單位共計1,286個，投保勞工達201,225人，占當時全臺灣勞工的80%[77]；接著，政府在1953年開始辦理漁民保險，1956年9月辦理農民保險，1958年7月31日，立法院三讀通過「勞工保險條例」，由蔣介石總統明令公布，正式立法[78]。同年1月17日也完成「公務員保險法」，並於8月1日起正式實

---

[72] Gabriel A. Almond and G. B. Powell，1966，《Comparative Politics: A Developmental Approach》，頁308，Boston & Toronto。作者在書中指出中國國民黨在臺灣發展所採取的策略是「權威—專家政治—動員型」，除強調秩序的維持、經濟的成長、財富的均分，尚強調政府能力及參與的發展，可以說是最有利於開發中國家的發展策略。這兩位學者一致肯定中國國民黨創造經濟和所得分配等成就，並有利於政治上的安定。

[73] 轉引自許福明，前揭書，附錄2，頁211-218。

[74] 參見陳誠於1952年10月12日在中國國民黨第七次全國代表大會所作之施政報告，黨史會藏。

[75] 在實施公地放領方面（共約5萬甲），受益農民多達50萬人之多。耕者有其田是鑑於仍有25萬6千甲耕地在地主手中，於是政府決定將83%的私有出租地，共約21萬甲，由地主手中轉到耕農手中。請參考陳誠，1961，《臺灣土地改革紀要》，頁40、18、5，臺北：中華書局。

[76] 政府是委託臺灣人壽保險公司附設勞工保險部辦理，分4期辦理，於1950年承保公營廠礦交通事業單位與民營廠礦、無雇主職業之工人。請參閱劉脩如，1978，《社會政策與社會立法》，臺北：國立編譯館。

[77] 周天固，1955，《五年來的自由中國》，頁5，臺北：幼獅文化事業公司。

[78] 劉脩如，前揭書，頁316-317。

施[79]。針對穩定金融，政府於1949年6月15日發行新臺幣，當時舊臺幣的兌換是4萬元折合1元，並嚴禁黃金買賣，這項措施穩定了受大陸通貨膨脹之累的臺灣物價[80]。1950年3月，政府開辦優利儲蓄存款。優利存款的月利率是7％，以優利計算，等於年率12.5％。開辦優利存款以來，遽增為新臺幣3,500萬元，大約等於貨幣供給量的7％[81]，穩定了物價波動，並有助於往後經濟上之發展。

在文化改造方面，加強思想教育的諸多措施，1951年起各中等學校及隔年各大專院校普遍實施軍訓教育，1952年亦成立「中國青年反共救國團」，這些對於青年及知識分子的動員體系，使黨的布建伸入青年及校園之中[82]。這些深入社會各階層的建設、動員與吸收，使中國國民黨在黨的改造期間即贏得本省籍農民、工人、知識分子的認同，而能有效的增加黨員，成為一個「外省人」支配「本省人與外省人」的多族群政黨[83]。

蔣介石對於國民黨必須憑藉土地改革以及地方自治等措施，使一個外移的中央政權深入本地社會的重要性十分清楚，他說：

375減租就是地主與農民兩種利益的溫和改變，而耕者有其田條例的實例，更是地主與農民兩種勢力的劇烈改變。這一改變，使臺灣省整個社會為之改觀，本黨……是不是要更進一步到農民中間發展組織，建立黨的領導權？……本黨要乘著這一時機，結集黨員，訓練幹部，為了保衛臺灣人心盡責任，更進而為了革命反攻光復作準備[84]。

政府正在臺灣推行地方自治，辦理縣市議員及縣市長的選舉。這件工作，遠較375減租運動來得複雜……本黨前年辦理選舉，事前既沒有準備，臨時又沒有方法；

---

79 李道合，1960，《自由中國進步實況》，頁27，臺北：作者自印。

80 同上，頁102。

81 郭婉容，1981，〈中華民國的經濟發展〉，《中華民國建國史討論集》，第5冊，頁161，臺北：中華民國建國史討論案編輯委員會印行。

82 許福明，前揭書，頁150-151。

83 參見管碧玲，1994，《民族主義與臺灣政黨政治》，頁78，臺北：國立臺灣大學政治研究所博士論文。

84 陳明通，1990，《威權政體下臺灣地方政治菁英的流動（1945～1986）——省參議員及省議員流動的分析》，頁116，臺北：國立臺灣大學政治學研究所。

黨員既沒有組織，黨務又沒有指揮能力。以致整個社會，亂作一團，將本黨50年革命奮鬥的光榮歷史在內外交迫之下毀於一旦，這是很痛心的一件事！……現在我們在臺灣辦理選舉、推行地方自治，在這唯一的民族復興基地，當然不容許我們再失敗了。這次如何來實現黨的政策，樹立黨的威信，使選舉如期結束，圓滿成功，這是你們各位改造委員無可旁貸的責任。尤其重要的，不可再像過去一樣，同志之間，互相摩擦，以致漁人得利。須知其他黨派的活動，尚不足懼，但如因此被共匪滲入，那我們就要自取敗亡，死無葬身之地了！因為這個關係非常重要，所以希望你們各位改造委員，能夠集思廣益，為民造福[85]。

今後本黨要把選舉活動看做黨的宣傳與訓練的場所，必須做到每經一次選舉，黨的組織就有一度的發展，黨的宣傳就有一度深入，黨的幹部和黨員就多一度訓練，而黨的革命精神和戰鬥方法就有一度發揚和進步，才算是達成了建黨革命的任務[86]。

從蔣的談話中，我們了解土地改革是為了保衛臺灣人心，而選舉的目的，一方面加強對基層的控制，另一方面則是藉選舉練兵，培養中國國民黨幹部的戰鬥性及吸納支持民眾的參與[87]。

土地改革普遍獲得農民支持，在前面章節已述，而農民也提升了對國民黨政權的接受程度。根據一項抽樣調查研究顯示，土地改革後，原為佃農或半自耕農出身的農民，有超過75％表示對政治更為關心，其中7.8％的受訪者表示家中有人出來競選過公職[88]。胡佛教授即指出，這些政治關懷至少建構一種「維持性的政治參與[89]」，也就是對整個政治體系下統治正當性的肯定，並且願意讓這個政治體系繼續運作下去。

---

[85] 同上，頁117。

[86] 同上。

[87] 1950年的地方自治選舉不禁使人想起中共在1935年底瓦窯堡政治局會議後，所實施於其所控制地區的「鄉選」，藉選舉可了解輿情、民情，並培養及訓練幹部合法鬥爭的政治技巧，結果徹底鞏固中共農村政權基礎。筆者認為國民黨實施地方自治的目的，與當年中共的企圖相同，只是在爾後會造成反對勢力的崛起及黨內派系問題的產生。參見陳永發，評介馬克·賽爾登（Mark Selden），1980，〈中共的延安經驗〉，《中國現代史論文集》，第10輯，頁237-238，臺北：聯經出版公司。

[88] 蔡宏進，1965，《臺灣農地改革對社會經濟影響的研究》，頁75-76，臺北：嘉新水泥文化基金會。

[89] 陳明通，1991，《臺灣省議員研究》，頁118，臺北：國立臺灣大學三研所博士論文。

地方自治選舉，開啟本省菁英參政的管道，特別是1950年國民黨的改造，重新吸收及培養許多臺籍菁英進入政治領域，黨提名這些臺籍人士出馬競選，不但使黨的組織得以發展，並表示可以網羅這些本土既有或新興勢力，同樣擴大政權的正當性[90]。隨後韓戰爆發，聯合國會籍的確保、中美關係日趨穩定等發展，也同時鞏固國民黨政權外部統治的正當性。

費正清教授指出，隨著時間進展，臺灣人對於「占領」臺灣的200萬「大陸人」的仇恨，慢慢的逐漸消褪。臺灣人也終於成為國民黨與軍隊裡的大多數，而「無黨無派」的從政者也開始當選重要縣市的首長了[91]。

第二節　韓戰爆發

美國在評估國民政府危局時，國務院顧問杜勒斯（John Foster Dulls）於5月18日以說帖密陳於艾契遜，指出為追求美國在遠東地區的權利均衡，必須防護臺灣，以牽制國際共產黨的貪得無厭，其精要摘譯如下[92]：

一、觀國際情勢，國民政府失去中國大陸之後，遠東均局已轉向於蘇俄。今如對臺再作讓步，不但亞洲諸國此後將惟蘇俄馬首是瞻，即西德與歐洲各國，亦將對美發生不可信賴之懷疑。

二、國際共產黨貪得無厭，美國早晚終當加以制限，如加制限，臺灣是一個理想的地區，一因地距蘇俄較遠，不至引起對蘇作戰；二因防護臺灣，海空兩軍當已夠用，縱或尚需陸軍，而臺灣尚在美國友好國家手中，仍可利用；三因臺灣身分未定，中立主張尚有憑藉餘地。中立臺灣，自亦尚有引起中共對美之軍事風險與中華民國對美之政治糾紛，但此風險與糾紛，尚在我們力量可以控馭之範圍，較諸事局失衡，困

---

90 根據陳明通《臺灣省議員研究》中統計分析，自1946年省參議員選舉至1985年第八屆省議員的2,539位省（參）議員研究中，省參議員之中每23個本省籍才配有一個外省籍，與臺灣省民中770個本省籍配一個外省籍的比例相差3倍之多。外省籍人口在省議會席次呈現由無到有，再由盛而衰的走勢，顯示省（參）議員的籍貫結構有獨特的因素。這正反映省議會在中國國民黨改造以求省籍人士合作的政策及地方自治的選舉下，成為保持本土勢力最完整的地方，並有可能在未來上升到中央取代過去外來統治集團，完成政權的本土化。

91 費正清，前揭書，頁391。

92 同注48，頁349-351，魯斯克致國務卿說帖——按魯斯克說帖即杜勒斯說帖原文。

擾尚輕。蘇俄原予武力，日增月累，2年之後更將難制，時期已迫，宜早定策。

艾契遜對此說帖似曾欣賞，但未決定。魯斯克乃於5月30日再約國務院同僚於私寓討論臺灣問題，杜勒斯與傑賽普均在座，大家認為臺灣局勢已甚嚴重，惟有請蔣總統自向聯合國提出臺灣託管之案，由美國予以贊同，並以武力立加防護，方能保全。因即推定杜勒斯於東京任務完成之後（杜因對日和約之事，預定6月14日赴日，29日離日）轉道來臺，請謁蔣介石，以臺灣陷落勢不可免，美國無能為力，願其顧念生靈，對託管辦法加以同意。但杜氏在日任務未畢，韓戰已爆發，此段一廂情願之方案，卒見胎死腹中[93]。6月25日韓戰爆發，27日杜魯門宣布第七艦隊駛往臺灣海峽，執行所謂「臺海中立化政策[94]」，美國的決定使臺灣的安全獲得保障。8月11日，中共中央軍委會致電華東區司令員陳毅，決定1951年不打臺灣，待1952年視情況而定，金門可決定在1951年4月以前不打，4月以後再打，隨後人民解放軍終止對臺灣海峽進攻[95]。10月2日，毛宣布中國派遣志願軍援助北韓，10月25日，抗美援朝戰爭正式開始，從此抗美援朝戰爭成為中共與美國的第一線戰爭，而解放軍在東南沿海的渡海戰爭則全面停止[96]。

1950年6月26日晚，第二次布萊之家（Blair House）會議對談中，杜魯門曾提到臺灣歸還日本，由麥克阿瑟管理之事，鮮為外界所知。其對話如下[97]：

杜魯門：我希望你們對於臺灣交還日本由麥克阿瑟管理，加以考究。

艾契遜：此事雖已經研究，尚須繼續討論，此時不宜公布。

杜魯門：1個月以前，蔣委員長有一私函給我，表示倦勤，美國仍可得中國軍隊之助力，故我想由麥克阿瑟管理臺灣，以待蔣委員長引退。

艾契遜：蔣之行動，不可測度，他或會反對，或等將來再說。

---

93 同注48，頁347-351。

94 在杜魯門的聲明中，一方面命令第七艦隊阻止任何對臺灣的攻擊，另外也要求在臺灣的中國政府停止對中國大陸的海空軍軍事行動。杜氏也宣稱臺灣未來地位的決定，必須等到太平洋的安全恢復、對日和約簽訂完成，以及經由聯合國的考慮。請見Hungdan Chiu，ed.，1979，《China and the Taiwan Issue》，頁221，New York: Praeger Publishers。

95 同注45，頁134。

96 同上，頁137。

97 F.R.U.S.，1950，vol.7，頁187。

杜魯門：對了，他說過，這是第二步。

艾契遜：臺灣問題不要與中國統治臺灣的問題相混！

蔣介石私函美國官文書不便公布，其原意是否如杜魯門所傳述，不得而知，而美國防護臺灣海峽，並非真正支持中華民國，其原因應當在於臺灣的戰略地位對美國在亞東之重要性，而不基於單純支持國民政府政權之考量。

韓戰爆發之日（6月24日晚6時，美國時間），美國防部長詹森（L. B. Johnson）正偕美參謀總長布萊德雷（O. N. Bradley）自遠東視察歸來，篋中攜有麥克阿瑟援臺說帖一件。晚7時杜魯門在布萊德雷家邀約軍政重要幕僚會商韓戰事宜，詹森先請布萊德雷宣讀該說帖。麥帥援臺的目的，係根據太平洋地理形勢戰略立論，至今猶為美國軍事名作。要點如下[98]：

臺灣是美國太平洋防線，自阿留申本島經日本、沖繩，而至菲律賓之一環。存於友好國家之手，遇到戰時，可拒敵人由亞東出攻之航線，可斷敵人對東南亞資源之攫取；存於不友好國家之手，敵人平時可假為空軍與潛水艦之基地，戰時可衝破日本、沖繩、菲律賓連鎖之藩籬，且使其（臺灣）成為一座不能擊沉之航空母艦，使其對美攻擊之能力，增加百分之一百。現在臺灣尚未為共產黨所占據，如何防護及防護需要費用，尚不可知，竊意宜授權遠東指揮總部立即到臺，調查其政治、經濟與軍事之需要，提出阻止共產黨掌握之方案，作為美國對臺政策之基礎。

布萊德雷讀罷，杜魯門即命傳膳，膳後杜魯門即請艾契遜報告韓戰外交消息，以及聯合國是日下午決議案的內容，並詢以應變方法。艾契遜建議飭令麥帥盡速供給南韓武器彈藥，海軍司令出動第七艦隊阻止中共攻臺，同時亦阻國軍進攻大陸。對於麥帥赴臺調查之議，艾契遜則不贊同，謂臺灣未來地位可由聯合國決定，不宜再與蔣介石糾纏，杜魯門即插一句「或由對日和約決定[99]」。因是晚談話以救援南韓為主題，

---

98 同上，頁161-165。同注48，頁366。
99 同注97，頁157-158。

臺灣問題遂未再加以討論。

翌日（6月26日）晚9時，布萊之家第二次會議仍由杜魯門主持，艾契遜請總統即發兩道命令：

一、准美國在韓空軍轟擊北韓軍隊，但勿越38度線。

二、命第七艦隊阻止中共攻擊臺灣，同時通知中國國民政府勿對大陸攻擊，並令第七艦隊監視其攻擊之停止。

杜魯門均予核准，詹森亦表欣悅。於是臺海中立化政策即在此會議上成立，由杜魯門以聲明方式通告，並報聯合國[100]。杜魯門「第七艦隊防護臺灣海峽」的聲明如下[101]：

韓戰爆發，證明共產黨顛覆他國之手段已從祕密滲透，進到公開之軍事行動，對於聯合國維護和平安定之命令，亦不遵從，在此情形之下，共產武力進入臺灣，將使太平洋區域之安全，與美國在該區域合法與必要之功用，悉受直接之威脅，因此之故，我已命令第七艦隊阻止臺灣受到攻擊，並亦要求中國國民政府對於大陸之一切空中海上軍事行動悉予停止，第七艦隊應監視其實行……

第七艦隊防護臺灣海峽後，中美間軍事關係之改變，大於政治。軍事方面，美方已許我在美自購防禦武器，包括噴射機、輕坦克車，且加速其裝運，亦許我在金門、馬祖、伶仃、狸貓、大陳各島作自衛之戰爭[102]。

參謀首長聯席會議（簡稱JCS）改善對臺軍援之建議，得到國務院同意及安全會議通過，並獲杜魯門1,400餘萬美元撥款[103]。臺灣不許落入共產黨手中，既在該案上訂有明文，國際裝備之補充與軍援之給與亦得到明確保證。於是福克斯（Alongo P. Fox）軍事調查團遂繼史崔伯（第七艦隊司令）與麥克阿瑟之後來臺考查，歸具報告，作為其後援華之依據[104]。

100　同上，頁179-180。

101　同上，頁202-203。

102　同上，頁380-381、383。

103　參看JCS7月27日致國防部長函，8月3日NSC325B號37／10案，F.R.U.S.，1950，vol.6，頁391-394、414。

104　同注48，頁591-594。

麥帥返日後，曾向國務院報告臺灣預算平衡，人民安居樂業，軍隊並無橫行街市，國務院對蔣甚不公道等評語[105]。但美駐臺代辦史壯（Strong）仍在給國務院的報告中抨擊蔣介石與張群反美，在臺鼓吹臺獨組織，干涉內政如故[106]。

6月28日，國民政府宣布響應聯合國安理會決議邀請會員國出兵援助南韓之舉，願提供精銳3萬6千人及20架飛機助戰，杜魯門雖欲接受，但艾契遜極力反對[107]。當時遠東司司長在7月猶對胡適大使作反蔣之民主運動[108]，他並強調美國朋友對國民黨政權都有惡感，並述及今日在臺政權猶自稱代表中國唯一合法之政府，將使美國發生許多麻煩，如果臺灣放棄攻擊大陸，則美援或可增加[109]。而魯斯克又於8月14日將新擬對華政策草稿致電藍欽（Karl L. Rankin）代辦，該電充分透露美國處理兩岸問題的基本態度，特摘錄如下[110]：

一、美國今日對華政策，尚在過渡時期。過渡時期之辦法，應依照總統6月27日之聲明，及NSC-37之決議案，估計中國軍隊之能力，維持其武器之使用性、供給其缺乏的軍用器材，並予以贈予性軍援。蓋欲蓄此力量，為保障韓戰聯軍在琉球、日本、朝鮮軍事行動及太平洋地區安定之用。

二、第七艦隊的措施，並非寓有解決臺灣問題之要求，相反的只是將今日主要國家對臺的各種不同意見暫予凍結。

三、美國對臺並無軍事占領的企圖，6月27日中立臺灣海峽的聲明，只欲使臺灣與大陸雙方各不採取攻擊行動。如果中共進攻朝鮮、越南、香港、臺灣、緬甸，則我們不攻擊大陸之方案將重加審議。但我們亦不會對中共進行大規模的軍事行動，我們

105 同上，頁415。

106 同注48，頁356-357、360-361、367、486。當時由廖文毅在香港所組成的「臺灣再解放聯盟」（1947年9月）分子19人由警總所捕獲，查出內亂證據甚多。Strong電請國務院准其向我外交部查詢，為吳國楨（時任臺灣省主席）所阻，但國務院仍令查詢。而廖文毅則在1950年2月東渡日本，成立「臺灣民主獨立黨」，1955年成立「臺灣共和國臨時政府」，出任大統領並發行機關報《臺灣民報》。見陳銘城，1992，《海外獨立運動40年》，頁3，臺北：自立出版社。

107 Trnman Memoirs，vol.2，頁383。

108 顧維鈞，1983，《顧維鈞英文回憶錄》，頁218，北京：中華書局。

109 顧維鈞日記，頁180。

110 同注48，頁431-440。

將以最小限度的軍事手段來應付中共所引起的侵略。

四、使用顛覆手段，致使臺灣垮臺，並非美國的利益，我們應以軍援與經援力量接濟臺灣當局，並監督其正當使用……我們希望藉第七艦隊之屏障，讓臺灣能致全力於善良及有效的管理，使臺灣民眾得到幸福的生活。

五、我們現仍承認在臺的中國政府，但承認期間之長短，我們不願保證。

六、我們現仍反對中共加入聯合國與其附屬單位，但此乃美國政府自己的政策，並非美國對中國政府的約束，美國認為中國代表權問題應在安理會中憑多數票決。

七、總之，美國對中國政府不作無期限支持之約束，對中國政府之聯合國席位不作長期支持之約諾，對國民政府返回大陸之企圖，亦不予以支持，一切視美國全盤利益如何轉變以為斷。

從魯斯克電文中可了解美國在國府大陸淪陷後，採取艾契遜所謂的「靜待塵埃落定」政策之一環[111]。曾任駐美大使的顧維鈞大使針對是時美國對華政策的內情，在他存放於哥倫比亞大學的英文日記中有深刻分析[112]：

一、美國雖到處反共，但實施時則因地制宜。東亞方面，美國希望以最經濟的費用阻抑共產黨發展，此政策在韓戰爆發後，並無改變，他們行動在朝鮮，心情卻掛在南斯拉夫或伊朗，他們的抗共力量要用在亞洲以外的地方，在韓作戰，只是偶然。第七艦隊防護臺灣海峽的命令，也未曾變更美國對華的政策。他們注重中共，過於國府；注重臺灣，也過於國民黨的政權，保全國府，在他們看來只是一樁附帶的事情。

二、如果中共對美稍示友好，美國將承認中共，如果中共不能狄托化，美國則將在中共領導者方面，採行離間術。美國維持臺灣現狀，只欲將其作為大陸內部反共人

---

[111] 艾契遜「靜待塵埃落定」一語，是1949年2月24日與美國眾議員談論中所提及的，意味目前中國局勢混沌，必須等到大勢已定再做規畫，而梁敬錞分析艾契遜採用「水鳥外交」（即表面平靜但底下動作），去「國」撫共，寄望中共成為南斯拉夫第二，毛澤東則扮演狄托的「中立化」角色。見梁敬錞，1982，〈美國對華白皮書之經緯與反應〉，《中美關係論文集》，頁175，臺北：聯經出版公司。

[112] 顧維鈞日記1950年6月25日與8月31日之摘要。

士的瞭望臺，或作為對於大陸講價的工具，美國在臺培植「前進分子」，或為將來承認中共之後，便利合作而設，如果中共都不就範，美國也可將臺灣作為防禦共產主義的碉堡，由聯合國監督，舉行公民投票，以測驗臺灣人是否願意獨立！

這段期間，國府的聯合國會籍及臺灣前途都遭到空前挑戰，茲分析如下：

一、印度的媚共

尼赫魯自失去大陸後，欲以亞洲領袖自居，好與美國立異。1950年1月，蘇聯因排我聯合國會籍未能如願，憤然退席。7月，印度代表勞比尼戈（Sir Benegal Rau）為安理會之輪值主席，認為蘇聯造此「杯葛」僵局，實大失算，今欲解除僵局，必先使中共加入聯合國。尼赫魯乃於提案之前，先後致電英國政府、史達林及艾契遜，徵詢其意。史達林的答覆表示贊同，但態度淡漠[113]，艾契遜婉轉拒絕[114]，英國反應最激烈，指出「非俟中共聲明不對臺灣攻擊、北韓軍隊退出38度線、蘇聯自動重返安理會之後，英國不願支持中共加入聯合國[115]」。8月1日，蘇聯代表重返安理會，印度對我代表權之震撼才告中止[116]。

二、英國的震撼

杜魯門1950年6月27日對臺灣中立化的聲明，自始未得英國贊同。英首相艾德禮自是時起，即著手於如何參與美國遠東外交之決策。他回憶邱吉爾在第二次世界大戰期中，曾藉CCS（Combined Chief of Staff, 聯合參謀首長會議）的組織，控制美國歐

---

113 史達林原電文見F.R.U.S.，1950，vol.7，頁408。

114 同注97，頁412-413。

115 同上，頁391-392。

116 按當時國際有一種傳說，謂1950年1月間中共進入聯合國之形勢本甚看好，安理會11國中，承認中共者已有5國（蘇、英、挪威、印度、南斯拉夫），法國、埃及亦已各有即將承認之表示，中共所需之7票似只是時間問題，但蘇聯代表馬立克忽於是月13日在安理會上提出排我會籍之案，投票結果，中共以1票之差未能入會。馬立克即步出會場，聲言非我駐聯合國大使蔣廷黻出會，否則不再到場。此後中共入會因無人提案，遂至消歇。蘇聯1月13日之舉措，表面上似為中共張目，實際上卻封閉了中共和西方國家接觸的門戶，使中共長扼於蘇聯的卵翼。此一評論，流傳甚遍。聯合國祕書長Trygvel Lie不特告之於英代表Alexander Codogan，且亦面告之於中共駐英大使王稼祥（見Trygve Lie，《In the Course of Peace》，頁250；亦見Robert R. Simmons，《The Strained Alliance》，頁82-92）。尼赫魯或尚未明此狀況，故猶執蘇聯堅持中共入會之說，其不能受到美、英兩國之重視者又如此。

亞戰略及資源軍火之分配，遂於7月6日致電杜魯門，謂：「目下朝鮮事件，雖只是局部軍事衝突，但照蘇俄到處尋釁之作風，終將引出他處政治的動亂，閣下6月27日之聲明，已經指出越南與臺灣；將來事態演變，香港、馬來，乃至伊朗、希臘，皆將波及。為預籌對策起見，我建議英、美兩國政府，應各指派軍政大員經常會商。蘇俄將在何處搆釁，及我方如何應變之各種詳細計畫，如蒙閣下贊同，即請指派代表，我亦將命英國參謀總部通知現在華盛頓之空軍元帥Lord Tedder與駐美英大使佛蘭克（Frank）在美商洽。此時暫時不必別國參加、對外亦請不必宣布[117]。」英國當時在聯合國安理會中操有7票多數之助力，此建議自不能不受到美國國務院之重視。7月10日艾契遜即逕覆英外相，將美國對韓對臺之政策坦白說明。其關於臺灣之一段，摘譯如下[118]：

處理臺灣之辦法，分短期與長期。短期處理，即不使臺灣落入共產黨國家之手，免使臺灣成為出擊西太平洋之基地；長期處理，即將臺灣問題在對日和約或聯合國上和平解決。開羅宣言，美國並非不了解，但開羅宣言與波茨坦宣言時代之中國與蘇俄，均與今日情形不同。在亞洲情勢擾攘之秋，我們尚不願即將是島交予北平。

三、美國的猶豫

蘇聯代表馬立克（Jacob Malik）自8月份返會任主席，立即提案排除我國會籍，擬邀請中共出席安理會控訴美國入侵朝鮮，譴責美國侵略北韓[119]。美國則由艾契遜於

---

[117] 同注97，頁314-315。

[118] 同上，頁351。

[119] 1950年8月24日，周恩來致電聯合國祕書長，控訴美國艦隊妨阻中共「解放」臺灣，實等於侵略「中華人民共和國」之領土。見1951，《Document on International Affairs》，頁659，London：Oxford University Press。

9月20日向大會提出「臺灣問題案[120]」。其實臺灣問題案內容雖尚未提出，經由會外接觸，均知臺灣未來不出交還中共、獨立自主、聯合國託管三途[121]。後因中共參加韓戰，美國國會中間選舉共和黨獲勝[122]，致使杜魯門政策改弦易轍，自請提案緩議。

自上段可知，英國主張臺灣應按照開羅宣言，交予中華人民共和國，如未能立即實行，亦應及早宣示此原則為拉攏中共，避免為蘇聯利用。判斷英國的目的，一為保有香港，二為冷戰局勢下的權力均衡。8月24日，周恩來致電聯合國祕書長賴伊（Nye），控訴美國艦隊妨礙中共解放臺灣，實際上等同侵略了中華人民共和國領土[123]。而杜魯門總統則於8月30日在無線電廣播中提出有關韓戰的8項聲明，其中針對臺灣部分提出[124]：「美國對於臺灣，絕無領土之野心。我前此對臺灣之措施，皆為各盟邦對日和約著想。韓戰結束後，第七艦隊自無再留臺灣海峽之必要。」

9月1日，英、美、法3國外長會議在紐約舉行，美方幕僚認為臺灣問題在長期處理上，有（一）交還中共；（二）臺灣獨立；（三）聯合國託管；（四）公民投票4種方案可供參考。但英、法代表認為公民投票不易真正實行，英代表更認為公民投票不符開羅宣言；9月14日三國外長親自出席，但仍未獲切實之處理方法[125]。在國府方面，葉公超外長立刻約見藍欽代辦，要求第七艦隊如將撤離，須與我事先商量，並責以艦隊在阻我反攻之餘，又可自由撤退，實陷我政府於兩難之地[126]。葉外長又謂中國

---

[120] 同注48，頁515。當時中華民國、蘇聯、捷克均表反對，但該案仍通過，交第一委員會，定於11月15日討論。

[121] 1950年3月1日，美英法3國外長會議在紐約舉行，美代表對於臺灣前途之長期處理辦法有4種：交還中共，臺灣獨立，聯合國託管，公民投票。英、法代表認為公民投票不易真正實行，英代表更認為臺灣獨立與開羅宣言不符。9月14日三外長親自出席，但仍未論及實際上之處理辦法。見F.R.U.S.，1950，vol.6，頁477-478、500-501。

[122] 美國國會期中選舉於1950年11月4日揭曉，民主黨在眾議院不但減去2/3的席位，多位支持國務院的議員如Tydings（參院軍委會主席）、Francis Mayers（民主黨紀律委員會主席）、Scott Lucas（民主黨國會領袖）皆告落選，而向來支持中華民國的參議員如Rverett Dirken、John Bucker皆連任。紐約時報名記者Arthur Krock指此為國務院的大失敗。見NOV.9 1950，N.Y.Y.。

[123] 同注31。

[124] 同注48，頁476。

[125] 同注33。

[126] 同注48，頁482。

向聯合國提出的控蘇案迄今未有動靜，然而中共控美卻立即進行調查，深望美國打消此議[127]。此外並令駐美大使顧維鈞訪魯斯克，以探究竟[128]。我駐聯合國大使蔣廷黻則告訴美代表，表示已接獲政府訓令，如美國在安理會提出11人委員會之臺灣調查案（此時美方擬以安理會之非常任理事國6人，加上澳洲、菲、巴西、比利時、巴基斯坦5國共11人，組織委員會赴臺調查，以作建議），中華民國將投反對票[129]。

1950年9月29日，尼加拉瓜向安理會提出「邀請中共代表出席安理會，以說明其控訴美國侵犯臺灣領土案」，竟得7票通過[130]，而我國要求以否決權計我所投之反對票卻遭反對[131]。我方從會外接觸，得知臺灣未來的處置不出（一）交還中共；（二）獨立自主；（三）聯合國託管等3項方案。值此危急之秋，中共於10月24日由毛澤東召集黨政首腦，議定介入朝鮮戰局[132]。而中共解放軍早已於10月13～20日之間，以15個師的兵力渡過鴨綠江，正式介入韓戰[133]。

由於中共參戰，美國國會期中選舉結果民主黨大敗，使杜魯門政府政策改弦易轍。杜勒斯與美國駐聯合國首席代表奧斯汀會商之後，認為美方所擬對臺方案宜因應國際及國內情勢演變而付緩議，並於11月15日急電艾契遜請示，電文內容如下[134]：

關於臺灣之案，經48人兩日之討論，幾乎一致反對，羅斯福夫人與史帕克門參議員都主張應將開羅會議一段刪去，洛茲及柯普等又更進一步說：如案內不將「臺灣絕

---

127 同上，頁484、488-489。
128 同上，頁510-515。
129 同上，頁492-493。
130 同上，頁532。
131 UN Document: S/PV506。
132 同注97，頁1019-1020。其實早在1950年9月22日，我國防部已得「中共將以25萬人援助北韓，已在瀋陽各處招雇女工趕製25萬套北韓軍服，供共軍入北韓」之情報。見F.R.U.S.，1950，vol.7，頁765，據當時美國駐華代表藍欽致國務卿電文。
133 可參閱美軍部戰史處著，《朝鮮戰記——南至洛東江北至鴨綠江》。
134 同注48，頁572-573。

不交予中共」之辭意明白說出，美國輿論將皆不能接受！

　　我個人認為此案此時在聯合國大會提出，實甚不智。臺灣問題是富有敏感性的事情，國會與政府之間積有許多不同的意見，共和黨必以為政府會在下屆國會開幕之前，先將臺灣問題自政府手中移到聯合國大會手上，使他們無從貢獻其對臺之政策。自軍事立場言，目下中共已經參戰，我們正需臺灣作我們韓戰的側翼，何況中共得到「臺灣不致攻擊大陸」的保證之後，勢必移其防範臺灣之兵力專注於北韓，以擊聯合國之軍隊，於我並非善策，我與奧斯汀熟商之後，認為本案應予緩提。

　　艾契遜批准此案，當日下午3時，聯合國大會第一委員會開會討論，杜勒斯即席請求將美國提案緩予討論，經53票對0票通過[135]。中華民國的命運在1950年隨著中共介入韓戰，與國際強權考量各自利益下，逐漸因局勢轉變而趨安全。11月4日，艾契遜接到麥克阿瑟有關中共參戰的報告；8日，英國代表於安理會建議邀請中共代表出席安理會，聽取麥帥特別報告，得7票之同意[136]。但當中共代表伍修權、喬冠華等9人應安理會之邀於24日抵紐約之日，麥帥即下令總攻擊，戰至28日聯合國軍隊慘敗後撤[137]。1950年11月30日，杜魯門在記者會上對於使用原子彈的答覆，雖已十分謹慎，而英工黨國會則仍掀起軒然大波，逼使艾德禮首相作華府之行[138]。艾德禮此行固在說服白宮停止韓戰，其真意則在督促美國從事北大西洋公約的建軍。在聯合國軍隊戰況逆轉之際，向中共要求停戰自不能沒有代價，此代價不是香港，而是中華民國最後一塊土地——臺灣。從12月4～6日間，美英共舉行六次會談[139]。至第六次時，朝鮮前

---

135 同上，頁573。

136 同注97，頁1107。

137 在戰況逐漸不利之際，麥帥曾多次建議臺灣的國軍參戰，但聯合軍事幕僚以深恐妨礙美國在聯合國的聯合陣線（因英、印度都反對）為由，不予批准。見F.R.U.S.，1950，vol.7，頁1253-1254。

138 杜氏在記者會中表示美並不願見使用原子彈，又聲明美國法律規定只有總統有權使用原子彈，並未以此權轉委他人，但仍引起親共的英國政府大為緊張。

139 此6次會議紀錄可參見F.R.U.S.，1950年，vol.7，頁1316-1374、1392-1408；vol.3，1739-1743、1746-1758；vol.7，1449-1461、1468-1475。在會議中杜魯門認定中共為蘇聯附庸，並論蔣介石在美國依然有許多支持者，且重申臺灣戰略地位對美國西太平洋防線的重要性。時任陸軍部長的馬歇爾亦論及不可能找到一個與蔣具同等聲望的領袖，且蔣非腐化之人，只是受左右拖累。但英相艾德禮堅持以開羅宣言內容將臺灣交還中共，且聲明英人對於蔣介石及臺灣問題都毫無同情之心。

線已逐漸穩定，在此情形之下，自然不急於向中共磋商停戰問題，兩國首領乃結束會談，發表公報，公報內容提到臺灣問題可由聯合國和平處理，但必須顧及該島的戰略地位與居民的意見[140]。

1952年元旦，中共解放軍向南韓發動總攻擊，戰至1月7日，不但占領漢城，並將聯合國軍隊逐出70里。英國則促加拿大外長皮爾遜商諸美國，並提出：（一）停戰；（二）會商；（三）撤兵；（四）韓戰善後；（五）會商遠東各事宜。美國勉強同意，於是此案在1月12日於聯大第一委員會通過，但中共在17日拒絕接受，提出四原則之相對提案[141]。中共四點原則如下：

（一）談判須以外國軍隊退出朝鮮及朝鮮事務由朝鮮人自決為基礎。

（二）談判主要事項，須包括美軍退出臺灣、美艦隊退出臺灣海峽暨相關之事。

（三）談判國家應為中共、蘇聯、英、美、法、印度與埃及等7國。

（四）7國會議在中國舉行，其地點另行通知。

鑑於提案第二點原則與美方政治條件之主張衝突，加上美國國會反共聲浪（亦強烈抨擊國務院對中共之姑息）激烈，要求聯合國譴責中共為侵略者之提案，美眾議院和參議院分別於1月19日及23日通過[142]。雖然周恩來在28日告訴印度代表不得通過美國欲透過聯大的譴責案，否則將關閉朝鮮和平之門[143]；但聯合國經數日辯論，譴責案於2月1日以44票對7票及9票棄權的結果，成為聯合國正式的決議案[144]。

戰後中美關係伴隨著國、共內戰實力的消長，對國府產生最不利的變化，尤其是對

---

140 F.R.U.S.，1950；vol.6，頁1476-1479，另在公告草稿上本有「美國承認中華民國」一語，但為艾契遜刪除；vol.3，頁1786-1787，可見美方在韓戰中協防臺灣，純粹基於戰略考量，在長期對華政策上，中共的南斯拉夫化將是美國最重要的期望及需求。

141 1951，《State Dept. Bulletin, 24. Jan 29.》，頁165-166。

142 82nd Congress Sional Record. 1st Session, A-29.

143 《Simmons, The Strained Alliance》，頁189。

144 請參閱王國璋，1984，United Nations on Chinese Representation: An Analysis of General Assembly Roll-Calls，1950～1971，Taipei: Institute of American Studies, Academia Sinica，Taipei III～1，頁40。

華關係白皮書的發布，形同拋棄已處於內戰崩潰邊緣的國民政府。在1949年政府遷臺至1950年韓戰爆發之間，美國政府不僅在外部尋求代替蔣介石的人選[145]，在韓戰前後並曾考慮以中央情報局（CIA）組織暗殺蔣介石的陰謀計畫，在臺灣內部另行扶植他人[146]。而在北韓攻勢將達於頂點的那一周，根據魯斯克（時任亞太事務助卿）的密件，在臺灣的孫立人將軍傳來了一個訊息，他預備在北韓真正進攻的那個周末接管臺灣。但魯斯克不表同意，因為他不願見到除了韓國之外，另有一個處於革命狀態的臺灣，最後艾契遜也獲知此一訊息[147]。

然而不論美國杜魯門政府多麼期待中共的「南斯拉夫化」，以及對蔣介石政權的嫌惡與鄙視，因為中共參與韓戰，使臺灣納入了美國的防衛體系，並將中共視為敵人，尤其在1951年5月，聯軍在韓國戰場取得優勢後，杜魯門已決定了「保臺」及「不與中共政權妥協」的政策方向[148]。由於美國認為短期內不可能與中共結盟或改善關係，因此將臺灣納入其東北亞連結東南亞圍堵防線之一環，臺灣的戰略地位也因此

145 根據美國前駐蘇聯大使、紐約州長及甘迺迪總統時代的國務卿哈里曼一份極機密備忘錄記載，當年魯斯克在韓戰期間曾建議美國中央情報局（CIA）派員刺殺蔣介石，此外因國軍並未整訓，故魯斯克也始終反對國府捲入韓戰，並堅持蔣會給美國製造「很大的困難」。摘自1999年6月17日，《中國時報》，第14版。

146 在康明恩（Bruce Coming）所著《韓戰的根源》一書中說，魯斯克拜訪胡適與美國策動驅蔣政變有關，政變成功後將由胡適代蔣，但遭胡適斷然拒絕。見前揭文所轉載。而魯斯克在與其子對談的密件中，提到1950年7月24日與胡適在兩個半小時的晤談中，確實討論是否有人可以取代蔣介石，但他不承認企圖說服胡適領導一個自由反蔣的政府。見1994年12月23日，《聯合報》，第39版。

147 魯斯克對孫立人所傳來的訊息是既不支持放行，也不會令其受挫，因為當時美國對臺灣沒有影響力，並確定美國不會洩漏孫立人訊息的管道，見1994年12月23日，《聯合報》，第39版。而孫立人也在1955年8月20日被指控策畫武裝政變而遭軟禁，見1955年8月21日，《中央日報》。不過孫立人早在8月3日辭去參軍長一職時便已遭到軟禁，而國府也立即派人至美國尋求諒解。見中國社會科學院近代史研究所譯，1993，《顧維鈞回憶錄》，冊12，頁572-577，北京：中華書局。

148 張淑雅，1990年6月，〈美國對臺政策轉變的考案〉，《中央研究院近代史研究所集刊》，第19期，頁470-485，臺北：中央研究院近代史研究所。

提高了[149]，蔣介石在臺灣的政權基礎拜韓戰及冷戰之賜，逐漸穩定下來。

　　蔣介石在大陸軍事全面潰敗，撤退來臺前後，為了博得美國的好感與支持，在「對華白皮書」發表後，指派出身於美國維吉尼亞軍事學校（Virginia Military Institute），創下印、緬大捷的名將孫立人將軍來臺擔任防衛司令[150]，另外並在12月15日任命吳國楨擔任臺灣省主席兼保安司令[151]。孫立人是非黃埔系出身的清華大學畢業生，曾在二次大戰期間與美國合作，並深獲好評[152]；吳國楨則是美國普林斯頓（Princeton）大學的博士，在上海市長任內表現傑出，有中國的「La Guardia」之美名[153]。吳國楨的任命，便是陳誠報告此舉有助於爭取美援的情況下所進行的人事安排[154]。

　　關鍵的韓戰，扭轉了中、美之間的關係，除了第七艦隊防衛臺灣海峽，美援也大量湧入臺灣[155]。由於戰略地位提升，臺海安全鞏固，聯合國席次因中共被宣布為侵略者，使原本主張「會籍普遍化」原則的聯合國祕書長賴伊也改變立場，支持所有會員

---

149 張淑雅指出，「韓戰及其後中（共）美間的對峙，因此恢復臺灣大幅的軍、經援助，同時使得美國相信，他在東亞主要目標應為將共產政權的政治及軍事圍堵在大陸上」。張淑雅，1989年12月，〈杜魯門與臺灣〉，《歷史月刊》，第23期，頁79-80，臺北：歷史智庫出版公司。另可參考Chien-Kuo Pang，1988，《The State and Economic Transformation: The Taiwan Case》，Department of Sociology at Brown University，PH. D. Dissertation，頁83，亦有相同的觀點。

150 1949年8月31日，《中央日報》。

151 1949年12月16日，《中央日報》。

152 H. Boorman（ed），1970，《Biographical Dictionary of Republican China》，vol. III，頁166-167，New York: Columbia University Press。

153 同上，頁438。La Guardia曾任美國紐約市市長，是著名的政治家。

154 陳誠11月3日於臺灣美總領事館報告時指出，若臺灣能改革政治、經濟，美國可以援助，故決定自動改組省府，並請吳國楨擔任主席。見雷震，1949年12月24日日記，《雷震全集》，冊31，頁391-392，臺北：桂冠圖書公司。

155 美國對臺灣援助時期（1951～1965），美援總額約達15億美元。其中約有2/3（不包括軍事援助）用於發展基礎設施與人力資源，其中用於純私營企業的僅6％。D. F. Simon認為臺灣當局是二次大戰後使用美援成功的範例，因為當1965年美援停止時，臺灣促進出口政策得以順利實行，外資也開始大量湧入，證明臺灣當局能夠處理自己未來的經濟問題。見韋艾德（E. A. Winckler）等著，1994，《臺灣政治經濟學諸論辯析》，頁202-205，臺北：人間出版社。

國都必須接受聯合國憲章第四條的規定——「愛好和平」的考驗，因此排除中共於聯合國之外[156]。國際法人格的確保、中美關係穩定，使蔣介石總統可以從事內部改革，除了已實施的土地改革之外，另一項中央有關中國國民黨的改造計畫，正式於1950年7月22日由中央常務委員會通過，即為「中國國民黨改造方案[157]」。蔣介石在安排改造委員會人事時，明確表示「過去在黨方面負過責任者，這次不必參加[158]」。這項改造計畫的成敗，將攸關中國國民黨以一個外部遷移政權，是否能在臺灣本地落地生根的契機，以及往後本土化的初步開展。

第三節　韓戰對國、共兩黨的影響

在1950年的「黑暗一百天」裡，韓戰使臺灣的國府政權得以維繫與鞏固，第七艦隊就像一條緩衝橡皮墊，將雙方的衝突隔開。中華民國國軍既然短期內不會再對大陸沿海發動反攻作戰，於是中共原先部署在華南沿海的解放軍即調往東北，使兩岸局勢弛緩。

美國從韓戰中一改以往對中共的看法，在聯合國領銜以44票對7票決議中共為侵略者，並延遲與其建交30年之久。1950年7月28日，美國派藍欽為駐華大使館代辦公使前往臺北，7月31日，美國駐韓聯軍統帥麥克阿瑟到臺北訪問，霎時使臺灣的國際孤立感消失。

臺灣方面並同時展開「地方自治」、「耕地375減租」、「中國國民黨改造」、

---

[156] 由於安理會各理事國將外交承認與代表權問題視為一體兩面之事，故未能解決中國代表權問題；而聯合國祕書長也因此怕共產集團退出聯合國，另組一國際組織與聯合國對抗，且他深信會籍普遍化原則，主張應讓中共入會。1950年3月8日，賴伊公布一份備忘錄，乃從法律層面，就聯合國代表權與會員國家間的外交承認問題做一說明，要點是：代表權問題的難以處理，是因會員國將外交承認與聯合國代表資格視為一體所造成，承認一個新的國家或新政府，是一國政府的片面行為⋯⋯而一國在聯合國的會籍及其代表的資格，則由聯合國各機構團體集體決定的⋯⋯至於代表權，則由各機構審查後投票決定各國代表的資格證書是否有效。請參閱UN doc. S-1466，March 9. 1950。

[157] 1950年7月27日，《中央日報》。16位中央改造委員分別為陳誠、張其昀、張道藩、谷正綱、鄭彥棻、陳雪屏、胡健中、袁守謙、崔書琴、谷鳳翔、曾虛白、蔣經國、蕭自誠、沈昌煥、郭澄、連震東。

[158] 雷震，1949年8月21日日記，《雷震全集》，前揭書，冊31，頁290。

「勞保」和建立文官任用的「高、普、特考」等各項政策，創造出一個居全世界貿易第13大國、國民所得全球第26位、外匯存底高達800億的經貿「大國」，所以有人把韓戰譬喻為「國民黨的西安事變」。

對中共而言，參加韓戰使其無法遂行以武力解放臺灣的任務，但也獲得蘇聯更堅定的支持，因此可謂有得有失。茲分析有利部分[159]：

一、中共藉抵禦外侮的訴求，轉移國內人民對其統治的懷疑，並進行「鎮反革命」及加速「土地改革」的工作，利用群眾動員消除與控制各項政策的阻力。

二、徹底掃除1949年之前國府所營造的「親美反俄」政策，並代之以「親俄仇美」的態度。毛澤東後來說過，他的參戰是要使史達林相信雙方交好的意願，並證明自己並非「南斯拉夫的狄托」。

三、拔除地方桀驁勢力，加強中央對地方的控制。尤其是有「東北王」之稱的高崗、饒漱石曾與蘇聯因東北利益結合，暗中抵制中共中央，使其勢力無法進入東北。1949年中共政權成立前，高崗即以中共「東北人民政權代表」資格與蘇聯簽訂貿易協定，8月，高崗自任「東北人民政府主席」，儼然獨立成國，為毛所忌恨。如今中共因參戰而獲得蘇聯支持，1952年11月，藉參政及統一事權為由，高、饒被調至中央，1954年被整肅，史稱「高、饒事件」。

四、俄國將中長鐵路、旅順、大連兩港歸還，作為中共依附的回報，並以經濟、技術大量援助中共，刺激其國民經濟結構，使某些生產工業超越戰前水準，具體內容便是蘇聯為援助中共所設計的156項工業企業項目。

五、支持弱小國家反抗及打擊強權的舉動，使中共儼然成為第三世界「反帝反霸權」的代言人，對於提升其國際地位有極大作用。1955年中共即以新興第三世界領導者的姿態參加萬隆會議，自此投身不結盟運動，為世界政治投下巨大變數。

中共參加韓戰之不利部分：

一、無法遂行武力解決臺灣的既定目標，是中共介入韓戰的最大損失和遺憾。

二、逼使美國堅定執行「圍堵政策」（Containment Policy）。

---

[159] 李明，1990年5月，〈中共介入韓戰的得失及影響〉，《歷史月刊》，前揭書，第28期，頁44-47。

三、聯合國以44票對7票，議決中共介入韓戰是侵略者行為，雖然其於1971年進入聯合國，但「侵略者」恥辱仍在，再加上「六四天安門事件」，對其國際形象的負面影響極大。

四、1954年美國與中華民國簽訂「共同防禦條約」（1979年因卡特政府承認中共而片面廢除），面對美國對臺灣的防衛承諾，使中共一直無法實現其攻臺的目標。

中共建政後，毛澤東立刻著手「百家爭鳴」、反右、總路線、大躍進、人民公社、土法煉鋼、文化大革命等一連串血腥整肅運動。這正反映毛對「異化」的恐懼，所以他與一般創業主最大的不同，在於其所追求的不是「秩序」，而是不斷的革命，惟有如此，才能保持毛心目中的純質性社會。故余英時認為毛澤東始終拒絕將「卡里斯瑪權力」（charisma）予以日常規範化，此即1949年以後毛生命中的核心問題。

余英時也同時指出，中國近代史上，求變的心態一直主導中國，以致不斷加快腳步走向極端的過程，成為20世紀中國思考方式的特徵。這種對革命的盲目崇拜，造成中國大陸現代化的障礙。而臺灣能夠完成現代化的目標，是因為臺灣社會沒有沾染革命的暴力。誠如60年前英國學者唐尼（R. H. Tawney）向中國所獻言的：「中國必須立足於固有的歷史和文化，對當前的條件重作發現和闡釋，才能找到符合她需要的動力。中國革命還沒有達到最起碼的成就，問題是如何把嶄新的政治活力化為實際的社會制度，如何在中國的基礎上運用現代技巧進行建設[160]。」

第四節　韓戰後美國對華政策

一、杜魯門時期（1949～1952年）

在這段時期，美國對中國的態度是以下列三項問題為基本依據：

（一）中共是否能夠有效的控制大陸地區？

（二）在臺灣的國民政府是否能夠支撐亦或遭中共擊潰？

（三）視中、蘇共之間關係的演變，美國甚盼中共能夠成為亞洲的狄托。

在這些問題未獲完全解決前，美國態度便是坐待和觀望，此即「靜待塵埃落定」政策。

---

160 1994年6月26日，《中國時報》，第10版。

而國府與美國關係的改善關鍵，就是前節所述的韓戰。1950年7月28日，美國派藍欽為駐華公使銜代辦；1951年5月1日，美國軍事援華顧問團在臺灣成立，同時美國也恢復對華的軍經援助。5月18日，美國遠東事務助理國務卿魯斯克（Dean Rusk）在一篇演說中，除強調中共已淪為蘇聯的附庸及中共不足以代表中國外，並且保證國府將得到美方重要援助與支持。

臺灣也由在韓戰前一個與美國重大利益「無關宏旨」的島嶼，一躍成為美國在整個西太平洋安全體系中，舉足輕重的戰略重地。然而這並不代表美國對華政策的基本精神有所轉變，純粹只是基於軍事考量，而非為支持中華民國而防禦臺灣。同時，前蘇聯外交官岡察洛夫（Sergi Goncharov）則認為史達林之所以願意升高朝鮮半島的戰爭危機，是預期美國和中共關係將會因此惡化，從而使毛澤東在往後更加依賴莫斯科[161]。

二、艾森豪時期（1953～1959年）

1953年2月1日，艾森豪總統在國情諮文中，解除臺海中立化政策，聲明第七艦隊不再用來防禦中共免於遭受國府軍事攻擊。4月2日，藍欽升為大使。這就是所謂「加強臺灣吸引力」的政策，要點可歸納為：擴大中華民國的政治影響；加強臺灣的軍備及安全措施；加強中美兩國的合作關係。

1953年，美國副總統尼克森（Richard M. Nixon）與國務卿杜勒斯相繼訪華，展現雙方合作的新頁。然而1954年中美共同防禦條約簽訂，卻也開始呈現美方對華政策的另一層態度。在有利方面，確認了中華民國政府的國際地位及臺、澎的安全；對美方而言，完成並鞏固美國在西太平洋防禦體系的最後一環，及其在亞洲的圍堵力量。就不利方面而言，這是一項防禦條約，美國可用來作為約束中華民國反攻大陸的工具。關中認為，中美雙方關係的實際效果進一步加強了「兩個中國」局勢的形成[162]。

1955年初的第一次臺海危機中，中共奪取一江山並威脅大陳島，美國遂於同年1月由國會通過「福爾摩莎決議案」，指稱中共如進攻臺灣外島，美國則視此種行動

---

161 Warren I. Cohen，1995年3月11日，〈Historiography of Chinese-American Relations，1945-1968〉，《第二屆「冷戰時期之美國」研討會》，頁10，臺北：中研院歐美所。

162 關中，1971年4月1日，〈美國對華政策的檢討（1949～1972）〉，《東亞季刊》，2卷4期，頁9，臺北：國立政治大學東亞研究所。

為進攻澎湖及臺灣之前奏，故將協防此等外島。1955年2月10日，大陳居民在中、美「金剛計畫」下，撤出14,483人轉往臺灣，蔣經國、劉廉一最後撤離，於13日抵達臺灣。1958年8月23日，中共砲轟金門，揭開了第二次臺海危機的序幕。美國面對此危機，不但以核戰威脅中共，同時供給外島國軍可發射核子彈頭的巨砲。然而兩次臺海危機，也使得美國與中共於1955年展開爾後正式溝通管道的華沙會談，同時不再視中共為一過渡性質的政權。1958年10月23日，杜勒斯訪臺時與中華民國政府達成一項共識，即在可能的情況下，不使用武力攻擊大陸，強調達成該項使命的主要方式為實施三民主義，而非採用武力。

柯亨（Warren I. Cohen）認為在艾森豪時代，儘管有中國遊說團和共和黨右派的壓力，但與前任杜魯門政府相較，對臺灣的同情及對中共的冷漠，在實質上是相同的。塔克（Nancy Bern Kopf Tucker）也認為艾森豪及杜勒斯並不信任蔣介石，一直擔心蔣氏會將美國拖入與中共的內戰。而蓋第斯（John Lewis Gaddies）、馬若孟（David A. Myers）及塔克等人都認為，艾氏政府已了解中共不再是蘇聯的附庸，並且有意追求自己的利益而走出獨立路線。事實上，艾森豪政府已經認為如果能將中共帶入國際經濟體系，將有助降低中共的革命熱情及其窮兵黷武的心態，因此開始減輕對中共的經濟制裁，並發展與中共的經貿關係[163]。

三、甘迺迪、詹森時期（1960～1968年）

甘氏任期短暫，因其於1963年11月遇刺身亡。柯亨認為甘氏政治生涯中，由於受到中國遊說團的影響，始終患了「恐中共症」。不但在任內阻止任何有利於中共的新政策形式，同時還祕密向蔣氏保證，美國將動用否決權阻止中共進入聯合國。而章家敦（Gordon Chang）則進一步指出，甘氏畏懼中共發展原子彈，曾經考慮聯合蘇聯摧毀中共的核武設施[164]。

但在詹森總統（Lyndon Johnson）就任後，1963年12月12日，遠東事務助卿希斯曼（Roger Hilsman）發表所謂對中共的「門戶開放政策」演說，這是美國首度聲明以

163 同注162，頁12-13。
164 同注162，頁15。

兩個中國為基礎，向中共尋求和解的風向球。接下來的數年中，也正是國際及美國內部姑息主義的高潮。

由於1964年10月中共首度核爆成功，及60年代中蘇共的分裂，國際社會對毛澤東又產生狄托式的幻想。次年，兩岸在聯合國入會表決時，首度以47對47票表決成平手，顯示中共的國際社會支持度上升。在這波姑息主義的高潮下，國務卿魯斯克於1966年3月16日眾院外交委員會亞太小組委員會中，聲明美國不打算以武力推翻中共政權，並承認中共在大陸建立了完整的政治權力。

其後，副總統韓福瑞（Hubert Humphrey）及國防部長麥納瑪拉（Robert McNamara）在演講中皆提出要與中共「搭橋」的主張。7月12日，詹森總統明白宣示美國政府對中共採行「堅定而有伸縮性的政策」，指出「合作」而非「敵對」為真正前途之所寄，但詹森最後終於認為所有美國謀求改善關係的建議，均已被中共拒絕。同時美國駐聯合國大使高德堡（Arthur Goldberg）亦透露：倘中共接受美國若干條件，美將不反對其進入聯合國，而國務院發言人麥考羅斯基（Robert J. MacGlosky）更不諱言美將在聯合國推動「兩個中國」的政策。關中認為，至此美國的中國政策，總算全部大白於天下[165]。

最後，由於臺灣及大陸皆不回應美國的政策，再加上中共爆發文化大革命及美國捲入越戰等問題，皆無暇他顧而不了了之。

四、尼克森時期（1968～1972年）

尼克森於1968年11月就任後，提出「以談判取代對抗」的口號，此為其改變美國政策的理論根據。1969年7月，尼氏在關島提出其亞洲新政策，歸納其要點為：

（一）美認為亞洲的和平與安全，今後應由亞洲國家自行負擔。

（二）美將遵守條約義務，但不再以作戰人員捲入亞洲糾紛。

（三）關於越南戰爭，將實施越戰越南化。

這就是所謂「尼克森主義」。然而亞洲和平最大的障礙就是中共，故尼氏不但積極尋求改善與中共的關係，也同時制定了「聯中（共）制蘇」的戰略架構。

---

165 同注162，頁14-16。

1971年9月16日，尼克森總統宣布：「中華民國在安理會的席次由中華人民共和國取代，但中共入會的前提是不得排除中華民國在大會的代表權[166]。」同時，尼克森派遣國家安全顧問季辛吉祕密訪問中國大陸，洽商尼克森訪問中共的日期和議程。由於受到美國態度轉變的影響，10月25日聯合國大會投票表決時，我國以4票之差失敗而宣布退出聯合國。

1972年2月，尼克森訪問中共，發表「上海公報」。在公報中美國正式放棄所謂「臺灣地位未定論」，承認臺灣是中國的一部分。在公報中並未重申中美共同防禦條約，亦未表達美國協防臺灣之決心。此一公報可說是美國自1949年以來對中共的重大讓步，至於爾後卡特總統在1978年12月接受中共三大條件（斷交、撤軍、廢除中美共同防禦條約），則可說美國已從早期的「兩個中國」概念推展到「聯中（共）制蘇」戰略，一個中國即中華人民共和國的對華政策了。因此從尼克森時代的上海公報以來，歷經卡特在1979年的建交公報，以迄雷根總統於1982年與中共簽訂的軍售公報，架構了美國與中共的發展關係及規範。三公報的簽署背景及其影響參見表四。

表四　美國與中共簽署三項公報一覽表

名稱	簽署時間	簽署背景	影響
上海公報	1972年2月28日	美國與中華民國尚未斷交，美國總統尼克森訪問中國大陸時簽署	1.美國首度聲明：美國認知到海峽兩岸中國人都認為只有一個中國，臺灣是中國的一部分，美國對此立場不提出異議 2.美國所奉行的「一個中國政策」，自此成形
建交公報	1979年1月1日	美國與中華人民共和國宣布建交 美國總統當時是卡特	公報中美國重申美國「認知」（Acknowledges）中國的立場，即只有一個中國，臺灣是中國的一部分但首度表明「美國承認中華人民共和國政府是中國唯一合法政府」

---

[166] President Nixon's News Conference of Sept. 16，1971，in Public Paper of the Presidents of the United States，頁950，1971（Washington D. C.: GPO，1972）。

名稱	簽署時間	簽署背景	影響
817公報	1982年8月17日	美國雷根政府與中共簽署限制美國對臺軍售之公報。美、中共雙方是在1981年10月的數次會談後敲定公報內文,我方直到公報簽署前數天才得知此事	1.美國承諾對臺軍售之質與量逐年遞減。美國對臺軍售政策受到深遠影響 2.此公報在美國布希總統時代宣布售我F-16戰機後,形同具文

第五節　結論

　　從韓戰爆發以來,美國純粹以軍事戰略為價值參考而協防臺灣。復因冷戰高潮中,美蘇的對峙,使得在臺灣的國民政府成為美國核子保護傘下的戰略盟邦。但是往後隨著中共在國際社會對我之挑戰,以及世界潮流和輿論推波助瀾的姑息主義影響下,美國不但逐漸重視中共的存在事實,亦終於在尼克森總統時代發展出「聯中(共)制蘇」的外交政策。

　　面臨美國外交政策和戰略利益的轉變,在臺灣的中華民國自然承受巨大衝擊和犧牲。誠如中華民國前駐美大使胡適博士所言,只要中共繼續扮演「瘋子」的行為,則國府與美國將在利益上找到共同點,反之則有利於中共。關中也認為中美關係主要建立在美國需要的條件上,美國對華關係主要是建立於軍事考量,而非理想政治的基礎上[167]。而邵玉銘也指出,美國與中共之間為追求彼此「反蘇伙伴」的關係,在馬基維利式(Machiavellian)的手段下,終使在處理美中臺三角關係時最保守的中華民國,遭受外交的慘敗和國際社會的孤立[168]。

---

167 同注162,頁22。

168 邵玉銘,1987年8月15日,《中美關係研究論文集》,頁37,臺北:傳記文學出版社。

第九章　蔣氏政權

第一節　自由中國事件

　　1950年3月22日，蔣經國擔任新近成立的國防部總政治作戰部主任。1952年11月，成立「政工幹部學校」，由於在軍中推展政治體制，造成當時陸軍總司令孫立人不滿，並與蔣經國發生衝突[1]。另一方面，蔣經國在1952年成立「中國青年反共救國團」，負責高中以上學校的軍訓，並成為高中行政體制的一環，其為動員青年學生與完成執政者政治社會化目標的重要組織，並推動以主義及領袖作為效忠的對象。然而救國團的成立卻引起省主席吳國楨反對，他消極的拒撥經費，因而引發蔣經國的不滿[2]。

　　1953年4月10日，吳國楨因與蔣經國發生衝突辭去省主席的職位，隨後即赴美不歸[3]；孫立人也於1955年8月20日被指控策畫武力政變而遭軟禁[4]。孫、吳二人的失勢，正反應出蔣介石總統的強人威權體制在臺灣建立。建構強人威權體制架構的要素如：軍中政戰系統、救國團、黨化教育等，都與《自由中國》雜誌的主張不同。嗣後雙方衝突益趨激烈，遂爆發1960年的雷震事件。

　　政府遷臺之後，50年代自由主義者的大本營是《自由中國》雜誌，該雜誌1949年11月20日於臺北創刊，雖然由胡適擔任形式上的發行人，但當時在美國的胡適並不能

1　陶涵（Jay Taylor），2000，《蔣經國傳》，頁233、234、253，臺北：時報出版公司。蔣經國推行政戰制度，引起包括孫立人、蔣緯國等高階軍事將領的反對。到了1957年，三軍共有17,139名政工人員，平均計算，國軍每35人中就有1人是政工人員，其中約86％曾到政工幹校受訓過，而他們的晉階也都由蔣經國親自批示。另外一些高級軍官（包括周至柔在內）也不滿蔣經國年方40，就高掛二級上將軍銜，握有大權。

2　雷震，1978，《雷震回憶錄——我的母親續篇》，頁83，香港：70年代雜誌社。

3　陶涵（Jay Taylor），前揭書，頁234-235。吳國楨在1952年向蔣總統反映「祕密警察無法無天，軍事法庭淪為笑柄」。而蔣經國則力促父親把吳調職。一場車禍後，在蔣宋美齡協助下，吳與妻子匆匆赴美。

4　陶涵（Jay Taylor），前揭書，頁252-253。由陳誠主持的調查委員會發現，孫立人在軍中「拉幫結派」，對下屬郭廷亮的陰謀也知情。不過，調查委員會亦表示，並沒有證據顯示孫立人是「陰謀的主要推動者」，委員會建議寬大處理。

經常回來，因此在「省政府新聞處的註冊上」，即註明雷震是發行人胡適的代表，雷震後來在回憶中即說「實際的發行人」由他擔任[5]。

雷震在政府遷臺之初，與蔣介石總統之間曾有一段蜜月期，他於1950年3月31日被聘為國策顧問，同年8月又被委任為國民黨改造設計委員會委員[6]，1951年更奉派赴港與滯留香港的反共人士接觸，代表總統慰問他們[7]。在這段期間，雷震於《自由中國》執筆，而文章內容涉及批評蔣介石的殷海光（任教臺大哲學系），被雷震以當時大環境需要擁蔣為由而退回，並表示「今日不能毀他，反共全靠他」[8]。

雷震當時推動自由中國運動有兩個基本目的：

一、雷震認為在與中共的戰爭中，在臺灣的國民黨應該聯合所有的反共人士來對抗共產黨[9]。

二、雷震反對國民黨內有主張「組織與作風必須仿照共產黨，才能對抗共產黨」的說法。他認為來臺後的國民黨「不可採用俄國辦法，須用民主政黨方式，且不可用二元辦法制定專任政綱政策，不可專喊三民主義，以免失信國人」[10]。但從爾後發展上來看，國民黨與雷震的理想及願景爆發嚴重的對立，並以雷震遭逮捕繫獄收場。

在《自由中國》的撰文上，由於雷震反對軍中設立黨部及學校設置三民主義課程[11]，引發蔣介石總統和蔣經國對雷震的駁斥[12]。而《自由中國》與當局正式爆發激烈衝突

5 傅正主編，1989～1990，《雷震全集》，第4冊，頁353-354，臺北：桂冠圖書公司。以下引用時，簡稱《雷集》；雷震，前揭書，頁60-61。

6 李敖，1988，《雷震研究》，臺北：李敖出版社。

7 《雷集》，第33冊，頁7。而早在前1年的10月，雷震即曾以調查《香港時報》發行量為由，赴港並順道拜訪反共「民主人士」。參見雷震1949年10月份相關日記。

8 《雷集》，第33冊，頁130。

9 同註8，頁21。雷震認為「今日團結反共人士，亦即團結他日共同建國之人士」。

10 《雷集》，第32冊，頁14。

11 馬之驌，1993，《雷震與蔣介石》，頁51，臺北：自立晚報社。但雷震並不反對軍中設立政治作戰部，在他看來，軍中黨部所能做的事，可由軍中的政工來進行。《雷集》，第40冊，頁55。

12 《雷集》，第33冊，頁70；張忠棟，1990，《胡適、雷震、殷海光》，頁76，臺北：自立晚報社。蔣經國曾當面批評雷震：「你們是受了共產黨的唆使，這是最反動的思想」。

的導火線，正是刊登在第5卷5期（1951年9月1日出版）上的胡適來函，針對「軍事機關」干涉言論自由所提出的抗議。這封信函引發國民黨改造委員會對雷震的公審[13]，保安司令部並給雷震1張傳票，要他到保安司令部軍法處出庭應訊[14]。

《自由中國》首創者之一的王世杰（時任總統府祕書長）也對《自由中國》刊登胡適的信而「對此甚為傷心」，他認為「臺灣今日風雨飄搖，受不起這風浪」[15]。雷震也因為昔日老長官（王世杰）為此與他疏離，「心中感觸萬分，一日心中皆不舒服」[16]。其後，由於《自由中國》不斷批評政府，蔣總統於1953年下令免除雷震國策顧問一職[17]，王世杰亦勸雷震主動辭職，以免「在外面不好看」。雷震拒絕其建議，並認為這正顯示「蔣無容人之量」[18]。1953年11月17日，王世杰因「陳納德民航隊欠款案」被蔣介石免除總統府祕書長一職[19]。

胡適在返國參加國民大會選舉第2屆總統時，對王世杰被免職一事始終耿耿於懷[20]。因此，雖然有部分人士擬推舉他出馬競選副總統[21]，但蔣介石總統卻表示若提名胡適擔任副總統，他將感到「芒刺在背」[22]。1954年底，雷震因為《自由中國》刊載反對救國團、反對黨化教育的讀者投書，而被開除黨籍。與此同時，蔣介石在宣傳會報席上公開罵雷震「混帳王八蛋」，並指責雷震是美國武官處間諜、漢奸[23]。副總統陳誠亦於1955年1月11日司法節10週年紀念大會上，公開罵雷震等人為「文化流

13　同上，頁153；馬之驌，前揭書，頁180-190。

14　同上，頁154；雷震，前揭書，頁98。

15　同上，頁151。

16　馬之驌，前揭書，頁8；《雷集》，第34冊，頁20。1927年王世杰擔任法制局長時，聘雷震為該局編審，故王世杰為雷震之老長官。其中有極細微的描述，點出王世杰與雷震兩人疏離的始末。

17　《雷集》，第35冊，頁46。

18　同上注，頁50。

19　1953年11月19日、26日，《中央日報》。

20　同注17，頁247。

21　同上，頁221；許思澄，〈提議徵召胡適先生為中華民國副總統〉，《自由中國》，第10卷，第10期，頁19，臺北：自由中國社；朱半耘，〈響應選舉胡適之先生為副總統〉，《自由中國》，前揭書，第10卷，第4期，頁20。

22　同上，頁247-248。

23　同上，第38冊，頁4、6。

氓、文化敗類、製造矛盾、為匪張目、假借民主自由之名、投機政客、惡意攻擊政府」，並詢問「法律上有什麼方法可以對付文化敗類」[24]。

1956年10月，雷震與一些有其他主張的人士開始籌畫在《自由中國》上刊出一系列文章，針對國事提出意見。這個專輯便是日後連出13版的「祝壽專號」。第一篇是於1957年7月1日出版的第17卷第1期的社論〈今日的司法〉，文中指出「今日臺灣的司法，比日據時代還不如」[25]。在這15篇文章中[26]，臺大哲學系教授殷海光執筆〈反攻大陸問題〉，在文中分析「反攻大陸」的勝算在相當時間內並不太大，也不可能「馬上就要回大陸」，因此提出「實事求是、持久穩健、實質反共」的原則[27]。在該系列文章的最後一篇〈反對黨問題〉中[28]，不顧當時的政治禁忌，要求成立一個新的反對黨。

針對《自由中國》對當時政治禁忌的挑戰，警備總部兩度提到將雷震案視為與中共勾結的叛亂案。根據《蔣中正總統檔案》中記載：「去年（1960年）6月，香港共匪統戰機構之『聯合評論社』，曾祕密集會討論雷震寄港之『奪取政權之策略』[29]；以及同年9月，發現匪諜劉子英係受雷震掩蔽潛伏工作[30]。」而蔣經國（時兼任國防會議副祕書長）[31]早已對《自由中國》的言論不滿，認其危及政局的穩定；1959年5月12日，蔣經國認為雷震的言論，「就是過去民盟與匪黨叛國行動的勾結」；同年12月

24　同上，頁12。

25　社論，〈今日的司法〉，《自由中國》，前揭書，第17卷，第1期，頁3。

26　薛化元，1996，《「自由中國」與民主憲政》，頁144-145，臺北：稻鄉出版社。這15篇文章，依次為：〈是什麼，就說什麼（代序論）〉、〈反攻大陸問題〉、〈我們的軍事〉、〈我們的財政〉、〈我們的經濟〉、〈美援運用問題〉、〈小地盤、大機構〉、〈我們的中央政府〉、〈我們的地方政制〉、〈今天的立法院〉、〈我們的新聞自由〉、〈青年反共救國團問題〉、〈我們的教育〉、〈近年的政治心理與作風〉、〈反對黨問題〉。

27　社論，〈「今日的問題」(二)：反攻大陸問題〉，《自由中國》，前揭書，第17卷，第3期。

28　1958年2月16日，《自由中國》，前揭書，第18卷，第4期，頁3-4。

29　《蔣中正總統檔案》軍事類，第097卷，黃杰（警備總司令），〈偽臺獨陰謀武裝叛亂全案偵破經過報告書〉（1961年9月29日）。

30　同上注，第098卷，黃杰（警備總司令），〈臺灣警備與治安檢討報告書〉（1962年2月13日）。

31　1955年國防會議成立，蔣經國擔任副祕書長。

7日，蔣經國在國家安全會議中指示：「本黨同志應對雷震（儆寰）言論提出嚴正的駁斥。」1961年2月23日，蔣（經國）副祕書長主持情治座談時指示：「對於雷震之《自由中國》言論，軍中與學校受其影響很大，各單位黨員同志，應採取處置，尤其雷震反對總裁連任案，無視黨國存在，表示雷震與黨匪勾結行動已經違法，各單位應提出步驟與辦法，解決問題[32]。」至於雷震方面，則正在考慮與那些人士進行組黨合作的相關事宜，殊不知大難將至。

在《自由中國》的編委中，有人反對和民社黨及青年黨合作，「因兩黨聲譽太壞，過去參加政府，只想分一杯羹」[33]。在這些自由派人士心目中領導反對黨的最佳人選，惟有胡適一人，因為雷震相信胡適「本土化」最深，不但臺灣本省籍人士認同他為鄉親，胡適也是以臺灣為其故鄉[34]。在胡適來函婉拒後[35]，雷震考慮與本地人合作，但主張「臺灣地方主義之黨，我們不應參加」[36]。雷震認為：「必須楊肇嘉、吳三連參加，僅有楊基振是搞不好的，亦不可有地方主義。必須內地人和臺灣人合起來搞，以免有偏差[37]。」1960年5月，在省議會選舉之後召開了「在野黨及無黨派人士本屆地方選舉座談會」，決定組織「地方選舉改進座談會」，籌組新黨的行動積極展開。6月26日，選舉改進座談會召開第一次委員會，選出李萬居、雷震、高玉樹為新黨發言人[38]。7、8月間，籌組新黨的人士在全臺召開一系列巡迴座談會，而政府也開

32 張友驊，1989年7月30～31日，〈雨田專案：組不組黨都抓？一名情治將領對雷震案日記〉，《自立早報》。「雨田專案」是指1959～1960年逮捕雷震的工作小組代號。

33 《雷集》，第39冊，頁150-151。

34 同上，頁346；李敖，1979，《胡適評傳》，頁53、55，臺北：遠景出版社。早在大陸尚未淪陷前，已有臺籍知識分子欲以鄉親之情邀請胡適來臺，接掌臺大的聲音。中國社會科學院近代史研究所中華民國史研究室編，1983，《胡適往來書信》，下冊，頁226-229，香港：中華書局香港分局。

35 胡適致雷震函，〈從未夢想自己出來組織任何政黨〉，《雷集》，第30冊，頁359-362。

36 同上，第39冊，頁287。

37 同上，第39冊，頁299。雷震堅持楊肇嘉及吳三連參加的理由，主要是這兩人在日據臺灣時代都有所謂「反日」的紀錄、曾反對臺灣總督府所提「臺灣米穀輸出管理案」，也都有居住在中國大陸的經驗，因此他們在「抗日」與「中國」的情結及經驗上，與雷震等外省籍人士容易產生共鳴。張炎憲等編，1990，《臺灣近代名人誌》，第5冊，頁121-122、153-155，臺北：自立晚報出版部。

38 李筱峰，1987，《臺灣民主運動40年》，頁74-76，臺北：自立晚報出版部。

始進行壓制行動，情治單位轄下的「雨田小組」則早在雷震等人反對蔣介石3連任時便已經成立[39]。7月31日，《新生報》南部版用大標題在封面上登載「共匪支援新黨」的消息。9月4日，雷震及《自由中國》編輯傅正（參與新黨籌備）於住處被捕[40]，隨即被正式以「知匪不報」的罪名起訴[41]，而籌備中的新黨——中國民主黨，也在雷震被捕判刑後不久逐漸銷聲匿跡[42]。

《自由中國》事件對當時的政壇造成若干方面的影響，可分成幾點進行分析：

一、蔣經國掌控情治單位

陳誠於1948年接任臺灣省政府主席，不久，同時兼任臺灣省警備總部總司令與國民黨臺灣省黨部主任委員，行政院又電令政府駐臺各機構聽命陳誠，使陳誠總攬臺灣黨、政、軍大權[43]。雖然在臺各情治單位名義上的首腦是陳誠，但實際上卻是由蔣中正直接遙控。例如國防部保密局局長毛人鳳，在1949年「報請陳主席成立偵防總隊，由本局負責處理」時，經過兩個月仍然「未蒙批示」，毛人鳳只好直接向蔣中正請求，最後由蔣任命該局人員為臺灣的警務處長與緝私處長[44]。蔣氏父子來臺後，為了擴大1949年7月成立的「政治行動委員會」功能[45]，將該會附屬單位之一的書記室更改為由蔣經國負責的「總統府機要室資料組」，而蔣經國就該組「指導協調」各個情治

39 《雷集》，第40冊，頁272。

40 薛化元，《臺灣歷史年表——終戰篇I》，頁342，臺北：業強出版：1960年9月5日，《中央日報》；1960年9月5日，《臺灣新生報》。

41 同上，頁342；1960年9月7日，《中央日報》。

42 李筱峰，前揭書，頁82。在1961年舉辦的第5屆縣市議員選舉中，中國民主黨籌備會尚推派包括郭雨新、李萬居等人在內的助選團，為全省新黨人士助選。但自此逮捕事件之後，新黨的活動就消失了。

43 1988，《臺灣30年》，頁1、2，鄭州：河南人民出版社。

44 《蔣中正總統檔案》軍事類，第010卷，毛人鳳（保密局前身為軍事調查統計局），〈呈為臺灣對匪偵防工作加強部署擬請准臺灣警務處及緝私處均由本局掌握運用，並擬保幹員擔任處長，可否乞核示由〉（1949年8月22日）（承辦機關號次：皇團臺241號）；孫家麒，1961，《蔣經國建立臺灣特務系統祕辛》，頁22，出版者不詳。

45 政治行動委員會的委員網羅了所有在臺的情治首長如唐縱、鄭介民、毛人鳳、葉秀峰、毛森、陶一珊、彭孟緝、魏大銘等人。但當時蔣氏父子均在大陸，政治行動委員會由蔣中正指定侍從祕書、軍統出身的警察署長唐縱負責。黃嘉樹，1994，《國民黨在臺灣》，頁217-218，臺北：大森出版社。陳雪奇、江峰，1986，《軍統教父：毛人鳳》，頁286，鄭州：河南人民出版社。

單位。蔣經國遂藉著總統府的名義，成為臺灣的太上情治單位領導人[46]。1953年，情治工作在名義上的隸屬關係如圖一。

1955年國防會議成立後，蔣經國即擔任該會負責情治工作的副祕書長，下設尚未法制化的國安局，國安局因此成為各情治單位的太上機關，蔣經國可藉國安局繼續掌控各情治單位的業務、人事與預算[47]。在蔣介石倉皇辭廟、渡海來臺而驚魂未定之際，對於「忠貞」及「反共」的用人原則自是重視，而大陸淪陷前後，由於情治人員叛變投共者最少，故被蔣介石視為最忠誠的部屬[48]。蔣經國承蔣介石之命，可說是臺灣情治之首腦或實際負責人之一。

陳誠在臺灣雖然是僅次於蔣總統的第一副手，但情治工作卻似乎不是其所能介入的範圍。陳誠在第一任行政院長任內（1950年3月～1954年5月），曾對同仁表示感受到強人威權建制的壓力，而1954年自由主義派擬推胡適競選副總統一事，就某種意義上，是希望藉胡適保護陳誠[49]。然而，陳誠之所以感受到強人威權的壓力，是因陳誠

---

[46] 蔣介石有鑑於當時在大陸時期，中共潛伏在國府高層的共謀破壞力驚人，所以非常重視情報工作。日前中共在抗戰時期重慶的「紅岩檔案」解密，其中有臥底在國民黨中央黨部祕書長朱家驊的速記員沈安娜迄今仍健在，另有國民政府國防部第三廳（作戰）中將廳長郭汝槐和國防部參謀次長劉斐，均為共產黨員。徐埠會戰時，擔任城防司令的張克俠亦為中共特工。見2009年4月28日，《中國時報》，A14版。

[47] 漆高儒，1998，《蔣經國評傳——我是臺灣人》，頁175，臺北：正中書局；高明輝、范立達，1995，《情治檔案——一個老調查員的自述》，頁136-138，臺北：商周出版。

[48] 陶涵（Jay Taylor），前揭書，頁208。根據美國中央情報局報告指出，毛澤東情報單位一心想滲透國軍軍事單位，尤以海、空軍為主要目標。當時國軍高級軍官因涉嫌匪諜案而被捕遭槍決者有：副參謀長及其妻子、兵役處長、國防部次長、陸軍供應部司令以及第70師師長。故這些安全工作的重要，繫於情治單位的偵防及對蔣介石的效忠。1950年1月，情治機構逮捕中共臺灣省工作委員會書記蔡孝乾（1908～1982，曾參加中共「長征」），副書記陳澤民、臺省工委武裝部長張志忠、宣傳部長洪幼樵相繼被捕，並循線逮捕國防部參謀次長吳石，聯勤司令部中將陳寶倉、上校聶曦、中共華東局敵工部特派員朱諶之等人，高等軍事法庭審判長是曾任孫中山大元帥府參謀部副官的蔣鼎文上將，6月9日下午，上述4人在臺北近郊馬場町槍決。而蔡孝乾則因全盤供出所有「潛伏者」名單，官至總統府國安局少將參議。參閱鄭義，〈吳石為什麼槍決二十三年後才追認烈士〉，載《傳記文學》，第95卷第一期，頁38～47。

[49] 薛化元，《「自由中國」與民主憲政》，前揭書，頁113；蔣勻田，1976，《中國近代史轉捩點》，頁260，香港：友聯出版社。

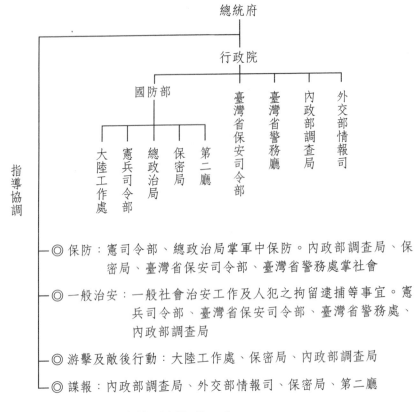

圖一　1953年各情報治安機關隸屬與工作關係

```
                        總統府
                          │
                        行政院
      ┌─────────────────┬───┴──┬──────┬──────┐
    國防部          臺灣省保  臺灣省  內政部  外交部
      │             安司令部  警務廳  調查局  情報司
 ┌──┬──┬──┬──┬──┐
大陸 憲兵 總政 保密 第二
工作 司令 治局 局   廳
處   部
```

指導協調

- ◎ 保防：憲司令部、總政治局掌軍中保防。內政部調查局、保密局、臺灣省保安司令部、臺灣省警務處掌社會

- ◎ 一般治安：一般社會治安工作及人犯之拘留逮捕等事宜。憲兵司令部、臺灣省保安司令部、臺灣省警務處、內政部調查局

- ◎ 游擊及敵後行動：大陸工作處、保密局、內政部調查局

- ◎ 諜報：內政部調查局、外交部情報司、保密局、第二廳

資料來源：《蔣中正總統檔案》軍事類，第013卷。

較傾向自由主義派的開明作風而反對高壓統治？還是因蔣經國掌握國內的情治系統而對陳誠自身的地位構成嚴重威脅？

　　陳誠與蔣經國在大陸時期，即曾因「三青團」的人事問題而起了衝突[50]，而政府遷臺後，政府一些祕密或重大政策都有蔣經國的介入[51]，兩人的心結可能因此逐漸加

---

50 同注47，頁216。1946年9月，三民主義青年團第二次全國代表大會在廬山舉行。蔣經國當選中央常務幹事兼第二處主任，負責組訓工作，團書記是陳誠，代陳主持工作的是郭驥，代表蔣二處工作的是俞季虞（與蔣係留俄同學）。郭、俞間不協調，就成為陳、蔣之間的不合作與衝突之始。

51 陶涵（Jay Taylor），前揭書，頁270。在當時絕大多數觀察家的心目中，蔣經國是臺灣第一號最有權勢的人物。

深。在雷震的《自由中國》事件中，由於外界壓力，使蔣介石遲遲無法採取斷然手段懲處雷震，直到雷震婉拒出任駐日本大使，並在1960年3月22日國民大會代表選舉總統時，除公然投下反對票，且在選票上簽下「雷震反對」4字，蔣介石才決定授權蔣經國指揮情治人員「用逮捕囚獄的方式，處理雷震問題[52]」。

《自由中國》事件發生後，有資料指出當局不滿陳誠處理的態度[53]。1959年3月份，雷震因被告偽造文書一事出庭應訊，蔣介石針對此事，於宣傳會報上親自點名王世杰（時任政務委員）與胡適「不要干涉司法才好[54]。」而王世杰正好為陳誠延攬入閣。從陳誠仍在1960年與蔣介石連任正、副總統一事來看[55]，其政治接班人的地位仍未受《自由中國》事件影響，但是蔣經國手握情治大權，已具有與陳誠在權力結構上分庭抗禮的實力。

二、與本土力量結合

雷震與自由主義派人士大多為外省籍，在籌組新黨之初，雷震首先考慮的領導人選，即為本土化較深，且對臺灣本土政治人物籌組反對黨始終抱持關心立場的胡適[56]。在雷震心目中，胡適是最佳人選，「以胡適先生出來領導，就這一方面來說，可以消滅臺灣和內地人之隔閡，並且可以減少流血[57]」。胡秋原在籌組新黨之際，也曾對雷震表示「胡（適）先生不搞，雷某（雷震）一定要搞。雷某不搞，臺灣人一定

52　同注32。

53　王景弘，2000，《採訪歷史——從華府檔案看臺灣》，頁195-296，臺北：遠流出版公司。陳誠在雷震被捕前，曾針對反對黨問題發表溫和公開聲明指出，只要反對黨不是「軍閥、地痞、流氓的政黨」就可以成立。此舉讓政治觀察家嚇了一跳，因為這番話被解讀成——雷震得到綠燈，可以通行。1960年6月4日，《紐約時報》；薛化元，《臺灣歷史年表——終戰篇 I》，前揭書，頁336。

54　《雷集》，第40冊，頁50。

55　薛化元，《臺灣歷史年表——終戰篇 I》，前揭書，頁332。

56　胡適曾經主張在臺灣召開類似美國制憲會議的政治會議，來解決中華民國既有憲政體制的根本問題。薛化元，1990年7月，〈陽明山會談〉，《歷史月刊》，第30期，臺北：歷史智庫出版公司。另外，胡適在為臺南市永福國小（胡兒時故居舊址）的林校長題字時，留下「惟桑與梓，必恭敬止」，充分流露其對臺灣的感情。李敖，1959，《胡適評傳》，頁52，臺北：遠景出版社。

57　《雷集》，第39冊，頁346。

要搞。胡先生和雷某搞，總比臺灣人搞為佳[58]」。不論是雷震或是胡秋原等外省籍自由主義派人士，他們心中對與本省籍人士合作到底有何顧忌呢？考慮的原因主要有兩點：

（一）絕對不能有所謂的分裂主義（或地方主義）主張者加入，因為他們彼此對中國的認同有所差異[59]，且從事分裂或地方主義會馬上遭到政府全面封殺。尤其以本省籍占大多數的臺灣社會而言，以外省人為核心的統治集團勢必讓人無法忍受[60]。

（二）1960年蔣介石總統第三次連任前夕，雷震問胡適「今後怎麼辦」，胡適明言「只有民青兩黨、國民黨民主派與臺灣人合組反對黨」，不過胡適也明言他不願加入這個反對黨[61]。雷震十分清楚與本省籍人士合作的必要性與正當性，一些本省籍人士如楊肇嘉、吳三連，與1960年決定組織「地方選舉改進座談會」而被推舉為新黨發言人的李萬居、高玉樹等人，或許正是雷震心目中符合其中國認同觀並具備民意基礎的省籍合作對象。

臺籍人士中的楊肇嘉與吳三連為何符合雷震的條件呢？楊肇嘉及吳三連分別出生於1892年和1899年，皆成長於日治時期「文化協會」等社會抗爭運動最積極的20年代，且都因從事反對臺灣總督府政策的活動而轉往中國大陸（日人占領區）行商，並在日本投降後才再遷回臺灣。楊肇嘉在吳國楨任省政府主席時，被延攬為省府委員兼任民政廳長，爾後長期任省府委員（迄1962年，後被蔣介石總統聘為國策顧問）。而吳三連返臺後，先後當選為臺南縣第一屆國民大會代表（1947年），1950年2月6日，

---

58 同上，頁324。這也反映來自中國大陸的自由主義人士心目中的政黨，並不是以地方選舉及臺灣政治人物為核心的政黨。

59 雷震因此意識到，推動新黨首要「不使大陸來的人心生恐懼」，這也顯示在組織及推動新黨工作時大陸人的疑慮。如劉博昆認為「臺灣人起來了，不好辦，將來很難受，我（劉）是不會參加的」，王新衡也反對雷震和臺籍人士「搞在一起」。《雷集》，第40冊，頁323、367。

60 蔣經國對雷震等人採強硬立場，美國駐華大使莊萊德分析蔣的心態或許是認為「如果一個有效的政治反對黨可以成立，它無可避免會變成一個臺灣人的組織，把國民黨勾畫成是外省人主導的政黨……在乾淨的選舉中，國民黨似乎注定必敗無疑」。臺北美國大使館1960年10月7日電文，《美國外交關係文件》，第19卷，頁725-726。

61 《雷集》，第40冊，頁270。

獲省主席吳國楨推薦，任省府委員兼臺北市長，爾後又當選民選市長（1951年）[62]。在籌組新黨時，吳三連是17名召集委員之一[63]。

從以上背景分析，兩人都曾在吳國楨擔任省府主席時，被延攬至省府團隊工作，而吳國楨又被視為開明派人士。楊肇嘉及吳三連皆為對日本總督府抗爭的時代青年，不但有抗爭紀錄，也有移居大陸的「中國經驗」。吳三連在1951年獲得民選臺北市長的提名，並在蔣介石總統指示情治單位的助選下當選。彭孟緝曾針對選情向蔣介石報告：「此次上下一致遵循總統指示，助選吳三連為臺北市長，情形良好[64]。」

在此分析籌組新黨（中國民主黨）工作的兩位臺籍發言人——高玉樹和李萬居的背景。李萬居出生於1902年，年幼家貧，母不堪日警威脅納租稅的重擔而自殺。1923年赴中國大陸並擔任軍事委員會國際關係研究所少將專家，日本投降後返臺。1946年5月1日當選為省參議會副議長，同年10月又被選為制憲國大代表。爾後，其所創辦的《公論報》享有臺灣《大公報》盛譽，然而令政府頭痛的不僅是《公論報》對時政的犀利批判，其本人在省議會的表現亦獲得故鄉雲林縣父老熱烈而廣泛的支持，連連高票當選。1957年，李萬居和同屆當選的吳三連、郭國基、郭雨新、李源棧、許世賢等因發言質詢鏗鏘有聲、砲火猛烈，而被喻為議壇「五虎一鳳」[65]。

吳三連、楊肇嘉、李萬居3人都有與日人仇恨或對抗之背景，也都有中國經驗；返臺後，在公職生涯中也都屬於民主自由派並具有民意基礎。高玉樹則有「美國背景」撐腰，在1954年臺北市長的選舉中擊敗國民黨候選人王民寧，在某高階警官到法

---

62 張炎憲，前揭書，第5冊，頁121-122、153-155。

63 同上，第2冊，頁170。召集委員除了吳三連以外，另有李萬居、高玉樹、雷震、夏濤聲、郭雨新、齊世英、李源棧、楊毓滋、石錫勳、王地、郭國基、楊金虎、謝漢儒、許世賢、黃玉嬌等共17人。

64 《蔣中正總統檔案》軍事類，第013卷，彭副司令孟緝報告，〈第二十九次星期五會報紀錄〉（1951年1月19日11時）（極機密第一號）。然而在1951年前，吳三連曾被情治單位懷疑可能參加臺獨活動，情治單位甚至欲羅織他的罪名。黃紀男、黃玲珠，1991，《黃紀男泣血夢迴錄》，頁267-275，臺北：獨家出版社。

65 張炎憲，前揭書，第2冊，頁164-176。

院控告高玉樹「賄選」而「當選無效」時，雖然警政署長唐縱請示蔣經國裁決，但蔣介石考慮可能引起民間反彈及美國介入，批示唐縱勸告該警官撤回告訴，使高玉樹順利當選[66]。

高玉樹在籌組新黨時，曾公開宣稱其目標是：「我們不打算也不計畫在中央政府內爭取權力，我們只想與主持選舉的低級國民黨員一較長短。他們曾操縱選舉，並造成人民間的最大不滿情緒。國民黨要贏取地方選舉的勝利，由於他們怕地方選舉的失敗，將使我們的外國友人認為中國政府失掉人民的支持。我們不要革命，我們不計畫像韓國人那樣用暴動或任何劇烈手段攫取政權，我們百分之百擁護政府的反共政策，我們支持政府反攻大陸的政策，但是我們不贊成國民黨的一黨統治，那是極權[67]。」由高玉樹的談話中，我們了解雷震與這些本省籍政治人物在某些關鍵理念上是非常契合的，那就是在既有體制下（國民黨政府）從事政治改革運動，但絕對不是體制外顛覆或革命運動。而其中所謂的省籍情結（衝突），也不是抗爭的手段或議題。

三、體制內反對運動的失敗

在《自由中國》事件中，由於當局只逮捕雷震及傅正等外省籍人士，李萬居便在10月17日的聲明中表示：雷震案的作用之一，就是國民黨政府「威嚇大陸人今後不敢與本省人合作搞政治運動」，但國民黨的這種做法「阻嚇不了大陸人與本省人共同攜手合作，以推進民主愛國的運動[68]」。高玉樹也認為在籌組「中國民主黨」時最大的特徵，就是沒有地域觀念[69]。高玉樹當時經由雷震告知胡適曾私下面見陳誠，陳誠說

---

66 李世傑，1989，《特務打選戰》，頁49-61，臺北：敦理出版社。王民寧出身黃埔軍校，曾任蔣中正官邸侍從武官、臺灣警備總司令部處長與臺灣省警務處處長之職，在參選時任總統府中將參軍。在1961年被情治單位命名為「鎮平專案」的雲林縣議員蘇東啟策動軍人武裝叛變一案，在調查結束後，主謀有：高玉樹、郭雨新、許世賢、蘇東啟、許竹模（青年黨籍律師），而「以高玉樹與郭雨新」為幕後。事後，只有蘇東啟因與「臺獨叛亂」活動成員在雲林縣有往來，被警總以「涉嫌叛亂」逮捕及判刑，5人小組之一的許竹模被檢舉為「從事臺獨活動」，但其他人士則未被逮捕，且蘇東啟曾一再對參與人員說「高玉樹是美國在臺灣的情報局人員，國民黨不敢動他……並可因此擔保大家安全等語」。黃紀男、黃玲珠，前揭書，頁376。

67 《雷集》，第3冊，頁180。

68 李筱峰，1987，前揭書，頁81-82。

69 1989年8月21日，《聯合報》。

只要反攻大陸目標一致，國民黨不會不歡迎在野黨，這在籌組新黨一事上，等於獲得陳誠的背書[70]。美國駐華大使莊萊德在《自由中國》事件發生後，曾與臺北當局討論南韓大統領李承晚遭到政變時美國的立場，而臺北堅信這是美國勢力介入的結果，而且不同意美國的立場。因此莊萊德不願再與臺北當局討論南韓政變的意義，也避免與陳誠討論該事，因為「可以確定的，他知道我們的立場；但他除了支持他的領袖之外別無選擇。他的政治地位最近顯得不穩，如果他支持我們的立場，那他的地位更難保，依我的看法，他替美國人說話的機會幾乎是零[71]。」

從莊萊德對美國國務院的報告中，很顯然的說明陳誠在蔣介石總統的威權體制下，本身自主性受到束縛，也由於陳誠與胡適、蔣勻田、王世杰（時任政務委員）等人的交往，而觸怒了中樞領導的敏感神經。從莊萊德的報告中，也說明美國的重大政策只會與蔣介石討論，不會也不敢與陳誠單獨溝通，因為陳誠無法挑戰蔣介石的威權。張群時任總統府祕書長，也告訴莊萊德雷震等人被捕事件，是在政府的安全系統敦促下，由蔣介石總統下令鎮壓及逮捕。而蔣經國在取得他父親的同意所採取的行動中，扮演了積極的角色[72]。

《自由中國》事件爆發於1960年9月4日，10月8日雷震以包庇匪諜罪被判刑10年，傅正交付感化3年（實為9年）[73]，而陳誠內閣也於同年局部改組，連震東（內政）、沈昌煥（外交）、黃季陸（教育）、鄭彥棻（司法行政）、沈怡等5人入閣，取代田炯錦、黃少谷、梅貽琦、谷鳳翔、袁守謙[74]；其中連震東、沈昌煥、鄭彥棻3人

70 同上。
71 王景弘，前揭書，頁295-296。
72 同上，頁296。根據國史館的解密資料，當時雷震案主要是反對蔣介石延長任期，高唱反攻無望論和準備組黨而被捕入獄，蔣永敬教授認為「反攻無望論」是被捕的導火線。1960年10月8日宣判當天，蔣總統指示「刑期不得少於10年」、「複判不能變更初審判法」。見2002年9月4日，《聯合報》，第2版。
73 楊碧川，1988，《臺灣歷史年表》，頁86，臺北：自立晚報出版社。
74 薛化元，《臺灣歷史年表——終戰篇I》，前揭書，頁334。

出身中央改造委員。雖然陳誠的好友梅貽琦被取代，但仍看不出內閣整體變動對陳誠的影響，反倒是連震東以第一位臺籍人士身分接掌內政部，或可視為政府逐漸重視內閣中省籍平衡的一個端倪。

1959年行憲後第二任總統任期屆滿，按憲法規定，總統不得連任[75]。此時，陳誠呼聲極高，但有研究指出當時以蔣經國為首的「太子系」在黨內積極活動，以金門局勢緊急為由，要求修改憲法，以便蔣介石連任。當時胡適等人曾面見陳誠，建議陳誠與蔣介石對話，說明利害，要求蔣介石公開表態，但遭陳誠拒絕。陳誠認為蔣不會將總統職位交予他，也不宜與蔣就三連任之事進行對話，否則將有如「逼宮」之舉[76]。

總之，陳誠在施政上必須配合蔣介石的指揮，也沒有足夠的權力挑戰蔣總統[77]。而在當選連任之後「蔣／陳」體制仍繼續運作，至於陳誠能否順利接班，雖然有憲法的保障[78]，但最後的關鍵在於蔣介石是否支持與客觀環境的變化。

---

[75] 憲法第49條之規定：「總統副總統之任期，均為六年，連選得連任一次。」亦即限制總統做兩次以上連任。

[76] 方知今，1995，《陳誠大傳》，頁422，臺北：金楓出版公司。

[77] 陳誠雖然是國家的副總統兼行政院院長，也是中國國民黨的副總裁，但憲法第36條規定：「總統統率全國陸海空軍」，另在1950年3月15日總統命令中，「對參謀總長及國防部長權責劃分很清楚，即明令軍令全屬於統帥系統」，而參謀總長為總統幕僚長。隸屬於行政院的國防部則掌理軍費的籌畫、軍事的編制、軍隊的徵集、軍隊的訓練、給養、退役、撫恤等事項。另依據國防參謀本部組織法第9條規定：「參謀總長，在統帥系統為總統之幕僚長，總統行使統帥權上，陳誠關於軍隊之指揮，直接經由參謀總長下達軍隊」。故在實際上黨、政、軍、情治大權上，陳誠是不足以與蔣總統對抗的。楊敏華，1990，《中華民國憲法論》，頁138，臺北：長弘出版社。

[78] 1960年3月11日，第一屆國民大會第三次大會，增加第一次修正臨時條款，第3條規定：「動員戡亂時期總統、副總統得連選連任，不受憲法第47條連任一次之限制。」齊光裕，1998，《中華民國的憲政發展》，頁369，臺北：揚智出版。另憲法第49條規定：「總統缺位時，由副總統繼任，至總統任期屆滿為止。總統、副總統均缺位時，由行政院長代其職權……」陳誠身為副總統並兼任閣揆，如蔣介石總統退休或因故不能視事，按照憲法當然是繼任人選；但蔣總統在任滿後，如想一併「強拉」陳誠下臺，那就取決於雙方的政治實力了。

第二節　臺獨運動挑戰

　　1960年，《自由中國》事件落幕，象徵一群以大陸省籍為核心的自由主義知識分子，從事體制內改革運動的失敗，其結果是以臺灣省籍人士所領導的反對運動展開，其對體制的衝撞及「中國」意識型態的挑戰，是國民黨須逐漸面對的事實[79]。

　　1964年，在國際關係和國內政治方面的連串不利發展，對國民黨的政權構成一定程度的挑戰。在外部的國際關係方面，該年法國承認中共，且中共核武試爆成功[80]，不但使我在聯合國的席次因法國及法語系非洲國家轉向中共而大受影響[81]，且中共核武試爆成功前後，也使蔣介石有所戒心，而有加緊說服美國之行動。蔣介石曾經許諾1963年是「反攻年」，並逐漸認定如果1963年不反攻，便再也沒有機會了；然而美方1963年1月16日便把國府所擬、對大陸的攻擊計畫評估退還，認為國府缺乏足夠的海軍攻擊武力，也缺乏空中掩護、補給和一切美國認為登陸成功所需的條件[82]。自1960年起，由於中共實施的「大躍進」計畫失敗，造成大陸嚴重的饑荒和政權動盪[83]，因此國府也針對反攻大陸提出「國光計畫」[84]。當時擔任副參謀總長，負責督導作戰的賴名湯，曾回憶1962年於北投復興崗召開的「反攻大陸誓師會議」：「會議的最後一

---

[79]　薛化元，《「自由中國」與民主憲政》，前揭書，頁237-251。《自由中國》的外交立場在本質上就是反對中共政權，而主張中華民國政府是全中國唯一合法的代表。直到《自由中國》停刊為止，此一立場在本質上並沒有太大的轉變。

[80]　薛化元，《臺灣歷史年表——終戰篇I》，前揭書，頁410。

[81]　同上，頁412、422。計有剛果、中非、塞內加爾（1964年）、達荷美（1965年）等國家轉向承認中共。

[82]　王景弘，前揭書，頁255。

[83]　許多旅美中年知識分子都說當時大陸同胞皆以為蔣介石會打回來，大家都恨透了毛澤東的倒行逆施，結果因為美國反對，而不見國民黨軍隊的蹤影。林博文，2000年5月26日，〈美國是必要之惡〉，《中國時報》。

[84]　國光計畫開始於1961年4月1日，總共提出包括敵前登陸、敵後特戰、敵前襲擊、乘勢反攻、應援抗暴等5類共26項作戰計畫，到了1965年6月17日，蔣介石於陸軍官校召集國軍基層幹部，進行精神講話，預備發動反攻，所有幹部都已預留遺囑，軍方同時選擇最適合登陸戰發起的D日。不過後來因為制海權優勢喪失（「八六海戰」，我方海軍劍門、章江軍艦遭中共魚雷快艇擊沈，殉難官兵共兩百餘人），加上退出聯合國，反攻大陸難獲國際認同，使反攻大陸計畫成為絕響。見2009年4月20日，《中國時報》，第A11版。

天，總統發表閉幕講話之前，全體與會人員起立向總統宣讀了大會決議文，決議文的主旨，就是宣誓反攻大陸，說明在反攻開始時，大家如何來遵守大會的一切決議。當時會場的氣氛莊嚴肅穆，顯示大家的心情非常沉重。總統站在臺上，一個字一個字的講完大會決議文之後，從他的神情，可以看出他也是異常感動。這是我們政府播遷臺灣以來，歷次軍事會議最莊重，也是大家心情最沉重的一次會議。大會結束以後，回到家裡，內心沉重的感受仍未稍減，只是心想，我們苦等多年的反攻大陸的時機快要來了[85]！」

面對中華民國這項計畫，中共方面也有所因應，只是沒想到美國也願意「配合」來阻止臺灣方面的一切軍事行動。中共參加華沙會談前代表王炳南，在其回憶錄中有詳細記載：「1962年5月底，我正在國內休假。有一天，總理親自約我談臺灣海峽的局勢。他說，蔣介石認為目前是進犯大陸的好時機，在外中共與蘇聯不和，在內有嚴重的自然災害，真是千載難逢，蔣介石是下決心要大幹一場了。有關這方面的情況，他囑我去找羅瑞卿總參謀長談。我隨即給羅總長打了電話，約見他。他請我去總參辦公室談話。羅總長向我談了很多情況。他拉開牆上一張大型地圖的帷幕，指點了蔣介石集團的軍事狀況。他說現在不是打不打的問題，而是怎麼打的問題，是拒敵於大陸之外，還是誘敵深入，這兩種意見正在討論。我聽了後，確實感到局勢十分嚴重。又一天，總理緊急找我談話，他讓我立即中斷休假，返回華沙。他說經中央認真研究，認為蔣介石反攻大陸的決心很大，但他還是存在著一些困難，今天的關鍵問題是要看美國的態度如何，美國是支持還是不支持，要爭取讓美國來制止蔣介石反攻大陸的軍事行動。」王炳南隨即返回華沙，約見美國的會談代表卡伯特，可是在見面的前一天，王又接到中國方面來電，要他裝病延遲會談時間，害得他好幾天不敢出大使館的門，原來是中國國內正在調派兵力向福建集結，但因南方大雨，一些重要橋梁被沖斷，部隊集結受阻。6月23日，兩人會面時，王炳南用警告的口吻向卡伯特說：「我可以斷定，蔣介石竄犯大陸之日，就是中國人民解放臺灣之時！」出乎王炳南意外的是，卡伯特竟向王炳南說：「如果蔣介石要行動，我們兩家聯合起來制止他[86]。」

---

85 賴暋，1994，《賴名湯先生訪談錄（上）》，頁206-207，臺北：國史館。
86 王炳南，1985，《中美會談9年回顧》，頁86-90，北京：世界知識出版社。

美國總統甘迺迪於6月27日的記者會上重申美國的立場，強調美國對中華民國的承諾只是防禦性質，並不支持所謂的「攻擊」行動[87]。從國府遷臺後，美國對兩岸關係的思考模式，可以清楚的看出美國在與大陸、臺灣的三角關係中，美國支持中華民國以圍堵中共等共產集團的「赤禍蔓延」，另一方面則盡力維持臺海和平，避免國、共內戰再起或衝突擴大，拖美國下水[88]。但蔣介石面對中共逐漸增強的實力別無他法，只有要求美國支持，趁中共實力還在國府評估尚可掌握的範圍內，放手一搏。為了掌握最後的反攻機會，而有了蔣經國（時任行政院政務委員）於1963年9月6日至13日的華府之行[89]。

在蔣經國的華府之行，甘迺迪總統對古巴的教訓念念不忘，他指出對古巴作戰失敗即基於「希望多於實際」的兵力評估，美國必須冷靜評估，不能再度介入失敗的作戰。因此甘迺迪以「情報不足」、雙方應加緊合作以取得更多、更確實可信的情報為由，擋掉了蔣經國的「推銷」[90]。

---

87 Hungdah Chiu，ed.，1979，《China and the Taiwan Issue》，頁173，New York: Praeger Publishers。

88 在1954年簽署的《中美共同防禦條約》第六條表明對條約中的領土範圍，就中華民國而言，應指臺灣與澎湖。而美國參議院在通過此項條約時也做出解釋，認定「締約任何一方自中華民國控制下的領土上採取軍事行為需獲得雙方一致同意」。這表示未經美國同意，中華民國不得將臺澎軍隊調離至外島，任何臺澎地區以外的軍事行動也必須經過美國認可。見Hungdah Chiu，ed.，《China and the Taiwan Issue OPCIT》，Document 12，頁232。而中共在攻陷一江山後，美國國會在1955年1月底通過〈臺海決議案〉（Formosa Resolution），授權美國總統在必要時可不經立法程序，動用武力防衛臺澎，而且授權範圍還包括保衛臺澎而必須防衛的地區，為防衛金馬預留餘地。1955年2月，大陳撤軍，2月9日美國國會正式通過《中美共同防禦條約》，中華民國交出了國家主權中的軍事行動權力，換取對金馬外島的實質管轄權。張亞中，1998，《兩岸主權論》，頁37-40，臺北：生智文化。

89 薛化元，《臺灣歷史年表——終戰篇I》，前揭書，頁402。

90 王景弘，前揭書，頁264-265。在甘迺迪政府內的「蘇聯通」，如包仁和湯普森均反對美國與中共改善關係，深恐傷害美蘇之間的關係，1962年的美國主流民意，甚至對當時美國能否將剩餘穀物出售中共，也堅決加以反對。戴萬欽，1989，〈甘迺迪政府對中蘇共分裂之認知與反應〉，頁409，淡江大學美國研究所博士論文。因此，國府想利用美國的反中共政策及主流民意以遂其反攻的目的，但還是為甘迺迪總統所拒絕。

1965年9月19日，蔣經國再度以國防部長的身分訪美[91]，當時的美國總統是詹森。蔣經國在9月22日會晤美國國防部長麥那瑪拉，陪同者有外交部長周書楷及擔任翻譯的新聞局長沈劍虹。蔣經國提出蔣介石以攻占廣東、廣西、雲南、貴州及四川等西南5省，切斷中共援助越南的補給路線計畫作為重點[92]。麥那瑪拉則批評「反攻大西南」的建議與登陸古巴的「豬玀灣事件」一樣，都預期會有大批人民起義；但蔣經國仍重申西南5省反共民意最堅強、中共軍事部署最脆弱、蔣介石聲望最高，而與「豬玀灣事件」組織不足和沒有政府領導的情況不一樣[93]。

9月23日，蔣經國會見詹森總統，面交蔣介石總統的信函，但詹森只要求蔣經國向蔣介石轉達：「美國感謝中華民國支持雙方共同目標所做的努力，美國仍是中華民國的忠實盟國。」卻一句也不提臺灣的「反攻大西南」計畫，或臺灣協助美國打越戰等問題[94]。1966年1月25日，美國駐臺北大使館代辦恆安石把美方對「反攻大西南」計畫的建議回覆給蔣經國，「蔣經國很失望及不快」，並要求恆安石提出美國對反攻大西南的書面反應，以便他能更正確的向蔣介石報告。1月28日，美國國務卿魯斯克一封電報訓令指出，美國最高軍事當局仔細研究國府所提出的反攻大西南計畫後，認為此概念有兩個基本弱點，較難實行成功[95]。魯斯克要恆安石向蔣氏父子保證，美國願意擴大「藍獅」的磋商[96]，以包括應付共黨對東南亞威脅的構想與戰略[97]。

91　同注89，頁438。
92　同注90，頁267。
93　同上，頁269。
94　同上，頁270。
95　同上，頁276。美國最高軍事當局認為兩個基本弱點為：一、美國空軍對大陸的空襲會引發美國與中共的戰爭，美國不準備這樣做。另一方面，如果沒有美國空軍攻擊中共的補給基地，將無法保護中華民國的反攻部隊，以應付中共空中及海上的攻擊。二、美國情報界所能得到的大陸情勢情報，不足以證實西南5省人民，甚至只是實質多數人民，會起義支持中華民國反攻。
96　同上，頁266-267。所謂「藍獅」就是「反攻大陸」計畫的代號，這項方案使得美國駐臺北大使與中華民國政府高層官員得以經常交換意見。但是因為關切層次不同，使得委員會開的次數大減。而「藍獅」委員會其實是美國人的花樣，目的在透過磋商藉以說明登陸戰爭之困難，使國民黨對「反攻大陸」知難而退。
97　同注90，頁276。

1966年，美國已經非常清楚的向臺北傳達不支持國府的反攻大陸計畫。對美國而言，越戰已經帶給美國政府沉重的壓力，因此根本不願介入國、共之間的內戰；對臺北而言，反攻大陸的計畫在沒有美國全力支持下，根本不可能成功；對蔣氏父子而言，國民黨或許在很長時間之內無法，甚至根本就不可能再回到大陸故土。此後，如何在臺灣「落地生根」、「永續經營」，反而變成其主要的政策取向，而對島內異議人士，尤其是本省籍人士的反抗行動，或許將採取更嚴肅的對待方式，以免危及國民黨在臺灣的統治基礎。1964年9月20日，彭明敏和他的學生謝聰敏、魏廷朝等經過長期計議之後發表〈臺灣人民自救運動宣言〉，因此遭到逮捕[98]，他們的行動很清楚的指出新一波國民黨內部挑戰危機的開始。

雷震的《自由中國》這份刊物及參與者，與彭明敏的〈臺灣人民自救運動宣言〉有相當不同之處。《自由中國》的成員主要是大陸來臺的自由派知識分子，他們初期的願景，是在反共的大前提之下，團結蔣介石總統與胡適的力量與中共對抗；但隨著對冷戰局勢逐漸認知，明白軍事反攻已是遙遙無期的情形下，對國民黨以反攻大陸為名所做的許多侵害民主自由的權宜措施，提出更多的批判，也消除了擁蔣的必然性，在反對蔣介石總統三連任之後，終於遭到逮捕[99]。大體上來說，《自由中國》的外交立場從一開始就是反對中共政權，而主張以中華民國政府作為全中國的唯一合法代表。蔣勻田就曾經指出：「臺灣並無民族問題，只有人民對政府施政不滿而無可代替的問題[100]。」換言之，蔣勻田似乎將問題以中華民族主義涵蓋，並忽略了臺灣民族主義的內在發展性。

98　薛化元，《臺灣歷史年表──終戰篇I》，前揭書，頁420。彭明敏時任臺大教授，謝聰敏擔任《今日的中國》雜誌編輯，魏廷朝任中央研究院研究助理，以叛亂罪嫌被捕。

99　薛化元，《「自由中國」與民主憲政》，前揭書。

100 Chester Bowles著，蔣勻田譯，1960年8月1日，〈重新考慮「中國問題」〉，《自由中國》，第23卷，第3期，頁11，臺北：自由中國社。Bowles主張在「北京政府雖仍困難重重，但是已穩定掌握有中國大陸」，與「住在臺灣800萬臺灣人與200萬大陸人應有權力要求安全、獨立存在和發展文化，翹然於共黨勢力圈之外」這樣的前提之下，主張以「獨立的中臺國（An Independent Sino-Formosan Nation）」來解決臺灣海峽兩岸的定位問題。此處乃引自文內蔣勻田所寫之譯後感。

彭明敏的背景與上述《自由中國》等大陸省籍知識分子之間，存在著某些根本上的差異，他的父親彭清靠是日本治臺期間的「臺灣新貴」，相對於中國的發展落後，他反而慶幸日本統治帶給臺灣的進步[101]。1946年，彭明敏從日本返臺，在國立臺灣大學求學期間，一直受到外省籍教授薩孟武、胡適等人器重。1954年取得法國巴黎大學法學博士學位後，彭明敏回臺灣大學政治系任教，1961年升任系主任，並被派任為聯合國大會中華民國代表團顧問[102]。但蔣介石政府刻意提拔彭明敏「作為臺灣人的榜樣」[103]，反而使彭明敏覺得「當官方對我愈表信任時，正是我心裡對於整個政局的疑慮加深時[104]」。

　　1964年初，彭明敏和學生魏廷朝、謝聰敏等決議起草一份文件，「將臺灣的處境和所面臨的問題，分析清楚，分發給臺灣人和大陸人」[105]。但在印刷廠印刷的過程中，便被印刷廠老闆密告，9月23日，3人同時以叛亂罪被捕。1965年11月，彭明敏獲特赦出獄（本刑8年），其他兩人也各減刑一半[106]。相較於雷震及傅正等人繫獄多年，可看出當局對待本省異議人士時因顧忌省籍衝突，而顯現得較為寬容；此外，這份宣言的內容，也與《自由中國》在基本理念上有所不同。

　　〈宣言〉中強調「國家只是為民謀福利的工具，任何處境相同、利害一致的人們都可以組成一個國家」；「10餘年來，臺灣實際上已成為一個國家，就人口面積、生產力、文化水準條件來看，在聯合國110餘國中，臺灣可排在第30餘位」；「但是我們不能不想，走到窮途末路的蔣政權，將臺灣交給中共。我們更不能不憂慮，臺灣將被國際上的權利政治所宰割，所以說我們絕不能等待」；「絕不能妄想『和平轉移政權』而妥協」。〈宣言〉提出三項運動的目標：一、確認「反攻大陸」為絕不可能，推翻蔣政權，團結1,200萬人的力量，不分省籍，竭誠合作，建設新的國家，成立新的

---

101 賴澤涵，1993，《悲劇性的開端──臺灣228事變》，頁50，臺北：時報出版公司。

102 彭明敏，1988，《自由的滋味──彭明敏回憶錄》，頁104，臺北：前衛出版社。

103 王育德，1993，《臺灣──苦悶的歷史》，頁213，臺北：自立晚報出版社。

104 同注102，頁117。

105 同上，頁136。

106 同注103，頁214。

政府；二、重新制定憲法，保障基本人權，成立向國會負責且具效能的政府，實行真正的民主政治；三、以自由世界的一分子，重新加入聯合國，與所有愛好和平的國家建立邦交，共同為世界和平而努力。〈宣言〉最後呼籲：「多少年來，中國只有兩個是非，一個是極右的國民黨是非，一個是極左的共產黨是非，真正的知識反而不能發揮力量。我們要擺脫這兩個是非的枷鎖，我們更要放棄對這兩個政權的依賴心理，在國民黨與共產黨之外，從臺灣選擇第三條路——自救的途徑[107]。」

在這份〈宣言〉中，彭明敏公開提倡推翻蔣政權，這是一種激進的革命心態，與《自由中國》倡言體制內的改革有很大的不同。彭明敏要求建立一個新國家、新政府的主張，也與《自由中國》倡議的一個中國的立場相違背。《自由中國》一直反對中共政權，並堅持一個中國即中華民國[108]。對彭明敏而言，臺灣人的祖先早就被清朝遺棄，由於中國「令人忍無可忍」的情勢，迫使人民遷移到這個疾病叢生而又不文明的島嶼。再者，政府「反而把臺灣看做蠻夷島，住的都是叛徒、土匪、海盜、怪人和鴉片中毒者[109]」。由於1895年馬關條約割讓臺灣予日本，日本又統治臺灣達半世紀之久，「其間，臺灣在政治和文化上，與中國完全斷絕關係[110]」。1949年共產黨統治大陸後，類似的斷絕情形又再次發生。從1895到今天，「臺灣和中國政治統一只有4年，即1945年到1949年[111]」。

彭明敏在其回憶錄中所透露的思想，認定臺灣與大陸的歷史關聯性幾乎已經「消失」，而國民黨治理臺灣的方式和日本殖民時期的行政效率相較，其對比真是令人羞慚。「任何非傳統性行為、批評性思考、獨立的精神，不但受到限制和反對，甚至受到處罰。國民黨要使臺灣人民回復古代中國的狹隘和固守，其後果是可怕的[112]」。彭明敏也認為土地改革只不過更進一步加深1947年的恐怖政策，欲使受到良好教育的地主

---

107 同注102，頁136。

108 薛化元，《「自由中國」與民主憲政》，前揭書，頁251。大體上，《自由中國》的外交立場始終堅持中華民國是全中國唯一合法的代表。

109 彭明敏，《自由的滋味——彭明敏回憶錄》，前揭書，頁250。

110 同上，頁251。

111 同上。

112 同上，頁118。

和中產階級窮困[113]。然而彭明敏的父親是大甲地區醫生，行醫18年的積蓄都投資於土地，他一共買了約40甲田，成為富甲一方的大地主。在彭的成長過程中，日本殖民時代使他們成為臺灣新貴，彭家也成為一個超過20人得到醫學學位的大家庭[114]；但當國民黨政府接收臺灣後，彭明敏相對感受低效率政府的惡劣施政品質，加以同儕菁英被殺害[115]、地主階級因為土地改革蒙受重大損失等因素，使他益發不相信中華民國政府。

彭明敏認為中華民國是一個衰弱的政府，依靠美國生存，走到窮途末路時，會將臺灣賣給中共[116]。同時，中華民國是一個不合法的政府，既不能代表臺灣，也不能代表大陸人民，因為「大陸人民已選擇了另外一個政府[117]」。而唯一的解決辦法，就是加速摧毀蔣介石的暴政[118]。要之，彭明敏將臺灣與中國之間的歷史淵源減至最低，相較於日本及西方文化的優點，中國帶給臺灣的影響只有害處而沒有利益，並要求以革命推翻國民黨政權，把臺灣建設成一獨立的新國家。換言之，是要消滅中華民國政府。

彭明敏與雷震等人相較，雙方在對中國歷史文化的認知、中華民國政府的存在、改革的手段等方面，都呈現極大的不同。雷震的被捕，代表一種以外省知識分子為主的體制內改革勢力沒落；但彭明敏的被捕，卻是一種以本省籍知識分子為主，挑戰現有政權，不惜以革命為手段，並且對中國認同持否定態度的反對運動在島內崛起的濫觴。這種以從事體制外革命為訴求的反對運動，在60年代逐漸起領導的作用，並形成反對運動的主流。

在整個1960年代中重要的政治事件，請參考表一。

從表一來看，1960年代的政治獄，除少數個案之外，大多數的案件是以臺獨的罪名遭逮捕、起訴。其中，以蘇東啟和施明德等人的事件對往後臺灣反對運動有較深遠的影響[119]。蘇東啟在日據時期，因為不滿日本人強征臺人赴中國戰區與同宗相殘，遂

---

113 同上，頁120。
114 同上，頁10。
115 同上，頁120。
116 同上，頁137。
117 同上，頁133。
118 同上，頁140。
119 施明德曾領導1979年高雄美麗島事件，後出任民主進步黨黨主席，但1999年9月退出民進黨，2000年11月14日正式對外宣布。2000年11月15日，《中國時報》，第5版。

表一　1960年代重大政治獄年表

年代	事　件
1961.9.24	蘇東啟事件——雲林縣議員蘇東啟等素有臺灣獨立思想，以「企圖顛覆政府」罪名被捕，300餘人被處重刑
1962.7	高雄等地軍官學生臺灣獨立運動事件——高雄學生等從事獨立運動被捕30餘人，施明德（砲兵學校候補軍官班第13期生）被處無期徒刑
1967.8.20	林水泉事件——臺北市議員林水泉、顏尹謨、黃華、許曹德等熱中於臺灣獨立運動，企圖武裝起義，被捕247人
1967.12	臺灣大眾幸福黨事件——宜蘭地方一群熱中於臺灣獨立運動的知識青年，認為議會主義無法解放臺灣，1965年祕密成立「臺灣大眾幸福黨」，因與林水泉等素有聯繫，故被牽連破獲
1968.2	留美學生陳玉璽由日本被強制送回臺灣後，以參加臺獨罪名被處徒刑7年
1968.3.27	「臺灣青年獨立聯盟」盟員柳文卿被日本強制送回臺灣，盟員到機場阻擋，被日警逮捕數人
1968.4	戴榮德（屏東人，水電技工）以臺獨罪名被判7年
1968.6	筆劍會事件——熱中於臺灣獨立的一群青年學生，祕密成立「筆劍會」被捕
1968.7	民主臺灣聯盟事件——反蔣民主主義者陳永善（筆名陳映真）等籌組「民主聯盟」（1967年成立），被捕36人
1969.2	留日學生陳中統（日本岡山醫大學生）返臺後，以「參加臺灣獨立運動」罪名被捕，被處15年徒刑
1969.3	統中會事件——一群以臺大、政大為主的學生，籌組「統一中國促進委員會」，被捕37人
1969.4	山地青年團事件——桃園的山地同胞被捕
1969.9	柏楊（郭衣洞）以「匪諜」罪名被捕，被處徒刑12年

資料來源：管碧玲，1994年7月，《民族主義與臺灣政黨政治》，頁115，臺北：國立臺灣大學政治研究所博士論文。薛化元，《臺灣歷史年表——終戰篇Ⅰ、Ⅱ》，前揭書。楊碧川，1996，《臺灣現代史年表》，臺北：一橋出版。

於1942年假道泰國、寮國，抵達雲南，赴重慶投奔中國國民黨的抗日陣營。1946年蘇東啟返臺，1952年連任4屆雲林縣議員[120]。在涉入武裝臺獨叛亂事件後坐牢15年，出獄後他曾談到對臺灣獨立的看法：「臺灣獨立並不表示背叛祖國，因為孩子長大必定

---

120 張讚合，1996，《兩岸關係變遷史》，頁216，臺北：周知出版。

要分家，何況政治思想、生活方式不一樣，勉強生活在一起不是很痛苦嗎[121]？」很明顯的，蘇東啟與彭明敏是兩個不同典型的臺籍反對運動者。蘇東啟在日據時期因仇日而赴重慶，是「半山」的背景，雖然在雲林縣議員任內因不滿政府而痛予抨擊，在民間博得「蘇大砲」之美譽[122]，但他也是「祖國論」與「臺灣獨立論」的辯證統合者。

至於施明德的背景與彭明敏頗為相似，雖然年齡有所差距，但雙方家庭都曾因國民政府來臺而蒙受不同程度的損失。施明德的父親施闊嘴本是南臺灣最有名的「拳頭師父」，也是日據時期高雄州唯一有執照的中醫師。他用行醫所賺的錢大量購買土地，擁有高雄前後火車站大片土地，是高雄的富豪之一[123]。1951年初，因為228事變遭人檢舉，不但遭受刑求且廉價售地贖身，1952年過世時，累積的財富很快便失散大半[124]。另一方面，施明德在6歲親眼目睹228事變後，在內心形成始終揮之不去的陰影，他說：「228使我將日據時代末期的美軍轟炸臺灣，與大陸人來臺連起來，同樣是外來政權，同樣在屠殺臺灣人。臺灣人要解放，就需要有自己的國家。」在施明德初中時期，這樣的思緒便已逐漸成形[125]。

1962年初，陳三興、蔡財源及施明德的代表張茂雄等人在高雄市體育場討論發動政變的時機[126]，蔡財源主張「如果國民黨政府在聯合國喪失了代表權，國內勢必哄亂不安，我們要利用這一難得的時機發動暴動，占領電臺，向全世界廣播，並呼籲同胞的支持[127]。」但他們的組織因為成員之一的李植南向治安機關自首而遭破壞，1962年5月8日，組織成員紛紛被捕，逮捕行動長達1個多月，有臺共背景的宋景松被判死刑，陳三興、施明德被判處無期徒刑，本案共涉及180人[128]。

---

121 馬起華，1988，《臺獨研究》，頁21，臺北：中華民國公共秩序研究會。

122 同註120，頁216-217。

123 李昂，1993，《施明德前傳》，頁7，臺北：前衛出版社。

124 同上，頁18-19。

125 同上，頁11-12。

126 陳三興於1958年組成「臺灣民主聯盟」，目的在推翻國民黨，建立「臺灣民主共和國」；在中正中學念書的施明德、蔡財源組織了「亞細亞同盟」，他的構想是臺灣獨立後，征服大陸，再聯合亞洲國家成立亞洲聯盟。1959年底，這兩個組織合併成「臺灣獨立聯盟」，施、蔡兩人分別考入陸軍砲兵學校及陸軍官校，陳三興則到社會上吸取社會人士。張讚合，前揭書，頁218。

127 同註126，頁218。

60年代政治獄案中，雷震《自由中國》與彭明敏〈臺灣人民自救運動宣言〉，在本質上存在著極大的差異，但雷震與彭明敏兩人也有背景相同之處。首先，兩人都是知識分子，雷震早年留學日本，曾任中央大學法學院教授、經濟動員策進會主任委員、行政院政務委員等要職[129]；彭明敏在34歲（1957年）即已升任臺灣「戰後大學歷史上最年輕的正教授」，也曾被委任為聯合國大會中華民國代表團顧問。兩人周遭的朋友及工作伙伴也大都是知識分子，他們從知識階層所產生的思維模式，提出對當前局勢的解決之道，但對一般社會大眾的影響，恐怕不如蘇東啟、施明德等民間草根型人物走群眾運動方式要來的有效。

蔣經國在1966年邀請彭明敏（1964年出獄）到國防部長辦公室晤談，彭表達想回大學任教的想法，不久後，蔣邀請彭到其「智庫」——國際關係研究所擔任研究員，雖然彭明敏謝絕，但在往後數年中，蔣經國仍不時派出情治人員向彭表示，「國民黨內的自由派」依然希望說服他參與體制內的改革運動[130]。

蔣經國對於臺灣的反對運動，尤其是以本省籍人士為主的活動，對國民黨政權威脅的嚴重性，比當時政府某些高層外省籍官員先一步洞察及了悟。他曾在日月潭的高階將領會議後，力勸某些將領將本省籍軍官晉升到高階，他說：「各位，這是一個嚴肅的題目，如果我們不把本省人當中國人看待，我們的麻煩就大了[131]。」

1965年5月，長年在東京領導臺獨運動的廖文毅公開揚棄臺獨運動，飛回臺灣[132]。當局旋即把向廖文毅及其家人沒收來的財產發還，相信這是廖文毅和蔣經國協議的一個重要條件[133]。1966年，國民大會選舉蔣介石為第四任總統，同時通過由蔣經國強力

---

128 林樹枝，1992，《出土政治冤案》，第1集，頁128-138，出版者不詳。

129 陳賢慶、陳賢杰，1997，《民國軍政人物尋蹤》，頁349，江蘇：新華書店。

130 陶涵（Jay Taylor），前揭書，頁307-308。

131 同上，頁308。這是Lodge Loh在1995年9月13日在臺北接受Jay Taylor訪談時所說。

132 曾為臺灣共和國臨時大統領的廖文毅在1965年5月14日返回臺灣，經安排出任曾文水庫興建委員會副主委之後，臨時政府在不久之後瓦解。此後，王育德（日本明治大學講師）領導力量成了日本臺獨運動的主流。陳銘城，1992，《海外臺獨運動40年》，頁12、13、15，臺北：自立晚報出版社。

133 同注130，頁308。

催生的一項臨時條款修訂案，允許辦理中央民意代表補選，以反映臺灣地區人口成長的實際狀況[134]。

國民黨在蔣經國的指導下，已經採取爭取省籍政治人物的第一步，要讓占人口多數的臺灣人在中央民意機關裡擁有若干代表席次。

1970年，蔣經國以行政院副院長身分訪美。4月24日，蔣經國到紐約市廣場飯店，發生黃文雄開槍行刺未遂的事件[135]。這是由美國「臺灣獨立聯盟」（World United Formosans for Independence，簡稱WUFI，1970年成立）所策畫的暗殺行動，但事後卻因為該由組織抑或個人來承擔暗殺事件的法律責任，造成內部的恩怨與爭論[136]。這一次的暗殺行動，使反對運動逐漸由知識分子而深入民間，由書生紙上論政變成實際行動，甚至武力暗殺。這些在蔣經國正式接掌行政院後，遂於他逐漸體會及重視「本土化」的過程中，扮演了重要分量的催化劑。

第三節　美麗島事件

1964年彭明敏事件主要影響並激勵海外臺獨人士，尤其當時在海外的臺獨大將如蔡同榮、張維嘉、蔡明憲等人原來就是彭明敏的學生。「臺灣人民自救運動宣言」事件使許多留學生加入臺獨團體，此一衝擊最後更促成全美臺獨團體的整合[137]。

發生於1979年12月10日的「美麗島事件」（又稱高雄事件），則對臺灣島內的臺

---

134 同上。這次補選在1969年舉行，只有26名立法委員的名額待選舉重新產生，大約占整體委員中的5％。

135 薛化元，《臺灣歷史年表——終戰篇 II》，前揭書，頁110。

136 陳銘城，前揭書，頁139-147、149-150。在槍擊事件之後，黃文雄、鄭自才（黃的妹婿）被美國警方逮捕，當時臺獨聯盟重要幹部張燦鍙、蔡同榮為了保護組織及成員，對外宣稱這是盟員個別英勇行為；但鄭自才等認為聯盟應負擔責任，為此內部存在許多恩怨與爭論。蔡同榮在1972年元旦任滿2年主席後辭職，由彭明敏繼任。但彭明敏因不適應內部紛擾，1973年起由張燦鍙接任臺獨聯盟主席。

137 對海外臺獨運動深具影響的還有許信良於1980年在美國建立的「臺灣建國聯合陣線」，吸引許多在1975年之後移民美國的中產階級。1986年成立「臺灣民主黨建黨籌備委員會」，主張遷黨回臺，促成民主改革，而當時的美國臺獨聯盟不相信民主改革，仍堅持武裝革命，出現路線之爭。另一個海外臺獨運動轉型的表徵就是1982年「臺灣人公共事務協會」（FAPA）的成立，主張透過遊說美國國會而非用武力推翻國民黨，旨在強調臺灣政治民主，未提到臺獨。

獨運動及民主進步黨的成立，產生重大的影響。在這場於戒嚴時期因群眾遊行而導致的衝突事件中，當局將為首的8人安上「叛亂」罪名，分別是黃信介、施明德、姚嘉文、張俊宏、林義雄、呂秀蓮、陳菊等[138]，而被告林義雄的家人在隔年（1980年）2月28日白天遭人殺害。此外，大審中的辯護律師則有尤清、江鵬堅、陳水扁、謝長廷、蘇貞昌等人，他們日後在臺灣政壇日益嶄露頭角。

美麗島事件及軍法大審之後，英雄與道德色彩凌駕了過去一切因素，成為黨外運動群眾聲勢苗壯的最大能源。道德正當性投射在受難者家屬身上，至於英雄光環卻由辯護律師們接收了。在美麗島事件的本質分析上，施明德認為該事件和「228事件」一樣，不應過分強調有多少人被國民黨誣陷株連、無緣無故成為冤魂，反而應該強調許多人是有意識的反抗暴政，這些喪生的英靈，不但值得謳歌，其價值更超越所謂的「冤魂論」。雖然施明德以史詩般的浪漫加以歌詠，但該事件對臺灣政治其實產生了深遠的意識和影響，茲分析如下：

一、對國民黨的衝擊

1979年「美麗島」事件，是否加速蔣經國將政權「臺灣化」（或稱在地化）呢？蔣經國在處理1977年的「中壢事件」[139]及「美麗島事件」時，都指示軍警不得動用武力鎮壓。美麗島事件中，蔣經國傳話，不得有任何人被判處死刑，只要他在位擔任總統，他「不允許島上有流血」[140]。蔣經國在處理「中壢事件」和「美麗島事件」兩個

---

138 《美麗島》是黃信介於1979年創辦的政論雜誌，當時美麗島政團有所謂核心決策的「5人小組」，成員有施明德、許信良、張俊宏、姚嘉文、林義雄，其中姚嘉文引介「暴力邊緣論」，而這一名詞也成為軍法大審中，國民黨指控他們叛亂的證據。參見2003年2月27日，《新新聞》，第834期，頁45，臺北：新新聞。

139 所謂「中壢事件」是指1977年許信良脫離國民黨自行參選桃園縣長，11月19日，中壢市第213號投開票所選監主任涉嫌舞弊作票。消息傳出後，引發萬餘名許信良支持者焚燒中壢警分局，蔣經國下令警察撤出，不准開槍傷人，許信良獲22萬票，當選桃園縣長。而在1977年臺灣首次5項地方公職人員選舉，「黨外」獲得4席縣市長、21席省議員、21席鄉鎮市長。

140 此為美國學者陶涵（Jay Taylor）在《蔣經國傳》，前揭書，第389頁注19中說，此話是「余紀忠，1996年5月24日在臺灣接受他的訪談所說。」

問題的方針上，已經與50年代的嚴厲鎮壓有所不同，而代之以高壓懷柔並進。我認為以本省菁英為主導的反對運動，似乎開啟了與蔣經國和平共存的契機，而為鞏固中華民國及國民黨政權，避免陷入族群鬥爭泥沼，選擇李登輝作為政治上的接班人，在當時環境看來，或許是最好的選擇[141]。許信良認為在「美麗島事件」之後的10年，蔣經國充分利用這段空檔來加速培養與黨外領導者同世代的國民黨菁英，而黨外運動剛好經歷10年中空。許信良認為美麗島事件不應該貿然發生，沒有發揮應有的領導作用。民主的發展反而表現在蔣經國選擇李登輝當接班人的措施上，而非由反對運動所主導。呂秀蓮也認為這是一場「明知山有虎，偏向虎山行」的躁進運動，不過這也是在臺灣的中國人對臺灣人的一種迫害[142]。

二、黨外勢力的發展

「美麗島事件」之後，「辯護律師派」崛起，1981年選舉中，蘇貞昌、陳水扁、謝長廷都高票當選，連帶將許多黨外新生代送進省議會，這些辯護律師所憑藉的正是在美麗島事件中挺身而出的道德勇氣與英雄形象。在這種悲劇英雄光芒的氣氛烘托下，黨外發展愈趨激進，強調「體制內改革」與「改革體制」的謝長廷及主張協商、制衡的康寧祥（《八十年代》主編），都遭到邱義仁等人猛批，務實的律師派也不得不改弦更張，向英雄與道德立場傾斜。這批美麗島事件之後才參與政治活動的新生代，在時勢所趨下，必須扮演一個集英雄、悲情、草莽、解放者等性格於一身的角色繼續領導黨外勢力挑戰國民黨，並取代老一輩所謂「美麗島系」大老們的政治舞臺[143]。

問題在於一旦取下這副面具，恢復平凡的普通人格，且時代的因素也逐漸解除後，他們還有什麼辦法去維持他們刻意所塑造出來的形象呢？為了保持悲劇英雄的幻

---

141 對於美麗島世代黨外菁英而言，李登輝是屬於父執輩的日本世代臺灣人，雙方有許多相同的成長歷程及回憶，尤其他在繼任總統之後刻意包容民進黨並禮遇海外臺獨人士，使許多民進黨人士都有無法抗拒的李登輝情結。民進黨創黨元老張俊宏就自承「完全無法抗拒李登輝，一看到他，就像看到自己的父親，看到那一代受良好日式教育的臺灣人。李總統的性格、脫口而出的俚語，面對重大事件的發言，我都能體會。他就像我父親」。2000年5月16日，《聯合報》，第8版。

142 同注138，頁47-48。

143 同上，頁36-41。

影，將族群政治訴諸爾後競選的主軸，倒不失為最佳解套方案和選戰利器。

第四節　蔣氏父子建設臺灣

　　1999年，《華盛頓郵報》將50年前蔣介石逃離大陸的新聞，選入《本世紀郵報報導選萃》一書，並把這條新聞重刊於12月10日的郵報中（1949年12月10日當晚，蔣介石自混亂大陸飛抵臺灣），還作了個「飛往福爾摩莎」（Flight to Formosa）的醒目標題，另加編者按語指出：「蔣介石在臺灣的流亡生涯從未停過，反倒是他的兒子蔣經國銳意改革，使臺灣出現了今天蓬勃的民主政治新局。」編者的話亦表示，蔣介石飛往臺灣的這段歷史，使得臺灣與大陸的統一成為問題，這也是「美中關係裡，最情緒化和最具爆炸性的問題之一[144]」。

　　根據我的研究，中華民國於1949年流徙到臺灣以後，蔣介石總統在面對中共武力侵臺的壓力下，對內實行戒嚴令下的威權手段，以西方價值觀對「民主政治」的定義，臺灣在民主化上是沒有任何進展的。然而，治史者必須以當時環境來討論當代人物才屬客觀公平，面對中共軍事犯臺的壓力及共諜在內部的顛覆，戒嚴及白色恐怖當屬必要之惡。蔣介石當時對臺灣最大的貢獻，就是充分信賴財經技術官僚、善用美援，奠定臺灣經濟奇蹟與富裕的基礎；另一方面，威權高壓統治形成一道緊箍圈，圍堵了異議的行動與聲音，在「反共抗俄」的創造性模糊口號下，「團結」了臺灣社會大部分的人心。

　　蔣經國在陳誠副總統過世後，順利解決蔣介石總統接班人的問題。另一方面，臺灣的戰略地位優勢已經被美國尼克森總統的「聯中（共）制蘇」所取代，在退出聯合國後，蔣經國更大力拔擢臺籍菁英進入以往由外省菁英所掌控的權力核心，開啟「本土化」的工程。1979年美麗島事件爆發，我們認為這種以臺灣民族主義為訴求的群眾運動，促使蔣經國正視這些在野臺籍菁英的訴求和壓力，於是加速民主化腳步，容忍民主進步黨的成立、宣布解嚴、開放大陸探親，更重要的是拔擢臺籍副總統李登輝成為接班人。由於蔣經國的「本土化」及「民主化」政策，使得由大陸流徙臺灣的中國

---

144 1999年12月10日，《中國時報》，第14版。

國民黨與中華民國避開歷史上的陷阱，順利解決潛在省籍衝突可能爆發的因素，並為本地大部分人民所接受。

從政府流徙到臺灣的第一任陳誠內閣起，就吸收臺籍閣員，到蔣經國組閣時更大幅起用臺籍菁英，而開啟所謂「本土化」的局面[145]。另一方面，由於爭取美國在政治、軍事、經濟（美援）上的支持，蔣介石在內閣成員上起用了大批具有留美背景的財經及理工技術菁英，而蔣介石承認自己對經濟問題不在行，遂決定將財經大權全權授予他的副手陳誠及陳誠手下的一批財經技術官僚[146]。

這批財經技術官僚多出身「仁社」（1919年由9位中國留美學生在哥倫比亞大學宿舍創辦，取名為Phi Lambda Fraternity），到了1947年時，仁社在全國共有13支社（包括臺灣），計有社員459人，國外則有歐美2分社，社員154人。仁社社員名單中，先後在蔣介石時代內閣擔任部會首長或行政院長的有嚴家淦、尹仲容、陶聲洋、張繼正、李國鼎（另有錢純、趙耀東）等人[147]，這批人在國府遷臺之後，因緣際會登上歷史舞臺，奠定了臺灣的經濟奇蹟。

據統計，臺灣的財經決策核心，計有43名最具影響力的技術官僚，其中有10人擔任過財經首長，分別是嚴家淦、尹仲容、楊繼曾、李國鼎、俞國華、俞鴻鈞、徐柏園、蔣夢麟、沈宗瀚和孫運璿，其中孫運璿最晚加入財經決策中心[148]，而其餘9人都

---

145 李登輝，《臺灣的主張》，前揭書，頁62-63。「本土化」的定義，每人的見解都不盡相同。李登輝定義為建設臺灣、認同這塊土地（但不排斥懷念大陸故土），就是所謂「本土化」；但李登輝認為雖然蔣經國說「我也是臺灣人」，然對於以臺灣人為主體的政治問題，他沒有深入思考。李登輝認為將「中華民國臺灣」或是將「臺灣的中華民國」實質化，才是當務之急。

146 陳誠兼美援運用會主任委員，主要決策者有尹仲容、嚴家淦、楊繼曾；主要執行者：李國鼎、陶聲洋、韋永寧；主要研究幕僚：王作榮、葉萬安。王作榮認為蔣介石與陳誠兩人對財經官員充分信任、充分授權，既不公開發言自作主張，也從不私下出意見作指示。而這批決策官員在爭辯、討論、妥協後通常自作決定，根本不上報，上層知道真正重要的決策，他們會自動上報請示的。王作榮，2001年7月，〈李國鼎先生在臺灣經濟發展中的定位〉，《傳記文學》，前揭書，第79卷，第1期，頁38-39。李國鼎認為蔣介石智慧很高，思想也新，對於新的事務與觀念，只要稍加解釋，就能明白接受。他覺得老總統在經濟問題上的開明，恰巧與蔣經國的固執形成強烈對比。康綠島，前揭書，頁143。

147 康綠島，前揭書，頁60-61。

148 同上，頁77。

是在50年代初期加入財經決策機構。有關臺灣經濟重建與發展專責機構的演變史請參考圖二。

圖二　臺灣經濟重建與發展專責機構演變史（1949～1988）

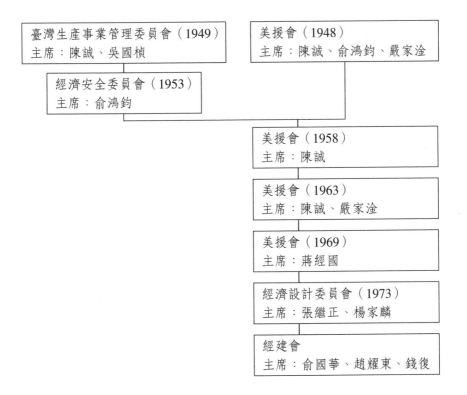

資料來源：Wen Hsien-Shen（1984），p.16。轉引自田弘茂，1989，《大轉型》，頁154，臺北：時報出版公司。

這批財經技術官僚帶動了臺灣經濟高度成長及發展，而蔣介石總統對他們在專業領域上的充分尊重和授權，是得以創造臺灣經濟奇蹟的關鍵因素。此外，本土社會財富和生活水準的增進，讓本土化得以成功推展，使國民黨這個外來的流徙政權，能在臺灣落地生根並造就穩定的政權。這是蔣介石的內閣財經技術菁英最大的貢獻[149]。

分析蔣介石總統時代（1950～1975年）的5屆內閣，陳誠第一次組閣（1950～1954年）時入閣閣員的平均年齡最年輕，只有49.6歲，這也反映政府在由大陸流徙到臺灣的大環境變動下，擺脫大陸時代舊有的人事、派系包袱，而採用一群年輕、高學歷的行政菁英團隊。在本屆內閣中，擁有研究所（含碩、博士）學歷的閣員，占內閣團隊的32%，而其中有出國深造（含大學、碩、博士等正式學歷）者為13人，占內閣團隊的60%，顯示內閣成員在成為權力菁英之前，已經是社會結構上所謂的知識菁英。在21位閣員中，有3人出身軍校，占全體閣員的14%，而這3位軍事菁英陳誠、郭寄嶠、賀衷寒分別擔任院長、國防、交通部長的職務。而由軍人組閣，也反映流徙政權在大環境變動、軍事危機的雙重壓力下，必然呈現的政治趨勢。3人中出身保定軍校的有2位──陳誠與郭寄嶠，這也顯示政府遷臺初期，保定軍校畢業生在軍事菁英中的重要性[150]。

在閣員的籍貫上，各有3位出身江蘇與廣東省，浙江省有2位。江浙地區自南宋以來即成為全國經濟重心，人才輩出，廣東則成為清末以來革命的基地，孫中山與蔣介

---

[149] 副總統蕭萬長回憶在第一次能源危機時，政府對管制物價逐漸力不從心，當時孫運璿、李國鼎、俞國華等財金三巨頭明知時任行政院副院長兼經建會主委的蔣經國不高興，但三人仍說服蔣經國不要再管制物價，政府後來宣布油價「一次漲足」，結果民間預期心理消失，物價得以平穩。蕭萬長認為這就是國民黨與民進黨的不同之處；國民黨完全信任專業、不受意識形態影響；而這三位財金前輩，李國鼎前瞻、俞國華認真、孫運璿宏觀、認真且無私，一起創造了臺灣的經濟奇蹟。

[150] 黃嘉瑜，1984，〈風雲榜〉，《透視安全挑戰》，頁15-16，臺北：風雲論壇出版社。政府遷臺後首任參謀總長周至柔也是保定軍校出身，另外還有抗日名將薛岳。政府遷臺後，國民大會以粵籍國代人數最多，薛岳似乎成為他們的精神領袖。因此保定軍校出身的軍事菁英，在政府遷臺初期扮演相當重要的角色。

石的祖籍即為廣東與浙江，這可解釋內閣中出身東南沿海的菁英占多數的原因。臺籍閣員雖然只有蔡培火1位，但正顯示政府在流徙來臺初期，已頗重視省籍問題。

俞鴻鈞內閣（1954～1958年）團隊平均入閣時的年齡為52.9歲。擁有碩士以上學歷的閣員有6位，占全體閣員的30％；擁有留學背景的有10位，占50％。在所有閣員中只有交通部長袁守謙出身黃埔軍校，占5％，較陳誠內閣的14％要少許多。而俞鴻鈞在財經領域的專業背景，也顯示流徙政權在逐漸穩定之後，開始致力於內部財經方面的建設。

至於閣員的籍貫方面，出身浙江的有3位，廣東、江蘇、湖南省籍的也各有3位，在整體上還是以華南地區沿海的省分占多數。臺灣省籍的閣員，仍然只有蔡培火1位。從閣員的專業背景分析，俞鴻鈞所領導的是以財經掛帥的內閣。

陳誠第二次組閣（1958～1963年），適逢臺海軍事危機，因此出身軍人的比例又大幅提升，除陳誠本人之外，計有袁守謙（交通）、李永新（蒙藏）、薛岳及蔣經國（不管部會政務委員）等合計5人，占全體閣員的19％。閣員的平均年齡較前兩屆要高，為57.5歲，這顯示內閣菁英必須有相當時日的行政歷練，才能獨當一面；另一方面，由於政權沒有輪替，也使權力核心有逐漸老化且集中一批人的趨勢。

在閣員的學歷方面，擁有碩士以上學歷的有9位，占全體閣員的35％，而有留學背景的有18位，占內閣成員的69％。當陳誠第二次組閣之際，爆發了雷震的《自由中國》逮捕事件。雖然陳誠本人容或同情雷震等人籌組新黨的訴求，但在蔣氏父子的威權體制及考量本省籍知識分子、政客與外省人合作可能帶給國民黨的嚴重威脅下，即使當時駐美大使胡適力諫，此事件還是以判重刑收場[151]。在這個階段，本省籍菁英

---

151 2001年2月28日，〈國史館機密檔案〉，《聯合報》。胡適自美國拍電報給陳誠，顯示當時的自由主義派比較接近陳誠，將陳誠視為可溝通的對象，但陳誠無力制止雷震被捕，也顯示國民黨權力菁英對領袖的「效忠」在當時的特殊意義。

大致上與外省籍菁英（自由主義者）進行合作，而國民黨在外部的統治正當性也為國際社會所接受，但是這個流徙政權在逐漸穩定之際，中央權力菁英還是以大陸遷臺的外省籍人士為核心主導。在本屆內閣中的閣員省籍分布來看，出身廣東、江蘇、浙江地區的各有4位，出身臺籍的增加為2位，占8％。連震東是第一位接掌部會首長（內政）的臺籍人士。此外，蔡培火及連震東二人都是屬於「半山」背景的臺籍人物，也都有「抗日」的經驗。

嚴家淦內閣（1963～1972年）已是中華民國政府遷臺的第四任內閣，政府流徙已然有14個年頭。在近10年的嚴內閣期間，先後有36位閣員，雖然平均年齡59.2歲仍屬偏高，但內閣也數度局部改組，起用較年輕的技術官僚。嚴內閣中擁有碩士以上學位的有17位，占全體閣員的46％；曾經留學國外者有26位，占70％。在閣員的省籍分布上，出身浙江地區的有8位，江蘇4位，廣東及湖南各3位，而臺籍人士也增加為3位，占8％，其中連震東和徐慶鐘二人先後出掌內政部，蔡培火仍續聘為政務委員。但徐慶鐘在背景上與上述二人不同，他沒有抗日背景，也非「半山」，而是出身於日治時期的農業技術官僚。在228事變之後，陳儀為弭平臺籍菁英的不滿，即建議由徐慶鐘等人出任省府委員[152]，因此徐慶鐘與國民政府有相當時日的共事經驗，也是國民政府在228事變之後刻意栽培的臺籍菁英。

嚴內閣時代的中華民國不論在內部及外部，都遭受嚴重的挑戰。在內部，本省籍的在野菁英甚至年輕的知識分子，都直接提出終結蔣介石或中華民國政權的宣傳和行動。他們的革命主張與雷震及支持《自由中國》的本省籍政客所呼籲的體制內改革等軟性訴求完全不同，從而使國民黨內少數有前瞻性及洞察力的政治領袖如蔣經國等，

---

152 2001年2月28日，《聯合報》，第3版。陳儀在228事變之後，向蔣介石提報改組後的省府委員推薦名單，其中包括了徐慶鐘、謝東閔、劉啟光等12人。

注意並警覺到本省籍菁英對外省籍菁英長期壟斷政治資源的不滿與憤怒[153]。

在外部的主權危機上，由於1971年退出聯合國，使中華民國在失去國際政治的主權承認之際，轉而尋求內部統治的正當性，而當務之急就是獲得本省籍人民的認同。一方面，政府需要更多的建設以滿足人民在生活上的需求；另一方面，政府必須逐步開放政權，讓更多的本省菁英能夠參與權力核心事務，而這些重大的政治工程，就由蔣經國來指揮策畫及具體實踐。

1972年5月26日，立法院以93.38％的高票率，同意由蔣經國出任行政院院長[154]。29日，總統發布新內閣命令，副院長徐慶鐘、祕書長費驊、內政林金生、外交沈昌煥、國防陳大慶、財政李國鼎、教育蔣彥士、司法行政王任遠、經濟孫運璿、交通高玉樹、蒙藏崔垂言、僑務毛松年，至於不管部會政務委員有葉公超、李連春、連震東、俞國華、周書楷、李登輝、郭澄等人[155]。蔣經國的內閣人員的簡歷參見表二。

---

153 其中菁英之間因潛在的利益而導致省籍衝突，早在當年陳儀治臺所公布的「懲治漢奸條例」（1945年12月6日）、「臺灣省停止公權人登記規則」（1945年8月21日），準備追究在「日本人主持之侵略性機構，擔任實際重要工作者，要撤銷其擔任公職的權利」時，已經導致普遍不滿。陳儀也曾下令，日治時期曾任職皇民奉公會者，都必須停止公職1～5年。這樣作法忽略在皇民化運動時，皇民奉公會已經動員到社會各階層，當然會引起民眾的普遍不滿（行政院下令停止陳儀的作法）。甚至在當年警總所提報228事件的「叛逆名冊」上，也包括半山的連震東、黃國書、黃朝琴、臺籍耆宿林獻堂等人，雖然當時政府並未完全採用，但本省籍菁英的憤怒和委屈由此可知。見2001年2月28日，〈剛解密的228史料〉，《中國時報》，第3版。

154 薛化元，《臺灣歷史年表──終戰篇II》，前揭書，頁172。

155 楊碧川，《臺灣現代史年表》，前揭書，頁132。同日，謝東閔與張豐緒兩位省籍人士也分別出任省主席及臺北市長。6月8日，蔣經國指示10項革新政風指示。29日，公布中央民代增加選舉辦法。

表二　蔣經國內閣人員簡歷（1972～1975）

姓名	出生年	入閣年齡	籍貫	黨籍	入閣前經歷	入閣職務	離閣出路
蔣經國	1910	62	浙江	國民黨	1969任行政院副院長	行政院長	總統
徐慶鐘	1906	66	臺北	國民黨	1966任內政部長	副院長	總統府資政
費驊	1902	60	江蘇	國民黨	1960-1969任交通部次長	行政院祕書長	1976任財政部長
林金生	1916	56	臺灣	國民黨	1970任中央委員會副祕書長	內政部長	1976任交通部長
沈昌煥	1913	59	江蘇	國民黨	1960任外交部長 1966任駐教廷大使	外交部長	國家安全會議祕書長
陳大慶	1904	68	江西	國民黨	1969任臺灣省主席	國防部長	逝世
高魁元	1907	66	山東	國民黨	1970任總統府參軍長	國防部長	戰略顧問
李國鼎	1910	62	南京市	國民黨	1969任財政部長	財政部長	1976-1980任政務委員
蔣彥士	1915	57	浙江	國民黨	行政院農發會委員	教育部長	1978-1979任外交部長
王任遠	1910	62	河北	國民黨	國民黨政策會副祕書長	司法行政部長	國策顧問
孫運璿	1913	59	山東	國民黨	1967任交通部長 1969任經濟部長	經濟部長	1978-1983任行政院長
高玉樹	1913	59	臺北市	無	臺北市長	交通部長	1976任政務委員
崔垂言	1906	66	吉林	國民黨	黨史會副主任	蒙藏委員長	國策顧問
毛松年	1911	61	廣東	國民黨	1963任臺灣銀行總經理	僑務委員長	國策顧問
葉公超	1904	68	廣東	國民黨	1961任政務委員	政務委員	總統府資政
李連春	1904	68	臺灣	國民黨	糧食局長	政務委員	國策顧問
連震東	1905	67	臺灣	國民黨	1960任內政部長 1966任政務委員	政務委員	國策顧問 總統府資政
俞國華	1914	58	浙江	國民黨	1967任財政部長 1969任中央銀行總裁	政務委員	1977政務委員兼經建會主委
周書楷	1913	59	湖北	國民黨	1971任外交部長	政務委員	駐教廷大使
李登輝	1923	49	臺灣	國民黨	1968農復會技正兼臺大教授	政務委員	臺北市長
郭澄	1907	65	山西	國民黨	國民大會祕書長	政務委員	研考會主委

資料來源：從本章節正文中所引述口述歷史、傳記、專書等資料整理而成。

蔣經國在接任閣揆之前，美國總統尼克森已經與中共簽署了「上海公報」[156]，而當尼克森由上海飛回美國時，主管東亞事務助理國務卿葛林（Marshall Green）和季辛吉助理何志立，銜命到臺北向臺灣領導人簡報訪問經過。蔣經國出奇的鎮靜，向美方強調只要遵行「共同防禦條約」和美國軍事持續援助，他就「不太困擾」[157]。當上海公報發布後，外交部長周書楷在赫斯特報系記者問到臺灣是否會改打蘇聯牌之問題時，周部長表示中華民國現在不排除「與魔鬼握手」，臺北和莫斯科之間可以舉行類似華沙會談的接觸。3個月之後，周書楷下臺[158]。這個人事調整，顯示蔣氏父子仍然以美國為主要的依恃力量。在蔣經國正式接掌閣揆之後，38歲的錢復出任新聞局長。錢復一上臺，就停止前局長魏景蒙的一些祕密外交活動，包括與蘇聯籍的「倫敦晚星報」（London Evening Star）駐俄特派員維多·路易（Victor Louis）的接觸[159]。

另一方面，蔣經國將有意爭取行政院長一職的周至柔予以排除[160]，並著手逮捕周至柔的智囊──時任《大華晚報》董事長的李荊蓀。李荊蓀從1957年8月～1970年11月止，在《大華晚報》上的「星期雜感」發表一系列批評政府的文章，加上其捲入蔣、周二人行政院長職務之爭而被逮捕，周至柔與黃少谷曾向蔣經國求情，但李仍被判處無期徒刑[161]。

---

156 楊碧川，《臺灣現代史年表》，前揭書，頁133。在「上海公報」中，基本上是各說各話的局面。中共主張中華人民共和國才是中國的唯一合法政府，臺灣是中國的一省。美國方面，則表示美國認知（Acknowledge）到臺灣海峽兩邊的中國人都認為只有一個中國，臺灣是中國的一部分……美國也同意等到該地區緊張情緒趨於緩和，將階段性削減在臺灣的美國軍隊。

157 陶涵（Jay Taylor），前揭書，頁338。

158 同上，頁338-339。

159 同上，頁315-318。路易（又名維他利·葉夫金尼耶維契Vitaly Yevgeniyevich）經臺灣情報機關確認是KGB的特務。蔣經國同意路易來訪，並要他的好友魏景蒙作為接待的窗口。1968年10月29日，兩人見面並以俄語交談，蔣經國向路易談起，一旦國民政府光復大陸，可以「考慮對美關係」，或許他已預見在「上海公報」簽訂之後，臺灣與美國之間要發展長期的戰略伙伴關係，已經不太可能實現了。而國府此番人事上的調整，應該是基於美方的壓力，或者是做給美國人看而已。

160 王作榮，1999，《壯志未酬》，頁362，臺北：天下文化出版。

161 陸鏗，1997，《陸鏗回憶與懺悔錄》，頁472-480，臺北：時報出版公司。直到1980年初，包括卜少夫等立法委員與新聞界重要人士，都曾經寫信給蔣經國及國防部長宋長志，希望李荊蓀可以「保外就醫」或「提前開釋」，均未如願。

在1972年6月，新內閣成立時，為了因應國際及國內時勢變化，以及國民黨逐漸重視並尋求內部統治的正當性，蔣經國內閣大量啟用臺籍人士，計有徐慶鐘、林金生、高玉樹、李連春、連震東、李登輝等6人，在全體內閣成員21位之中占有29%，居政府遷臺後各屆內閣之冠，行政院副院長一職則由嚴家淦內閣內政部長徐慶鐘升任。徐慶鐘出身臺北萬華地區，1931年大學畢業論文「黃麻硬實之研究」轟動整個臺北帝國大學，隨後於農業試驗所中成功培育一種新麻品種，日本學界命名為「鐘麻」，以紀念他的功勞。徐慶鐘也是本省農學家在日據時代唯一得到臺北帝國大學農學博士學位的學者[162]。其在內政部長6年任內，研訂臺灣地區社會建設4年計畫，訂定人口政策、勞工職業訓練制定、公布勞工職業金條例、醫師法及藥商品管理法等，將科學精神帶進內政部，有諸多新猷[163]。徐慶鐘是政府遷臺後第一位本省籍行政院副院長，不但是當局重視的農經專才，也扮演象徵本土菁英的角色。

祕書長一職由費驊擔任，費驊1902年出生於江蘇省，畢業於交通大學，並獲得美國康乃爾大學工程碩士學位，政府遷臺後，先後擔任臺灣公共工程局長（1945年）、臺灣省鐵路局副局長（1948年）、行政院經濟安定委員會委員（1953年）、美援會第二處處長（1958年），在1960～1969年擔任交通部次長，先後歷經過沈怡、孫運璿等部長[164]。費驊是蔣經國在經合會擔任主委時的副主委兼祕書長，由此可見當局對他的信賴及倚重[165]。

內政部長由林金生擔任。自陳誠第二次組閣以來，連震東和徐慶鐘皆以臺籍菁英身分相繼擔任內政部長，內政部長一職由臺籍人士擔任似乎已是慣例。林金生1916年出生於臺灣嘉義，畢業於日本東京帝國大學法學院。他擔任過嘉義首任縣長（1951年～1954年）、雲林縣長（1957～1964年）、澄清湖工業給水廠廠長（1964～1966

162 王春祝，1988，〈中華民國歷任行政院副院長〉，《中華民國內閣名人錄》，頁59，臺北：洞察出版。

163 同上，頁58。

164 陳賢慶、陳賢杰，前揭書，頁363。

165 陳子揚，1986，〈迎接技術統治的時代——中央常會中的技術官僚〉，《透視黨中央》，頁110，臺北：風雲論壇出版社。費驊在1984年2月29日因車禍逝世，終止在仕途上更上層樓的機會。

年）、臺灣省政府委員（1966～1967年，1967年起兼省黨部書記長）等地方首長職務。在黨職方面，曾經擔任雲林縣黨部主委（1954～1957年）、臺北市黨部主委（1969年）、中央黨部第一組副主任（1969年）、中央黨部副祕書長（1970年）[166]。這也是國民黨遷臺以來，自謝東閔（第7屆）、連震東（第8屆）、徐慶鍾（第9屆）以後，第四位臺籍副祕書長[167]。

在美國國務院對「蔣經國的臺灣人」的一份評估情報中，分析指出「林金生在中華民國政府內的成功，被歸功於1950年背棄反叛的臺灣人，投向政府軍隊。有些政治觀察家相信，林金生像一些其他與國民黨合作的臺灣人一樣，誠心認為他自己是要使政府政權和平轉移給臺灣人控制的先驅[168]」。

外交部長由前外長（1960～1966年），時任駐泰國大使（1969～1972年）的沈昌煥擔任[169]，以接替曾表示「不惜與魔鬼（指蘇聯）握手」的周書楷[170]。

國防部長由黃埔軍校一期畢業生陳大慶接任。陳大慶1904年出生於江西省崇義縣，在大陸時期，曾擔任集團軍總司令。政府遷臺後，歷任國家安全局副局長、局長（1947～1959年）、臺灣警備總司令兼軍管區司令（1963～1967年）、陸軍總司令（1967～1969年）、臺灣省政府主席（1969年7月～1972年6月）等職務[171]。1973年7月30日，總統公布新的人事命令：高魁元任國防部長，黎玉璽任總統府參軍長，而陳大慶因健康原因調任總統府戰略顧問[172]。

高魁元1907年出生於山東嶧縣，是黃埔軍校第四期畢業生（1926年）。在軍中，由基層連隊歷經陸軍總政治部主任、陸軍總司令、參謀總長、總統府參軍長等要職，1973年7月接任國防部長[173]。1949年，高魁元擔任第18軍軍長戍守金門，重創來犯共軍，俘虜5,000餘人，史稱「古寧頭大捷」。他是蔣經國最信任的國軍將領，因此能擔

---

166 1978年5月29日，《民族晚報》。
167 李雲漢，1994，《中國國民黨職名錄》，臺北：中國國民黨中央委員會黨史委員會。
168 王景弘，前揭書，頁436，
169 魏貽君，1989年9月，《臺灣政治將士象》，頁78-79，臺北：自立報系文化出版部。
170 陶涵（Jay Taylor），前揭書，頁338。
171 1988年6月，《國史館現藏民國人物傳記史料彙編》，第1輯，頁455-458，臺北：國史館。
172 薛化元，《臺灣歷史年表——終戰篇II》，前揭書，頁208。
173 傅立德，〈臺灣防禦的關鍵人物——中華民國歷任國防部長〉，《中華民國內閣名人錄》，前揭書，頁158-159。

任參謀總長及國防部長，是政府遷臺後第一位能先後出任軍令及軍政系統領導者的將領[174]。

財政部長由李國鼎留任。李國鼎早期受知於蔣介石總統、陳誠副總統、尹仲容等人，其在經濟及財政部長任內所提拔的青年才俊包括：徐立德、王昭明、李模、金唯信、白培英、王建、阮大年、何宜慈、石滋宜、張忠謀、楊世緘等財經及科技人才[175]。這些財經、科技界人才，被歸納為所謂的「KT派」（國鼎的英文縮寫）。但由於李國鼎建立的聲譽不凡，使美國國務院分析蔣經國之所以任命一個臺灣人副院長（徐慶鐘），目的就在於擋掉李國鼎這位外省籍的可能挑戰者[176]。

教育部長由嚴內閣時期的祕書長蔣彥士接任。蔣彥士與嚴內閣4位教育部長相較，並無大學校長的資歷[177]，但他與蔣經國私交甚篤，1969年蔣經國任行政院副院長時，力薦他出任祕書長，在其往後的政壇發展上，都頗為順利[178]。

司法行政部長由嚴內閣的王任遠部長留任。在歷任的法務部長中，大多由法學專家出任。在行憲初期，黨國大老謝冠生、梅汝璈、張知本等憲法專家都出任過該職。在政府遷臺後，林彬是早年的制憲和制法專家；谷鳳翔及王任遠都曾經擔任過國民黨政策會祕書長，對於黨務運作和立法事務均十分熟悉[179]。

174 風雲論壇編輯委員會，1987年1月，《蔣夫人與元老派》，前揭書，頁169-170，臺北：風雲論壇出版社。

175 魏子凡，〈參贊財經科技的三朝元老——李國鼎〉，《蔣夫人與元老派》，前揭書，頁47-49。

176 同註168，頁435。王作榮認為李國鼎在1969年由經濟部轉任財政部的一個重要理由就是「李家班」的凸顯，使蔣經國決定拔除此派系，故調任其為財政部長。王作榮，〈李國鼎先生在臺灣經濟發展中的定位〉，《傳記文學》，第79卷，第1期，頁43-45。李國鼎自己則認為蔣介石總統及陳誠副總統非常尊重及支持財經技術官僚的意見，尤其蔣介石頭腦很好，觀念也很新；但蔣經國不同，他對財經問題並不十分了解，卻很固執。見康綠島，2001，《李國鼎口述歷史——話說臺灣經驗》，頁211，臺北：卓越出版。

177 彭懷真，〈主管百年樹人的園丁——歷任教育部長的出身〉，《中華民國內閣名人錄》，前揭書，頁196。

178 胡煜嘉，〈從絢爛歸於平靜的國士——總統府國策顧問素描〉，《蔣夫人與元老派》，前揭書，頁86-88。蔣彥士在1978蔣經國就任第六任總統時，出任總統府祕書長，旋出任外交部長，1979年又出任中國國民黨中央委員會祕書長。後也曾為李登輝總統重用，擔任總統府祕書長。

179 吳淑美，〈中華民國歷任法務部長〉，《中華民國內閣名人錄》，前揭書，頁209。

經濟部長由原嚴內閣之交通部長孫運璿轉任。孫運璿一生大半與電力工程事業有不解之緣，在陶聲洋遽逝之後，在任不滿兩年的孫運璿轉任經濟部長。

交通部長由臺北市首任院轄市長高玉樹接任。高玉樹1913年出生於臺北市，畢業於日本早稻田大學機械工程系。在其從政生涯中，曾擔任臺北市第2屆民選市長（1954～1957年）、第5屆市長（1964～1967年）、首任院轄市市長（1967年7月～1972年5月）[180]。根據美國國務院分析蔣經國任用高玉樹出掌交通部的目的，是調離高玉樹這位可能的競爭者，使其脫離擁有群眾基礎的地盤[181]。而另一臺籍人士張豐緒被蔣經國提拔，其於屏東縣長任滿後接掌臺北市，目的是打破高玉樹在市府的官僚地盤[182]。蔣經國在人事命令發布前，曾經先行召見高玉樹，邀請他入閣，表示預備推動10大建設計畫，其中6項是交通建設，需要借重高玉樹的才幹。高玉樹無法推辭，只好接受新職務[183]。

蒙藏委員長由崔垂言接任。崔垂言1906年出生於吉林省，畢業於北京大學英文系、清華大學研究所碩士。曾任國民參政員、吉林省政府祕書長；政府遷臺後，曾任革命實踐研究院研究所長、黨史會副主任[184]。

僑務委員長毛松年1911年生於廣東省，畢業於國防研究院。1936年任陸軍官校教授、廣東賦稅局長（1941年）、廣東財政廳長（1948年）、廣東銀行董事長（1949年）、中央銀行祕書處長（1961年）、臺灣銀行總經理（1963年）[185]。由其背景資歷分析，毛松年接掌僑委會應基於兩個考量：

一、廣東省籍，使他與海外廣大粵籍僑胞較易產生情感上的共鳴。

二、他具備優秀財經專長和資歷，對內閣財經人才補強會有很大的助益。

---

180 孫夢承，〈30年內閣權力結構的變遷大勢〉，《中華民國內閣名人錄》，前揭書，頁36-37。

181 王景弘，前揭書，頁435。

182 同上，頁437。

183 陶涵（Jay Taylor），前揭書，頁339。

184 彭懷恩，1986，〈中華民國的政治菁英——行政院會議成員的分析（1950～1958）〉，頁282、310，臺北：國立臺灣大學政治研究所博士論文。

185 同上。

三、他是蔣宋美齡推薦的人才[186]。

1972年6月1日，在新內閣成立之後，總統發布人事命令：謝東閔為臺灣省主席，張豐緒為臺北市長，錢復為新聞局長，陳桂華為人事行政局長。謝東閔成為政府遷臺後第一位本省籍的省主席[187]。

在行政院不管部政務委員方面，葉公超、連震東、周書楷、俞國華4人是嚴內閣時的成員，其中葉公超及周書楷都曾擔任外交部長。葉公超在8年9個多月（1950年1月～1958年10月）的外長任期中，穩固我國在聯合國的地位、簽署中美共同防禦條約，對政府遷臺初期的國際地位和外交局面的擴展，貢獻最大[188]。1958年被外放為駐美大使，1961年因聯合國「外蒙古入會案」，結束其外交生涯，轉任政務委員。在外蒙入會立場上，臺北採彈性立場不予否決，但交換條件是美國甘迺迪總統公開聲明「堅決反對中共入會」[189]。而葉公超被解職是因為蔣經國從美國獲得密電，指出葉公

186 艾思明，1987，〈蔣夫人的風雲一生〉，《蔣夫人與元老派》，前揭書，頁19。毛松年在卸下僑委會主委後，又被委以駐日代表重任，可見蔣經國對蔣（宋美齡）夫人人馬的尊重。

187 薛化元，《臺灣歷史年表——終戰篇II》，前揭書，頁174。臺灣省歷屆省主席有魏道明、陳誠、吳國楨、俞鴻鈞、嚴家淦、周至柔、黃杰、陳大慶等人出任，其中謝東閔是第九任省主席，也開啟本省籍人士出任該職之慣例，其後，林洋港、李登輝、邱創煥、連戰等都是臺籍人士；但宋楚瑜卻是本土化後唯一的外省籍人士及末代（也是唯一）的民選省長。

188 楊其琛，〈外交風雲30年——中華民國的歷任外交部長〉，《中華民國內閣名人錄》，前揭書，頁105-109。

189 黃天才，1998年8月9日，〈解密：37年前外蒙入會案真相〉，《聯合報》。在蔣介石於1961年10月21日所主持的中常會上，谷正綱及張道藩兩位中常委堅決反對外蒙入會，堅持毋為瓦全的決心；但蔣介石卻表明，以讓外蒙入會，換取不讓中共加入聯合國的真正目的。蔣介石說：「聯合國代表權是我們當前在國際外交戰場上必須堅守的一個據點，一個非守住的堡壘……如今聯合國會員國增加至近一百國，意見分歧，不像以往那樣單純……我們以美國既對我國有所要求（允許外蒙入會），則我國自亦可要求美國有所回報，遂透過外交管道，向甘迺迪總統明白表示『可以考慮不使用否決權』，但要求甘迺迪總統公開表明對我代表權的堅定支持。必要時，並將使用否決權以拒阻中共進入聯合國。」蔣介石接著表示「由於我們多方動員，展示全國一致的決心……一致支持否決外蒙到底……要不是我們展示這種寧為玉碎，不計後果的決心，能贏得甘迺迪總統『強烈反對中共進入聯合國』的這樣公開聲明嗎……」在中常會上，蔣介石也非常理性的承認外蒙已經在1945年公民投票後獨立，並具備主權國家的身分及事實（這是當年中央日報社長陶希聖的轉述）。從蔣介石處理外蒙入會的態度及判斷來看，蔣總統對當時國際情勢、美國政府對華政策掌握等都非常清楚及務實，並以極富彈性的外交手腕來確保美國支持，以穩住聯合國的席次。

超在美國某處發表談話，以極惡劣的用語批評蔣總統，蔣總統遂將之解職，且在爾後「讀訓」場合，公開痛斥駐外使節在外人面前批評自己國家的領袖為喪失國格及人格的行徑[190]。

周書楷（外長任期1971年4月～1972年6月）接任外長，適值中華民國外交最艱困時期，他參與聯合國會籍保衛戰，自1972年起不斷出訪邦交國，以免產生骨牌效應；同時，周書楷領導外交部門留意新獨立的小國，成為日後外交工作的一大特色[191]。雖然周書楷因為主張打蘇聯牌而下臺，但當年（1968年10月20日～31日）蘇聯記者路易訪臺，會晤許多高層人士（包括時任國防部長蔣經國），在獲得蔣介石總統的同意下，新聞局長魏景蒙兩度（1969、1970年）赴維也納，洽商雙方對付中共的戰略合作[192]。因此，周書楷之所以下臺，應該是美方施加的壓力，而在蔣經國組閣後，又將他及葉公超網羅至不管部會，借助二人的外交長才，以穩固中華民國逐漸惡化的外交形勢。

郭澄是資深黨工，曾任臺灣省黨部主委、中央黨部副祕書長、中央政策會祕書長。在行政資歷方面，郭澄曾繼唐縱擔任省府委員兼祕書長一職長達6年之久，先後襄助省主席周至柔、黃杰主持臺灣省政[193]。俞國華在嚴內閣時期曾經擔任財政部長，此次重新入閣，仍兼任國民黨中央黨部財務委員會主任委員。

在2位新入閣的臺籍不管部政務委員方面，李連春1904年出生於臺灣，畢業於日本神戶商業學校。1937年，擔任米穀局參事事業部長，1946年起擔任臺灣省糧食局副局長、局長[194]。李連春在省府任內主管稻米及肥料長達20年，是農業專家。

---

190 黃天才，1998年8月10日，前引文，《聯合報》。

191 楊其琛，〈外交風雲30年——中華民國的歷任外交部長〉，前揭書，頁123。

192 1995年5月21日，《聯合報》。這是前新聞局長魏景蒙的日記「王平檔案」所揭露的祕辛。據日記記載，雙方曾談到中華民國如果反攻大陸，莫斯科將視之為中國內戰，採取中立態度，甚或以飛彈攻擊中共之軍事基地；臺北方面則一度想使用俄國海空軍的武器，向大陸進擊。在外交上，據魏景蒙說，蔣介石總統已在考慮承認外蒙，與之建立外交關係，以對毛共施加壓力。

193 劉紹唐，1975，《民國人物小傳》，第4冊，頁302-303，臺北：傳記文學出版社。

194 彭懷恩，〈中華民國的政治菁英——行政院會議成員的分析（1950～1958）〉，前引文，頁181、307。

李登輝1923年出生於淡水三芝鄉，1940年日本在臺灣推行皇民化運動時，曾改名為岩里正男。1943年，赴日就讀京都帝國大學農林學部農林經濟學科，1944年在日本入伍服役，為帝國陸軍少尉。1949年完成臺灣大學農業經濟系學業，留校任教。1953年擔任省農林廳技士，1957年擔任中國農村復興聯合委員會農村經濟組技士，1972年入閣擔任行政院政務委員兼農復會顧問，負責制定重要農業政策[195]。

李登輝也是政府遷臺以來，第一位被警備總部約談的內閣閣員。在遷臺初期，以李登輝所涉及的「匪臺灣省工委會臺大法學院支部葉松城叛亂案」的前科，是不可能入閣的，因此在警總約談期間，一位警總人員對李登輝留下一句耐人尋味的話「像你這種人也只有蔣經國敢用你[196]」。美國國務院分析李登輝的「與眾不同」，在於他與《大學雜誌》中主張改革的臺灣人有往來，而這些人在學生及知識分子之間很有影響力，因此李登輝的任命可能表示蔣經國有意爭取這個團體的支持。此外，李登輝與徐慶鐘的友誼可能也有助於他的任命[197]。

由於蔣介石總統於1975年4月5日病逝，從蔣經國組閣至蔣介石過世，所有閣員合計21位，他們與蔣介石總統的淵源關係參見表三。

以蔣介石總統在世時的蔣經國內閣（1972年6月～1975年4月5日）成員分析，在總計21位的內閣成員中，以技術專家身分入閣的有19位，占90％；這些成員或因其學歷、工作上經歷等而得以入閣，惟獨蒙藏委員崔垂言、僑務委員長毛松年2人，沒有任何處理相關事務的經驗，當局應該是考量兩人的籍貫（分別是吉林及廣東省）而入選。

其次，內閣成員中有18位與蔣介石總統有直接共事淵源，以本省籍內閣成員來說，連震東出身中央改造委員，徐慶鐘是嚴內閣的內政部長，與林金生都曾經擔任中央黨部副祕書長，因此3人都有與層峰在黨職或行政上共事的淵源。高玉樹長期擔任臺北市長，尤其被任命為改制後的院轄市長，並被蔣總統要求參加每個月所舉行的反共抗俄總動員會報（重要會議限黨員參加，高乃無黨籍）；而陳大慶（時任省主席）

---

195 李登輝，1999，《臺灣的主張》，頁316-323，臺北：遠流出版公司。

196 1999年4月6日，《聯合報》。

197 王景弘，前揭書，頁437-438。

表三　蔣經國內閣與蔣介石淵源關係

編號	稱職	姓名	血親	同鄉	同學友朋	師生	直接部屬	官邸近侍	黨中常委	技術專家	政黨或地域代表
1	行政院長	蔣經國	✓	✓			✓		✓	✓	
2	副院長	徐慶鐘					✓		✓	✓	✓
3	祕書長	費驊								✓	
4	內政部長	林金生					✓			✓	✓
5	外交部長	沈昌煥					✓	✓	✓	✓	
6	國防部長	陳大慶				✓	✓		✓	✓	
7	國防部長	高魁元				✓	✓		✓	✓	
8	財政部長	李國鼎					✓			✓	
9	教育部長	蔣彥士		✓			✓		✓	✓	
10	司法行政部長	王任遠					✓		✓	✓	
11	經濟部長	孫運璿					✓		✓	✓	
12	交通部長	高玉樹					✓			✓	✓
13	蒙藏委員長	崔垂言					✓				✓
14	僑務委員長	毛松年					✓				✓
15	政務委員	葉公超					✓			✓	
16	政務委員	李連春								✓	✓
17	政務委員	連震東					✓				✓
18	政務委員	俞國華		✓	✓		✓	✓		✓	
19	政務委員	周書楷					✓			✓	
20	政務委員	李登輝								✓	✓
21	政務委員	郭澄					✓		✓	✓	
	比例		5%	14%	5%	10%	86%	10%	48%	90%	38%
計算方式：該項人數／總人數（總人數：21人）											

曾在雷震案之後告訴高玉樹，因其市政建設傑出才未被找麻煩[198]。李連春、李登輝、費驊3人則未列入該選項，李連春雖然有20餘年糧食局經歷，但那是省屬單位而非中央層級；費驊亦不具備該條件。因此，在21位閣員中有18位與層峰有直接的部屬淵源，占86％，占所有選項中排名第二位。

21位內閣成員中，有10位閣員兼具中常委的身分，占內閣成員的48％，占選項中排名第三位。在嚴內閣時期，具有中常委身分的閣員占全體內閣的36％，也是在全部選項中排名第三位。排名第四位的選項則是政黨或地域性的代表，占38％，合計有臺籍的徐慶鐘、林金生、高玉樹、李連春、連震東、李登輝等6人，蒙藏及僑務委員長分別代表邊疆（崔垂言——吉林省）及海外華僑（毛松年——粵籍），此外，高玉樹是以無黨籍的身分入主交通部。

與蔣總統具有浙江同鄉淵源的有蔣經國、蔣彥士、俞國華等3人，占全體閣員中的14％，排名第五位。俞國華的父親俞作屏曾經擔任黃埔軍校英文祕書，叔父俞飛鵬曾任黃埔軍校軍需部的副主任，堂兄俞濟時也長期擔任蔣介石的侍衛長，由此可見俞國華與蔣介石的特殊淵源[199]。

至於在選項中的官邸近侍及師生兩項，同樣都有兩位閣員具備上述淵源，占所有閣員中10％，排名第六位。俞國華本人出身侍從祕書之外，其弟俞國斌也在大學畢業後服務於官邸[200]。沈昌煥在官邸中原本屬於「夫人派」，曾先後兩度出任外交部長[201]。具備師生關係的則是前後兩任國防部長陳大慶及高魁元，也是占10％。血親關係的只有蔣經國一位，占全體閣員的5％，排名第七。至於同學友朋選項之中只有俞國

---

198 1989年8月21日，《聯合報》。

199 青時宇，1987，〈層峰的親信與助手——探討總統府內大事〉，《總統府內幕》，頁97-99，臺北：洞察出版。曾任總統府機要室主任的周宏濤，後在第七屆中央委員會出任中央黨部的副祕書長，其祖父周駿彥是蔣介石浙江奉化鄉親，也曾任黃埔軍校軍需部主任，故周宏濤當年以30餘歲之齡即可登黨內高職。這些人事安排說明，當事人除具備忠誠及能力外，鄉親情誼往往也是得意政壇的一個重要背景。俞國華、王駿，1999，《財經巨擘——俞國華生涯行腳》，頁44-46，臺北：商智出版。

200 青時宇，前引文，頁98。

201 童瑞傑，〈總統府的「大內總管」歷任祕書長的背景〉，《總統府內幕》，前揭書，頁41-43。沈昌煥出身侍從室交際祕書，另外擔任過外交大員的沈錡及邵毓麟也都出身侍從室。俞國華、王駿，前揭書，頁86。

華具備此層關係。因此，根據以上統計分析，所列與蔣介石總統淵源的9個選項中，技術專家所占的比例仍然最高，排名第一。其次的排名分別是直接部屬、中常委、政黨或地域代表、同鄉、官邸近侍、師生及血親關係，比率分析請參見圖三。

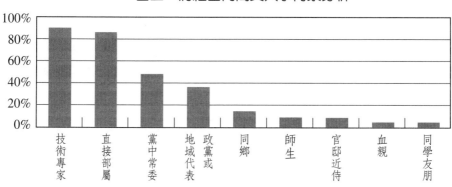

圖三　蔣經國內閣與人事背景分析

在所有內閣成員中，擁有5個選項的是蔣經國和俞國華二人。擁有4個選項的是徐慶鐘、陳大慶、高魁元、沈昌煥、蔣彥士等5人。徐慶鐘亦與國民黨淵源甚深，他在第8屆中央委員會繼連震東出任中央黨部副祕書長（1961～1966年）、中央常務委員（第10屆三中全會）等重要黨職[202]，並且歷經嚴內閣內政部長。而沈昌煥及俞國華兩人出身官邸，與蔣介石及其家族都有甚深淵源，同樣蒙受蔣氏父子重用[203]。

---

202 李雲漢，《中國國民黨職名錄》，前揭書，頁298、313、335。
203 漆高儒，前揭書，頁97。曾任軍聞社長的漆高儒憶及在1952年接到蔣經國（時任總政治部主任）的電話，趕赴官邸的一處祕密辦公室，接到一份「國軍主管任期制度」的新聞稿，要求發稿。當時除蔣經國之外，室內還有谷正綱、黃少谷、沈昌煥等人，由此可見這批人與官邸之間的親密關係，至於當時的閣揆陳誠是否了解蔣經國或所謂「官邸派」的一些活動，就不得而知了。

具有三層淵源關係的閣員有林金生、連震東、李國鼎、王任遠、孫運璿、高玉樹、郭澄等7人，二層淵源有崔垂言、毛松年、葉公超、李連春、周書楷、李登輝等6人。其中葉公超及周書楷曾任外交部長。毛松年雖是蔣夫人親信，但因其並未有任職官邸侍從或祕書的經歷，故未將他列入官邸派[204]。至於曾任職糧食局20餘年的李連春，在其任內糧食生產量即高過日據時期最高紀錄，對於提供充裕軍糧、維持糧價合理穩定、安定民生有功，屢蒙蔣總統召見而備受肯定[205]，但因其為省級官員而不列入與總統直接共事淵源。在所有閣員中，只有費驊具備一項淵源，他是經合會的技術專家，曾兼任主委蔣經國的祕書長，是蔣經國拔擢的財經人才。1978年蔣經國接任總統，任命廣受民間好評的孫運璿組閣。

1984年2月24日凌晨，孫運璿因腦溢血突發而中風，這是中華民國政府遷臺以來第一位在任內重病而無法視事的閣揆，不但打亂了蔣經國的人事布局，也象徵中華民國從此走上多事之秋的局面。爾後，由俞國華接任行政院長，李登輝轉而成為蔣經國的接班人[206]。

在蔣經國成功剷除黨內政敵，並開始重用臺籍青年才俊之際，相對的也引起非國民黨的臺籍菁英之疑慮和猜忌。美國駐臺北大使館副館長來天惠，在1972年7月12日

---

204 吳戈卿，〈追述蔣公行誼〉，《總統府內幕》，前揭書，頁123。曾任蔣介石在臺灣時期中英文祕書的有沈昌煥、曹聖芬、秦孝儀、沈劍虹、楚崧秋、錢復、周應龍、宋楚瑜等，而且歷任中文祕書幾乎都是湖南人。楚崧秋分析，此一現象或許與蔣介石生平最景仰湖南先賢曾國藩有關。另外這些祕書還有一個特色，那就是在大陸時期的都出自中央政治學校。而這些中英文（紀錄）祕書，後來紛紛出任國民黨文化事業主管。俞國華、王駿，前揭書，頁86-87。

205 胡煜嘉，〈從絢爛歸於平靜的國士──總統府國策顧問素描〉，《蔣夫人與元老派》，前揭書，頁107-108。

206 王作榮認為李登輝之能走上總統之路，除了蔣經國的不次拔擢其刻意栽培之外，尚得力於嚴家淦、黃少谷、孫運璿這三位蔣經國最敬重也最信任的人士同意；尤其以孫運璿最積極推薦支持。此外，還有余紀忠、宋楚瑜、蔣彥士和他本人。不過郝柏村、蔣孝勇都曾公開表示李登輝並不是蔣經國所選的繼承人，李登輝自己也曾和司馬遼太郎說經國先生並未明言李登輝是他的繼承人。王作榮相信李登輝是總統但不一定是蔣經國心目中國民黨的接班人。王作榮，1999年3月，《壯志未酬》，頁425-426，臺北：天下文化出版。郝柏村雖持不同意見，但也認為孫運璿及黃少谷兩人是蔣經國最倚重的幕僚，兩人都同意李登輝擔任副總統一職。王力行，1993年10月，《無愧──郝柏村的政治之旅》，頁40-42，臺北：天下文化出版。

向美國務院提出報告指出,他與12位臺灣知識分子聚會,發現他們對蔣經國的任命及手法並不贊同,「他們認為人事任命目的在使蔣經國的權力伸到臺灣統治機構的根。同時以很技巧的方法,表面上對臺灣人要求更大的權力表示同意[207],大部分獲任的臺灣人都是半山,或早已是成為國民黨爪牙的人。但不幸的是大部分的臺灣人被蔣經國所惑,如此結果可能造成邁向改革及臺灣人有意義之參與政治的時機被延遲[208]」。此外,這12位知識分子對蔣經國的統治表示關切,又擔心「上海公報」可能會結束臺灣與大陸的分裂,而走上統一。來天惠指出,這12名包括學界、商界及國民黨幹部的臺灣人年輕一代,「坦白表明他們反對蔣經國全面鞏固其權力,及他們決心組織一個對應的力量,以有朝一日從國民黨??外省人集團奪取主導臺灣的權力」。

1972年9月8日,來天惠向國務院發出另一份政情分析〈診斷臺灣的一些參數〉,他認為臺灣在當時遭遇的國際挫折,反而有助於內部穩定,而未造成因族群或相關問題為主之政治異議的威脅,因為「外省人及臺灣人對於政治穩定的期望高於一切……蔣經國被認為是唯一有足夠權力可以使社會團結,使臺灣各方面邁向獲益的領袖[209]」。

來天惠訪問過一些人,包括臺北、高雄及嘉義的市長、省議員們,如謝東閔、蔡鴻文、洪樵榕、郭雨新、高育仁,交通部長高玉樹及林金生等臺灣人,也包括李煥、黃少谷、蔣彥士等外省人。他宣稱這些結論也包含其他反對外省人繼續支配臺灣政治活動之人士的意見。綜合這些意見,反映出臺灣大部分人民認為政府是統治者,而不是被統治者的事,此外這些改革最好是由最強力的政府來達成,且不一定要用最民主的辦法。另外,他們體會到彭明敏的出走,對他們並沒有帶來可見的益處,及中華民國國際地位的急劇改變[210]。

---

207 王景弘,前揭書,頁439。這些人士有勞工法教授陳繼盛、臺大法律系主任王澤鑑、張德銘、張俊宏、林連輝、姚嘉文、張政順、賴浩敏、洪明宏等人。
208 同上,頁429-440。
209 同上,頁441。
210 同上,頁442-443。

在革新保臺的呼聲中，國會改選終於在1972年底舉行，國民大會選出53名新代表，立法院選出36名新委員，國民黨大勝。而臺灣省第5屆省議員、第7屆縣市長選舉舉行投票，結果國民黨囊括20席縣市長、55席省議員[211]。這次選舉，根據美國大使館分析，國民黨以年齡門檻作為淘汰老一輩臺灣政治人物的手段。凡是超過61歲者便不能再競選縣市長的規定，把高玉樹、楊金虎和許世賢分別從臺北市、高雄市、嘉義市長職位移走，而這一批人是臺籍政治人物中對「228」事件有參與或記憶者，也是擁有資源和高曝光率的地方行政首長[212]。

國民黨也藉此次選舉，把老一代的臺灣省議會議員淘汰，年過60歲者只有少數幾人獲提名，結果使省議會空出70%的位子給國民黨所提拔的新人。蔣經國的目的，是希望國民黨不再依賴傳統的派系領袖來填補地方公職。根據陳明通對第5屆省議員選舉的分析，將參選人背景區分及當、落選統計參見表四[213]。

---

211 薛化元，《臺灣歷史年表——終戰篇II》，前揭書，頁190。

212 王景弘，前揭書，頁445-446。在1972年12月的縣市長選舉上，蔣經國及李煥（1960年上半年任省黨部部主委，後調任中央黨部組工會主任）聯手實現「超越派系」的理念，尤其針對派系鬥爭最激烈的臺中縣、基隆市、臺南縣、臺東縣等分別提名陳孟鈴、陳正雄、楊寶發、黃鏡峰等人而順利當選。林蔭庭，前揭書，頁141-145。

213 陳明通，1991，〈臺灣省議員研究〉，頁449-450，臺北：國立臺灣大學政治研究所博士論文。

表四　政治群體屬性與省（參）議員當選的關聯分析

政治群體屬性／選舉	選舉結果	反日本殖民政權運動集團		三青團救國團系統		地方派系		光復後反對運動集團		省(參)議員候選人數		未有政治集團身分者		中央大陸統治菁英集團		半山集團		阿海派		日本	
		人數	百分比	人數	百分比	人數	百分比	人數	百分比	人數	百分比	人數	百分比	人數	百分比	人數	百分比	人數	百分比	人數	百分比
省議會 1946	當選	6	0.5%	5	0.4%	0	0.0%	0	0.0%	30	2.6%	1	0.1%	0	0.0%	5	0.4%	0	0.0%	13	1.1%
	落選	64	5.4%	11	0.9%	0	0.0%	0	0.0%	1146	97.4%	639	54.3%	0	0.0%	3	0.3%	0	0.0%	429	36.5%
臨一屆 1951	當選	0	0.0%	0	0.0%	0	0.0%	2	1.4%	55	39.3%	5	3.6%	0	0.0%	48	34.3%	0	0.0%	0	0.0%
	落選	7	5.0%	0	0.0%	2	1.4%	1	0.7%	85	60.7%	43	30.7%	1	0.7%	2	1.4%	3	2.1%	26	18.6%
臨二屆 1954	當選	0	0.0%	2	1.8%	23	20.9%	2	1.8%	57	51.8%	9	8.2%	1	0.9%	13	11.8%	1	0.9%	6	5.5%
	落選	0	0.0%	0	0.0%	6	5.5%	2	1.8%	53	48.2%	25	22.7%	4	3.6%	6	5.5%	0	0.0%	10	9.1%
第一屆 1957	當選	0	0.0%	1	0.8%	33	28.0%	5	4.2%	66	55.9%	13	11.0%	6	5.1%	5	4.2%	0	0.0%	3	2.5%
	落選	1	0.8%	0	0.0%	6	5.1%	8	6.8%	52	44.1%	28	23.7%	1	0.8%	0	0.0%	0	0.0%	8	6.8%
第二屆 1960	當選	1	0.8%	3	2.4%	34	27.0%	10	7.9%	73	57.9%	11	8.7%	5	4.0%	7	5.6%	0	0.0%	2	1.6%
	落選	0	0.0%	1	0.8%	6	4.8%	19	15.1%	53	42.1%	19	15.1%	2	1.6%	0	0.0%	0	0.0%	6	4.8%
第三屆 1963	當選	1	0.7%	7	5.1%	37	27.0%	7	5.1%	74	54.0%	12	8.8%	6	4.4%	3	2.2%	0	0.0%	1	0.7%
	落選	0	0.0%	0	0.0%	11	8.0%	20	14.6%	63	46.0%	25	18.2%	2	1.5%	0	0.0%	0	0.0%	5	3.6%
第四屆 1968	當選	0	0.0%	9	7.0%	37	28.7%	6	4.7%	71	55.0%	11	8.5%	4	3.1%	2	1.6%	0	0.0%	2	1.6%
	落選	0	0.0%	0	0.0%	5	3.9%	7	5.4%	58	45.0%	42	32.6%	0	0.0%	0	0.0%	0	0.0%	4	3.1%
第五屆 1972	當選	0	0.0%	14	11.6%	39	32.2%	1	0.8%	73	60.3%	17	14.0%	2	1.7%	0	0.0%	0	0.0%	0	0.0%
	落選	0	0.0%	3	2.5%	3	2.5%	7	5.8%	48	39.7%	32	26.4%	0	0.0%	0	0.0%	0	0.0%	3	2.5%

統計數字顯示，半山集團、阿海派[214]、日本殖民政權協力者、反日本殖民政權運動集團都無人當選，而光復後反對運動集團勢力則呈現明顯的滑落；但蔣經國最厭惡的地方派系，仍然是影響省議員當選最重要的因素[215]。

美國大使館認為「國民黨決定爭取臺灣人及年輕一代的支持，反映領導層有一項共識，即這些人的忠誠對長期的穩定是必要的。為改善其形象，國民黨精明的宣傳臺灣人在內閣人數的增加，及大量淘汰老人，以便增加新血的措施[216]」。另一方面，逐漸吸收臺灣人進入行政及黨務系統，以穩定國民黨在臺灣的永續經營，這是蔣經國在組閣之初所思考的方向，而行動上也逐漸落實他的理想；但是一批另有企圖心和野心的臺籍知識分子、政客等，對蔣經國逐漸本土化的措施則顯得憂心忡忡。因此，如何在本省籍群眾中生根、如何接納臺籍知識分子、對臺籍政客如何釋出更多的權力及利益，是當時蔣經國必須嚴肅思考的政治課題[217]。

1988年1月13日，蔣經國總統猝逝[218]。下午6點50分，國民黨中央黨部召開臨時中常會，主席俞國華宣布蔣經國的死訊，由副總統李登輝繼任。8點8分，在司法院長林洋港的監督下，李登輝依憲法宣誓接任中華民國第七任總統。而這時僅距蔣經國逝

---

214 阿海泛指1945年之前其祖先從大陸遷臺墾殖的先民子孫，其祖籍大部分為閩南及客家。1945年之後才由大陸各省來臺的人士，泛稱為阿山（阿山係指唐山）。

215 根據陳明通的統計顯示，在1972年省議員選舉中，地方派系當選人仍然占有32.2％；光復後反對運動集團則只有0.8％。但是爾後省議員選舉中，反對運動集團大致維持成長的趨勢，地方派系雖有比例下滑的趨勢，卻仍然占有相當的實力。可見派系問題一直是國民黨的沉重包袱。

216 王景弘，前揭書，頁446。

217 國民黨籍的臺籍政客對外省人長期壟斷政治資源心生不滿，也會產生對外省人爭權的企圖心。1963年省教育廳長，與許水德有師生之誼的吳兆棠曾對許水德說：「將來本省人一定會慢慢起來的。地方教育行政單位、省立中學都會重用本省人，因為本省人才愈來愈多了。」這番話使許水德大受鼓舞，並兼任高雄市教育局主任督學，最後走上從政之途。林蔭庭，前揭書，頁123-124。李遠哲則分析李登輝在臺灣光復後，由於大陸國民黨痛恨日本文化及受日本教育的臺籍知識分子，所以李登輝自覺一直備受壓迫和排斥，而產生國中後段班的心態，從而導致他一直認為國民黨是外來政權的看法。1990年8月25日，《聯合報》。因此，這些國民黨籍的新生代菁英其實與在野的臺籍菁英有一個共同企圖心，就是「當家做主」。

218 郝柏村，《無愧——郝柏村的政治之旅》，頁22。

世約4個小時。數日後，一位老榮民在中正紀念堂的臺階上呢喃著：「沒什麼好擔心的，有憲法做我們的根本」[219]。

李登輝推崇蔣經國是臺灣「民主改革的先驅者」，尤其肯定蔣晚年推動本土化，落實臺灣民主改革的決心。他自暴內幕說，當年接獲民進黨組黨成立的訊息時，立刻打電話向人在七海官邸的蔣經國報告。蔣聽完報告後，只跟他指示兩點，「老百姓第一，國家安定第一，其他的你都不用再多說[220]。」

蔣經國的行政團隊成員中，尤其是財經技術專家大多承襲他父親時代的行政菁英，如費驊、李國鼎、孫運璿、俞國華、周宏濤、張繼正等人，形成蔣經國主政時期最堅強的財經幕僚群。王作榮列舉日據時代與光復後重要農工產品產量比較表（參見表五），證明臺灣早在老蔣總統任內，經濟就已經起飛了[221]。爾後更多的財經官員在孫運璿和俞國華內閣嶄露頭角，使得對岸大為驚羨[222]。而優秀的技術專家的基礎在於高等教育，自中華民國遷臺以來，重視留學生及高教人才是兩蔣時代行政團隊的另一特色[223]。

---

219 同上，頁45。

220 2002年12月21日，《中國時報》，第4版。

221 王作榮，《壯志未酬》，頁345-346。蕭萬長認為孫運璿、李國鼎、俞國華三人在臺灣第一次能源危機，政府逐漸無法管制物價時提出油價一次漲足，並說服時任副院長的蔣經國不要再管制物價，結果民間預期心理消失，物價恢復平穩。蕭萬長認為李國鼎前瞻、孫運璿宏觀、俞國華認真，三人聯手締造了臺灣的經濟奇蹟。李功勤，2010年3月，《百年大業》，頁220，臺北：幼獅文化。

222 2007年臺灣媒體訪問中共統戰部副部長胡德平（胡耀邦兒子）時，他最關心的是「蔣經國對臺灣的貢獻怎麼樣？」「臺灣公共建設BOT的程序是什麼？」「李國鼎、趙耀東這些技術官僚都令我很感動啊！」見2007年3月11日，《中國時報》，A13版。

223 李功勤，〈蔣介石臺灣時代的政治菁英（1950年～1975年）〉；李功勤，《中華民國發展史》。

表五　日據時代與光復後重要農工產品產量比較表

項目	單位	日據時代最高產量	1946年	1949年	1952年	1976年
米	千公噸	1,420	894	1,215	1,570	2,713
糖	千公噸	1,374	86	647	528	779
漁	千公噸	120	51	80	122	810
豬	千頭	1,873	678	1,362	2,099	3,676
電	百萬度	1,195	472	854	1,420	26,877
媒	千噸	2,854	1,049	1,614	2,286	3,236
棉紗	噸	539	410	1,805	13,576	147,477
棉布	千公尺	2,682	2,558	29,805	87,639	811,233
紙	千噸	26	3	10	28	500
肥料	千噸	34	5	46	130	1,634
水泥	千噸	303	99	291	446	8,749
鋼條	千噸	18	3	111	18	1,309
一般機械	噸	8,200	980	3,666	6,155	317,741

※糖產量較日據時代為少，係政府政策結果。資料來源：根據各種官方資料編製。王作榮，《壯志未酬》，頁346。

以俞國華為例，他和閻振興是清華大學的同屆同學，俞讀政治系，閻讀水力工程系。在嚴家淦內閣中，兩人同時出任閣員。此外，孫運璿組閣時，出任經濟部長的張光世也是低俞國華一屆的清華校友；而曾經擔任過外交部長和駐美大使的葉公超，曾經是俞國華政治系英文教師[224]。臺灣不論是外省或本省人的家庭，都鼓勵大學畢業的子女前往美國深造，這個風氣長期下來對臺灣人的生活產生深遠的影響。在1954～1989年間，臺灣共有11萬5千人到美國求學，居全世界第一位。此時已有少數留學生學成歸國，其中有部分投入政府公職。李登輝是美國康乃爾大學的農學博士，早在蔣經國第一次組閣時便被延攬入閣，爾後成為第一位本省籍總統[225]。

在蔣經國的行政團隊中，有無黨籍的閣員高玉樹、郭南宏；但在蔣經國去世之

224 俞國華口述，王駿執筆，1999年，《財經巨擘——俞國華生涯行腳》，頁52-59，臺北：商智文化。當時錢學森、錢三強、姚依林、喬冠華、吳晗等人都是同時期同學，而吳晗在爾後成為文化大革命的的導火線。

225 陶涵（Jay Tayior），2010年3月，《蔣介石與現代中國的奮鬥》下冊，頁650，臺北：時報出版社。

前，孫運璿內閣曾經嘗試延攬女性入閣而未果[226]。在行政團隊中，也有出身侍從室的所謂「官邸派」，俞國華、周宏濤先後擔任蔣介石的官邸機要祕書，沈昌煥則擔任過交際祕書。周宏濤在機要祕書任期內兼跨大陸與臺灣時期，任期最長；俞國華則曾親身歷經「西安事變」，而兩人不但是小學同窗也都是蔣介石同鄉[227]，在行政團隊的領袖淵源中，被歸納為最內圈成員。不過在蔣經國主政時期，出身官邸機要祕書且為蔣氏族親的王正誼，在人事行政局長任內因涉貪，被蔣經國下令嚴辦並遭到司法重判[228]，可見其端正官僚風氣的用心。

在蔣經國的財經智庫中，1972年首次組閣後就成立「行政院財經五人小組」，將經合會縮編改制為「經濟建設委員會」，由張繼正擔任主任委員，兩位副主任委員則由臺大教授郭婉容、孫震出任，這也是兩人踏入官場的濫觴[229]。而五人小組除了當時任中央銀行總裁的俞國華之外[230]，其他四名成員為時任財經部長李國鼎、經濟部長孫運璿、主計長周宏濤、行政院祕書長費驊。1976年7月上任後，財政部長換成費驊，行政院祕書長換成張繼正，其他三人未變。直到1977年11月，經設會改組為經建會，五人小組決策功能併入經建會，五人小組才正式取消。

1981年，孫運璿內閣改組，任命趙耀東、徐立德分掌經濟、財政兩部，趙耀東曾

---

226 孫運璿在組閣後欲延攬本省籍女性閣員，曾與時任國民黨祕書長張寶樹共商選臺大中文系教授，也就是連震東外甥女林文月，但遭婉拒，直到10年後由郭婉容拔得頭籌。楊艾俐，1989年，《孫運璿傳》，頁181，臺北：天下雜誌。

227 俞國華口述，王駿執筆，《財經巨擘——俞國華生涯行腳》，頁70-86、164。

228 陶涵（Jay Tayior），《蔣介石與現代中國的奮鬥》下冊，頁85。另在陶涵的書中就分析蔣氏父子清廉及肅貪，當時族親王正誼貪汙被判處無期徒刑。見前引書，頁611-612、672、717-718。

229 郭婉容在1988年夏天於央行副總裁任內出任財政部長，為政府遷臺後第一位女性部長，並在5月率團赴北京出席亞銀年會。俞國華認為，這象徵我國今後在國際會議中，派員參加而不再顧忌中共。俞國華口述，王駿執筆，《財經巨擘——俞國華生涯行腳》，頁376-377。相較於臺灣，中共第4屆國務院（1975～1978年），產生首位女性副總理即吳桂賢，第5屆國務院（1978～1983年）則有女性陳慕華擔任副總理。

230 研究蔣氏父子的行政菁英，中央銀行總裁人選是兩蔣親自決定的重要人選，主要是通貨膨脹導致大陸失守重要因素。在蔣經國時代，曾出身央行總裁或副總裁的閣揆或財經部長的人有俞國華、張繼正。蔣經國逝世後，郭婉容與錢純曾分別在俞內閣擔任財政部長，其中尤以錢純被俞國華視為「財經王牌」。俞國華口述，王駿執筆，《財經巨擘——俞國華生涯行腳》，頁255-256。

開過紡織廠、鋼鐵廠，首創以企業家入閣之先例。在蔣經國主政時期，個性孤直而與強人在政策上頂撞衝突辭職的首推李國鼎[231]。趙耀東則以耿言著稱，「趙鐵頭」之名不脛而走[232]。然而，俞國華接任閣揆之後，任內發生「江南案」、「十信弊案」，不但造成內閣中財政和經濟部長的去職，也顯示國民黨強人體制控制力鬆動。

蔣經國主政時期（1972年～1988年1月）的內閣團隊，承襲中華民國政府遷臺以來的幾項特色：

一、高學歷技術專家。大學畢業占34.6％，擁有碩、博士學歷占60.3％，留學背景占67.9％。

二、本土化。內閣成員中本省籍占28.3％，以臺北與臺南人居多數；其中李登輝在1984年當選中華民國第七任副總統，1988年蔣經國去世後，繼任並當選為第八、九任總統。

三、行政院長、行政院副院長以及國防部長一定兼任國民黨中常委，而兼任中常委比例依序為經濟部長、財政部長、教育部長、內政部長、外交部長、交通部長、司法部長。

四、學而優則仕。施啟揚、徐慶鐘、李煥、陳奇祿、朱匯森、李登輝、張光世、郭南宏、郭為藩、董樹藩等10人都是由學界轉任政務官的代表。

分析蔣經國主政時期的內閣特色後，顯示高學歷及政治歷練是內閣職務甄補的必備條件，但拔擢本土菁英則是刻意的政治手段；以中華民國從一個外來流徙政權，在經過「臺灣化」之後，成功的與本土社會緊密聯結。早在1970年代，全臺灣26萬名公務員當中，已有16萬人為本省人，而本籍本省人士進入軍校人數也穩定上升，本省籍校官開始擔起領導大任[233]。蔣經國主政後，1974年就決定由當時37歲的吳伯雄接任公賣局長，36歲的趙守博出任臺灣省政府新聞處長，42歲的臺南縣長高育仁出任內政部

231 陳誠生前一直反對李國鼎入閣，認為他行事衝動易得罪人；但蔣介石卻最器重他，在經濟部長4年半任內共被總統單獨召見79次。但在蔣經國組閣後，主要反對蔣經國執著「穩定物價」政策，尤其因鹽稅及糧價問題而辭去財經部長一職。康綠島，2001年，《李國鼎口述歷史》，頁171-172、211-218，臺北：卓越出版公司。

232 楊艾俐，1989年，《孫運璿傳》，頁245，臺北：天下雜誌。

233 陶涵（Jay Tayior），《蔣介石與現代中國的奮鬥》下冊，頁660。

常務次長[234]。至於內閣成員中，除了李登輝升為副總統之外，如孫運璿內閣出任交通部長的為年僅45歲的連戰、俞國華內閣中有57歲的副院長林洋港，以及45歲入閣擔任內政部長的吳伯雄等人，都是臺籍內閣菁英的中生代代表。蔣經國過世後他們對臺灣政壇都產生重要的影響力。

東亞國家早期推動經濟發展時，會採取出口導向政策，主因缺乏資源，國內市場狹小，拓展出口可突破國內市場限制，並產生多重功能，加速經濟發展。因為出口的發展，可提高生產設備利用率，不只降低成本、增加利潤、提高投資能力；還可刺激投資，創造就業機會；更能調升工資，提高所得與消費水準。同時，由於出口擴大，外匯收入增加，可降低或解除進口管制，提升進口能力；不僅企業得以採購先進資本設備，提升生產力與調整產業結構；消費者亦可選擇更便宜和多樣化的進口商品與服務。因此，拓展出口，是創造就業機會和加速經濟成長的原動力。

1946年臺灣光復後，自貧窮落後轉變成繁榮富裕，創造舉世矚目的「臺灣經濟奇蹟」。臺灣社會也快速的由傳統的農業社會轉變成現代化社會，由於成功溫和的土地改革、循序漸進的經濟發展計畫、國民教育普及、經濟機會均等、所得分配平均，因此在兩蔣時代，出口平均每年成長19.7％，將臺灣占全球出口總額的比率，從1960年的0.13％拉升至1987年的2.13％，不僅位居亞洲四小龍首位，且為全球第11大出口國；此亦刺激國內投資每年成長11.8％，促進每年就業人數增加3.2％，以美元計的每人所得（GNP）更每年提升14％，帶動民間消費每年成長9.6％。因此，該時期每年經濟成長率高達9.4％，被譽為開發中國家經濟發展奇蹟，顯示出積極推展出口對臺灣經濟成長的卓越貢獻。

在1970～1980年代的兩蔣時期，世界曾先後發生過兩次石油危機和一次國際金融危機，受上述危機的影響，臺灣經濟也曾陷入衰退，物價連續上漲。在1972年12月

---

234 俞國華口述，王駿執筆，《財經巨擘——俞國華生涯行腳》，頁300。

～1974年2月的一年多時間內，全島經濟成長率只有1.1％，但由於政府採取的措施得力，臺灣經濟在短時間內就得到了恢復和發展。

著名經濟學家王作榮先生曾對1949年國民黨到臺灣初期時的臺灣經濟情況，描述如下：「人口激增、生產設備毀壞、物資奇缺、人民窮困、物價高漲、財政赤字、外匯枯竭，整個經濟已到了崩潰邊緣」。由於兩蔣時代採取一切措施穩定經濟，經過1949～1952年的努力，國民黨政權站穩了腳跟，並於1953～1960年實行了兩個四年經濟建設計畫，為臺灣經濟的高速發展奠定了良好基礎。1961～1987年，臺灣經濟起飛、繁榮，並進入轉型階段，這二十多年被人們稱為臺灣經濟的「黃金時代」。從此可以看出，兩蔣時代的經濟建設與發展，除了穩定當時國民政府撤遷來臺所造成的經濟動盪之外，更進行不少建設，奠定了臺灣在接下來的數十年中，成為世界經濟重要的一員。

在兩蔣時期，先後培養和使用了一批知識菁英。比如：上海聖約翰大學畢業的嚴家淦、曾任職美國西屋公司的電機工程師尹仲容、哈爾濱工業大學畢業的孫運璿、中央大學畢業的李國鼎和王作榮、倫敦政治學院畢業的蔣碩傑和化工專家嚴演存等。專業與技術菁英的任用，使得臺灣在行政效率與經濟表現上，展現了高度的成就。

兩蔣時代創造了令人驚艷的經濟成就，在亞洲地區，臺灣與香港、新加波、南韓並稱「亞洲四小龍」，並為「亞洲四小龍」之首。與亞洲其他三小龍相較，臺灣在兩蔣時代所創造的經濟成就毫不遜色。從平均每年經濟成長率來看；臺灣在「兩蔣時代」高達9.4％。如與亞洲其他三小龍比較，「兩蔣時代」臺灣經濟成長率高居第一，香港9.0％居第二位，新加坡8.3％居第三位，韓國8.2％殿後。當時各國每年經濟成長率都高達8.0％以上，而臺灣最高，故為四小龍之首[235]。

---

235 「歷任總統對臺灣經濟的功與過」，經濟日報，http://www.moneyq.org/forum/lofiversion/index.php/t11971.html，瀏覽日：2011年10月18日。

其次，就各時代平均每年出口增加率來看，臺灣在「兩蔣時代」高達24.9％，與其他三小龍比較，在「兩蔣時代」韓國出口增加率更高達32.2％，居第一，臺灣排第二[236]。

第三，以兩蔣時代最後一年的每人GDP比較，在「兩蔣時代」最後一年的1987年臺灣每人GDP為5,291美元，較香港與新加坡低，高於韓國排第三名[237]。

至於出口金額，在「兩蔣時代」最後一年的1987年，臺灣出口537億美元，超過其他三小龍，高居四小龍之首。

在「兩蔣時代」，臺灣的經濟成長率及出口金額，均居四小龍第一名，出口增加率居第二，每人GDP居第三，四項合計，高居四小龍之首[238]。

技術官僚是創造臺灣奇蹟的重要力量，為臺灣經濟發展制定一系列具前瞻性的計畫，自1951年開始每四年一期的中程經濟發展計畫，引領臺灣經濟與社會的發展方向。如臺灣工業化之初，資金短缺，政府先從勞力密集工業著手，發展第一階段進口替代產業，如民生必需品。60年代起臺灣的紡織品、塑膠製品、橡膠製品、合版及木材製品，以及家電用品等迅速展開外銷，臺灣政府推出各種鼓勵出口擴展措施。1973年石油危機，1970～80年代，臺灣陸續完成十大建設，包括石化、鋼鐵、造船、核能以及基礎公共建設（如高速公路、鐵路電氣化等）；並進一步發展技術密集工業，如電子、資訊、電機與機械工業。政府引導產業結構轉型與技術提升，發展政策如「獎勵投資條例」在1970年為配合鼓勵資本密集與技術密集工業，特別是創業投資，而作修正。1979年成立工業技術研究院，從事關鍵性技術研究，並將成果移轉民間。另外類似機構如資訊工業策進會、生物技術開發中心、食品工業發展研究所等。1980年設立新竹科學工業園區，該園區目前是臺灣高科技工業中心，占臺灣製造業出口的三分

---

236 「歷任總統對臺灣經濟的功與過」，經濟日報，http://www.moneyq.org/forum/lofiversion/index.php/t11971.html，瀏覽日：2011年10月18日。

237 「歷任總統對臺灣經濟的功與過」，經濟日報，http://www.moneyq.org/forum/lofiversion/index.php/t11971.html，瀏覽日：2011年10月18日。

238 「歷任總統對臺灣經濟的功與過」，經濟日報，http://www.moneyq.org/forum/lofiversion/index.php/t11971.html，瀏覽日：2011年10月18日。

之一。90年代在經濟全球化自由化的浪潮下，臺灣政府積極推動經濟自由化，包含外匯、貿易與金融自由化[239]。

兩蔣時代，臺灣的華人終於享受自辛亥革命以來最安穩的一段歲月，從經濟繁榮到解除戒嚴，為落實民主自由奠定了基礎，達成孫中山先生在當年推翻滿清，創建民國時所揭櫫的理想。

曾經傳聞擔任兩案密使的曹聚仁在1948年出版的《蔣經國論》中，對蔣有如下描述：「經國是哈姆雷特型的人物。他是熱情的，卻又是冷酷的；他是剛毅有決斷的，卻又是猶豫不決；他是開朗的黎明氣息，卻又是憂鬱的黃昏情調。他是一個悲劇性格的人，他是他父親的兒子，又是他父親的叛徒[240]！」曹聚仁在兩岸之間扮演密使角色，後來由1998年，中共中央文獻室出版的《周恩來年譜》得到權威的佐證。根據年譜記載，周回答曹詢問臺灣回歸後，將如何安排蔣介石。周說：「蔣介石當然不要做地方官，將來總要在中央安排。臺灣還是他們管。陳誠如願到中央，職位不在傅作義之下。」但直到曹聚仁暮年，終於留下「經國不願當李後主」的話語[241]。

在臺灣民眾心目中，對臺灣貢獻最大的總統首推蔣經國。根據民間交叉分析發現，民眾對蔣經國的評價不分黨派族群一致肯定，泛綠支持者也有四成八肯定蔣經國對臺灣功大於過[242]。這位在臺灣生活近40年的蔣介石長子，為臺灣奠定良好的經濟及民主基礎[243]。然而在兩岸關係上，雖然開啟了新思維，但爾後真正承先啟後的並不是他的副總統，而是身邊的那位出身哈佛法學博士，年輕的英文祕書在20年後實踐。

239　江啟臣，「新區域主義浪潮下臺灣亞太區域經濟戰略之研析」，發表於2008年4月18日第四次戰略學術研討會。
240　大陸人民出版社在北京重新出版上市的《蔣經國論》，是1948年上海版、1953年香港版和1997年臺灣版的綜合體。參見2009年5月8日，《中國時報》，A16版。
241　有關曹聚仁密使傳聞，請參見2009年5月8日，《中國時報》，A16版。
242　2007年12月11日，《聯合報》，A1版。
243　蔣經國總統在位期間（1978～987年）的年經濟成長率為8.7％，李登輝（1988～1999年）為6.8％，陳水扁（2000～2007年）4.1％。三位總統執政最後一年失業率比較：蔣經國（1987年）2％，李登輝（1999年）2.9％，陳水扁（2007年）3.9％。

第十章　今日兩岸

第一節　退出聯合國

　　1949年，中國共產黨在大陸建政，成立「中華人民共和國」，而國民政府則退據臺澎金馬，堅持「中華民國」主權及於全中國地區。就國際法而言，中國雖然因內戰而分裂，但由於臺北和北平兩個政府皆反對任何分裂國土之「兩個中國」的主張，因此中國在國際法上只有一個。而聯合國內「中國代表權」問題的由來，關鍵在於世界上大多數國家只承認臺北或北平為中國唯一合法政府[1]。

　　1949年11月18日，中共外長周恩來致函聯合國祕書長及聯大主席，要求由「中華人民共和國」取代中華民國在聯合國的席次。當時聯大主席並未立即採取行動，原因在於聯大證書審查委員會已通過由臺北政府派遣之代表出席聯大的合法資格。11月25日，蘇聯及其共產集團代表，於聯大第四次大會第一次委員會開會時，對臺北政府代表出席該委員會提出抗議，認為中華民國已失去大陸地區，無權代表全中國，這是聯合國第一次對中國代表權問題發生爭論[2]。

　　1950年6月25日韓戰爆發後，美國對中共的政策由「等待觀察」改變為圍堵，因此堅決反對由北平取代臺北的聯合國席次。11月3日，聯合國大會又通過聯合維持和平決議案，將安理會維持世界和平的權力移至大會，避免蘇聯在安理會行使否決權。12月14日，大會再通過英國所提出的處理會員國代表權的決議案，為避免聯合國各機構對某一會員國的代表資格作出不同決定，今後須以大會的決議為決議。此案獲通過後，往後20年間此一聯大決議乃成為辯論及表決臺北代表權案的等同憲章之規定，換言之，只要臺北政府繼續獲得每年聯大表決的勝利，即可維持會籍。

　　1951年2月1日，聯大通過由美國及其友邦所提出的決議案，譴責中共為韓戰侵略者（中共於1950年11月6日派大軍入北韓並攻擊聯軍）。由於中共被聯合國指名為侵

1　王國璋，1993年5月，〈中共如何取代我國在聯合國之席位〉，《問題與研究》，第32卷，第5期，頁11-23，臺北：國立政治大學國際關係研究中心。

2　UN yearbook，（1948～1949），頁295。

略者，以致多數反對中共代表中國的會員國代表團皆稱北平政權違反憲章所規定的入會先決條件——「愛好和平」，因此沒有資格代表中國。此時原本主張「會籍普遍化」原則的聯合國祕書長賴伊也改變立場，認為永久會員國與新會員國一樣，其會籍及代表權，同樣須受聯合國憲章第4條——「愛好和平」的考驗[3]。

1970年，隨著文化大革命逐漸趨緩，中共開始在國際間爭取承認支持，且透過加拿大表明願意代表全中國參加聯合國。1971年9月16日，尼克森總統宣布：「中國在安理會席次由中華人民共和國取代，但中共入會將不得排除中華民國在大會的代表權[4]。」

而臺北方面，深感聯合國的會籍保衛戰日趨艱辛。儘管蔣介石抱怨尼克森的雙重代表案，並強調「寧為玉碎，毋為瓦全」，可是臺北還是準備同意順應時勢，在實質上接受丟掉安理會席次，以保住聯合國會員身分的方案。由於蔣總統健康迅速惡化，這個重大的決定基本上由蔣經國裁決[5]。除了蔣經國之外，當時的外交部代理部長楊西崑、國家安全會議祕書長黃少谷、駐黎巴嫩大使繆培基、行政院祕書長蔣彥士等人都同意政府採取「彈性」的立場。蔣彥士在7月22日告訴美國駐華大使馬康衛，他主張中華民國政府即使失去安理會席次，也應留在聯合國[6]。

1971年9月16日，中共副主席林彪夫婦因密謀武裝起義失敗，倉卒逃走，在外蒙古墜機身亡。尼克森預定要在次春訪問大陸，會晤毛澤東，由於深怕「中」美尚未建

3　由於安理會各理事國將外交承認與代表權問題視為一體兩面之事，故未能解決中國代表權問題；而聯合國祕書長也怕共產集團退出聯合國，另組一國際組織與聯合國對抗，且他深信會籍普遍化原則，主張應讓中共入會。1950年3月8日，賴伊公布一份備忘錄，乃從法律的層面，就聯合國代表權與會員國家間的外交承認問題作一說明，要點是：代表權問題的難以處理，乃因會員國將外交承認與聯合國代表資格視為一體所造成。承認一個新國家或新政府，是一國政府的片面行為……而一國在聯合國的會籍及其代表資格，是由聯合國各機構集體所決定的……至於代表權，則由各機構審查後投票決定各國代表的資格書是否有效。請參閱1950年3月9日，UN doc. s-1466。

4　President Nixon's News Conference of Sept. 16，1971，in public papers of the presidents of the United States，頁950，1971（Washington, D.C.: GPO, 1972）。

5　陶涵（Jay Taylor），前揭書，頁335。另據蔣介石侍從醫官熊丸生前透露，1968年在陽明山的一次車禍之後，蔣介石心臟大動脈出現雜音，自此精神就沒以前好，同時攝護腺也出了問題。由於健康惡化，1972～1975年，蔣經國每晚都會跟蔣介石長談，而很多國家大事都已經由蔣經國透過老總統的名義處理。2000年12月22日，《中國時報》，6版。

6　王景弘，前揭書，頁351-353。

立的關係生變,所以不顧聯合國投票在即,派國務卿季辛吉去見周恩來,打聽大陸究竟是誰在當家[7]。但看在美國的友邦眼裡,無疑是傳達美國支持中華民國的立場已經鬆動的訊息。第26屆聯大於1971年9月21日開幕,代表團有外交部長周書楷,正代表有謝東閔、劉鍇等5人,副代表有林挺生、張純明等5人,顧問團多達32人,有馬樹禮、錢復、陸以正等人。而中共外交部為阻止雙重代表權一事成立,早在8月就發表聲明,如果聯大通過任何「兩個中國」或「一中一臺」的決議,大陸絕不接受[8]。

相對於中共強硬的態度,1971年蔣介石總統終於在大環境的變遷下,於最後階段勉強同意雙重代表權。於是,在外交部給所有駐外使節的訓令中,既促請友邦反對阿爾巴尼亞提案,又表示如果友邦贊同美國領銜的雙重代表權提案,我方也能理解。為避免駐外使節與駐在國交涉時,用字遣詞有誤,外交部還準備一份英文說帖,指令駐使在與對方外長磋商時,照文宣讀,一個字也不能更改[9]。

1971年9月聯大常會開會時,有關我國代表權有三個提案等待辯論及表決,其一為例行之阿爾巴尼亞排我納中共案;其二為美國及我友邦所提出的「開除中華民國代表權」乃重要問題案;其三亦為美所提案,建議大會決定中華人民共和國及中華民國皆在聯合國有代表權,但由中華人民共和國取代我在安理會的席次[10]。由於我政府拖至最後關頭始同意美國上述提案,致阿案先造勢成功,再加上表決時,美國國務卿季辛吉正在大陸商談尼克森訪問中共之日程和議程,使得10月25日聯大先就重要問題程序案表決時,55票贊成,59票反對,以4票之差失敗,我代表團見大勢已去,立刻聲明退出聯大。當周書楷大使步出會堂後,大會隨即以76票對35票通過聯合國〈第2758號決議案〉[11],承認中共取得在聯合國中代表中國之權。這等於向世界宣告,中華民國這個聯合國創始會員國如今在聯合國眼中,已經不是一個具有國家人格的主權國家了。雖然在20多年後,有學者開始討論此決議案的合法性[12],但不論是否合法,這個

7　陸以正,2000年10月25日,〈回憶1971年聯合國席位的最後一戰〉,《聯合報》,第6版。

8　陸以正,同上。

9　陸以正,同上。

10　UN doc. A —L. Sept. 29, 1971。

11　鐘聲實,1996年11月,〈從國際組織法觀點分析聯大第2758號決議〉,《問題與研究》,前揭書,第35卷,第11期,頁2。

12　鐘聲實,〈從國際組織法觀點分析聯大第2758號決議〉,前揭書,第1-14頁。

冷戰時期的產物對中華民國的國際人格產生了重大影響。〈第2758號決議案〉稱：

大會基於聯合國憲章的原則，認為恢復中華人民共和國的合法權利對於維護聯合國組織以及依據憲章所必須之行為均屬必須。承認中華人民共和國政府的代表是中國在聯合國的唯一合法代表，以及中華人民共和國為聯合國安全理事會5個常任會員國之一。茲決定恢復中華人民共和國之所有權利，以及承認其政府代表是聯合國之唯一正當性代表（The Only Legitimate Representatives of China），並立即將蔣介石的代表從其在聯合國及其所屬的一切組織中所非法占據的席次上驅逐[13]。

〈2758號決議案〉讓中華民國不僅失去代表整個中國的合法性，也使作為一個主權國家的國際人格「正當性」都被剝奪了。當時代表團中的陸以正則認為，假設當年美國所提的雙重代表權案獲得多數支持，在那年中共肯定拒絕加入。因為聯合國是以國家為單位的競技場，大家玩的是實力政治（Realpolitik），因此最多再拖1、2年，我國仍然會被趕出聯合國[14]。

退出聯合國之後中華民國可謂遭逢巨變，國內政局因此產生若干重大的影響，概略如下：

一、菁英立場轉趨務實

面對國際局勢的轉變，從蔣介石到權力菁英之間，對於如何因應聯合國中國代表權問題，雖然有各自不同的認知與考慮，但在1971年面臨聯合國中共挑戰的最後關鍵

---

[13] 2758號決議案（Resolution on Representation of China）（United Nations General Assembly, Oct.25, 1971. G.A. Res.2578, 26 GAOR Supp.29（A/8429）, at 2.）原文為："The General Assembly, Recalling the principles of the Charter of the United Nations, Considering that the restoration of the lawful rights of the People's Republic of China is essential both for the protection of the Charter of the United Nations and for the cause that the United Nations must serve under the Charter, Recognizing that the representatives of the Government of the People's Republic of China are the only lawful representatives of China to the United Nations and that the People's Republic of China is one of the five permanent members of the Security Council, Decides to restore all its rights to the People's Republic of China and to recognize the representatives of its Government as the only legitimate representatives of China to the United Nations, and to expel forthwith the representatives of Chiang Kai-Shek from the place which they unlawfully occupy at the United Nations and in all the organizations related to it.

[14] 同注3。

時刻，都接受美國所提的「雙重代表權」提案[15]。

　　儘管楊西崑認為中華民國在聯合國遭遇失敗，有一部分原因在於「蔣總統拖延不作必要痛苦的決定[16]」，但蔣總統審慎情勢之後，在1971年6月15日的國家安全會議中，針對美國的態度提到：「如果今天看到某些國家短視近利，違反理性，蔑視正義，侈言和平而實在葬送和平的作為，吾人即為其所激怒，或為其所沮喪，甚至為其所脅迫，而不能『持其志毋暴其氣』，那就正是在『自毀其壯志』！只要大家能夠莊敬自強，處變不驚，慎謀能斷，『堅持國家及國民獨立不撓之精神』，亦就是鬥志而不鬥氣，那就沒有經不起的考驗、衝不破的難關，也沒有打不倒的敵人！而這亦就是告訴了大家『形勢是客觀的，成之於人；力量是主觀的，操之在我』的道理[17]。」

　　此後，「莊敬自強，處變不驚」的標語貼遍臺灣各個角落，在風雨欲來之前，給人民一劑強心針。事實上，這個挫敗反倒使臺灣產生一種穩定的效果，強烈凸顯出外省人與本省人風雨同舟的命運共同體之感。其次，美國在聯合國大會上積極為中華民國拉票也產生效果，使臺灣人民尚未喪失對美國的保證的信心。甚至美國與中共的接觸，實際上也減緩了中共對臺軍事威脅的壓力。

二、知識分子運動再起

　　1971年，《大學雜誌》奉准出版，這是由臺大教授楊國樞擔任編輯的刊物，支持者是一批本省籍與外省籍的自由主義派知識分子，刊登主張振興國力結構、明白要求

---

15 王景弘，前揭書，頁352、353。當時代理外交部長楊西崑透露，總統府祕書長張群在受他影響下，開始能理解中華民國不得不接在受中共入安理會，但我方可保有大會席次的所謂「雙重代表權案」。而楊氏也聲稱國家安全會議祕書長黃少谷也對他的看法（即不輕言退出）「百分百同意」。行政院祕書長蔣彥士在1971年7月22日也告訴美國駐華大使馬康衛，他主張中華民國政府即使失去安理會席次，也應留在聯合國。蔣彥士暗示蔣經國也反對退出聯合國，即使放棄安理會席次亦然。

16 同上，頁400。但陸以正認為中共也不會同意「雙重代表權」並加入聯合國。我個人同意陸以正的看法，臺北不論在處理外蒙古入會、聯合國代表權案等有關「一個中國」問題上，態度反而較具彈性且務實，而非保守或「漢賊不兩立」等以往予人的錯誤刻板印象。

17 1987，《先知先導：先總統蔣公駁斥共匪統戰陰謀之指示》，頁39-40，臺北：近代中國出版社。

全面改選中央民意代表機關的文章。《大學雜誌》也尖銳批評政府，在美國把沖繩交還日本時，竟然未能阻止美方不要把釣魚臺列嶼一併交出[18]。主流媒體和立法院、監察院若干民意代表也加入批評陣營。全臺各大專院校紛紛成立保釣委員會，這可說是政府遷臺後，校園知識分子捍衛中華民國主權史無前例的狂飆運動。

蔣經國命令安全單位和警備總部對保釣運動嚴密監控，但未採直接干預行動。為警告知識分子不要超越威權體制的許可範圍，在1973月間，下令逮捕一位著名外省籍知識分子李敖，以及彭明敏的學生謝聰敏、魏廷朝等人，以為殺雞儆猴之示[19]。1971年10月15日，與《大學雜誌》有關的師生發表〈國是宣言〉，主張厲行法治，要有多元、開放的社會，譴責「特權集團」、「傲慢、老邁……脫離群眾」。臺灣大學出現前所未有的討論言論自由的集會，然而蔣經國非但未採取鎮壓行動，反而邀請《大學雜誌》主要成員參加座談會，並在會中宣稱「青年應該多講話，多關心國是[20]。」

臺灣在退出聯合國之後，知識分子之間產生一種類似1919年「五四運動」所激發的民族或是國家主義，在維護國家主權的前提下，在現有的政治體制內進行快速的改革以挽救國家生存，這種「革新保臺」、「起用青年」的呼籲在蔣經國即將組閣之際，勢必產生因勢利導的作用[21]。

三、「臺灣自決運動」

與上述運動不同的是臺灣長老教會於1971年12月29日，以議長劉華義、總幹事高

18　陶涵（Jay Taylor），前揭書，頁335-336。1971年4月，大學生分別至日本及美國大使館呈遞抗議書，抗議有關釣魚臺主權的問題。6月17日，近千名臺大學生示威遊行，也分別至美、日使館呈遞抗議書。薛化元，《臺灣歷史年表——終戰篇II》，前揭書，頁140、144。

19　謝聰敏日後告訴Jay Taylor，他被三大情治單位審問、拷打，最後頂不住而屈服，誣攀李敖從事反政府陰謀活動。陶涵（Jay Taylor），前揭書，頁336。

20　同上，頁337。

21　1971年12月7日，《大學雜誌》刊登，由臺大法代會舉辦，周道濟、陳少廷主編的〈全面改選中央民意代表辦論〉紀錄。薛化元，《臺灣歷史年表——終戰篇II》，前揭書，頁157。陳少廷在辯論中直指「以2,000人代表法統，而犧牲1,400萬人權利」、「對本省人不公平」。由於省籍意識介入，使《大學雜誌》的成員中，被歸類為「中華民族主義者」的成員在1975年10月10日集結在《中國論壇》；而所謂「臺灣民族主義者」，則同樣集結在1975年先於《中國論壇》創刊的《臺灣論壇》。管碧玲，前揭書，頁129。

俊明名義所發表的〈臺灣基督長老教會對國是的聲明與建議〉[22]。在這份中華民國退出聯合國後對國際的聲明中，強調「我們絕不願在共產極權下度日」、「我們反對任何國家罔顧臺灣地區1,500萬人民的人權與意志，只顧私利而作違反任何人權的決定」。其中一句話「人權即是上帝所賜予，人民有權決定他們自己的命運」，對日後反對運動形成產生重大影響。在其向國內的建議中，提出「我們切望政府於全國統一之前能在自由地區（臺、澎、金、馬）做中央民意代表的全面改選，以接替20餘年在大陸所產生的現任代表。例如德國目前雖未完成全國統一，但因德國臨時制憲使自由地區人民得以選出代表組成國會，可供我政府參考。且該國雖未成為聯合國會員，卻因這種革新而贏得國際上的敬重[23]」。

在這篇聲明中，明確提出「人民自決」的概念，開啟了此後基督長老教會的「臺灣人民自決運動」；另一方面，它與《大學雜誌》都提出針對中央民意代表機關全面改選的議題。這兩個基本概念，對以蔣氏父子為核心的國民黨外省菁英統治階層而言，必須意識到知識分子對國政改革的迫切願望，以及所謂「臺灣人意識問題」。

第二節　李登輝政權

臺灣在70年代受到美國與中共和解政策影響，及相繼經歷退出聯合國、與美國斷交等重大外交挫折，因此蔣經國轉而專注國內政治發展，加速民主化，以尋求政權合法性、穩固本土基礎，而十大建設所累積的經濟實力，亦使臺灣國力增強。在對大陸的政策上，一方面固然因為臺商赴大陸投資趨勢莫之能禦，由更高一層的宏觀角度觀之，80年代世界已經由冷戰的兩極對峙體系進入多極體系，分裂國家已經無法再憑藉核子傘保護，必須依賴雙方交流來處理共同事務，而兩岸分裂又迥異於德、韓背景，美、蘇並不具足以左右兩岸分合的實力。另一方面，由於臺灣80年代在國際社會上的處境非常孤立，導致國內民意不滿，「反中國」的本土化運動即於此時開始。

22　薛化元，《臺灣歷史年表》，前揭書，頁156。

23　陳南州，1991，《臺灣基督長老教會的社會、政治倫理》，頁365-366，臺北：永望出版社，頁365-366；黃武東，1988，《黃武東回憶錄》，頁341-342，臺北：前衛出版社。

相對於此，經國先生期望藉雙方的交流來緩和兩岸的敵意，甚至作為一種對付中共的「和平演變」[24]，當時的外交部長錢復就曾經宣稱：「現階段我政府的政策，大陸政策位階高於外交政策。」經國先生辭世後，李登輝繼任總統，論者曾分析李的就職在當時廣受支持的原因：島內本省人支持他，因為這是第一位臺灣人總統；失去蔣家庇蔭的外省人也支持他，因為他是國民黨的臺灣人；獨派支持他，因為他是長老教會教友，具有強烈的臺灣意識；統派也支持他，因為他曾是50年代「白色恐怖」的同志，有情有義；在國際上，因其教育背景，故美、日，甚至北京當局都極為支持[25]。

1988年1月13日蔣經國去世，副總統李登輝繼任總統職位將於1990年5月屆滿，國民大會預定在3月選出第八任總統，由倪文亞等中常委組成的中央研究小組通過決議，決定推薦李登輝為中華民國第八任總統，副總統由總統提名[26]，李登輝提名李元簇為副總統。另外，資深國代滕傑與李煥、陳履安、郝柏村、蔣宋美齡等人公開支持林洋港、蔣緯國候選正、副總統，此時國民黨內部對立分裂成「主流派」與「非主流派」。李登輝與黨國大老陳立夫、謝東閔、黃少谷、袁守謙、倪文亞、李國鼎、蔣彥士、辜振甫等人會談，決定勸退林蔣[27]，林洋港宣布退選；另一方面，國民大會議題審查預備會議一開始，「萬年國代」就提出每年召開國民大會、大幅提高會議出席費等議案，引發輿論與地方議會批評[28]。

3月14日，臺灣大學的五十多名學生到國民黨中央黨部前抗議，爆發「野百合學運」。李登輝結合民進黨與主流民意，成功促使國大代表退出歷史舞臺。5月20日，李登輝就任中國民國第八任總統。1996年3月23日，第一次總統直選，李登輝當選第九任總統，是中華民國自1947年開始行憲後，首位民選的總統，也是第一位出生於臺灣本土的總統。

---

24 張讚合，1996，《兩岸關係變遷史》，臺北：周知出版。

25 社論，1997，《海峽評論》，第38期，臺北：海峽評論雜誌社。

26 1990年1月17日，《自由時報》，第1版。

27 1990年3月4日，《中國時報》，第1版。

28 若林正丈，1998，《蔣經國與李登輝》，臺北：遠流出版。

一、野百合學運

　　1990年3月的「野百合學運」是1980年代以降，參與學生最多、維持抗爭時間最長、引起社會關注最高的一場學生運動，並且對臺灣社會的自由民主發展與憲政改革產生了關鍵性的影響力[29]。

　　事件爆發的原因為國民大會於1990年3月13日通過「臨時條款修正案」，將1986年所選出的增額代表任期延長為9年，此項決議引起全國各界強烈批判與不滿，並展開抗議行動。16日，9名臺灣大學的學生到中正紀念堂前靜坐抗議，拉出寫著「我們怎能再容忍700個皇帝的壓榨」的白布條，為「三月學運」揭開了序幕[30]。

　　當時的大專院校學生串聯組織「民主學生聯盟」，提出了〈不要讓我們成為民主殿堂的缺席者〉聲明，訴求四大要點：

　　（一）暫時凍結中華民國憲法，解散國民大會，廢除臨時條款。

　　（二）迅速建立臺灣第二共和，還政於民，重建憲政。

　　（三）李登輝立即提出政經改革時間表。

　　（四）盼望全島學生、教師、市民，不分男女、不分黨派、不分省籍，共同參與中正紀念堂前的學生靜坐運動[31]。

　　靜坐學生人數從一開始3月16日傍晚的一、二十人持續成長直至3月19日傍晚超過3千人[32]。

　　靜坐學生提出直接與李登輝總統進行對話的要求，並提出四項改革議題：

　　（一）解散國民大會，重建一元化的國民大會制度。

　　（二）廢除臨時條款，重建新的憲法秩序。

　　（三）召開國是會議，全民共謀體制危機的解決。

　　（四）提出改革時間表，呼應民意的潮流[33]。

29　林孟潔，2009年6月，《臺灣解嚴後校園內外環境與野百合學運成形之關聯》，國立臺中女子高級中學97學年度人文暨社會科學實驗班專題研究成果。

30　林美娜編，1990，《憤怒的野百合：三一六中正堂學生靜坐記實》，臺北：前衛出版。

31　何金山、官鴻志、張麗伽、郭承啟合著，1990年5月，《臺北學運：1990.3.16～3.22》，時報文化。

32　鄧丕雲，2006年1月，《80年代臺灣學生運動史》，臺北：前衛出版。

33　同注30。

四點訴求中最主要的核心意義即為反對國民大會過於集中的權限[34]，18日，民進黨又在中正紀念堂舉行「除老賊，救國難」活動，透過政黨的動員力量使現場的民眾多達兩、三萬人。三月學運的領導部門盡力使學運本身與民進黨的群眾大會保持距離，首先向廣場宣布保持隔離的決議，並表示以「自主、隔離、和平、秩序」為四大原則。在民進黨的聚眾活動進行之前，學生便已做好如此的準備，而此四項原則也成為日後三月學運的最高綱領，直到結束都沒有違反[35]。21日，決策委員會與5人教授顧問團[36]、3人研究生諮詢小組[37]討論整場學運的撤退問題，和平撤退成為與會者的共識，最後決定以見李登輝為抗爭底線，「政治談判」的概念至此進入運動的思考階段。

　　此次和平理性的抗爭，為了凝聚學運力量，學生們以臺灣野百合為象徵，在廣場上設立了大型的野百合塑像，視之為民主最高精神指標，其象徵意義為：

　　（一）自主性：野百合是臺灣固有種，象徵著自主性。

　　（二）草根性：野百合從高山到海邊都看得到，反映了草根性。

　　（三）生命力強：她在惡劣的生長環境下，依舊堅韌地綻放。

　　（四）春天盛開：她在春天盛開，就是這個時刻！

　　（五）純潔：她純潔的白色正如學生們一般。

　　（六）崇高：在魯凱族裡，它是一生最崇高榮耀的象徵[38]。

　　同年3月21日，總統李登輝於晚間在總統府與53位學生代表正式會面，會面後學生們於22日全數撤離中正紀念堂。

　　執政黨中央常會於1990年3月21日，通過李登輝主席召開國是會議的提案，組織

---

34 中華民國憲法之父張君勱依據孫中山的理論，批判「國民大會」之設計並非直接民權，而認為應將國民大會無形化，「全國公民直接行使四權，名之曰國民大會」。薛化元，1993，《民主憲政與民族主義的辯證發展——張君勱思想研究》，臺北：稻禾出版社。

35 同注32。

36 即賀德芬、瞿海源、張國龍、鄭春棋、夏鑄九。

37 即曾旭正、吳介民、李建昌。

38 1990年3月19日，文宣組，〈野百合的春天〉傳單。此野百合的象徵可比擬八九民運於天安門廣場上豎立民主女神像。

籌備委員會。同年6月28日，李登輝於臺北市圓山飯店舉行「國是會議」，最後達成「終止動員戡亂時期」、「回歸憲法」、「廢止《動員戡亂時期臨時條款》」、「修憲採取一機關兩階段方式」、「修憲以《中華民國憲法增修條文》名之」、總統直選、省市長民選等共識，並一一透過法定體制逐一落實。另外，在各方修憲與制憲的爭議中，執政當局以國家安定為由，決定以修憲方式來改革政治的不合理現象。由第一屆國民大會增修憲法條文第1條至第10條，規定第一屆國民大會於1991年12月30日前全體退休。

野百合學運所代表的一個重要意義，即是啟迪了在當時所處解嚴數年的臺灣社會底下，藉由學生出面登高一呼，而對臺灣社會情況以及政府政策作為有進一步的關心和了解，並且提出批評和建議，普遍性的興起要求政府改革之呼聲[39]，使學運的浪潮擴及全國，成為臺灣邁向1990年代一個具有指標性意義的重大事件，使臺灣的民主自由發展有了開創性的進步與革新，也使野百合學運在臺灣學生運動史裡扮演了一個相當重要且無可取代的角色[40]。

二、李、郝鬥爭

90年代，李登輝政權開始遭到內部與外部環境的挑戰。首先，李登輝與行政院長郝柏村之間的鬥爭牽引省籍、統獨等敏感問題檯面化、公開化。李登輝上任總統之後，任命蔣經國時期的國民黨祕書長李煥為行政院長，藉以鞏固其政黨地位[41]；之後以當時的國防部長郝柏村取代李煥任行政院長一職來消除郝柏村在軍中的力量，並培

---

39 隨著野百合學運的氣勢，隔年10月，由李鎮源、林山田等學者發起的「一〇〇行動聯盟」成立，接續著「反閱兵、廢刑法一百條」運動，促成長達44年的「萬年國會」進入歷史。

40 同注29。野百合學運中有許多重要成員成為日後政治圈與學術圈菁英，政治圈有馬永成、林佳龍、羅文嘉、郭正亮、李昆澤、鄭麗文、段宜康、顏萬進、鄭文燦、林德訓、郭文彬、曾昭明、周亦成、劉建炘、李建昌、李文忠、王雪峰、周威佑、黃偉哲等人，大都屬於民進黨；學術圈有范雲、李易昆、何東洪、林國明等人。

41 前總統府資政徐立德在訪問中指出，1988年國民黨十三全會中央委員選舉時，當時李登輝原本規劃在中央委員選後換下閣揆俞國華，由前央行總裁張繼正接任閣揆，但兩人在中委選舉名次中，俞掉到35名而張排80幾名；隔年由排名第一的李煥接閣揆。2010年9月5日，《聯合報》，A6版。也可參見徐立德，2010年9月，《情義在我心》，頁283，臺北：天下文化公司。

養本省籍將領以鞏固自己的勢力，在政權鬥爭中，也醞釀了臺灣社會的省籍衝突。對本省籍人士來說，李登輝代表本省籍人士在地勢力的抬頭。

李登輝利用「省籍矛盾」鬥垮郝柏村、林洋港等人，奪取了黨內的絕對權力，但也引起了另一波的「省籍矛盾」，而與以往的「省籍矛盾」主客易位，並造成臺灣社會的嚴重分裂[42]。在這樣的時空背景下，一群反對李登輝的「國民黨中生代」開始批判李登輝政權並對其政黨方向表達不滿，於1990年8月10日成立新黨[43]。

本土力量與外省力量相互制衡，不僅加深了族群之間的矛盾性，也造成了國民黨內部的不斷分裂。1993年2月1日立法委員161人就任之後，立法院隨即演出「打倒郝政權」的一幕。2月4日郝柏村終於被逼上下臺之路，提出內閣總辭，國民黨舊勢力全面退出權力核心。爾後李登輝任用連戰為行政院長，真正達到了「政」的掌握。1993年3月，「黨」由許水德、「政」由連戰、「軍」由劉和謙、「特」由宋心濂等人掌控，李登輝則成為掌握國民黨政權「四頭馬車」的駕馭者，而「李登輝體制」終於備齊[44]。

在族群關係日漸緊張與矛盾的政治氛圍下，1994年李登輝與日本作家司馬遼太郎的一席談話中，表露出對中國歷史的輕鄙、外來政權的嫌惡和媚日情緒，使外省族群感到困惑及疏離。隨之而起的，在藉選舉以鞏固政權的情況下，使黑道、黑金結合，導致社會風氣為之丕變。1992年底立法院全面改選後，朝野兩大黨基於民粹（民意）和意識型態，達成加入聯合國的共識。因此，執政黨對國內政治現實的考慮開始超越了國際政治現實，對以「國家統一綱領」為基本精神的大陸政策與進入聯合國為最高目標的外交政策產生了衝擊。

42　社論，1999，《海峽評論》，第97期，臺北：海峽評論雜誌社。

43　新黨發起人為趙少康、李勝峰、郁慕明、王建煊、陳癸淼、李慶華、周荃等7人，其中李勝峰、陳癸淼是本省籍；其餘為外省第二代。新黨在某種程度上代表外省人與都會中產階級勢力。

44　阮銘、林若雩、祝政邦、呂佳陵，2006，《民主在臺灣》，臺北：遠流出版。

三、兩岸關係變遷

1988年，兩岸都面臨政治上嚴峻的挑戰，臺灣方面，李登輝在蔣經國總統猝死後，於倉促之間繼任總統；而大陸方面，則歷經「六四天安門事件」（又稱八九民運），陷入內政動盪及國際外交受到孤立。因此，雙方對於舒緩兩岸對峙局面，以爭取時機鞏固權力並應付反對勢力的挑戰，存在共同的期盼。

1988年10月，中共國務院成立「臺灣事務辦公室」，1991年12月16日，大陸「海峽兩岸關係協會」於北京正式成立，兩岸並且在1993年及1998年進行新加坡與北京的兩次會談，海基會董事長辜振甫於1998年在北京分別會晤國家主席江澤民與錢其琛[45]。可是早在1990年12月31日，李登輝密使蘇志誠（總統府祕書室主任）就已赴港密會中共國家主席楊尚昆的代表楊斯德（中共中央對臺工作小組辦公室主任），其後，臺灣方面陸續有鄭淑敏（中國電視公司董事長）、尹衍樑（潤泰集團董事長）加入[46]。大陸方面則分別有賈亦斌（民革副主席，曾為蔣經國部下，後投共）、許鳴真（曾任東北哈軍工校長，國防科工委副主任，早年為中共陳賡大將祕書，楊尚昆知交）、汪道涵（海協會會長）等人參與會談。雙方從1990年到1992年6月16日，在香港共進行了8次密談[47]。

而第9次密談，則由許鳴真以探親名義於8月應邀密訪臺灣。許鳴真會見了李登輝，至於雙方究竟達成哪些共識則無從得知，但從上述報導可知，雙方針對臺灣加入世貿組織、簽訂和平協議等項議題進行討論；不過臺灣方面不能同意「一國兩制」等問題，導致這9次協商並無具體結論。隨後，兩岸正式開啟「辜、汪會談」，並在

---

[45] 早在1990年9月11日，大陸國臺辦交流局副局長樂美珍、紅十字會祕書長韓長林等五人搭漁船抵金門，與我紅十字會祕書長陳長文等就遣返刑事犯、打擊犯罪達成共識後簽屬「金門協議」。9月19日，雙方紅十字會於同時公布協議。請參見2010年9月11日，《聯合報》，A23版。

[46] 《商業周刊》，第661期，頁66。

[47] 所有密談紀錄皆由關鍵中間人南懷瑾口述，商業周刊記者魏承恩撰文，請參閱《商業周刊》，第661期，頁60-82，臺北：商周出版。

「一個中國，各自表述」的默契下，兩岸關係逐漸進入平和時期[48]。

李登輝接任總統後，臺灣也承受解嚴後反對黨所激發的民粹主義，再加上開放選舉後，為了確保勝選，以致黑道與黑金結合、氾濫，這些都使得社會本質惡化[49]。1996年3月23日，中華民國進行首次總統直接選舉，李登輝以54％的得票率當選行憲後第九任總統。大選落幕後，最大的贏家是臺灣人民，這段期間也因為中共頻頻對臺文攻武嚇，造成臺海飛彈危機，反而大大提高了各國政治觀察家和新聞記者的訪臺熱情。臺灣2,100萬人的真實民意、選民的政治成熟度，以及民主程序的運作狀況，透過國內外的傳播媒體看得一清二楚。

然而大選之後，臺灣還是必須面對國際社會的參與和中共的壓力，並採取更健全的政策。我國國際形象獲得大幅提升，與民主政治的轉型成功大有關聯，但周煦教授認為總統直選雖然會獲得國際上的讚賞與認同，惟我國國際形象早已因政治轉型成功而大幅改善，故此次大選的效果只是錦上添花，而非突破。換言之，不承認我國的國家仍不接納我國參與北京反對的國際組織。例如，美國不會改變其「一個中國」的政

---

48 根據王銘義撰寫的《對話與對抗：臺灣與中國的政治較量》（時報出版）一書透露，除了90年代初期在香港進行的高層對話之外，另有兩岸國安核心幕僚所組成的密使小組，也曾奉命進行具有授權的祕密對話，而「李辦」的蘇志誠與「江辦」的曾慶紅，是兩岸密使聯繫的「核心樞紐」，臺灣方面負責實際執行的密使小組成員有曾永賢（總統府國統委員）、張榮豐（國統會研究員）、張榮恭（國民黨大陸事務部主任）等人，大陸方面則由中共解放軍總政聯絡部長葉選寧（葉劍英元帥之子）負責協調聯繫。直到1999年8月間，「兩國論」餘波盪漾，張榮恭再度奉命密訪香港中聯辦臺灣事務部部長的邢魁山，探詢北京動向。以上報導請參閱1995年1月16日，《中國時報》，A4版。

49 1994年12月13日，黑道出身的屏東縣議長鄭太吉，為了追討賭場規費，帶著手下直衝兒時玩伴鍾源峰的家，不顧其母親的苦苦哀求，對著鍾源峰連開17槍斃命，鍾母立刻向警方報案，但因鄭太吉掌控議會預算，等於挾持了警察機關，使得警方不敢登門查案，而得知消息的媒體頂多只敢報導鍾源峰被殺，至於殺人的新聞處理也只寫「疑似與屏東一位政壇人士有關」，至16日，此案由立委蔡式淵在立法院國是論壇上第一次公開點名屏東縣縣議長鄭太吉涉嫌殺人，鄭太吉才遭到收押，但卻仍受國民黨高層庇護而權勢滔天，全案經屏東地檢署依殺人罪起訴，歷經高等法院4次更審，歷時5年，於2000年7月14日以殺人罪判決鄭太吉死刑定讞。而李登輝本人也於2011年遭特偵組以涉嫌挪用國安祕帳公款799萬多美元，透過洗錢漂白，向潤泰集團購買臺綜院（臺灣綜合研究院）辦公室及支付開銷，特偵組將李登輝和前國民黨大掌櫃劉泰英（另私吞其中44萬美元）依貪汙、洗錢罪名起訴兩人。見2011年7月1日臺灣各大報相關新聞及《聯合報》A2～A6各版，起訴摘要見A15版。

策而與我國復交；聯合國之門不會立即為我國而開；臺灣為中國一部分的地位仍難更動。在國際大環境沒有重大改變前，我國在外交上頗為孤立的局面亦不致出現結構性的突破，因為大選只是國內之事，與外國現實利益考量並無直接關聯[50]。

由於國際地位受到孤立，引發民意日益的不耐與不滿，因此中華民國外交政策的位階逐漸超越了大陸政策，對執政者而言，加入聯合國已成為「中華民國在臺灣」、「主權強化」的一種符號迷思。對民進黨而言，加入聯合國有助於「臺灣主權」的實現。這兩個原本背道而馳的看法，卻在「強化主權」上找到了共通點。針對臺灣的刺激，也基於所謂「安全困境」，中共於1993年8月發表《臺灣問題與中國的統一》白皮書，即反應其「強化主權」的立場。面對中共強硬的立場，更激化我方積極尋求加入聯合國之道，遂使兩岸關係日漸緊張。

在政府當局的心態下，也使得負責兩岸技術性協商和民間交流的海基會與主管大陸事務的陸委會之間產生矛盾與衝突。海基會前任祕書長陳榮傑認為：「兩會高層聯繫會報，完全是欺騙社會大眾的幌子，陸委會根本不願藉此直接溝通、解決兩會之間的問題。」另一位前祕書長邱進益則認為兩會間的衝突，根本原因不在制度，而在心態與作法[51]。從兩位前祕書長的談話中，暴露兩會衝突中制度性的結構因素。當時陸委會主委，亦是當局愛將的黃昆輝難辭其咎。如以艾利森（Allison）的決策模式作分析，或許海陸兩會在所謂「官僚組織模式」中，容易形成本位主義和討價還價的結果。但如果用「理性決策模式」：「政策目標界定——涉及層面——方案及評估」選擇最佳政策來作程序分析，陸委會內部的高級官員即針對黃昆輝的官僚虛矯習性，以及不尊重成員專業水準的作為提出了嚴厲批判。

1993年1月22日，時任陸委會文教處長的龔鵬程教授於《自立晚報》撰文主張「政治需要真情真義」，指出當今大陸政策的盲點之一，在於過度專注「人」的身分，反而耽擱許多實際上應由雙方政府共同來處理的事情，像是兩岸文物、醫事等交流，由於官方不接觸，兩岸無法有效解決，凡此等等卻均委諸海基會，但是海基會職權有限，不但功能不彰，且雙方時生摩擦。

---

50 1996年3月23日，《聯合報》，第6版。

51 有關政府與大陸進行文教等民間交流、海陸兩會間的諸多問題，請參考龔鵬程，1996，《人文與管理》，南投：佛光大學南華管理學院。

1995年李登輝的「康乃爾之行」，不但換來1996年3月臺海危機，也使美國重新檢討對華政策。1997年甫上任的亞太事務助理國務卿陸士達便明言，李登輝訪美是錯誤的。錢復也由於當局的外交政策和訪美行動，辭卸外交部長職務。錢復的辭職代表在李登輝主導之下，外交政策位階不但超越大陸政策，也代表一種思想和文化對峙時代的來臨。

臺獨或本土化意識在90年代影響國內政策發展甚深，並導致兩岸關係惡化，而主政者心態則更為重要，陳履安先生就曾批評當局對大陸人沒有愛。在兩岸分隔近50年的歲月中，經國先生開放大陸探親，不論是基於人道立場抑或和平演變，都清楚的指出兩岸鬥爭的是制度、主義、兩黨恩怨，但絕非中國人民間的對峙。然而，李登輝時代許多自稱「本土派」的人士，有著錯誤的「中國＝中共＝中國人＝敵人」觀念，因而在島內製造省籍間的矛盾和疏離。這種義和團式的民粹多少影響了內政和外交政策的取向，並製造兩岸（甚至人民）的猜忌與仇恨，這是當年在兩岸交流過程中，所潛藏的一個重要隱憂。

臺灣島內民意轉變的趨勢，有相當大的因素是由於在後冷戰時代，臺灣經濟實力已發展到一個階段，自然會在國際社會上尋求相對的政治地位。因此，90年代在李登輝主導的「務實外交」下，爭取以生存為前提的外交政策位階遂超過兩岸政策的位階，而積極參與聯合國這種彰顯我為「主權國家」的策略，反迫使中共無從迴避。能否進聯合國，無關名稱，事涉主權，因此中共在90年代對臺灣進行一連串文攻武嚇，尤以1996年3月的飛彈危機為甚。中共的壓迫，反使臺灣民意主張統一的比率遞減，這對中共而言，自然是個警訊。臺灣民眾對大陸的疏離，除了時空距離之外，對共產制度的嫌惡與不安也是重要因素[52]。

---

52 前臺灣軍情報局六處副處長龐大為曾接受日本《g2》政論雜誌訪問，指出1996年臺海危機時，中共解放軍少將劉連昆如何幫臺灣取得軍事情報，讓李登輝得以公開表明「那是空包彈」，而贏得總統選舉，而後劉連昆（臺灣代號為「少康2號」）及退役大校邵正忠等人被捕處決，劉連昆是目前已知臺灣在共軍內部吸收層級最高的間諜，也是首度打入中共中央軍委的層級。該篇報導也提到，中共在美國的壓力下，修改了這項行動方針，採「三不原則」，即：一、飛彈不會飛越臺灣本島上空；二、海軍、空軍不會超越臺海中線；三、即使舉行登陸演習，也不會實際占領臺灣的島嶼。相關報導請參閱2010年9月5日，《聯合報》，A5版。

大陸在文化大革命之後，黨和領導人的權威性、道德性與純潔性為之破產，經過不斷的政治鬥爭，也使暴力的使用合法化。由於權威解體，孕育出人民「自己動手」的民粹主義。同時，為了鞏固領導者的法統，必須格外依賴民族主義，因此，中共領導人遂藉民族主義將內在矛盾外在化。如此一來，在臺灣訴諸本土化的政治運動和大陸近年也日益高漲的民族主義對峙下，兩岸關係的改善和交流顯得相當困難。

中共在1997年9月12日所召開的「十五大」對臺談話中，仍重申「和平統一、一國兩制」，並強調「一個中國原則」為談判的前提。而臺灣方面的反應，首先是陸委會表示不接受「一國兩制」，並強調應在「面對分治」的基礎上進行務實交流和協商。李登輝接著於13日在薩爾瓦多所舉行的中外記者會回應江澤民的談話，強調兩岸敵對狀態結束的談判，最重要的就是必須先承認中華民國是一個主權獨立的國家，兩岸是在「一個中國」下分治的狀態，若忽略這個現實狀況，根本沒有辦法談。此外，他在12日於薩爾瓦多國會演講時，嚴詞批判中共的霸權心態，是造成兩岸關係進展的最大阻礙[53]。

中共在「十五大」中再度確立「一個中國原則」、「和平統一、一國兩制」基調的同時，臺北方面顯然也已經逐漸凝聚並擺脫一個中國的糾葛，確定兩岸分治現狀的政策。冷戰時代的兩位蔣總統在美國核子保護傘下，所強調的是中華民國的法統與正當性；但在中美斷交等連串外交風暴下，隨著國際地位日益孤立、人民對共產制度的嫌惡，以及重返國際社會的期盼，使「本土化」的呼聲逐漸成為一種趨勢，政府的「務實外交」遂順應此民意而強調兩岸分裂分治的現勢，並積極開拓外交空間，以作為生存的最高目標。在「十五大」中，江澤民不再強調「寄望於臺灣當局」，更放棄「十四大」政治報告中只以國民黨為談判接觸的對象，同時警告臺灣不管由誰執政，

---

[53] 李登輝的「太平之旅」外交效益雖仍猶如空中樓閣，卻已再度成為當局挾外制內的政治籌碼，也就是為當局製造個人民粹資本，以補充內鬥彈藥，對外諸多援外許諾，也觸動渾沌不明的憲政權責機制。因此，此次「太平之旅」有人視為外交盛事，有人卻擔心會引發憲政後遺症。見1997年9月18日，〈太平之旅：外交盛事與內政警訊〉，《聯合報》，第2版。

臺獨皆是一條不能接觸的底線。這也意味中共將面對國民黨不是執政黨後的一項政治考量[54]。

李登輝在總統任期內，對兩岸關係發展影響最大的是1999年所主張的「兩岸關係定位在國家與國家，至少是特殊的國與國的關係」。李前總統在接受「德國之聲」專訪時指出：「我國在1991年修憲，將憲法的地域效力縮減在臺灣，並承認中華人民共和國在大陸統治權的合法性。1992年的憲改更進一步規定總統、副總統由臺灣人民直接選舉，使所選出來的國家機關只代表臺灣人民，國家權力統治的正當性也只有來自臺灣人民的授權，與中國大陸人民完全無關[55]。」

李登輝的談話，道出了存在已久的狀態，但也昭告國家的內涵改變了。從動員戡亂時期終止以來，臺灣的官方立場變成「一國兩政治實權」，但李登輝的談話中可知，他主導的國民黨從1991年開始，有意識的把主權限縮到臺灣來，「中華民國」已經悄然從中國大陸完全撤退。由於李登輝提出「兩國論」，大陸取消海協會會長汪道涵的訪臺，造成兩岸關係持續僵化且無突破。李登輝的「兩國論」提出後，兩岸政治定位名稱的演變及大陸負面的反應，請參考表一與表二。

54　中共十五大於1997年9月18日落幕，論者認為這是中共在文革後第三次思想解放，前兩次分別是鄧小平主導的1978年中共第11屆三中全會，解決實踐和理論關係的「兩個凡是」問題，由此開創改革局面；第二次是1992年鄧小平南巡及中共十四大，解決姓「社」和姓「資」問題，做改革最後攻堅，達成所有制上與市場接軌。而在政治體制上，仍小心謹慎以「繼續推進」定調，不敢有重大進展，這種政治保守和經濟改革將會造成兩者體制間矛盾，而政治上墨守成規所反映出來的現象，就是派系妥協及利益交換。請參閱1997年9月19日，〈中共十五大後的變與不變〉，《聯合報》，第2版。在十五大之後，完成了江澤民的接班合法化，也持續推動國有企業私有化，而最顯著的改變是揚棄了階級鬥爭及農民起義的歷史，改而採行保守民族文化主義。

55　1999年7月10日，《聯合報》，第1版。

表一　兩岸政治定位名稱演變

1991.4.30	李登輝宣布終止動員戡亂時期，將中共從「叛亂組織」重新定位為「中共當局」、「大陸當局」。兩岸互為對等政治實體
1993.4.27	新加坡辜汪會談，昭告國際，兩岸已展開對等政治實體的對話
1993.11	西雅圖亞太經合會議，我方代表江丙坤提出「以一個中國為指向的階段性兩個中國政策」，回應中共提出的「一個中國」
1995.5	李登輝赴美國康乃爾大學演講，以「當局」互稱兩岸政治，並強調中華民國仍存在，未來中國統一是兩岸必須面對的問題
1996.3	總統大選後李登輝接受亞洲華爾街日報專訪指出，中華民國的主權與治權僅及於臺澎金馬，臺灣是主權獨立的國家
1997.2	新聞局在當局授命下發出「一個分治的中國」說帖，以反制中共的「一個中國，一國兩制」
1997.9	李登輝在「太平之旅」中，再三於國際場合強調「中華民國在臺灣是主權獨立國家」
1997.11	李登輝接受《華盛頓郵報》及《泰晤士報》專訪指出，臺灣早就獨立，是主權獨立國家。臺灣就是臺灣，而非中華人民共和國一省
1998.9	李登輝接見外賓指出，在臺灣的中華民國是主權獨立的國家實體，是成立已久的國家，而非內戰的分裂團體
1998.10	海基會董事長辜振甫銜命赴北京與中共高層對話，與江澤民、錢其琛會晤時指出，中華民國仍存在，兩岸是兩個政治實體、兩個政府，要進行政治談判前，必須面對此一事實。海基會副董事長兼祕書長許惠祐並在國際記者會中表示，一個中國就是中華民國，兩岸是分治中國下的兩個政府：中華民國與中華人民共和國。正式將兩岸關係從對等政治實體，推向兩個政府
1999.4	國統會後，我方在國際宣傳上即一致使用中華民國與中華人民共和國互稱，漸少使用對等政治實體
1999.7	李登輝接受德國媒體專訪指出，兩岸間是特殊的國與國關係

資料來源：1999年7月11日，《聯合報》，第13版。

表二 大陸對兩國論的重要評論

1999.7.9	李登輝接受「德國之聲」專訪，指兩岸關係是特殊的國與國關係
1999.7.15	中共中央臺辦、國臺辦主任陳雲林指李登輝嚴重破壞兩岸關係，使海協會、海基會在一個中國原則下進行接觸、交流的對話基礎已不復存在
1999.7.17	中共首度公開向外界宣示，掌握有製造中子彈的技術，一般認為是恫嚇臺灣提出的「兩國論」
1999.9.1	新華社發表評論員文章，強烈抨擊國民黨把「兩國論」列入決議案，同時點名李登輝「使國民黨背負沉重罪責」
1999.9.7	中共國防部長遲浩田批評兩國論是製造兩個中國，重申中共對臺「和平統一、一國兩制」方針，但絕不承諾放棄使用武力
1999.9.9	江澤民提出汪道涵訪臺兩前提是收回兩國論、李登輝以黨主席身分會見
1999.9.13	中共外長唐家璇指劉泰英說臺灣應與日、韓加入戰區飛彈防禦系統，及「比中共晚1秒鐘」加入世貿組織是「謬論」
1999.9.24	唐家璇以罕見嚴厲語氣，批判李登輝推動兩國論，是「靈魂深處要搞臺獨的最大暴露」
1999.10.1	江澤民指中共將繼續堅持和平統一、一國兩制的方針，最終完成臺灣與大陸的統一。實現中國的完全統一，是全體中國人民不可動搖的堅強意志
1999.12.21	江澤民指一國兩制是解決臺灣問題最好的方式
2000.1.28	錢其琛稱在堅持一個中國原則下，中共將盡最大努力、盡一切可能，爭取以和平方式解決臺灣問題。但臺獨意味兩岸將發生戰爭
2000.2.21	中共發表「一個中國的原則與臺灣問題」白皮書，提出「如果臺灣宣布獨立」、「如果外國勢力介入」、「如果臺灣無限期拒絕談判」等3個對臺灣動武條件
2000.2.29	錢其琛指中共對臺「和平統一、一國兩制」方針及「江8點」都無改變。唐家璇則重申：中共可能在解決與臺灣統一的紛爭中使用武力
2000.3.5	中共總理朱鎔基的政府報告重申對臺和平統一、一國兩制方針，並強調對兩國論和臺獨絕不會坐視不管
2000.3.8	江澤民指兩岸目前沒有「烽火連三月」。總統候選人有意訪北京，凡是堅持一個中國，任何時期都歡迎，同時表示他也願意訪問臺灣
2000.3.15	朱鎔基記者會稱臺灣選舉是地方性選舉，誰要是搞臺灣獨立，誰就沒有好下場，中國人要以鮮血和生命捍衛統一
2000.3.16	唐樹備指臺灣新領導人如堅持臺獨，任何人都幫不了忙。假如臺獨的主張形成政策，兩岸經貿交流將成泡影

中華民國在蔣氏父子時代似乎逐漸擺脫中國歷史上分裂國家的陷阱，尤其在蔣經國總統的「臺灣化」政策推行之後，對國家菁英人才全面化的培育、族群融合等方面都已見成效，其政績至今令大多數國人懷念。李登輝總統在歷史上的光輝原本可更盛於蔣經國，他所繼承的是已經具有良好基礎的國家權力，他的日本世代臺灣人背景及第一位臺灣人總統的血緣光環，在政壇上可以發揮舉足輕重的功能，但他錯失歷史上的良機，利用族群間不同的歷史背景和文化差異，以分裂省籍的方式尋求選舉上的最大功效，其結果是臺灣主體意識上升，但相對的以「異類標籤」及「外來政權餘孽」等語句，逼使反對者傾向政治上的另一端光譜，臺灣社會的內耗也就伴隨著各類選舉而日益加深[56]。而他在政治上的合夥人，也繼承這種操弄而不見改善。

　　有評論指出，李登輝這麼一位被日本學者形容體內流著「日本人、美國人、臺灣人、中國人」血液的複雜領袖，當他離開國民黨之後，一位親近幕僚不帶感情的說：「反正國民黨是向別人借來的，現在完成了改革，當然是還給別人的時候。」或許李登輝拿捏不定總統、黨主席與臺灣人、中國人之間的角色，因此其間矛盾製造了反李、擁李的紛亂[57]。他在國民黨內用盡資源、享盡權力之後「用完即棄」，造成國民黨失去領導的正當性，李登輝將這個正當性的光環戴在他新成立的政黨頭上，並在總統大選時加持於陳水扁的選票，成為陳水扁獲勝的重要因素。

---

56 民進黨大老張俊宏認為「民進黨像李登輝的免洗餐具，可是忍不住要幫他，即使被他利用也甘願，因為李登輝像哲學家皇帝」。他也引述日本《文藝春秋》一群文人說法：「最偉大的日本人在海外，一個在祕魯（指藤森），一個在臺灣（指李登輝）。」見2000年5月16日，《聯合報》，第8版。李登輝這種日本情結在接受日本《產經新聞》專訪時表達：「日為侵華持續道歉太過分。」「臺灣也有親大陸的少數派，就南京事件（大屠殺）舉行對日抗議集會，但只聚集特定極少數人。」見1997年12月21日，《聯合報》，第9版。李登輝在這段時期的反華、去中國化政策，隨他在臺灣權力鞏固而日益明顯，對曾經遭受日本人侵略及迫害的兩岸人民而言，其個人引發的爭議及影響是明顯的族群傷害。

57 2000年5月16日，《聯合報》，第8版。

臺灣在李登輝執政時代，兩岸關係由開放探親而轉向緩和的態勢又逐漸緊張對峙，中共領導人對臺灣的文攻武嚇，是否「逼迫」李登輝傾向「臺獨」的天平，是值得研究的課題；而中共總理朱鎔基在臺灣即將舉行總統大選的前夕，發表強硬警告臺獨的談話，咸被視為傷害臺灣人民的感情，在激發本土強烈意識下反而幫助民進黨獲勝的弄巧成拙之舉，這也正可反映大陸在江澤民時代，其對臺統戰手腕之粗糙及缺乏了解臺灣意識和輿情反應。

反觀臺灣社會內部，於李登輝執政十餘年期間，逐漸加深了省籍矛盾與「去中國化」思維，例如1988年國學大師錢穆居住的素書樓，被民進黨籍臺北市議員周伯倫等人指為霸占公產，要求錢穆遷出，錢穆在含冤搬出素書樓3個月後即抑鬱而終[58]。1992年，在李登輝的主導下，指控《聯合報》是中共同路人，從而發起了「退報運動」。後來，李登輝與臺獨社團對媒體的壓制愈演愈烈，發動企業主成立了「廣告主協會」，用廣告箝制「異議」，而總統女婿賴國洲則擔任新聞評議會的祕書長[59]。凡此種種，都象徵李登輝是臺灣從威權時代過渡到民主時代的一個轉型期領袖，他無法阻擋；但卻利用民主潮流並結合民進黨，打擊及消除黨內反對者，成為另一位強勢總統；但也留下臺灣社會省籍衝突與國家認同矛盾的大傷口。而隨著2000年的政黨輪

---

58 1966年中共「文化大革命」，蔣介石總統命蔣經國拜訪由港返臺的錢穆夫婦，並由政府規劃位於外雙溪的「素書樓」以為一代宿儒的居所，1988年周伯倫議員指責錢穆未與市府簽租約是「非法」，導致1989年錢穆投書媒體，表明「生平惟服膺儒家所論士大夫出處進退辭受之道」，公開宣布遷出素書樓，3個月後與世長辭。2002年，素書樓紀念館重新開館時，時任臺北市長的馬英九公開澄清錢穆未霸占公產，還其清白。20年後，馬英九總統在錢穆逝世20周年追思會，再度向錢穆家屬致歉。相關報導請參閱錢胡美琦，〈百感交集二十年〉，《聯合報》，2010年8月27日，第3版及《自由時報》，2010年8月31日。

59 所謂的「退報運動」是指1992年10月29日，中共政治局常委李瑞環發表不惜以流血來阻止臺獨的談話，隔天，臺灣媒體都如實刊載這個消息。11月11日，李登輝在會見若干臺獨元老時又論及《聯合報》說：「我已經不看那個報紙了，你們還看嗎？」於是在「退報運動」風潮下，有些超商不容《聯合報》上架，某家航空公司在班機上撤去《聯合報》，企業被脅迫不可在《聯合報》上刊登廣告。詳情可參閱2010年8月18日《聯合報》社論〈從李瑞環到李亞飛：回視十八年前的「總統退報運動」〉。當年我個人即曾見證臺大林山田教授等人在某些學生社團邀請下，巡迴校園演講、呼應李登輝談話，也在搭乘長榮航空班機時，索閱《聯合報》不成，座艙長在我詢問下坦承不提供該報的無奈。

替，李登輝主政時期所留下的兩岸關係緊張及內部社會矛盾，將在往後8年中持續惡化[60]。

第三節　陳水扁政權

1998年臺北市長選舉，國民黨籍的馬英九、新黨籍的王建煊與現任市長陳水扁競爭，馬英九最後以51.1％的選票入主市政府，陳水扁以45.9％的高票落選[61]，調查指出，馬英九勝選的關鍵，主要是吸收了新黨支持者的票源。投票支持新黨立委候選人的選民，在市長候選人方面，有將近八成的受訪者表示將選票轉投給馬英九；換句話說，王建煊的票源幾乎完全轉移到馬英九身上，由於泛藍選民的團結，才造成馬英九擊敗聲望甚高的陳水扁。陳水扁的市長連任之路雖然失敗，卻在宋楚瑜被「凍省」而出走，造成國民黨又一次分裂下而贏得下一場選戰。

2000年總統大選，民進黨籍候選人陳水扁以39.3％的得票率勝過國民黨提名之連戰的23.1％及獨立候選人宋楚瑜的36.84％，當選第10任總統[62]，成為臺灣史上第一次政黨輪替，也宣示李登輝時代的終結。選戰失敗後的宋楚瑜成立親民黨，而李登輝也出走成立台聯黨。隨後，民進黨修改黨章，陳水扁正式以總統身分兼任黨主席，也開啟了民進黨黨政一元化的強勢領導風格。

一、兩岸關係

1975年，美國國防部部長斯勒辛格（James Schlesinger）所發表的國防白皮書中，首次將臺灣、琉球劃出美國在東亞的防禦線，由日本直接跳到菲律賓，臺灣在麥帥口

---

60 前總統府資政徐立德認為在連串的政治鬥爭後，李登輝對「外省人」日益增加戒心與不信任感，也同意李登輝時代的劉泰英權傾一時，足與行政院長抗衡，其任內「黑金政治」達到極致。李登輝1996年提出的「戒急用忍」政策不但無限期拖延了連戰內閣規劃的「亞太營運中心」，在其《臺灣的主張》書中論述的臺灣路線及對連戰身邊的外省籍幕僚之不滿，而連戰在大選前所出版的《連戰風雲》與李書主張的許多國政有差異，都引發李登輝極大不悅，最後在媒體與民進黨和李、宋心結的影響下產生「棄保效應」，導致2000年總統大選由陳水扁勝出。請參閱徐立德，《情義在我心》，頁286、287、342、394-398。

61 〈馬英九七年大事記〉，《中時電子報》。

62 2000年3月18日，《中時電子報》。

中「不沉的航空母艦」，頓時由冷戰陣營的最前線、堅強的反共盟友，跌為中國大陸版塊中有待處理的一塊小殘角，在戰略價值上僅是用來牽制中共的一顆棋子。二次大戰結束以來，美國兩大噩夢：與蘇聯作戰以及與中共作戰，一直是美國刻意避免的。從《季辛吉祕錄》以及金曼根據解密資料撰寫的《轉向》二書中得知，「臺灣是結束越戰的交換品」[63]。

2003年，美國總統小布希在與中共國家領導人胡錦濤及總理溫家寶的3次會談中，強調美國政府將繼續堅持一個中國的政策，並遵守美中3個聯合公報，及反對臺獨。中共方面則重申「和平統一、一國兩制」的基調與反對臺獨的立場[64]。換言之，臺灣獨立是美國及中國大陸所不能接受的。

臺灣在冷戰時期是美國重要盟邦，從2004年7月中共外交部公布50年前的外交檔案，揭露了蔣介石總統於1955年與美國情報單位合作，計畫將中共總理周恩來率領代表團參加第三世界國家號召的萬隆會議所搭乘的專機「喀什米爾公主號」炸毀。雖然周恩來出發前臨時獲邀到緬甸洽商國務，不在機上而逃過一劫，但這也顯示當時的「盟邦」關係，以及國、共鬥爭的慘烈[65]。蔣氏父子在冷戰時期維持中華民國臺灣地區的建設與安定，實不能以今日一句「白色恐怖」簡化之。

事隔50年後，美國布希總統對陳水扁總統在處理兩岸問題上的態度日益不滿，真正的導火線是「一邊一國」論，發展到2003年的「公投制憲」，布希更公開斥責阿扁搞公投的話題。美國在臺協會（簡稱AIT）創始理事主席丁大衛將布希之怒解釋為「臺灣嚴重的挫折」[66]。中華民國駐美代表程建人在2003年返臺述職時，首度於立法院表示，臺美關係處於史無前例的狀況，他並認為美國總統布希的相關談話「用詞之強，前所少見」[67]。

---

63 1999年1月12日，《中國時報》社論，第3版。

64 2003年12月11日，《聯合報》。

65 2004年7月20日，《聯合報》，A13版。中共在檔案中指出這一事件是由臺灣保密局偵防組組長谷正文主謀的案子，臺灣以60萬港幣買通清潔工裝置定時炸彈。事後香港政府在中共壓力下，逮捕上千臺灣情報人員，破獲並解散多個特工組織。

66 2003年12月13日，《中國時報》，A13版。

67 2003年12月30日，《聯合報》，A2版。

東吳大學劉必榮教授則分析民進黨政府在外交上戰略匱乏，是以街頭運動模式處理外交問題，即打游擊戰及「短線操作」，一旦有了突破就是加分，若未能突破，則可將責任推給中共[68]。我認為民進黨在處理外交上採取雙面刃手段，不論攻擊或承受反彈（美國或中共）壓力，都可藉此訴諸臺灣人的悲情，喚起國族意識和塑造悲劇英雄光芒，成功拓展政黨的選票基礎。這種試圖改變現狀，以內在矛盾外在化的手段，卻與希望維持現狀的中共及美國背道而馳，其結果反而造成美國政府逐漸向中共平臺傾斜，而對臺灣不利[69]。

2004年3月，陳水扁當選第11任中華民國總統，新加坡副總理李顯龍於2004年7月訪問臺灣之後指出，他發現臺灣無論朝野或媒體都太專注於內部的政治問題，而忽略國際上急遽的變化，將引致對新加坡及區域發生影響嚴重的誤判及失誤[70]。另一方面，臺灣在80年代因為勞力高度密集和中小型企業占多數等工業建設特色，當面臨工資及土地價格巨幅上升，及東南亞與大陸新興工業國家興起時，造成競爭力大幅下降，因而開始轉型為高科技資訊產業及其他產業，與進行傳統產業的大規模化、現代化。

著名經濟學者王作榮認為非仰賴「現在及未來的大陸」這個巨大經濟載體不可，在經濟上要三通，還要合流整合成一體，必須仿效香港：總部設在臺灣，工廠設在大陸——而奇美實業的許文龍與長榮集團的張榮發即是例證。王作榮認為經濟轉型是臺灣當前經濟問題的最大來源，也最難解決[71]。而投資大陸以求降低成本的策略，是否會造成臺灣出口商品和大陸產品的差異程度變小，容易被替代？因此減輕被替代程度

68　《商業週刊》，第853期，頁125。

69　中共過去一向反對「維持現狀」，江澤民主政時期，「祖國統一」列為中共20世紀三大使命之一；但中共新任總理溫家寶卻在接受美國「有線新聞網」（CNN）訪問時，以與美國相同的語調指責臺灣「破壞現狀」。見2003年12月13日，《中國時報》。

70　2004年7月17日，《中國時報》，A13版。李顯龍發現2004年3月總統大選後，綠營專注於立院選舉，相信更多人會支持臺灣獨立；藍營方面則專注於質疑總統選舉合法性、「319槍擊事件」調查、選舉無效訴訟等。他也注意到臺灣人有更強的臺灣認同意識，大多數臺灣人相信中國不會採取攻擊手段，而且美國會在臺灣遭受攻擊時挺身相助。李顯龍對這個現象感到頗為不安。

71　請參閱王作榮，2001年5月29日，〈臺灣的經濟問題與經濟轉型〉，《中國時報》，第4版。

也是臺灣當局所應思考及規範的當務之急[72]。

　　陳水扁任內的臺灣經濟，由於國際經濟環境變化，加上中國大陸經濟躍升，對臺灣造成半世紀以來最大的衝擊。2001年，經濟衰退超過-2％，失業率超過6％，由於社會經濟惡化，暴力犯罪也由2000年的1萬1千件增至2001年的1萬4千件。2002年，臺北「美僑商會」發表《企業信心調查報告》，將「明確的經濟政策」、「政治穩定性」、「穩定的兩岸關係」列為攸關臺灣企業前途的三大要目，並強烈主張三通[73]。

　　論者以為，陳水扁執政兩年期間，已成功的讓一切批判的聲音消失，這種「批判的空窗期」，遂使得新政府反而能在執政後的次年（2001年）立委選舉中獲勝；而在外部、西方，尤其是美國的官方與媒體，由於對臺灣有獨特的雙重標準，對新政府的任何作為也都保持緘默，使得新政府成立兩週年，拜「批判的空窗期」所賜，儘管政績堪疑，但支持率仍能成長，實在是歷史盲點所造成的幸運[74]。

　　國內學者所組成的澄社[75]，於2002年6月17日與陳水扁總統舉行座談會。會中，澄社代表向當局提出許多一針見血的批評，指民進黨政府「格局不大、腳步凌亂、政策矛盾」，並標舉四大興革訴求，例如政府不應過度討好資本家，應與財團保持距離，澄社也指出多項引起爭議的人事案會嚴重影響政府公信力，惟陳總統皆否認由其主導。論者認為澄社是「社會良知」的傳承者，在國民黨時代，不少監督主政者的「在野黨」知識人，隨著政治轉移，卻變成現今主政者的「政治啦啦隊」。其所產生的副作用之一，就是知識界既然以主政者的「自己人」自居，以護航為能事，主政者自然也就不能聽到真正有益的批評[76]。

---

[72] 請參閱林向愷，2004年7月19日，〈四小龍與中國的競合〉，《中國時報》，B1版。

[73] 南方朔，2002年5月20日，〈困境與超越〉，《中國時報》，第2版。

[74] 同上。

[75] 澄社成立於90年代，由胡佛、楊國樞、李鴻禧等20多位自由派學者成立，以「提供第三種聲音」供民眾判斷兩黨說詞是否得當的參考。澄社標榜「論政而不參政」，沿續《自由中國》以來的理想，以社會批判促進自由民主體制的實現；另一方面則要求社員不得出任任何黨政職務。但意識型態及統獨立場始終困擾澄社，從「回歸憲法／制定基本法」到「內閣制／總統制」等爭議，胡、李二人情誼完全破裂。民族意識與自由主義兩者間如何安頓，是現今臺灣自由主義的一大難題。見江宜樺，2001，《自由民主的理路》，頁303-305，臺北：聯經出版公司。

[76] 2002年6月18日，《聯合報》，第2版。

許倬雲教授也指出，70年代由於國內外的華人知識分子不約而同掀起臺灣民主化運動，一時波瀾壯闊，終於在不到10年之間，開了黨禁，換了國會，使中華民國的民主化過程，為世界樹立了傲人的紀錄[77]。近年來，臺灣社會內部由於統獨及族群分離意識嚴重對立，使知識分子的社會公信力和說服力遭到質疑、挑戰，在短時間之內，似乎難以發揮70年代使臺灣轉型的力量。

2004年，陳水扁在槍擊事件真相未明下，以些微票數連任成功。澄社學者在7月11日發表2萬5千字的「檢驗民進黨執政4年成效報告」中指出，扁政府過去在教育、金融、媒體、憲政、社福、兩岸經貿、生態環境保護等七大項改革上「都交了白卷」，執政利益思維超過改革動機。澄社指出，民進黨政府操控臺視、華視人事，在選舉接近時，更縱容臺視、民視開闢帶狀政治節目從事「單面政治宣傳」，作風比起過去國民黨戒嚴時期掌控三臺有過之而無不及，而這種操控媒體的情形選後亦不見改善[78]。

澄社所列的七大項，包含了憲政民主的道德面與實踐面，只見扁政府炒作「制憲」、「修憲」的選舉議題，而不思整個憲政權責體制的徹底革新。澄社在扁政府任內兩度提出建言，但批判中所吐露的無力感卻也印證中華民國政府在臺灣由盛而衰的過程。2004年大選後的中華民國，內部已經實質分裂為「一邊一國」，泛藍與泛綠政黨的南北區隔日益明顯，其意義不在省籍的差異，而在國家認同的分裂。中國歷史上的流徙或分裂政權，例如三國時期的蜀漢、東吳，以及東晉、南宋等，在考量政權的穩定及永續發展等因素後，有些採取諸如「土斷」等政策，成功促成內部團結；但有些如蜀漢及東吳政權，將國家菁英局限在某個族群或集團內，從而喪失競爭的優勢[79]。

二、 族群鬥爭

毛澤東嘗言：「階級鬥爭一挑就靈。」民進黨則是族群動員的實踐者和獲利者。針對這種臺灣社會因歷史選舉而分裂，彼此仇恨的隱憂，前民進黨主席許信良認為民

---

[77] 許倬雲，2002年7月1日，〈論國會亂象〉，《中國時報》，第2版。

[78] 2004年7月12日，《聯合報》，A4版。

[79] 請參考李功勤，2001年7月，《蔣介石臺灣時代的政治菁英》，國立中正大學：歷史研究所博士論文。

進黨只要一個族群民族主義的價值，一個大閩南主義的價值[80]。民進黨立法委員沈富雄則提出，臺灣在總統大選後，應有「愛臺灣不該被量化」、「本土化不代表去中國化」等「愛臺灣」的認知，他並認為「愛臺灣」不該成為任何大選的主軸或搶票手段[81]。當陳水扁總統在選後與青年學生座談時，有學生質問陳總統：「為什麼常常說人家不愛臺灣？[82]」

陳水扁在選後曾重批連、宋，要他們閉嘴，之後又謙卑的拜訪聖嚴法師，對法師給他的開示：「感謝反對者」津津樂道。過了沒幾天，在臺南兩場感恩晚會又高分貝批連、宋；4月12日在臺北紅樓與學生座談時又低頭表示要反省自己[83]。這種時而傲慢、時而謙卑，看對象演出的兩手策略，似乎應證了民進黨「務實、柔軟」的身段，但從閩南籍人口占臺灣人口75％的比例上觀察，族群操弄仍會是往後大選中不斷上演的戲碼及議題。

民進黨除了上述兩種特質之外，它以「派系共治」創造了集體領導的穩定性，也使歷任代表不同派系的黨主席如施明德、許信良因理念不合陸續離開民進黨後，並未造成民進黨分裂和資源分散[84]。1998年2月，民進黨舉辦中國政策研討會，當時美麗

80　見2004年5月24日，《聯合報》，A11版。許信良認為這種大閩南主義，危害了國家認同。「本土論述是臺灣歷史發展上，一個最多餘、最沒有意義的論述。」客家籍的許信良如是說。以研究白色恐怖著名的客籍作家藍博洲也曾對我表示，當年與民進黨一起打拚時，大閩南主義使他產生強烈的排斥和疏離感。

81　見2004年4月17日，《聯合報》，A2版。沈富雄也分析過去50年以來，本省人對外省人有許多負面印象。第一點就是白色恐怖，許多本省人被迫害，至今遺恨猶存；第二點是外省人在當年高考可加分，或因社經環境使然，外省人念大學比率較高；第三點是外省人來臺後，「少數強勢文化」控制「多數弱勢文化」，民進黨人在執政後有了報復心態；第四點是因外省人的血緣，以及對中國的情感深淺，讓本省人懷疑「敵人跟外省人有關係」，因此產生疑慮。見2004年4月26日，《聯合報》專訪，A4版。

82　見《中國時報》、《聯合報》等在2004年4月13日的新聞稿。

83　2004年4月13日，《聯合報》，A3版。

84　民進黨的主要派系有正義連線（陳水扁、陳其邁）、福利國連線（謝長廷、蘇貞昌）、美麗島系（張俊宏、許榮淑）、新潮流（洪奇昌、陳菊），這些都是民進黨2004年黨中常會的成員及其所屬派系。2004年7月18日召開的全代會選出新的10席中常委，除了新潮流依舊健在外，正義連線僅保住1席，福利國連線則分裂為蔡同榮、謝長廷及蘇貞昌三股勢力，其他還有舊美麗島系的綠色友誼連線及內閣行政系統。派系基本結構未變，陳水扁強勢主導解散派系失敗，只通過「派系中立」條款。

島系領袖許信良的「大膽西進論」和新潮流龍頭邱義仁的「強本漸進論」產生激辯，最後得出「強本西進」的結論，這也成為該時期民進黨對兩岸經貿政策的一致共識。2004年總統大選後，由於呂秀蓮先後懷疑槍擊案的真相及敏督利颱風救災不力的爭議，引起扁、呂之間的緊張[85]，但民進黨總會在一段磨合時間之後，府院黨改而口徑一致，並且巧妙的將衝突點轉嫁給泛藍陣營。換另一個角度來看，內鬥不斷，反而為民進黨聚集源源不絕的競爭能量。至於派系共治、由下而上的決策模式，也跟國民黨的少數核心人士密室政治截然不同，民進黨呈現的是集體風險、共同承擔的決策模式。

泛綠的選民特質正反映了民進黨的文化，那就是團結、死忠，在投票行為上絕對服從黨意，並具有濃厚的草根文化；相對於泛藍選民的自主性高、習慣以高標準、高道德檢視他們的政治領導人，泛藍陣營在對外氣勢上，往往先被內部菁英之間的意見衝突消磨一半，在面對都會中產階級型態的選民結構特性，常不能產生泛綠陣營所展現的革命激情和團結一致的特性，而這些特質卻正是民進黨崛起的關鍵所在[86]。

三、 紅衫軍運動

「反貪腐倒扁運動」自2006年9月9日正式集結，歷經三次動員高潮（9月9日、9月29日與10月10日）[87]，運動的開端起因於陳水扁領導的民進黨政府爆發許多疑似貪汙的事證，導致臺灣社會的議論與抗爭，由施明德發起街頭運動，並成立指揮中心[88]，帶領大眾進行靜坐、遊行等和平示威，並穿著紅色服裝以作為統一，故又稱「紅衫軍

---

85 參見2004年7月11日，《聯合報》，A4版。另據2004年7月5日，《聯合報》，A2版報導，呂秀蓮懷疑槍擊目標是自己，對陳水扁身邊人本就不太信任，使原本十分抗拒成立「319槍擊真相調閱委員會」的總統府終於轉變立場，這項轉變的內部壓力正是呂秀蓮副總統。

86 曾經擔任馬英九市府副市長的金溥聰及勞工局長鄭村棋，在總統大選前籌組「廢票聯盟」，對這次大選的結果和30餘萬張的廢票，引發了很大的爭議。

87 2006年9月9日開始於凱達格蘭大道上靜坐，持續至15日倒扁總部發動「螢光圍城」；9月29日發起「環島遍地開花行動」；10月10日發起「天下圍攻」活動。

88 指揮中心的核心成員大多是出自曾為綠營或親綠人士，總指揮施明德、副總指揮簡錫堦、總部總幹事魏耀乾、新聞總監張富忠、發言人范可欽、賀德芬、律師魏千峰、沈智慧、李新、王麗萍、盛治仁、郭素春、鄭龍水、李永萍、姚立明、林正杰、羅淑蕾、劉坤鱧，其中包括律師、醫生、廣告人、民意代表等。

運動」。

根據《中時電子報》電話訪問結果發現：知道凱達格蘭大道靜坐活動的受訪民眾中，64.6％對此活動抱持正面的看法，30.6％對此活動持負面的看法。持正面看法的年齡層主要集中於30～59歲的受訪群眾（30～39歲66.3％、40～49歲65％、50～59歲69％）；持負面看法的年齡層偏向年紀最小（20～29歲37.9％）和最大（60歲以上34.1％）者[89]。

紅衫軍運動被視為一種社會正義，參與遊行的群眾不分男女老幼，沒有年齡限制，甚至不分區域黨派，唯一的訴求是還人民一個清廉的政府。相較於過往嚴肅悲憤的群眾運動氣氛，現場呈現有如嘉年華般的氛圍，民眾各自展現創意方式呼籲阿扁下臺[90]。從事演藝事業的藝人紛紛響應，上臺唱歌陪倒扁群眾，也有越來越多的年輕學生現身凱達格蘭大道[91]，倒扁總部並設置發言臺讓民眾能上臺發表倒扁心聲[92]。參與人數超過百萬，創下臺灣群眾運動有史以來人數最多的一次。這場運動不僅淡化過往累積的省籍情結，也將過去把「血統論」視為認同的標準轉向為和平理性的反貪腐，這是臺灣自主公民力量的空前展現[93]。

臺灣社會在政黨輪替前，政治性的社會運動大多以激進的方式進行，且多以要求政府更民主開放為訴求；政黨輪替後，民主已不是主要訴求，反貪腐運動能獲得廣大的迴響，是因其訴求的價值與社會的價值相呼應。在政治介入司法與體制無法防範的情況下，臺灣民眾對政府貪腐的不滿只有透過體制外來表達，這在民主社會也是很普

89　2005年9月18日，《中時電子報》。

90　倒扁現場有人裝扮成電影《星際大戰》裡的黑武士，有人在場邊發送倒扁氣球，還有原住民在現場唸起祝禱文倒扁，大受民眾歡迎。

91　首先帶動學生上臺嗆扁風潮的是建中學生謝宜峰，他在11日率先大膽站上舞臺，帶領群眾大喊23次「阿扁下臺」，還要陳水扁認清連學生都知道的禮義廉恥，引起外界熱烈討論，甚至有老師在公民課上主動以他為題材，教學生如何正確表達自己的政治立場。2006年9月13日，《中國評論新聞網》。

92　在現場較為特殊的發言民眾包含一名3歲女娃，在父母的陪同下，踏上倒扁現場的發言臺，一口氣背誦了《四書》中的第一篇文章〈大學之道〉；另還有一名小學六年級生自創詩句上臺倒扁；北一女中有5名學生身著綠色校服，激情諷扁，為倒扁現場掀起高潮。相關報導請參閱2006年9月13日，《中時電子報》。

93　2006年9月17日，《聯合報》。

遍的方式。臺灣的社會運動，從針對政府威權所引發的社會運動已漸漸轉變為對政府政策反應的社會運動居多[94]，而過往島內的政治運動，基本上跳不出藍綠、族群對立的格局，運動的結果往往使得藍綠與族群更加對立，社會更加分化。跳出藍綠與族群紛爭，高舉能被主流社會所接受的道德訴求，正是反貪腐運動能贏得廣大民眾，尤其是中產階級支持的重要原因[95]。

此次運動的可貴之處，在於能夠和平理性的收場，其所表現的自制、理性與平和，已經足以向世人展現臺灣民主運動的成熟度，因此不少學者將其定位為「新公民運動」，稱頌為「自主公民進場」，正是因為公民群體站出來，清楚的拒絕政府與政客「獨占」公共決策。政府、政黨、政治人物，乃至各種法定程序，都不能完全替代公民的直接發聲。即便在運動內部，也看到群眾擺脫了以往許多街頭活動中單純「跟著走」或「被帶領」的風格，轉而時時質疑並修正「領導集團」的建議。公民對領導者的無情與質疑，正是這個運動的價值[96]。

反貪腐運動所帶來的另一影響，是開始了體制內的改革推動，各黨相繼推動反貪腐「陽光法案」，民進黨提出「陽光九法」[97]、國民黨提出「陽光四法」[98]，主要是希望透過法治面的改革加強對貪腐的防治與懲罰[99]，而隨著陽光法案陸續通過[100]，社會對反貪腐及建立清廉政府也有了一定的共識。

陳水扁卸任總統職務後，2008年11月12日被臺北地方法院以涉嫌貪汙、洗錢等重罪為由收押禁見，成為中華民國歷史上首位遭收押的卸任總統。2010年11月11日，

---

94 楊雅文，2008年6月，《反貪腐運動之探究——以天下圍攻事件為例》，國立成功大學政治經濟學研究所碩士論文。

95 2006年10月11日，《文匯報》社評。

96 2006年10月2日，《聯合報》。

97 即法務部廉政局組織法、遊說法、立法委員行為法、公職人員財產申報法、公職人員選舉罷免法、公職人員利益衝突迴避法、政治獻金法、政黨法，以及政黨不當取得財產處理條例等修法與立法工作。

98 即政黨法、遊說法、公職人員財產申報法，以及政治獻金法。

99 楊雅文，2008年6月，《反貪腐運動之探究——以天下圍攻事件為例》，國立成功大學政治經濟學研究所碩士論文。

100 即財產申報法、利益衝突迴避法、政治獻金法、遊說法，詳情請參考《中華民國監察院陽光法案主題網》。

陳水扁因龍潭購地弊案遭最高法院三審定讞，判處有期徒刑17年6月。2011年11月13日，臺灣高等法院以二次金改弊案，二審判決陳水扁有期徒刑18年[101]。

第四節　中共的政治變遷——穩定或崩潰

中共在過去60多年的對臺政策，基本上在「解放臺灣」這一總目標之下，隨著國際局勢和兩岸關係的變化，中共對臺政策約略分為三個階段：一、1945～1958年，主要延續國共內戰以來的軍事統一目標；二、1959～1978年，北京方面強調「和平解放臺灣」，但兩岸依然維持著冷戰以來的對峙，在大陸沿海島嶼還是有零星的武裝衝突；三、1979年至今，兩岸暫時結束軍事對峙，北京方面亦開始積極試探「國共第三次合作」的可能性。但在李登輝及陳水扁時代，兩岸關係又陷入緊張，一直到馬英九總統上任，再加上胡錦濤主席的兩岸和平發展的高度共識，使得當今兩岸的關係開啟了積極交流與恢復對話。

茲針對中共從毛澤東時代到胡錦濤主席主政下的中國大陸之發展演變，作一簡要分析。

一、毛澤東時代

韓戰結束後，中共推行第一個5年計畫（1953～1957年），計畫的核心是個基建單位，由蘇聯提供援助、藍圖和14,000名技術人員。此外，蘇聯又替中共訓練6,000名科學家和大學程度的技術人員，並派遣7,000名工人在蘇聯工廠中接受在職訓練。特別在鋼鐵工業方面，包括熔爐、煤礦、鐵礦、鋼鐵冶煉、鐵路交通和專門人才都獲得優先指導。在蘇聯援助下，中共於50年代似乎得到其現代工業歷史中最完整的技術輸入，俄援不僅提供生產技術，更包括科學技術教育、工程設計、生產工程以及創立現代工業組織，甚至計畫、預算和管理系統[102]。因此第一個5年計畫是實施重工業化，注重城市和沿海省區的建設，或許這是在當時被西方國家「圍堵」的情況下，能快速提升經濟實力的捷徑。

---

101 2011年10月13日，《中央社》。

102 Hans Heymann, Jr.，1975，〈Acquisition and Diffusion of Technology in China〉，in Joint Economic Committee of Congress，《China: A Reassessment of the Economy》，頁686，Washington。

60年代，中共在內政和外交上都產生重大的轉變，首先是與蘇聯關係的惡化。毛澤東在1962年公開批判史達林當初在國共內戰時阻撓解放軍渡江，並譴責赫魯雪夫進行「修正主義」路線。於是在蘇聯撤回技術人員和援助的情況下，1962年11月中共十大確定在整個社會主義過渡時期繼續保存階級鬥爭，會中也決定修改第一個5年計畫所訂定的發展順序，將農業放在首位、輕工業次之、重工業再次之。自此之後，中共開始強調工業支援農業，如加速拖拉機和化肥生產、農村電氣化、供應消費性商品等。這就是「獨立自主、自主更生」，立足於國內資源且國家自主，毛思想成為一切政策的指導原則。

1957年4月底，中共決定展開以反對官僚主義、宗派主義和主觀主義為內容的整頓作風運動，號召並鼓勵黨外民眾提供意見。不料批評聲浪太過激烈，毛難以忍受。5月15日，毛澤東撰文「事情正在起變化」，6月8日人民日報發表社論「這是為什麼？」，稱右派分子藉「整風」企圖推翻社會主義，於是展開了針對中國有獨立思想的知識分子的反右運動，大約有55萬人被劃為「右派」。從意識型態鬥爭壓過經濟發展，政治鬥爭由外而內，成為中共黨內不同路線鬥爭[103]。

1958年由毛澤東主導的人民公社和大躍進政策的失誤（土法煉鋼的荒謬），使其在次年自我檢討錯誤，並不再參與國家事務。毛說大躍進三方面過激：「第一、將窮隊和富隊拉平；第二、公社的基建工程太大，公社需要太多非雇傭勞工；第三、將一切財產都化為『共產』，再下去黨便要下臺，有些地方的確出現無償占用別人勞力情形[104]。」因此在經濟路線上（主要在是否取消公社化方面）鬥爭，成為引爆「文化大革命」的重要原因之一。

文革更重要的原因則是政治因素，1961年4月，劉少奇夫婦返回故鄉湖南長沙作長達44天的調查，他們看到經歷大饑荒的生活慘狀而反對毛澤東的政策路線。1966年

---

103 毛澤東在1956年4月25日《論十大關係》的講話，提出了「百花齊放，百家爭鳴」的「雙百方針」來鼓勵知識分子，於是知識分子「大鳴大放」，甚至提出「共產黨與民主黨派輪流坐莊」、「反對黨天下」等論調，引發毛對爾等之整肅。「反右運動」使中共結束了和諧快速的國內建設，中共八大提出的「大規模的階級鬥爭告一段落，今後工作以社會主義建設為主」的政策中止，意識型態鬥爭重要性從此壓過了經濟的發展。

104 Mao Tsetung，1997，Speech at the Second Chengchow Conference，Chinese Law and Government。

文革爆發，劉少奇被定為中共「黨內最大的走資派」、「中國的赫魯雪夫」，其妻子王光美則被江青所主導的批鬥大會不斷羞辱[105]，強迫她衣著光鮮（1963年陪劉少奇出訪印尼、緬甸時的穿著）的被眾人批鬥，吸引30萬人參加，1967年被送進秦城監獄[106]，劉少奇則於1969年祕密死於河南開封，連火葬申請單上名字都被篡改，「國家主席」變成無業遊民。直到1980年中共11屆五中全會，劉少奇方獲平反[107]。

為期10年（1966～1976年）的文化大革命對共產中國產生重大影響，馬克·賽爾登（Mark Selden）認為文革的貢獻如下：

（一）透過批判權威主義，奪取和成立革命委員會，擴大工人群眾的權力和政治參與。

（二）結合工、農業，以農業結合城市等方法，將原料轉移到農村來改變城鄉關係。

（三）在思想、制度、文化、生產關係和國家計畫中廣泛實施群眾路線，進一步推展中國的社會主義道路。

---

105 王光美一生大起大落，1921年出生北京，為北京輔仁大學物理學碩士，1948年與劉少奇在河北西柏村結為夫妻，文革入獄12年，平反後善待毛澤東後人，成立「幸福工程」，協助大陸貧困婦女。王光美在80歲接受訪問時，提及她與劉少奇最後一次見面是在1967年8月5日於中南海，雙方在鬥爭休息時短暫相會，「我們雙目對視，什麼也不能說。沒想到那一握，竟是訣別！」2006年10月病逝北京，享年85歲。見2006年10月16日，《聯合報》，A13版。而王光美大哥王光復則是二次世界大戰中國戰區擊落日本軍機最多的英雄（先後擊落8架半日機），1948年年底，共軍就要進入北平時，王光復奉命飛往臺灣。由於受到其妹影響，軍方限制他飛行，先後任職空軍總部作戰處長、國防部史政局軍事史政組長。1985年定居美國達拉斯（Dallas），後病逝於此家中，享壽92歲。

106 秦城監獄前身是民國時代的功德林監獄，1960年於北京市昌平區興壽鎮（小湯山附近）建設新獄，即秦城監獄。1967年文革時，王力、關鋒、戚本禹曾先後入獄，其後包括四人幫、班禪喇嘛、張東蓀、魏京生、劉曉慶、鮑彤及前北京市委書記陳希同、上海市委書記陳良宇等高級犯人。2000年8月，燕城監獄開始興建，規劃為關押中央及省部級職犯人和外籍犯人。至於秦城監獄將改為看守所，逐步退出歷史舞臺。

107 中央黨史專家一般公認1962年1月的7千人大會是毛、劉分歧的公開化。毛澤東1967年曾向阿爾巴尼亞領導人透露：「7千人大會已看出苗頭，修正主義（指劉少奇等黨內走資派）要推翻我們。」而當年毛、劉的政治結盟，則來自於劉少奇支持毛澤東鬥爭王明等國際派大老，毛澤東則不斷擢升劉少奇，使劉少奇快速超越朱德、周恩來等中共黨內資歷威望較高的元老們，成為中共權力核心的第二號人物。請參閱2006年10月16日，《聯合報》，A13版。

但賽爾登也承認文革有其黑暗面，最大錯誤是將所有被批判的領導人——劉少奇、林彪、鄧小平等扣上托洛斯基派、國民黨和法西斯主義者的帽子，將其以往的革命功勞一筆抹殺，使黨的道德性與純潔性為之破產[108]。

在大躍進時所造成的饑荒年代，估計當時死亡人數在2,000萬～4,300萬之間，主要是鄉村人口。而文革對數以百萬計的城市人口而言，是恐怖的經歷。世界銀行（IBRD）估計，因為大部分學校關閉，使將近1億6千萬的中國人在文革前5年完全未受教育或教育不足。香港大學歷史學教授Ming Chan歸納中國自文革得到的遺產：「剩下的大眾為所欲為的心理，因為沒有國家、沒有黨可以尊重，毛主義中也找不到道德。其結果就是權威解體，並孕育出人民一種『自己動手』的民粹主義。同時，為了重視道德上的法統，統治者必須極端依賴民族主義[109]。」

在文革10年期間，按照葉劍英於1978年12月13日在中共中央工作會議開幕式的說法，整了1億人，死了2千萬人，浪費了8千億人民幣。如果再加上李先念早先於1977年12月20日的全國會議上說的國民收入損失5千億，浪費和減收共計1萬3千億人民幣。中華人民共和國從成立到1976年毛澤東逝世，沒有內戰、沒有重大自然災害，非正常死亡人數在5,755萬人以上，經濟損失高達14,200億元。近30年國家基本建設總投資額為6,500億元，3年困難時期和文化大革命所造成總的損失，是中國前30年基礎建設投資總額的兩倍多。文革的浩劫使大陸經濟瀕臨崩潰，而更重要的則是中國傳統文化的毀滅、人們互信的削弱，對文化方面造成的損傷，不是往後靠經濟重建所能彌補，就民族立場而言，毛澤東絕對是歷史罪人而無疑義[110]。

---

108 馬克·賽爾登（Mark Selden），1989，《中華人民共和國簡史》，頁81-82，香港：曙光圖書。

109 轉引述自1996年7月號，《解讀時代美語雜誌》，頁52，臺北：解讀時代美語雜誌社。

110 1950年韓戰爆發之時，毛澤東在大陸展開「鎮反」運動，光是1951年5月23日的《人民日報》就刊出槍決221名國民黨軍政人員名單，甚至包括內戰末期「起義」投降或被俘釋放之將領。另據柏林自由大學教授郭廷鈺在其《中國現代史》中指出「國軍被害者約3百萬人，國民黨遺留在大陸的黨員被害者約140萬人」。當時中共內政部長薄一波在鎮反報告中提及：「為了永久的和平，為了人民民主，在過去3年半（1949～1952），我們清算了2百多萬土匪。」（按：指反共游擊戰士）。請參閱李明，〈一百零九名在鎮反運動中被殺害的國軍抗日將領名單〉，《傳記文學》，2009年6月號第94卷第6期，頁88-101。但在毛澤東的「反右」運動中，也容忍了如黃炎培、馬寅初、邵力子、張奚若、馮友蘭、「紅色資本家」榮毅仁、梁漱溟、沈從文、翁文灝、王芸生等人，詳情請參閱《傳記文學》同卷期，頁102-121。

另一方面，美國總統尼克森在1968年11月就任後，提出「以談判取代對抗」的口號，並尋求「聯中（共）制蘇」的戰略，使中共逐漸擺脫以美國為首的西方圍堵孤立，於1971年進入聯合國，並在1979年和美國正式建交。此契機不但使中共解除了與蘇俄決裂後的壓力，也藉美國牽制蘇聯，這是中共在這段期間內政和外交上的危機與轉機的互動關鍵，並使中華民國的主權在國際上遭到最嚴重的挑戰。

二、鄧小平時代來臨

1976年10月，華國鋒下令逮捕四人幫（江青、張春橋、王洪文與姚文元），鄧小平則在1977年7月的第十屆中共委員會第三次全體會議上，針對毛澤東思想基本認識論的觀點進行抨擊，完全不理會華國鋒的「兩個凡是」觀點，只針對四人幫及林彪進行痛斥。鄧小平探討四人幫、林彪和毛澤東在政治思想以及行動上的差別，並用毛澤東在延安中央黨校的題詞——「實事求是」來做為他的論據[111]。1978年2月第五屆人民代表大會展開否定文化大革命活動，同時，那些於1967～1968年間被解除職務的人重新回到領導崗位，他們自然支持鄧小平，並主張全盤否定文革[112]。鄧小平同時走訪一些東南亞和東亞的國家，制定與美國建立外交關係的各種安排，並針對文革錯誤提出新政策，為知識分子與思想教育平反。

1978年的第11屆三中全會對中共國家發展極為重要，代表對文革的徹底否定和改革時代的來臨。會議決定把經濟現代化列為最優先，以政治、行政和法律上的改革來支持現代化，並為尚未平反的重要領導人翻案，如彭德懷、彭真、楊尚昆、薄一波等，且宣布天安門事件不是反革命，而是一次徹底的革命事件[113]。

---

[111] 1977年7月21日，〈完整的準確的理解毛澤東思想〉，英文版《鄧小平文選》，第2卷，頁58。

[112] 大衛‧古德曼（David SG Goodman），〈1976年9月後領導層中的人事變動〉，載於《毛之後的中國政治》，卡迪夫大學出版社。

[113] 1978年11月15日，《北京日報》、《人民日報》。中共在文革後，元老政治曾經主導中共政壇，當時有「八大老」之說，分別是鄧小平、陳雲、楊尚昆、彭真、薄一波、李先念、王震、宋任窮。八大老在世最後一位是薄一波，於2007年1月病逝北京，享壽99歲。其子薄熙來，現任重慶市委書記，因大力掃黑而舉國矚目。是否能在「18大」之後更上層樓，是值得觀察現象。2007年1月17日，《聯合報》，A13版。

到了1990年中期，三中全會所掀起的改革浪潮已引起巨大的經濟變革和政治變化。在經濟方面，至1993年，中國大陸國民生產總值高居世界第四位，而最能顯示社會主義結構改革的一個重要措施，是中國人民銀行於1994年禁止財政部借用銀行資產償還公債。在政治上，1981年由胡喬木領導的一個小組在鄧小平和胡耀邦指導下，起草了〈建國以來黨的若干歷史問題的決議〉，並於1981年6月召開的第11屆中委會議第六次全體會議，通過對文革的定義：「它是一場由領導者錯誤發動，被反革命集團所利用，替黨、國家和各族人民帶來嚴重災難的內亂。」同時，決議也認為毛澤東個人應對文革災難負責[114]。華國鋒、汪東興、吳德、陳永貴等中央領導人終於在鬥爭失敗後自動下臺，或是被降職[115]。

在這段期間，中共由於鄧小平政權穩固而且又與美國建交，使臺灣在國際舞臺日益孤立，於是當1978年底中共第11屆三中全會鄧小平取得黨的主導權之後，對臺政策開始轉變。1979年1月1日中共全國人大常委會發表「告臺灣同胞書」，提出三通主張。鄧小平更在同日全國政協座談會中公開宣布，「臺灣回歸祖國，完成祖國統一的大業」，自此中共「和平統一」的口號便成為對臺文宣的主要口徑。中共這套對臺策略，使80年代末期兩岸經貿日趨熱絡，以後便形成胡蘿蔔與大棒的兩手策略。鄧小平在1985年接見日本參議院議長木村睦男時說：「我們不能承擔放棄使用武力的義務，因為不這樣，和平談判就不可能。」這番談話正顯示了「以戰逼和」的心態。

三、社會的變遷

目前中國大陸在商業浪潮和市場經濟的衝擊下，以往賴以維繫的意識型態束縛和

---

114 中共中央文獻研究室，1985，《關於建國以來黨的若干歷史問題的決議註釋本》，頁7，北京：人民出版社。

115 1980年2月劉少奇平反，並由胡耀邦接替華國鋒任中共主席。華國鋒原名蘇鑄，中共建政後，長期在毛澤東老家湖南湘潭擔任縣委書記、地委專員而受毛注意。文革期間，他以湖南省第二號人物，大力支持「造反派」，被毛賞識而大力拔擢。當年毛寫給他的「你辦事，我放心」六字批示，使他在毛澤東過世後，得以控制複雜情勢。1981年，在辭掉總理、中央主席、中央軍委主席後，僅擔任中央委員一職，深居簡出，每逢毛的誕辰、逝世日，必定前往他題了字的毛主席紀念堂鞠躬致敬。2008年8月病逝北京，享年87歲。在毛澤東的接班人中，劉少奇、林彪皆死於非命，王洪文則未通過毛澤東考驗，於1992年8月因肝病死於獄中，只有華國鋒得以安享天年。2008年8月21日，《聯合報》。

嚴密組織控制的如單位制、戶口制等，已經完全崩潰。在毛澤東時代，大陸人心畢竟有所歸依，社會的方向感和目標感倒也清晰可辨，但隨著時代變遷，大陸已經喪失了此種方向感。因此共產黨組織的潰散、共產黨人倫理的斲喪，成為大陸社會整合功能弱化的主要原因。面對臺灣民主運動逐漸成熟及首屆總統直選的完成，大陸在反對運動方面，也有相當的歷史條件。在「後毛澤東時期」中國大陸的顛覆性反對，主要是1976年和1989年的兩次天安門事件，以及1979年的「北京之春」和1986年底的學運。這4次的反對運動，針對其起源、中共的對策，請參見表三。

表三　中國大陸內部4次反對運動之起源與中共對策分析

運動名稱	起源	中共對策
天安門事件（1976年）	中共總理周恩來過世，群眾於4月4日聚集天安門廣場獻花、詩、悼詞致哀，文中批評江青和四人幫，也有直接攻擊毛澤東的言詞	軍警於翌日開始逮捕、毆打滯留廣場的數百名示威群眾。中央政治局將群眾示威界定為「反革命暴動」
北京之春（1979年）	《中國青年》刊登天安門廣場的詩抄和為天安門事件平反的文章，民眾在西側民主牆批評毛澤東，認為他的功過應該是「七三開」，反對「兩個凡是」，主張民主法治和言論自由論	主管意識型態的黨副主席汪東興下令禁止發行，但1976年擔任北京市長的吳德被迫去職，1976年天安門事件的「反革命性質」，於11月14日獲得平反
1986年學運	鄧小平和元老派站在反自由化立場，改革派的胡耀邦受到壓制。科技大學副校長方勵之否定馬列主義和社會主義，結果遍及17個城市的150所大學校園，都發生大規模的學生示威活動	在胡耀邦要求下，上海市長江澤民赴交大與學生晤談，不得要領，12月23日上海市府禁止示威。24日，北大、人大、清大學生赴天安門廣場，呼應上海學運。胡耀邦被評為「反資產階級自由化」推動不力，於1987年1月下臺
1989年學運	一方面是追悼中共總書記胡耀邦於4月15日過世，另一方面是知識界原已計畫召開五四運動70周年擴大紀念會，兩股力量結合。由於中共拒絕接見請願代表，遂導致北京市民全面參加，人數高達百餘萬，持續50天之久	鄧小平斥責「示威群眾要建立一個完全西方附庸化的資產階級共和國」，總理李鵬下令軍隊血腥鎮壓，並導致總書記趙紫陽下臺

資料來源：趙建民，1996年1月，〈中共面向21世紀的政治變遷〉，《問題與研究》，第39卷，第1期，頁14-16，臺北：國立政治大學國際關係研究中心。

針對上述4次大規模的反對運動，趙建民教授認為除了1976年的「天安門事件」以外，其他3次都有民主主義的傾向，每一次都有相當政治與社會矛盾的背景。所有示威活動基本上都與內部派系權力分配有關，可以稱得上是「派系反對」的一種，這些示威基本上都非反對共產體制，或可稱之為「準顛覆式的政治反對[116]」。

　　懷特（Lynn T. White Ⅲ）在《紊亂的政策：中共文化大革命中暴力的組織性因素》（Policies of Chaos: The Organizational Causes of Violence in China's Cultural Revolution）一書中，分析文革的混亂局面和暴力是源自於中國大陸三種社會矛盾的共同作用：

　　（一）把人分成不同等級，如工人、地主、反革命、幹部等，替人貼上政治標籤。

　　（二）中國社會中因為單位社會特質所形成的組織性依賴，產生各個利益共同體，終於演變成利益衝突集團化。

　　（三）由於政治運動不斷，使暴力的使用合法化。

　　哈佛大學教授麥克法夸爾（R. MacFarquhar）則將文革與1989年的六四事件綜合起來反思，指出1989年民運中的群眾與政治生活挑戰權威的經驗，同樣反映在1989年民運學生身上；而鄧小平及保守派也從民運中看到當年紅衛兵運動所造成的社會動盪、黨組織癱瘓，以及對領導幹部的衝擊等，警惕到悲劇似乎又將上演。另外，麥克法夸爾認為鄧小平時代雖然擺脫毛主義掛帥發展策略和馬列主義意識型態的羈絆，從經濟理性主義來思索現代化道路，但弔詭的是鄧小平為了避免文革時期過度個人化的政治運動和深化改革開放策略，因而強調集團領導、重視政治生活的制度化。另一方面，為了維繫改革開放進程，卻又必須依賴鄧小平個人權威的介入和干涉，一來可壓制大陸政治自由化浪潮，二來則是確保經濟改革發展。其實這正與當年毛澤東於文革期間，一方面號召打倒官僚特權階級，另一方面卻進行個人權力壟斷而形成新的權力

---

116 趙建民，1996，〈中共面向21世紀的政治變遷〉，載於《問題與研究》，第39卷，第1期，頁7，臺北：國立政治大學國際關係研究中心。

階級情況相同，這種矛盾現象並未因10年的改革開放而消失[117]。

在鄧小平主政期間，出身鄧小平「二野」的胡耀邦隨鄧小平復出，於1980年當選總書記，進一步平反文革時期冤案，大力推動改革開放政策，和當時的總理趙紫陽成為鄧小平改革開放政策的左右手。但胡耀邦的開放不見容於當時的元老，甚至得罪鄧小平。1987年大陸各地發生學潮，中共元老指責胡耀邦反資產階級自由化不力，胡被迫交出總書記職務。當時反胡最力的左派有鄧力群、胡喬木等人[118]。但中共中央對胡耀邦的歷史地位一直有正面評價。1989年4月胡耀邦去世，中共中央為胡開追悼會，連鄧小平都親自出席[119]。

至於接替胡耀邦的總書記趙紫陽就爭議頗大，在鄧小平時代，一度把「胡耀邦」、「趙紫陽」和「六四」都視為禁忌領域。擔任四川省委書記的趙紫陽，廣受當地農民歡迎，並有民謠：「要吃糧，找紫陽。要吃米，找萬里」的讚譽。1989年學運，由於趙紫陽同情學運，觸怒鄧小平被罷黜，江澤民由上海調往北京接任總書記，趙紫陽則於2005年1月抑鬱以終。雖然近20年來，大陸始終存在平反六四的呼聲，但由於當時主政者江澤民、李鵬仍然健在，故趙紫陽的平反仍然是一禁忌。「支持動亂、分裂黨」是中共13屆四中全會給趙紫陽的定性。趙紫陽被軟禁期間，在老部屬杜導正等人協助下，於2000年左右，祕密錄製至少36卷錄音帶，留下逾30小時珍貴錄音，爾後由祕書鮑彤之子鮑樸花了兩年時間蒐集整理，於2009年出版《國家的囚徒——趙紫陽的祕密錄音》，在書中吐露他對社會主義的諸多質疑，肯定六四事件，對亞洲四小龍包括臺灣的經濟奇蹟，更充滿欽羨與肯定[120]。

---

117 轉摘自1996年7月號，《解讀時代美語雜誌》，前揭書，頁67。鄧小平與卓琳育有三男三女，長子鄧樸方在「文革」中受迫害至殘，么兒鄧質方曾涉及「周北方案」；但江澤民未予懲處。見2007年2月15日，《聯合報》，A13版。

118 1987年1月胡辭職到1987年10月十三大召開前，權力掌握在5人小組，組長趙紫陽，成員有薄一波、楊尚昆、萬里、胡啟立。

119 請參閱《聯合報》2005年9月6日A13版及2005年11月19日A3版的相關報導。

120 趙紫陽，2009，《國家的囚徒——趙紫陽的祕密錄音》，臺北：時報文化公司。趙紫陽認為胡耀邦為人寬厚、寬容，尤其是對待知識界，主張疏導而不贊成採取高壓手段，追求社會主義式民主，積極平反當年被打成的「右派」人物。頁314-315。而鄧小平在晚年，非常強調保持政治局勢的穩定，為了維護穩定，主要手段就是「專政」這個武器。頁299。

四、江澤民時代

在江澤民時代，中共如何因應因文革導致黨和意識型態的破產、解放軍的干政（在文革和1989年民運兩度介入），以及民粹主義的發展，是鄧小平之後所面臨最嚴峻的挑戰，一個民主法制化社會的形成問題，正考驗中共領導人的智慧。

大陸中國科學院、清華大學中國國情研究中心研究員康曉光曾在《戰略與管理》雜誌撰文指出，當前對中共未來政權的發展有兩派不同的看法，一是「穩定論」，認定中國共產黨將順利繼續執政；另一派則是宣稱中共政府或政治體制將迅速瓦解的「崩潰論」。他指出，政治菁英已牢固壟斷公共權力，嚴密控制公共領域，並在新威權主義下與經濟菁英、知識菁英結成聯盟，因此中共的政治穩定性基礎十分穩固。另一方面，中國社會大眾的生活比計畫經濟時代穩定，也十分珍惜目前得到的些微權力及財富，所以儘管對貪官汙吏和不法奸商恨之入骨，卻仍不想參加一場勝算微乎其微的賭博。只要菁英給絕大多數民眾留一條生路，民眾或許會繼續忍氣吞聲的過日子。

康曉光指出，一旦經濟惡化，將使中共內部控制失靈，而大陸潛在的危機還包括缺乏民眾制約、廣泛錢權交易、黨政關係官官相護、民意表達管道失靈、嚴重不平等和貧困等短期無法扭轉的問題，危機不斷擴大。而這一切都將在經濟與金融危機造成中共統治不穩定時冒出，並造成全大陸性民眾反抗。至於臺灣問題，主要危機在於美國軍事介入，中共在軍事衝突中敗北，不過在短期內發生的可能性不大[121]。

由於中共在加入世貿組織之後的評估與事前有所出入，尤其在農業方面問題特別嚴重。朱鎔基總理在接獲報告之後，指責當時擔任入世談判會議的首席代表中共經貿部副部長龍永圖，認為其當初在農業問題上讓步過大。而國有企業下崗、失業民眾的出路安排，是另一個影響穩定的問題——全大陸失業人口已高達3,000萬以上[122]。中共的中國人民銀行在2002年2月21日調降人民幣存貨款利率，人民幣1年期存款利率降至1.98％。大陸一再降息的目的，就是要維持一定的經濟增長速度。朱鎔基在政府工作報告中，將2002年的經濟成長目標訂為7％，是因為中國大陸的經濟發展若沒有保

---

121 2002年6月11日，《聯合報》，第13版。

122 同上。

持一定的速度，就會出現一些新的困擾，例如就業問題[123]。

大陸一向靠市場換取技術和資金，一旦經濟成長趨緩，國外的技術和資金進入大陸的腳步就相對減緩。由於可利用的財政和金融工具相當有限，為了維持高度經濟成長率，中共必須一再降息，以降低企業的利息負擔，並進一步刺激企業投資的民間消費。

為了因應入會後出現的龐大失業人口，中共國家發展計畫委員會主任曾培炎在人大會議報告時指出，將力創800萬個城鎮就業機會，確保失業率維持在4.5％。大陸擴大內需所付出的代價是，2002年政府的財政赤字擴大到370億美元。北大教授宋國清同樣也提出警告，大陸遲早要面對一個低經濟成長，以及社會不穩定的年代，對此，大眾應該要有心理準備[124]。

五、胡錦濤時代

中共接替江澤民的第四代國家領導人是中共國家副主席胡錦濤（安徽績溪人，1942年12月出生於上海），畢業於北京清華大學水利工程學系，1981年不到39歲時被選入中共第12屆中央委員會候補中共委員，成為最年輕的成員。1984年擔任共青團書記，任內得罪了太子黨成員（例如陳毅之子陳昊蘇、何長功之子何家偉）。當時總書記胡耀邦基於愛護這位年輕同宗，於1985年將其調任貴州省委書記，兩年間，貴州經濟產值增加一倍，國民平均所得增加了2倍[125]。

胡錦濤出身於商人家庭，文革期間，胡錦濤的父親胡靜之（又名胡增鈺）由於出身不好，被指責為「貪汙分子」，並受到批鬥，死於1978年，終年59歲。家族自其曾

---

123 歐陽俊，〈中國即將崩潰？〉，《商業周刊》，第748期，臺北：商周出版。

124 根據「2010年：中國的三種可能前景」的調查報告，大陸邀請了98位中外專家，回答問題的76位專家中，有51人認為大陸在2010年最有可能在社會領域上發生危機，包括貧富差距擴大、公共衛生狀況惡化、高失業率等；其次是經濟領域，包括三農問題、金融風險等；第三是政治領域，包括人事交替。研究人員認為，未來真正影響大陸經濟社會持續發展的因素，是經濟與社會、城市與農村的協調發展問題，否則既定的發展目標將難以實現。見2004年8月25日，《聯合報》，A13版。

125 2002年4月26日，《中國時報》，第11版。也有分析認為真正拔擢胡錦濤的是宋平及鄧小平二人，目前中共影響力最大的元老是宋平，宋平在主管甘肅省期間，大力拔擢胡錦濤，並將胡錦濤推介給鄧小平，鄧小平把胡調入中央，從此平步青雲，成為中共第四代領導。見2007年1月17日，《聯合報》，A13版。

祖起從安徽省績溪縣龍川村遷至江蘇姜堰一帶。胡靜之從事茶葉生意[126]，1949年後，其茶莊隨公私合營被劃歸當地供銷社[127]。

在貴州期間，面對數千名大學生上街遊行，胡錦濤連夜召開會議，與示威大學生進行商討並進行協調，最終化解這一事件。1988年擔任西藏自治區黨委書記。1989年，要求西藏獲得更多自治權利乃至獨立的人士舉行抗議活動，在拉薩引發騷亂，胡錦濤迅速宣布戒嚴。鄧小平等中共高層認為胡錦濤在這一過程中行事果斷，對他的能力深表肯定。流亡中的達賴喇嘛在胡錦濤就任中國國家主席後仍然認為，胡錦濤的西藏經驗有助於西藏問題的解決和漢藏民族和解[128]。

1992年，胡錦濤進入中共中央負責組織工作。同年經宋平推薦及鄧力群提名，出任中共中央政治局常委、中央書記處書記，後兼任中共中央軍事委員會副主席、中華人民共和國副主席、中華人民共和國中央軍事委員會副主席、中央黨校校長（2002年12月不再兼任）。

2002年11月，胡錦濤在中共16屆一中全會上當選為中共中央總書記，2003年在第10屆全國人民代表大會第一次會議上當選中華人民共和國主席，2004年在中共16屆四中全會接任中共中央軍委主席。2008年3月在第11屆全國人民代表大會上連任國家主席及中央軍委主席。

（一）**行事作風**：胡錦濤遭人非議之處，主要有兩件事。一是在1989年3月5日（共軍進駐西藏30周年紀念日前5天），以西藏自治區黨委書記身分下令警察鎮壓群眾運動，另一件是「六四」北京天安門事件後，胡是最早表態支持黨中央的3位省級領導人之一。儘管如此，還是有不少人視胡為改革派。1993年3月接任中共中央黨校後，胡錦濤有更多機會和來自各地的年輕一代接觸，他也首次把西方經濟學、管理學、財政學等觀念列入課程。中央黨校似乎開啟了政治透明化的觀念，所以傳統基金會資深研究員譚慎格說：「胡錦濤或許不能成為中國的戈巴契夫，但是很可能成為中

126 〈讀書清華，收穫政治：胡錦濤的成長之路〉，《鳳凰網》。

127 〈南方週末：鄉鄰、親友和同學、老師眼中的胡錦濤〉，《中國新聞網》。

128 2002年4月22日，〈傳鄧小平隔代欽點，胡錦濤政海青雲路〉，《星洲日報》。

國的普丁（前俄國總統，現任俄國總理，致力與西方國家交好）[129]。」

胡錦濤在處理廣州孫志剛事件的時候，與時任總理的溫家寶一起下令廢除了實行多年的《城市流浪乞討人員收容遣送辦法》。

2004年底～2005年初，胡錦濤領導的共產黨中央在全國範圍內開始進行預計為期1年半「保持共產黨員先進性教育」的黨內運動以及大學裡的「加強大專院校學生思想政治教育工作」活動。2005年3月14日，全國人大常委會投票通過了反分裂國家法。

2009年胡錦濤於APEC演講，提出四點主張：一、堅定立場，積極推動貿易和投資自由化便利化；二、多管齊下，積極推動區域經濟一體化；三、再接再厲，積極推進國際金融體系改革；四、創新思路，積極推動經濟發展方式轉變。

關於中國為應對國際金融危機採取的政策措施，胡錦濤指出，國際金融危機也給中國經濟發展帶來了前所未有的困難和挑戰。危機發生後，中國及時調整宏觀經濟政策，果斷實施積極的財政政策和適度寬鬆的貨幣政策，實施並不斷完善應對國際金融危機衝擊的一攬子計畫和政策措施，堅持把擴大內需特別是消費需求作為應對國際金融危機的基本立足點。這些政策措施已取得積極成效，既保持了中國經濟平穩較快發展勢頭，也為中國經濟持續發展積蓄了後勁。

胡錦濤強調，中國的發展離不開世界，世界的發展也需要中國。中國愈是發展，給世界帶來的機遇和貢獻就愈大。中國應對國際金融危機衝擊的一系列措施，有利於保持中國經濟平穩較快發展，有利於緩解國際金融危機影響、推動恢復世界經濟增長，也為其他國家發展提供了更多機遇，為亞太工商界提供了更多商機。

（二）兩岸發展「六點意見」：2008年12月31日下午，胡錦濤總書記在「紀念《告臺灣同胞書》發表30周年座談會」上，發表了題為〈攜手推動兩岸關係和平發展，同心實現中華民族偉大復興〉的重要講話」，就兩岸關係和平發展提出了「六點

---

129 2002年4月26日，《中國時報》，第11版。許倬雲教授在2004年8月22日公視論壇上發表今年訪問大陸的觀察心得，人民之間因文革影響而無誠信，很多改革也只是表面敷衍；但許多青年學生則對民主化展現高度關切，共黨的黨內民主化進展，也是很多黨員幹部最關心的問題之一。

意見」[130]：

    1.確定臺灣問題的性質是「政治對立」。

    對臺灣問題的正確定性，關係到兩岸對話和交往立場的基礎，關係到兩岸關係和平發展的進程，關係到兩岸關係發展的方向。關於臺灣問題的性質，存在著諸如「制度之爭」、「貧富之爭」、「民意之爭」、「特殊兩國」、「吞併與反吞併之爭」和「一邊一國」等不符合兩岸關係現狀的觀點和主張，干擾和破壞兩岸關係的正常發展。大陸也在不同時期和背景下，關於一個中國原則提出過不同的說法，在當時曾經產生重要作用。隨著兩岸關係和平發展階段的到來，「六點意見」認為，臺灣問題的性質，「是上個世紀40年代中後期中國內戰遺留並延續的政治對立，這沒有改變大陸和臺灣同屬一個中國的事實。兩岸復歸統一，不是主權和領土再造，而是結束政治對立。」也就是說，臺灣問題的性質是「中國內戰遺留並延續的政治對立」；兩岸關係現狀是大陸和臺灣儘管尚未統一，「沒有改變大陸和臺灣同屬一個中國的事實」；前途是「兩岸復歸統一，不是主權和領土的再造，而是結束政治對立」。這樣的定性，可以在對臺灣進行政治定位時，更加從「內戰遺留並延續的政治對立」角度進行思考。

    2.推動實現「兩岸經濟關係正常化」和「兩岸經濟合作制度化」。

    在「三通」基本實現後如何深化兩岸經濟合作，如何共同抵禦國際金融危機的衝擊，兩岸加強金融領域的合作、實現兩岸經濟關係正常化和經濟合作制度化是必由之路。臺灣方面認為，為了避免臺灣經濟邊緣化，兩岸需簽署「綜合性經濟合作協定」，即CECA（Comprehensive Economic Cooperation Agreement）作為兩岸經貿合作的基本架構。大陸對於簽訂類似協定也有相當意願，有意借鑒港澳和內地簽署的CEPA（Closer Economic Partnership Arrangement）的經驗，與臺灣也簽訂類似的協議。其實兩岸對於協議名稱的歧異並非關鍵，而在於協定的具體內容。如果「雙化」完成，將對兩岸經貿關係帶來深遠影響：兩岸經濟合作形式實現直接、雙向、全面，在人流、物流、資金流等方面都將實現自由流通，兩岸經濟合作逐步走向制度化、規

130　〈對臺政策和理論的重大創新〉，《新華澳報》。

範化，兩岸投資實現「雙向化」兩岸經濟合作將進一步深化，兩岸共同利益將進一步增加，進而兩岸關係和平發展基礎更加雄厚。

3.提出「臺灣意識」不等於「臺獨意識」。

「六點意見」指出，「臺灣同胞愛鄉愛土的臺灣意識不等於『臺獨意識』」。這是大陸首次針對臺灣主要社會意識和思潮表達意見，具有特殊的意義。「臺灣意識」流行很久，主要表現為開發臺灣、愛惜臺灣、宣傳臺灣、不忘故鄉和歷史等內涵，以往只是一種地域鄉土意識。在臺灣政治轉型過程中，逐漸異化。特別是經過李登輝和陳水扁等的灌輸、煽動、扭曲，「臺灣意識」幾乎成為「臺獨」的重要社會思想基礎，成為「臺獨」勢力敵視、對抗大陸的主要民意基礎與手段。從中可以看出，「臺灣意識」是長期在歷史脈絡中自然形成的認同臺灣的一種情感，「臺獨意識」則是要把臺灣從中國分裂出去的一種企圖。把「臺灣意識」和「臺獨意識」分開，具有很強的現實意義。對於廣大臺灣同胞來說，有一些「臺灣意識」是正常的，因而肯定愛鄉愛土的「臺灣意識」，有利於孤立極小部分的「臺獨分子」，有利於擴大島內反獨陣營，有利於貫徹寄希望於臺灣人民的方針。

4.提出「只要民進黨改變『臺獨』分裂立場，我們願意作出正面回應」。

「六點意見」繼續重申「對於那些曾經主張過、從事過、追隨過『臺獨』的人，我們也熱誠歡迎他們回到推動兩岸關係和平發展的正確方向上來」等主張的同時，另針對民進黨，一方面「希望民進黨認清時勢，停止『臺獨』分裂活動，不要再與全民族的共同意願背道而馳」；一方面表示「只要民進黨改變『臺獨』分裂立場，我們願意作出正面回應」。「六點意見」第一次直接點明民進黨，是在提醒民進黨應該跟上推動兩岸關係和平發展這一全民族的步伐，同時表明大陸對民進黨的期待和既往不咎的態度，對於廣大的民進黨人和追隨者、支持者來說，不管過去在「臺獨」方面做過什麼事，說過什麼話，只要支援兩岸關係和平發展，大陸都會熱誠歡迎。這是胡錦濤代表中央，第一次在重要場合，公開闡述對民進黨的政策，表示出大陸高度重視民進黨的存在和對民進黨的期待，願意為民進黨在放棄「臺獨」後繼續發揮政治作用提供兩岸關係大平臺，顯示出很大的包容性和開放性。

5.「合情合理安排」臺灣參與國際組織活動問題。

就臺灣方面的涉外事務論，參加國際組織是臺灣方面的重點。馬英九上臺後，繼續高度重視臺灣的「國際空間」問題，但重點主要是爭取臺灣的實際利益，並且正在降低臺灣擴大「國際空間」的聲音，避免與大陸的對抗。在參與國際組織及其國際活動方面，馬英九提出要「彈性務實低調爭取參與國際組織及國際活動」。參與一些國際法和相關組織法允許的功能性國際組織的活動，也是臺灣同胞的願望和要求。從具體情況出發，「六點意見」表示，考慮到臺灣同胞對參與國際活動問題的感受，也為了減少兩岸在涉外事務中避免不必要的內耗，在不造成「兩個中國」、「一中一臺」的前提下，可以通過兩岸務實協商，合情合理的解決臺灣參與國際組織活動問題。「六點意見」的上述表態，充分顯示出大陸對臺灣的誠意和善意，為臺灣方面預留了較大且靈活的空間。當然，涉外事務牽涉的問題很多，臺灣方面不能過分著急，而要有步驟分層次分階段解決。

　　6.擴大兩岸對話議題。

　　「三通」以後怎麼辦？進入兩岸關係和平發展階段後如何實現政治突破？在適當時機啟動政治對話，已經成為兩岸關係發展和兩岸對話的必然。「六點意見」為人們揭示了啟動政治談判的方向：一是兩岸可以就「在國家尚未統一的特殊情況下的政治關係展開務實探討」。圍繞內戰遺留和延續的政治對立，兩岸雙方的政治定位和60年的政治對立形成的隔閡，要想短期內順利解決有難度，因此先展開務實探討。二是探討建立軍事安全互信機制問題，兩岸開展軍事接觸和交流，就臺灣同胞關心的導彈問題作出安排，以及最終建立軍事安全互信機制，應該可以減輕臺灣方面存在的「軍事安全顧慮」，有利於穩定臺海局勢。三是簽訂《和平協議》。臺灣問題是內戰的遺留和延續的政治對立，因此有必要協商正式結束兩岸敵對狀態問題，簽訂《和平協定》，從政治、軍事、涉外、經濟、金融等方面，構建兩岸關係和平發展框架。

　　（三）國防政策：在國防政策方面，中國國家主席胡錦濤在2009年11月6日表示，中國將始終堅持防禦性的國防政策，並推動建設「和諧空天（太空、天空）」環境。中國空軍司令員許其亮接受媒體採訪時表示，中國空軍已確立「空天一體，攻防兼備」的戰略，將實現由機械化向信息（資訊）化、由航空型向空天一體型、由國土

防空型向攻防兼備型轉變[131]。

舊金山大學政治系教授克魯茲認為，臺灣對於美國具有重要戰略意義，美臺關係並非可以輕易改變。他說，在歷史上，美國政府一直視臺灣為在東亞的重要戰略地點。臺灣作為民主政治的模範，和象徵美國在東亞展施力量的不沉的航空母艦，這一點一直得到美國的特殊看待。

柏克利加大東亞研究所所長潘沛爾對此有進一步的闡述：「美國與日本、韓國有長久的關係，對於臺灣有某種戰略承諾。美國關注中國的崛起可能威脅地區內美國的戰略。即使中國威脅論現在不存在，但是到了2016年就很難說了。」

美國傳統基金會研究員費爾德曼談到美中臺關係的一個有趣現象：「有趣的是，中國在對臺灣問題上多年來堅持是中國的內政，不希望他人干涉；但是從江澤民開始到現在的胡錦濤，他們都希望美國介入，向陳水扁施壓。這一點在胡錦濤訪美之前和結束訪美也都沒有改變[132]。」

北京大學國際關係學院教授李義虎針對胡錦濤總書記在紀念《告臺灣同胞書》發表30周年座談會上的重要講話指出，胡錦濤總書記係站在總結歷史的高度上，立意深遠，極具前瞻性。講話既回顧了30年來兩岸關係歷程和中央對臺方針，又宣示了今後一個時期的對臺政策；既展現了大陸方面推進兩岸關係和平發展的善意和誠意，也表明了將繼續引領兩岸關係朝著積極、正確方向發展的決心。

他說，臺灣參與國際組織活動是臺灣當局和民眾都非常關心的問題，大陸對此並沒有採取迴避的態度，而是積極面對。胡錦濤的講話表明，在一個中國原則的基礎上，兩岸通過協商，可以為臺灣參與國際組織活動作出安排。

六、國務院總理

在實際推行政務的國務院領導人方面，中共自1949年建政後，歷任國務院總理

---

131 2009年11月6日，〈胡錦濤：堅持防禦性國防政策〉，《中央通訊社》。
132 自由亞洲電臺特約記者CK採訪報導，2006年4月25日，〈美國學者談胡錦濤訪美後的美中臺關係〉，《大紀元》。

中，如周恩來[133]、朱鎔基[134]和現任的溫家寶等人，都留下不錯的歷史口碑。

溫家寶出生於中國傳統的書香世家天津宜興埠溫家的旁支。宜興埠溫家在清代中葉合族300餘口，鼎盛一時，如咸豐3年（1853年）武狀元溫長涌、山東登州總兵溫長溥、新疆都督溫世霖等。溫家寶的祖父不但當過國民政府時期的縣區督學，還做過校長；他的父母也都是教員，家中生活還算殷實。

溫家寶中學就讀於著名學府天津市南開中學，1960年考入北京地質學院（現中國地質大學）。1968年獲得地質構造專業研究生學歷後，與胡錦濤一樣被分配到中國西北部的甘肅省從事地質工作。

後來，溫家寶逐步由一名專業技術人員，晉升為技術官員；並獲得時任地質礦產部部長孫大光的賞識，被推薦到地礦部機關工作，並由此逐步進入中共政壇的核心。此後，溫家寶曾在胡耀邦、趙紫陽、江澤民三任中共總書記任內，一直擔任中共中央辦公廳主任的職務，顯示出卓越的組織協調能力。1993年，他以中央政治局候補委員的身分，開始參與中央的經濟和農業工作，由黨務幹部轉型為經濟幹部，並於1998年在朱鎔基「內閣」中，出任排名第四，主管農業和金融工作的國務院副總理。

---

[133] 在2006年周恩來逝世30周年時，大陸媒體紛紛刊登紀念文章，除讚揚周恩來處理國事「鞠躬盡瘁」，更強調他嚴格治家，禁止親屬「走關係，用特權」作風，足為當今中共領導幹部借鏡。根據上海東方網批露「周恩來十條家規」，指出嚴禁裙帶關係、特權和妻子干政等。1974年，毛澤東曾批准鄧穎超任全國人大副委員長，但被周恩來壓下來；直到周恩來去世後，鄧穎超於1977年被選為全國人大常委會副委員長時，才知此事。見2006年1月9日，《聯合報》，A13版。

[134] 朱鎔基於1928年出生於湖南省長沙縣，1987年起任上海市長、市委書記，1993年3月在全國人大第8屆一次會議上被任命為國務院副總理，並在同年6月起，兼任中國人民銀行行長。1998年就任總理後，繼續大刀闊斧的進行經濟體制改革和國務院體制改革，進行了建國以來最大幅度的機構精簡，採取積極的財政政策，通過政府舉債促進經濟的成長、增加公務員薪金等方法，使得中國經濟能夠在軟著陸後再度步入高速發展的軌道。任內大力打擊貪汙腐敗與走私活動，揭發歷年來最大的一起走私案——遠華案，逮捕多位福建省的高級官員。在改善中國的貪汙和國營企業低效率的同時，也出現一些對朱鎔基擔任總理期間的部分政策有意義的反思聲音。質疑主要在於其國企改革導致大批國有企業工人下崗失業，及高等教育產業化、高校擴招等方面。不過在總理評價上，朱鎔基的施政在國內備受較廣泛的肯定與讚譽，堪稱文革結束後改革開放以來最受愛戴的總理之一。

2002年11月，在中共第16屆一中全會上，溫家寶晉升為9位政治局常委之一，躋身中共最高領導層。2003年3月，在第10屆全國人大一次會議上，溫家寶出任國務院總理；並在2008年3月獲得連任。

（一）**安度六四事件**：1989年5月，發生全國範圍的學生運動，由於理念與政府衝突，部分學生於天安門前開始絕食抗議。5月20日凌晨4時許，溫家寶以中共中央辦公廳主任的身分，陪同時任中共中央總書記的趙紫陽到天安門廣場勸慰學生停止絕食活動。日後，趙紫陽因為在處理這場學生運動中的表現，受到黨內譴責並被撤職；而溫家寶則得以免於政治上的處分，繼續擔任中央辦公廳主任直到1993年。2008年溫家寶接受CNN專訪時，坦誠六四事件和民主有關[135]。

（二）**親民作風**：2003年，溫家寶就任總理，以林則徐「苟利國家生死以，豈因禍福避趨之」為座右銘[136]。同年，正值SARS事件期間，溫家寶主持國務院進行救災，曾親自訪問過當時被視為重災區的香港淘大花園E座以及一些病人[137]；他也多次下訪中國農村，看望深受愛滋病（AIDS）困擾的河南農民[138]；參加國際會議時經常以親切姿態主動歡迎記者的採訪，因此在外間頗有「親民總理」的美譽。

溫家寶就任政府總理期間，重視官員廉潔及腐敗問題。2006年前上海市委書記陳良宇因挪用社保基金被查處。2008年連任政府總理職位，同年1月，中國南方地區受到大面積雪災襲擊，溫家寶多次往返災區，組織抗災工作；並親赴滯留上萬人的湖南長沙火車站，安撫民心，向民眾道歉[139]。同年5月12日，四川省汶川縣發生芮氏8.0級的特大地震災害，溫家寶於當天乘專機抵達災區都江堰市指揮救援，任抗震總指揮。在此後的5天裡，溫家寶深入汶川等重災地探望災民並指揮救災工作[140]。同年9月，中國發生毒奶粉事件，溫家寶向公眾道歉。此後國務院批准國家質量監督檢驗檢疫總

---

135 摘自CNN國際網。
136 2009年5月5日，〈全國兩會新聞發布會歷史回顧〉，《人民網》。
137 2007年6月28日，〈香港回歸十周年：瞬間寫歷史，香港更美好〉，《新華網》。
138 2008年10月16日，〈愛滋病，從恐懼到理性防治〉，《京華網》。
139 2009年3月13日，〈國務院總理的2008：勇對災難，挺起國民信心力量〉，《遼一新聞》。
140 2009年5月12日，〈溫總理映秀足跡的一年巨變〉，《三峽新聞》。

局局長李長江辭呈，8位地方領導人撤職免職，同時頒布《乳品質量安全監督管理條例》，以保證乳業質量安全。2009年4月，溫家寶出席海南博鰲論壇，提出五項重要對臺舉措，並在次月推出八項惠臺新政策[141]。

（三）**重要政策**：在其任內的經濟政策方面，2002年，大力推動東北老工業基地的振興，從此東三省的經濟擺脫了國企改革以來的困境，「東北現象」逐漸消失。2003年，溫家寶為抑制「經濟過熱」推行國家宏觀調控政策：收攏土地放貸，抬高土地價格。2004～2005年，全國範圍出現「電荒」現象，溫家寶呼籲並採取措施，「電荒」現象有所緩解。2005年，中華人民共和國國務院頒布了《國務院關於鼓勵支持和引導個體私營等非公有制經濟發展的若干意見》（即「非公有制經濟36條」）。保護及支持非公有制經濟。2006年，國務院宏觀調控更加深入，但爭議廣泛存在。

在農業方面，溫家寶十分關心三農問題。自2004～2009年，中央一號文件連續6次聚焦農業發展與農村改革[142]。2006年，國務院在全國範圍內免除農業稅，並在貧困地區推行免費義務教育及相應農村改革。伴隨著國內經濟問題、社會問題、政治體制問題的不斷湧現，溫家寶也被愈來愈多的人賦予重望，人們寄希溫總理能夠幫他們解決日益嚴重的醫療、教育、養老、住房、腐敗、貧富差距、城鄉差距、勞工權益保護等問題[143]。

（四）**外交方面**：中日關係上，溫家寶於2007年4月10～13日到日本進行國事訪問，這次行動被稱為「融冰之旅」[144]。發表了中日兩國承認彼此為「戰略互惠」關係的聯合新聞公報，並首次與明仁天皇進行會談。

2005年溫家寶訪問印度，宣布與印度建立「面向和平與繁榮的戰略伙伴關係」之後，中印關係持續穩步發展。應溫家寶邀請，印度總理辛格於2008年1月回訪中國，推動深化了兩國戰略合作伙伴關係。

---

141 2009年5月18日，〈大陸推出八項惠臺新政策〉，《證券時報網》。

142 2009年2月2日，〈中央一號檔連續第6次聚焦三農，強調穩糧增收〉，《中工網》。

143 2005年1月31日，〈中央一號檔起草者感受溫家寶總理的三農情結〉，《人民網》。溫家寶在2011年人大閉幕後記者會上指出，「當前最大危險在於腐敗，而消除腐敗土壤的關鍵在於改革制度和體制」，他說在剩下兩年的任期，他將在穩物價、控通膨、防腐敗上做到「憂國不謀身，恪盡職守」。見2011年3月15日，《聯合報》，A13版。

144 2007年4月10日，〈溫家寶出訪韓日〉，《新華網》。

2009年10月4～6日，應朝鮮勞動黨中央和朝鮮政府邀請，到朝鮮（北韓）進行正式友好訪問，並參加有關中朝兩國建交60周年的慶祝活動。這是自1991年李鵬訪朝後，中共政府總理18年來的首次訪問。溫家寶在抵朝首日即簽訂多項經濟援助協議，韓聯社認為，這次援朝項目大約價值2,000萬美元。官方表示，這次訪問在深化了中朝傳統友誼的同時，繼續為推動朝鮮半島無核化進行了努力[145]。金正日則表示，「願視朝美會談情況，進行包括六方會談在內的多邊會談」[146]。此外，溫家寶還特意到位於平安南道檜倉郡的中國人民志願軍烈士陵園，憑弔在抗美援朝戰爭中戰死的中國士兵，其中也包括毛澤東長子，在韓戰中陣亡的毛岸英墓。溫家寶是繼周恩來總理之後，第二位前往掃墓的中共高層領導人。關於中共歷任的國務院總理，請參見表四。

表四　中華人民共和國歷任國務院總理

任次	總理	任期
政務院總理*	周恩來	1949年10月1日～1954年9月
第一屆國務院總理	周恩來	1954年9月～1959年4月
第二屆國務院總理	周恩來	1959年4月～1965年1月
第三屆國務院總理	周恩來	1965年1月～1975年1月
第四屆國務院總理	周恩來	1975年1月～1976年1月8日
第四屆國務院代總理	華國鋒	1976年2月2日～1976年4月7日
第四屆國務院總理	華國鋒	1976年4月7日～1978年3月
第五屆國務院總理	華國鋒	1978年3月～1980年9月10日
第五屆國務院總理	趙紫陽	1980年9月10日～1983年6月
第六屆國務院總理	趙紫陽	1983年6月～1987年11月24日
第六屆國務院代總理	李鵬	1987年11月24日～1988年4月9日
第七屆國務院總理	李鵬	1988年4月9日～1993年3月
第八屆國務院總理	李鵬	1993年3月～1998年3月17日
第九屆國務院總理	朱鎔基	1998年3月17日～2003年3月16日
第十屆國務院總理	溫家寶	2003年3月16日～

*周恩來於1949年10月1日～1954年9月擔任當時的「政務院」總理，之後則改稱為「國務院」總理。

---

[145] 2009年10月6日，〈楊潔篪談溫家寶訪問朝鮮取得兩大成果〉，《新華網》。
[146] 2009年10月6日，〈溫家寶同朝鮮勞動黨總書記金正日會談〉，《新華網》。

美國《時代雜誌》將美國從2000～2009年經濟衰退、民心低迷、陷入戰爭泥淖的困境描繪成「地獄的10年」，國際通訊社美聯社則以「崛起的10年」指陳中國近年的發展。美聯社於2009年12月2日指出，中國在過去10年以多樣的形式展現其崛起之姿，包括舉辦奧運、成為美國數千億國債的債權人，以及瘋狂不輟的經濟成長。從2003～2009年，中國城市居民的收入增加了74％，鄉間居民的收入則增加了3％；而根據中國網路資訊中心的統計，中國的網路使用人口已達3億3,800萬，比美國3億700萬的總人口還多[147]。

美國廣播公司（ABC）也於2009年底選出10名自美國2000年以來改變美國經濟的人物，中共國務院總理溫家寶是唯一上榜的非美國人，原因是全球金融危機後，中國已成為世界經濟火車頭。ABC指出，中國已取代德國成為全球第三大經濟體。為了紓困，中國政府砸下的救世基金讓其他國家難以望其項背。ABC說，中國與日俱增的影響力，從美國總統歐巴馬的中國之旅可略窺一二。報導引述歐巴馬的訪談，「美國並不尋求制衡中國；相反的，一個繁榮、強健的中國是世界各國力量的來源。[148]」而「胡—溫」體制，為中國這「黃金10年」奠定了穩定基礎。

七、政壇接班人

中共政壇的明日之星，一般認為可能就是擔任國家副主席的習近平（2008年接任，並具備中央政治局常委、中央書記處書記、中央黨校校長等身分）及國務院副總理李克強（2008年當選為國務院副總理，2007年中共第17屆一中全會，直接成為政治局常委）。

被視為未來中國共產黨第五代核心領導人的「習—李體制」，其中習近平（1953年6月生，陝西富平人）是中共元老習仲勛（1913～2002年）之子，習仲勛長期主持西北黨、政、軍全面工作，1959年4月任國務院副總理兼祕書長，協助周恩來總理工作長達10年。自1962年9月，在中共八屆十中全會上，習仲勛因「《劉志丹》小說問題」，遭康生誣陷，在「文化大革命」又遭到批鬥及坐牢，前後達16年之久。直到

147　參見2009年12月4日，《聯合報》，A18版。
148　2009年12月12日，《中央社》，臺北電。

鄧小平復出，於1978年11屆三中全會後，才得到平反。爾後，習仲勛被鄧小平付以重責，主持廣東「改革開放」的工作。之後，擔任中共全國人民代表大會副委員及中共中央書記處書記。習近平可以說是「太子黨」成員，也是文革受難者第二代，本身具有清華大學法學博士學歷，先後在福建（2000～2002年擔任省長）、浙江（2003～2007年省委書記）、上海（2007年市委書記）等沿海富裕省份擔任領導工作，於2007年開始上調中央，進入權力核心[149]，在2009年中共17屆四中全會，習近平未出任中共中央軍委副主席，引發一些揣測，但也可見其一貫低調作風，或許也是接班人必須具備之姿態。

中共政壇另一顆明日之星，則是國務院副總理李克強（1955年7月生，安徽定遠人），在國務院分管發展改革、物價、財政、統計等關乎宏調大局的工作。李克強出身共青團，被視為胡錦濤「團派」的嫡系人馬。除了曾任共青團中央書記處第一書記外（1993～1998年），還曾擔任河南省、遼寧省的省委書記[150]，李克強也是1977年高考恢復後，第一批進入大學的知識青年，據悉有堅實的英文能力[151]。根據大陸華東政法大學校長何勤華的回憶，他與李克強分別於1977及1978年進入北京大學，李克強初入學時英文並不好，但爾後勤讀不輟，從吃飯排隊到坐公車都在背英語生詞，僅以3年時間，在大三時就開始翻譯英文原版的《英國憲法資料》，並且被人大常委會法制委員會所採用。此外，李克強還和同學一起翻譯了幾部西方著名法學家的名著。畢業後，李克強留在北大擔任團委書記，後來慢慢從共青團步上政壇，同時也在從政過程中先後取得經濟學碩博士學位[152]。

在重慶市委書記任內大力掃黑的薄熙來，也是大陸政壇的一批黑馬，他的父親薄

---

149 其夫人彭麗媛是大陸著名歌唱家，她透露自己有許多親戚在臺灣，有個舅舅在嘉義。見2008年3月5日，《聯合報》。

150 大陸中共實施以黨領政的統治模式，故書記權力高過省長，即便在大學之中，書記也在校長之上。

151 大陸於1966年6月，人民日報刊出廢除高考，「要徹底把它扔到垃圾桶裡」的社論，中央下令停辦高考，隨後幾年部分大學以「群眾推薦、領導批准、學校複審」的方式，從有實踐經驗中的工農兵及下鄉知青中招生。1977年12月11日恢復高考，570萬學子報考，搶占27萬入學名額，錄取率29比1。

152 相關報導請參閱2009年3月12日，《中國時報》，A13版。

一波是中共元老，在文革期間因為「61人叛徒集團案」遭迫害入獄[153]，妻子胡明也被迫害並且自殺身亡。直到前總書記胡耀邦主持平反大量「冤假錯案」工作後，薄一波才獲得平反，曾第四次出任副總理。

薄熙來[154]，1949年7月生，山西省定襄縣人，1968年畢業於北京四中，1978年2月～1979年9月在北京大學歷史系世界史專業本科學習，後獲學士學位。1980年10月加入中國共產黨。1982年中國社會科學院研究生院畢業，獲碩士學位。歷任中共中央書記處研究室、中共中央辦公廳幹部，中共遼寧省金縣縣委副書記、書記，中共大連經濟技術開發區黨工委副書記、書記，中共金州區委書記，中共大連市委常委，大連市副市長，中共大連市委副書記。1992年任大連市代市長。1993年起任大連市市長。1995年6月當選為中共大連市委副書記。1998年1月再次當選為大連市市長。1999年9月任中共遼寧省委常委、大連市委書記。薄熙來在大連主政期間，堅決打擊法輪功非法組織，使被稱為「邪教」的法輪功在大連被徹底肅清，但同時也遭到法輪功的憎恨，並對其發起多次人身攻擊。

2003年1月薄熙來當選遼寧省省長。他擔任遼寧省省長期間，正值東北地區國有企業整合和轉型時期，遼寧省大量國有企業處於停產狀態，遼寧省失業率和待業職工數量全國最高，同時也是瀋陽市「慕馬大案」[155]及其相關案件的審理時期。薄熙來執政時期，一批市級腐敗官員落馬，遼寧經濟逐漸走出困境，在其任內的最後時期，國務院提出了「振興東北」的經濟戰略，遼寧省經濟狀況從此得到大幅改善。

2004年2月薄熙來任中華人民共和國商務部部長。2007年10月當選中共中央政治局委員，同年11月30日接任中共重慶市委書記。在重慶時期，2008年的外商直接投資金額就成長了170％，達到27億美元，從西部12省市的第6名躍升至第2名，2009年估計吸引約39億美元的外資，成為西部第1名。在2008年全球金融海嘯期間，世界經濟大衰退的情況下，薄熙來帶領重慶通過考驗，讓「重慶模式」被中央電視臺拍成教

---

153 所謂「61人叛徒集團案」是指薄一波因煽動士兵暴動被捕，1936年8月經中共營救出獄時，在「自白書」上按了手印，成為叛徒集團的證據。

154 參閱《維基百科》。

155 2003年瀋陽市原市長慕綏新、原副市長馬向東等16人受賄、貪汙、挪用公款、巨額財產來源不明案。

材，成為其他城市的學習教材。2008年重慶市的年經濟成長率為14.3％。他在重慶掀起「唱紅歌、讀經典、講故事、傳箴言」的運動，並展開重慶打黑除惡專項行動，已經逮捕涉案人員多達2,000人，其中包括黑幫成員、腐敗幹部、奸商等，糾正了重慶的社會風氣，得到全國人民的廣泛好評。先後入選為中共第15屆候補中央委員，第16、17屆中央委員，第17屆中央政治局委員（參見表五）。

歐盟貿易委員曼德爾森（Peter Mandelson）曾評價薄熙來是「一個強硬的談判對手，對於談判細節有非常強的把握能力，有強烈的個性」。而歐盟駐中國大使安博（Serge Abou）也對薄熙來在談判中表現出的智慧和鮮明性格記憶深刻：「在我30多年的國際談判生涯中，薄熙來是一個最為嚴厲、強硬的談判對手。」他認為，薄熙來確實懂得維護國家利益，也有能力在關鍵問題上作決定[156]。

中共的第四及第五代的國家領導人有兩個特色值得注意，首先，他們許多都是文革中的「受害者」，像是胡錦濤、習近平、薄熙來，而他們能有今天端賴鄧小平的「改革開放」和「平反」。因此，他們會堅持走「改革開放」的路線並且進一步揚棄「毛澤東思想」[157]。此外，尤其是第五代的政壇接班人，他們幾乎都是文革後高考恢復舉辦的第一（1977年）或第二年（1978年）進入大學的畢業生，而且像習近平與薄熙來二人，父親輩在文革中歷經迫害，復出後皆曾任鄧小平「改革開放」的得力助手，雖然他們無法擺脫「太子黨」的角色，但他們對於國家民族及鄧小平中心思想的認同及擁護，皆有助於中國大陸的政情穩定與持續開放。但是，當大陸中產階級人數增加到一定比例，如何開放人民的參政權力及應付一旦開放政權後，各種社會團體力量的挑戰，中共黨內非當權派對當權派的鬥爭等等不安定因素，其實都是中國大陸在未來20年內，所必須面對的嚴峻挑戰。而這些發展過程，臺灣都曾經經歷或正在面對藍綠對決、內部消耗空轉所造成的負面影響。可是，臺灣畢竟在民主化已有基礎，選民日趨成熟，公民社會亦已成型，人民素質大幅提升，在這方面，所謂的「臺灣經驗」正是大陸未來逐漸開放政權的一個值得參考的典範。

---

156 2006年，〈魅力部長薄熙來：在強硬與親和之間〉，《大地》，第1期。

157 在2009年9月30日中共開國60年的人民大會堂的表演晚會上，將中國近代歷史定調為1911年、1949年和1978年的改革開放三個階段，並陳敘文革的動盪，這就是間接對毛的否定，我是當晚的座上賓，親眼記錄了這一幕。

表五　中國共產黨第17屆中央政治局委員一覽表

姓名	現　職	備註
習近平	中共書記處書記、國家副主席、中共中央黨校校長	中共中央政治局常委
王剛	全國政協副主席	
王樂泉	新疆維吾爾族自治區黨委書記、新疆生產建設部兵團第一政委	
王兆國	全國人大常委會副委員長、中華全國總工會主席	
王岐山	國務院副總理	
回良玉	國務院副總理	
劉淇	北京市委書記、北京奧組委主席、黨組書記	
劉雲山	中共中央宣傳部長、中央書記處書記	
劉延東	國務委員	
李長春	中央精神文明建設指導委員會主任	中共中央政治局常委
李克強	國務院副總理、國務院黨組副書記	中共中央政治局常委
李源潮	中央書記處書記、中共中央組織部部長	
吳邦國	全國人大常委會委員長、全國人大常委會黨組書記	中共中央政治局常委
汪洋	廣東省委書記	
張高麗	天京市委書記	
張德江	國務院副總理	
周永康	中央政法委員會書記、中央社會治安綜合治理委員會主任	中共中央政治局常委
胡錦濤	中共中央總書記、國家主席、中央軍委主席　　・	中共中央政治局常委
余正聲	上海市委書記	
賀國強	中央紀律檢查委員會書記	中共中央政治局常委
賈慶林	全國政協主席、全國政協黨組書記	中共中央政治局常委
徐才厚	中央軍委副主席	
郭伯雄	中央軍委副主席	
溫家寶	國務院總理	中共中央政治局常委
薄熙來	重慶市委書記	

第五節　衝突與統合

　　在討論兩岸關係的同時，不能忽略臺海未來爆發軍事衝突的可能性。自1991年12月蘇聯瓦解及中共與越南恢復正常關係以來，使中共以往須防禦之邊界過長的壓力大幅減輕。以臺灣的處境而言，若和僅僅隔著200多公里海峽的中國大陸爆發軍事衝突，將非常不利。中國大陸曾向前蘇聯採購新式武器，包括一中隊24架的SU-17與另外購買的48架同型戰機，及400輛T-72戰車、大型航空母艦、M-31戰機，並雇用了200位前蘇聯核子武器專家等，這些舉動都使國人擔心將不利我方的安全。尤其自1995年李登輝總統赴美國母校康乃爾大學，展開所謂「學術外交」之後，久聞硝煙的臺灣海峽，突然之間戰雲密布，1996年中共甚至在臺灣舉行首屆民選總統前後，連續進行三波的軍事演習。這些演習是沿著三個階段的作戰藍圖來進行，第一是利用飛彈攻擊破壞重要設施；第二是海、空聯合對臺灣海峽進行海上封鎖及確保空權；第三則是三軍聯合演習，設定為登陸臺灣[158]。

　　根據《讀賣新聞》2002年3月19日發自北京的報導指出，中共在演習區域至少集結了地面部隊15萬人，除了300架戰鬥機，還有大、小型驅逐艦，潛水艦等海軍兵力。中共的飛彈試射到臺灣外海，驚擾了2,100萬人長久以來歌舞昇平的歲月，使得美國核子動力航空母艦「尼米茲號」及其隨行艦也停泊於臺灣外海，採取預防性措施。而這也是繼1950年6月韓戰爆發後，杜魯門總統發表聲明，指出共黨部隊若占領臺灣，將直接威脅太平洋地區的安全，而派遣第七艦隊巡弋臺灣海峽，阻止任何對臺灣的進攻一貫政策之延續。這使得臺灣成為美國在東亞地區戰略布局與經濟分工的組成

---

[158] 軍方當時掌握確切情報，中共原計畫以突襲性小規模動武，警告臺灣不要走向臺獨；中共方案包括襲擾我外離小島，而孤懸大陸東南沿海外，恰在馬祖與金門中間的烏坵正是其中之一。見2002年12月25日，《中國時報》，第13版。另外，在1996年飛彈危機後，軍方驚覺沒有武器可以反制彈道飛彈，緊急自美國引進愛國者二型防空飛彈，與天弓飛彈連共同保護臺北市。

部分，也是造成迄今臺海對峙的原因[159]。

一、中共對外戰爭模式

　　針對中共過去對外戰爭的行為模式，即建政以來的1950年韓戰、1962年的中印邊界戰爭、1967年的中蘇珍寶島戰爭、1974年的西沙島嶼戰爭、1979年的中越邊境戰爭來進行分析，主要衝突的對象均為周邊「重要國家」，包括美國、前蘇聯、印度、南越和越南。要了解戰爭的原因，首先得從戰略地緣分析。中國向來以大陸為中心，將其周圍地區依重要性，以同心圓的方式畫出五大區域，其中包括核心區（大陸中原地區）、邊區（西藏、新疆、蒙古、沿海島嶼、朝鮮半島和越南）、內亞細亞區域（沿中國邊緣，過去向中國朝貢之國家，包括緬甸、柬埔寨、寮國、馬來西亞、泰國及喜馬拉雅山區諸國等）、外亞細亞區（亞洲其餘區域，包括印度、巴基斯坦、孟加拉、斯里蘭卡、印尼及菲律賓等）、外區（範圍包括歐洲、美洲、大洋洲、非洲和中東地區）。

　　中國以往的天朝體系世界觀認為，國際體系就好像人類的親屬關係一樣，有如一座金字塔的結構，中國是塔頂，也是世界的中心和秩序的維護者，而這些國家奉中國為上邦和宗主國，依時向中國進貢、奉正朔，並向中國報告國內的重大事件。當這些國家發生動亂，中國就有責任濟弱扶傾，重建秩序。美國研究大陸問題學者卡米勒瑞（Joseph Camilleri）指出，中共將核心區與圍繞在大陸邊界四周的地區，視為影響其安全及國家利益重要無比的地區，若其他強權企圖在上述區域建立軍事基地，中共皆強烈反對，甚至不惜發動戰爭[160]。

---

159 國防部官員分析，共軍已將「電子對抗能力」列為現代化主項之一，並配合西方現代科技，籌建電子戰的「拳頭部隊」，2005年的目標是達到美軍在波灣戰爭的電戰能力，具有跳頻、展頻通信和對抗，並自陸海空和太空全方向蒐集電子情報。除了保障自己資訊能力外，還要實行干擾、攻擊、癱瘓我方資訊能力。而我方由美軍協助建立並提供裝備的陸軍電子戰實驗連，已在臺灣北部地區悄悄擔任戰備，在換裝試用階段，可精確標定大陸湖南省境內共軍某部隊的無線電內容和發信位置，還截收到若干高價值「特定部隊」通信內容。此種美軍電戰偵測定向干擾系統，威力範圍約達一個戰區，有效距離數千公里。請參閱2003年1月6日，《聯合報》，第4版。

160 Joseph Camilleri，1980，《Chinese Foreign Policy: The Maoist Era and Its Aftermath》，頁18，Seattle: University of Washington Press。

同時，中共發動對外戰爭，除了戰略安全和領土主權的爭端之外，更重要的還有內部政治因素的考量，請參見表六。

表六　中共發動戰爭之內部政治因素分析

對外戰爭	內部政局
韓戰（1950）	毛澤東擔心朝鮮局勢危殆，將波及中共的新生政權，並獲得史達林的全力支持
中印邊界戰爭（1962）	原因之一是雙方對「麥克馬洪」邊界線的爭執，與中共認定印度支持西藏「民族分裂」的活動。當年也正值毛澤東與劉少奇權力鬥爭的前夕
珍寶島戰爭（1969）	中蘇爭執主要源於1860年俄清「北京條約」認定珍寶島屬俄方，但中共認定為不平等條約而不予承認。在1960年，雙方關係加速惡化，蘇聯撤走軍事專家，撕毀援助合同，1962年中共指責蘇聯「修正主義」。1969年中共即將召開第九屆黨大會，林彪被指定為毛澤東的繼承人，毛澤東在「中央文革小組」會議上，談到準備打仗的問題
西沙島嶼戰爭（1974）	毛澤東擔心身後軍方動態，意圖整頓解放軍在文革期間形成的驕橫心態
中越邊界戰爭（1979）	正如鄧小平所說，「越南同蘇聯簽訂具有軍事同盟性質的條約，越南對東埔寨發動大規模的武裝入侵，並正在中國邊境地區挑釁。」同年1月，鄧小平在11屆三中全會獲得黨內鬥爭的權利

因此根據上述簡易的解析，可以歸納出中共與外國爆發衝突的原因如下：

（一）領土主權與戰略安全。

（二）新領導人樹立個人權威或面臨政權危機意義。

（三）政權內部局勢不穩，企圖以對外戰爭來轉移國內注意力。

依上述指標，可據此分析中共在周邊地區可能採取軍事行動的動機與試圖達成的目標。目前在中共周邊地區較有可能發生軍事衝突的地區有二，一為南沙群島主權爭端；一為海峽主權爭端。針對南沙問題，中共一貫秉持的立場是「擱置爭議，共同開發」，因此在中共尚未改變此一原則前，領導階層發動大規模軍事行動的可能性甚低。

至於臺灣主權問題，從1995年7月21～28日，中共軍方在臺灣北部彭佳嶼附近海面試射飛彈，距離基隆150公里，在海峽關係低迷之際，中共飛彈試射如此接近臺灣

本島，其針對性非常明確。同一時間，中共領導人與官方媒體曾多次表達了「武力保臺」、「用鮮血捍衛主權」、「絕不坐視國家分裂」等強硬用語。而1996年中共在臺灣進行的三波軍事相關情報和影片判讀中，中華民國陸軍總部發現中共除M族飛彈技術能力大幅提升，登陸氣墊船的作戰能力也大幅上升，同時據中國大陸《軍事世界畫刊》報導，中共空軍已經成功開發無人超音速飛機。這種飛機可以充當實彈射擊的靶機，也可用於核子試爆的觀測或大氣觀測[161]。

二、美國的態度

因此從國際角度分析臺海危機的可能性，首重中國的態度。從臺海前兩次危機——1954和1955年來看，大陸在高喊「解放臺灣」後，砲轟金馬兩島，反而迫使華府與臺北簽訂「共同防禦條約」。美國國會把此條約擴大，附加了「臺灣決議」，授權艾森豪總統保衛這些沿海島嶼。所以在1958年的金門砲戰，美國在臺灣海峽集結了自第二次世界大戰以來最龐大的海軍艦隊，使臺灣得以突破中共封鎖。根據美國國家檔案局典藏檔案顯示，1958年臺海緊張情勢升高之際，美國軍方為了保衛金門及馬祖，曾研擬對大陸的上海、南京、杭州、廣州等城市發動核武攻擊。這項檔案同時預測，若計畫付諸實現，與中共有同盟關係的蘇聯將有可能對美國第七艦隊、軍事基地和臺灣發動報復性核武攻擊[162]。

---

161 目前彈道飛彈問題是世界安定的最大困擾，特別是許多第三世界國家已擁有彈道飛彈，構成地區潛藏的不安因子。美國大力研發「戰區飛彈防衛」TMD系統，即在因應此一立即而明顯的危機，它實質上已取代1983年3月美國總統雷根所計畫發展，部署在太空的多層防禦網SDI「戰略防衛機先」（俗稱星戰計畫）。1996年4月18日，《聯合報》，第9版。TMD防範敵空彈道飛彈、巡航飛彈、遙控無人載具和傳統戰術飛彈，其中反彈道飛彈部分受到美國之外很多國家如日本、韓國關注，它包括防禦城市或高價值目標的愛國者飛彈PAC-3型（我國購買的PAC-2型PLUS，相較之下只有部分的反飛彈能力）、提供更大範圍防護傘的「戰區高空區域防衛」THAAD飛彈系統，和海軍以神盾戰鬥系統為架構的「較低層系統」LTS。這些系統都採取雷達、紅外線複合導引，指揮飛彈攔截從天外來襲的敵空彈道飛彈。2010年，美國宣布售予臺灣愛國者PAC-3型飛彈，形成西太平洋愛國者飛彈防禦陣線，在某種意義上對中共的彈道飛彈形成防衛及包圍圈。

162 同上。中共核武配屬第二砲兵部隊，1995年中共自內陸若干地方向臺灣北邊不遠處公海發射6至7枚彈道飛彈，使臺灣認真考慮有關反飛彈的能力問題。中山科學研究院在1969年成立，第一所專攻核武器，第二所著手戰術火箭，同時發展戰略彈道飛彈，但經過10餘年努力，核武終究被美國人禁止，彈道飛彈（天馬計畫）也在壓力下無疾而終。之後臺灣已採購愛國者飛彈系統，於1996年運抵。

但今天，美國已經正式承認中華人民共和國並廢除共同防禦條約，故今後臺海危機發生與否，關鍵在於「臺灣關係法」是否發揮作用。「臺灣關係法」明文規定美國總統在臺灣受到威脅時須知會國會，並諮詢國會如何作出反應，該法案更規定美國要向臺灣提供「數量足以維持其自衛能力」的武器，尤其中共軍方在波斯灣戰爭期間，看到由美國所領導的盟軍軍事力量後，必須謹慎估算臺海第三次危機時美國介入的可能性及其後果，而前兩次介入時都迫使毛澤東放棄對臺灣攻擊的企圖。

三、國際社會的反應

在布希總統領導的「世界新秩序」（NWO）下，聯合國分別通過制裁伊拉克的「678號決議案」及利比亞的「748號決議案」，並在1992年9月以侵略者為由，將南斯拉夫逐出聯合國，因此當中共面臨共產國家相繼非共化、世界新秩序下的新氣氛以及日益惡化的美、中（共）關係時，都迫使其必須謹慎處理兩岸關係。

此外，日本及歐洲先進工業國家在臺灣受到軍事威脅情形下的聯合反應，將嚴重打擊大陸的經濟發展。中共1996年演習結束，美國前總統柯林頓與日本首相橋本龍太郎於4月17日的高峰會後，2人重申美國的「一個中國政策」雖以北京為主，但也同樣重視海峽兩岸以和平方式解決歧見。柯林頓在視察獨立號航空母艦時，稱讚獨立號航空母艦戰鬥群官兵於3月的臺灣巡弋行動，「平息了一場日益凶險的風暴[163]」。

在避免兩岸軍事衝突的同時，中華民國的政治領導人物也紛紛表達他們願意採行的統合模式。陳水扁總統表示，歐盟會員國為自願加入，彼此地位平等，並以經貿交流做起，是臺灣與大陸處理兩岸關係很好的參考[164]。陳水扁以前在接受路透社專訪時，談到兩岸應從經貿接觸，雙方先進行經貿、文化的統合，接下來再建立彼此的互信基礎，並追求、營造未來兩岸永久和平的新架構。陳水扁也表示願意跟中共領導人在不互設議題的情形下，討論包括三通、直航等議題，並與對岸接觸、對話、協商[165]。

國民黨主席連戰則提出兩岸以「邦聯制」整合的構想，但中共利用第九屆全國人

---

163 1996年4月18日，《聯合報》，第1版。
164 2002年6月1日，《自由時報》，頁3。
165 2002年5月8日，《聯合報》，第4版。

大四次會議記者會，公開對兩岸以「邦聯制」整合表示「不贊成」，仍強調將以「一國兩制」方針解決兩岸統一問題。在中共1996年出版的幹部讀本中即明確的指出，如果兩岸實行「邦聯制」，臺灣將變成獨立的國家，「這不是統一而是分裂」。另外在讀本中談及「聯邦制」時，認為其非但不符合中國的歷史傳統，更不符合中國的基本國情。中國自秦漢以來，一向實行單一制的國家結構形式，有利於國家統一、民族團結、政治穩定、地區協調發展，如果實施以臺灣為一元、祖國大陸為一元的所謂「兩元聯邦制」，必然引起一系列新的矛盾，留下長期的隱患。不過大陸許多智庫及學界人士則對「邦聯制」持肯定的態度，有些學者和專家甚至建議兩岸可以先採用類似邦聯制的形式，在雙方關係有進一步發展時，再討論兩邊都可以接受的統一模式[166]。

親民黨主席宋楚瑜則主張「兩岸兩席」的統合模式，在「未來是一個中國」的前提下，大陸應公開宣布放棄對臺用武、支持中華民國參與包括世界銀行、國際貨幣基金、世界衛生組織及其他非政治性的國際組織，惟有如此，兩岸才能在互惠互利的情況下，朝雙方都可以接受的「一個中國」方向推進。宋楚瑜表示，在一個中國的「屋頂」下，兩岸應實施從經濟交流、社會互動逐漸走到政治整合的「三階段論」，在正式進入政治整合之前，中共必須明確宣布放棄對臺用武，不要封殺中華民國參與國際社會的空間，讓兩岸在國際組織中擁有兩個席次。另外，宋楚瑜強調「兩岸兩席」模式與前總統李登輝提出的「兩國論」不同，簡單的說，在美國反對臺獨之下，兩國論會使兩岸愈走愈遠，但兩岸兩席是要使兩岸走向整合[167]。

在這些不同的統合主張中，從歐盟精神、邦聯制、屋頂理論到大陸的一國兩制，其中存在很大的歧異，從國家主權、意識型態等角度切入，似乎頗難解決，但是在文化上及民族上的認同，似乎又有共通之處。因此，我們將不同的統合模式做一個簡單介紹。

---

166 2001年8月5日，《中國時報》。

167 2002年6月1日，《聯合報》，第13版。

一、德國模式

德國在1990年10月3日統一之前，是屬於分裂分治的狀態。由於德國在1945年戰敗，「德國問題」中的首要問題，即德國是否因戰敗而滅亡，主權是否因此消失？如果已經滅亡，那麼「德國」的定義將只是文化、歷史、地理與血緣涵義的德國，1949年成立的東西德已是兩個主權獨立的國家，互不相干，德國已分裂，德國問題已解決。德國法學界與政府認為，美英法蘇雖然占領德國，執行德國的國家權力，但並不構成對德國的「併吞」，所以德國的國際法人格並未因此消失。

東、西德間的關係奠基於1972年12月21日所簽署的「關係基礎條約」（Treaty on the Basis of Relation）。該條約第4條規定，任何一方不得在國際上代表另一方，也不得以另一方之名義有所作為。條約第6條規定，訂約雙方之主權限於其領土，雙方尊重對方國際上及內政上之獨立與主權[168]。東、西德彼此不得互視對方為外國，兩方存有特別關係[169]。

德國聯邦憲法法院於1973年7月31日有關「基礎條約」的判決中，即明確陳述德國並沒有滅亡，而是繼續存在，只是德國「作為一個整體國家而言，缺少組織，特別是缺少憲政機關，而使得她不具有行為能力（handlungsfahig），但它仍如往昔般擁有權力能力（rechtsfahig）[170]。」德國聯邦憲法法院的判決中，將此 "nation" 認定為德意志帝國，即俗稱之德國，因此，德國法學界所謂之 "eine nation, zwei staaten" 是意指「一個德國，兩個國家」，張亞中教授認為更清楚的定義，即是「一個德國，兩個德國人國家[171]」。

德國學者常以「部分秩序理論」（Teilordnungstheorie）或「屋頂理論」（Dachtheorie）解釋東西德的法律定位關係，此學說認為「德國」作為國際法主體而言，仍然續存。在「德國」此一「屋頂」之下，存有兩個秩序主體，即西德與東德，

168　Georg Ress，〈Germany, Legal Status After World War Ⅱ〉，in Encyclopedia，頁198。
169　同上。
170　張亞中，1998，《兩岸主權論》，頁108，臺北：揚智文化。
171　同上。

但此兩者均非與德國「一致」。也有人認為柏林與德國東邊疆域均屬於部分秩序主體。東西德兩部分秩序主體地位平等,且它們的存在並不會影響到德國的國際法地位。東西德是經由德國分解的過程而形成,但是由於對德和約尚未簽署,故此分解過程仍未結束,東西德兩國在未完全從德國分解前,乃是兩個部分秩序主體[172]。也有學者提出「認同理論」(Theory of Identification),認為西德之成立並不意味創造一個新國家,僅是在「德國」的一部分形成一個具有國家權力(State Power)的組織[173]。而宋楚瑜在談及兩岸統合時,很多觀念應該是來自當年西德學者在面對「德國」分裂下,所創造出因應未來統一時的統合模式。

二、一國兩府

事實上,從現代史的發展來看,目前的中國正是「一國兩府」的第2期(第1期是1917~1928年),同時強調一個中國的原則,又符合現有兩個中國政府的事實。但以往中華民國行政院為反駁中共「一國兩制」所提出的「一國兩府」構想,依然遭中共否決的原因,不外乎雙方力量懸殊,且中共不會放棄一國兩制中所強調的中央是中共,臺灣是地方的主權觀念。

三、主權虛懸

有人主張一個中國是指1949年以前及統一後的中國,而目前屬於主權虛懸狀態。但其缺點是:

(一)違背憲法。未經國民大會通過,主權無法虛懸。

(二)依國際法,中國的國際人格從未中斷,目前中國的主權只是分別由臺灣的國府與中共在其轄區內行使而已,在法律上仍是一個主權。

四、一國兩區

日前中華民國行政院又提出「一國兩區」的構想,以往在大陸時期,中共稱其控

---

[172] 同上,頁66。
[173] Georg Ress,前引文,頁197。

制區為「解放區」，稱國府控制區為「國民黨統治區」，而國統綱領中也有提到「在互惠中不否定對方是政治實體」，且雙方必須接受「一個中國」的原則，但中共再度攻擊一國兩區之構想，認為這會製造兩個中國的問題，因而予以否決。

五、聯邦制或大中華邦聯制

所謂「邦聯」，其分子國各擁有主權，邦聯權力不能直接及於各成員國與人民。以中共強調一個中國及主權的觀念下，似乎不會同意未來與臺灣的關係架構在邦聯（Confederation）體制下。

丘宏達教授則認為聯邦制（Federation）較為合理，目前較大的國家均為聯邦制，像美國、加拿大、巴西、墨西哥，次大國如德國，小國如瑞士等都採取聯邦制。因此在作法上，丘教授認為由國統綱領中程進入到遠程後，必須先採取邦聯的方式，成立一個共同的中央機構處理共同關切事項，在經過一段時間的相處後，再成立聯邦，達到中國真正的統一。

六、一國兩制

一國兩制就是在一個中國原則下，存在兩個不對等的政府，中共代表中央，臺灣則屬於地方政府。因此在堅持一國兩制的前提下，中共會否決其他兩岸關係的模式，而在中華民國政府不會接受一國兩制的前提下，未來臺海再度發生衝突的可能性極高。

由於雙方在外交戰場上攻防激烈，因此中華民國曾經主動尋求雙重承認，不過在中共的壓力下，目前尚未有過成功的案例。詳細資料請參考表七、表八。

表七　我國主動尋找雙重承認案例一覽表

時間	對象	過程與結果
1964年	法國	法國與中共宣布建交，我在抗議後不宣布斷交，中共向法國施壓，法國通知我主動撤館斷交，否則驅逐我人員，我為顧全顏面，自動撤離
1964年	剛果	剛果與中共建交，我駐地大使沈錡在當時外長魏道明同意下，留下不走。但中共施壓，剛果要驅逐沈錡，拖延約2個月後，仍撤館離開
1965年	達荷美（現改名貝南）	1964年底達荷美與中共建交，我大使館留下不走，1965年中共任命大使，我仍不走，造成「短暫雙重承認」，但4月間在中共壓力下，達荷美迫我撤館
1990年	沙烏地阿拉伯	沙國基於中共之軍事需求，與中共建交。我力圖與素來友好的沙國開創雙重承認首例，但沙國忌於與中共之軍事合作關係，未予同意，但歸還我館產
1992年	南韓	南韓積極尋求與中共建交機會，我則一再向南韓表達希望維持邦交不變，不論其與中共關係立場為何。但南韓不予理會，逕與中共達成多項建交協議，我憤而在中共宣布與之建交前，宣布與南韓斷交
1994年	賴索托	賴索托因政權轉換，決定與中共建交。我派遣外交部非洲司長杜稜奔赴該國，透過管道表達我希望維持邦交之強烈意願，但賴國顧忌中共反應，未予同意。我宣布與之斷交
1997年	南非	1994年南非政權面臨全面轉換，我向南非各主要政黨傳遞希望維持邦交之意願，並積極加強與非洲民族黨關係。惟南非因受中共及國內親共人士之壓力，決定與中共建交，我政府便於1997年宣布與南非斷交

資料來源：1994年5月10日，《聯合報》，第2版。

表八　一國兩制與邦聯／聯邦的自治程度比較

	邦聯	聯邦	一國兩制 香港／澳門	一國兩制 臺灣
國防	可交邦聯政府負責，也可保持各邦各自為政	聯邦政府負責	中央政府負責	大陸聲明不駐軍。臺灣可保留軍隊
外交	可交邦聯政府負責，也可保持各邦各自為政	聯邦政府負責	中央政府負責。可參加以非主權國組成的國際組織。可作為中國代表團的一部分，參加由主權國組成的國際組織	同左
經濟關係	趨向人貨自由流動，減少限制。各邦在財政上支持邦聯	人貨自由流動，不設限制。聯邦向個人徵稅	獨立關稅區，可自行訂立貿易政策。財政獨立，不向中央交稅。中央不向個人徵稅	同左
貨幣／金融體制	逐步統一貨幣。金融體制趨向一體化	統一貨幣及金融、銀行體制	兩制並立，獨立貨幣、金融、銀行體制	同左
出入境	內部自由往來。對外則各自保留管制	內部自由往來。對外則由聯邦政府負責，統一簽發護照	內部往來在雙方協商下有限制。對外則各自制訂出入境政策。自行簽發護照	同左。可有適當改變
中央與地方聯邦／邦聯與邦關係	邦按自願、協議原則，向邦聯交上權力。以協議、條約為根據	聯邦政府擁有聯邦事務權。邦政府擁有邦內部事務權。以憲法為根據	內部事務由中央授權下自行處理。國家事務由中央政府處理。以國家法律為根據	同左
司法	邦聯設立法庭，處理邦聯事務及各邦同意上交仲裁的案件	聯邦設各級法庭及終審法院，處理聯邦事務及終審訴訟	中央授予獨立司法系統，包括終審權。涉及中央與地方關係的案件，法庭須先取得人大常委的解釋，才可作終審判決	同左
組合基礎	主權獨立單位合併，可單方面決定退出	主權獨立單位合併，大多數同意才能退出	單一制國家下不同地區與地區，地區與中央政府的關係	

七、歐盟統合模式

二次大戰之後的歐洲，為了避免再次陷入戰爭浩劫，並重建昔日歐洲雄風，世仇法國與德國於1952年成立歐洲煤鋼共同體，歷經40餘年，1993年歐洲聯盟（簡稱EU）正式誕生，1999年歐元開始成為法定貨幣，2002年正式實施[174]。

張亞中教授認為，歐盟統合的經驗在於各成員國仍保有自己的主體性，但也將一部分的主權權力交由歐洲聯盟共同分享，是一種「主權共儲共享」、「分中有合、合中有分」的政治組合。張亞中認為它不但從「安全」的意義上使歐盟的土地不再有戰爭，更從「發展」的意義上使歐洲勢力重新再起，逐漸成為世界強權。但是，兩岸不但無法學習歐盟以新思維處理未來問題，反而局限於傳統的統獨思維。中共的「和平統一」、「一國兩制」之主張讓臺灣人民覺得是為統一而統一，因此很難接受。臺灣內部少數人主張的「獨」，又為兩岸人民帶來太多不安定的因素，迫使人民生活在緊繃不安的狀態下。現今大多數臺灣人民主張「維持現狀」，然而「現狀」本身即是一個不斷改變的狀態，它不但顯示一種消極態度，也反映出臺灣人民在面對未來發展時的茫然及不確定感。因此，張亞中主張兩岸可以從歐盟的統合模式中，發展一種跳脫以往「統」、「獨」、「維持現狀」以外的第四種思考，即以「統合模式」來追求未來。這種統合就是「兩岸有三個主體」的概念[175]。

歐洲聯盟是其27個會員體之外的第28個國際法人體，張亞中在參酌歐盟的發展後，提出三個主體的概念。一個是中華民國、一個是中華人民共和國，另一個是「整個中國」（第三主體）。臺灣是「整個中國」的一部分，大陸也是「整個中國」的一部分。「三個主體」的理論基礎在於：基於主權屬於人民，「整個中國」是兩岸中國人所共有的中國，不能為任何一方所獨占。自1949年起分裂分治的兩岸，彼此都在自己的領域內享有完整的管轄權，但是兩岸都不能代表「整個中國」，「整個中國」的主權屬於海峽兩岸全體中國人[176]。

這些不同的統合模式之中，最大的問題在於「國家主權」的認定。中華人民共和

---

174 張亞中，1998，《歐洲統合》，臺北：揚智文化。

175 張亞中，2000，《兩岸統合論》，臺北：揚智文化。

176 張亞中，《兩岸統合論》，前揭書，頁351-356。

國是國際上的大國,而在臺灣的中華民國也有一定的經濟及軍事實力,不能等同於曾為殖民地的港、澳,因此兩岸的爭議很難在短時間內解決。但就長遠發展來看,「一中兩國」的歐盟模式或「兩岸兩席」的屋頂理論,都值得兩岸領導人以開創性思維來調整彼此的關係,畢竟具前瞻性的思考,才能為目前僵滯的狀況帶來突破與進展。

臺灣在2004年的總統大選之後,面對大陸「一個中國」的壓力和軍事威脅之餘,許多政治人物也在審度形勢後提出一些有前瞻性及具體的新思維。民進黨前主席施明德促銷內閣制,主張兩岸關係走向「一中歐盟化」。施明德說,歐盟有些成員彼此為數百年世仇,都能結盟,期待兩岸打破僵局,共織未來[177]。另一位民進黨前主席許信良也表示,總統大選後臺灣內部的分裂至少會持續到年底立委選舉,兩岸形勢又十分嚴峻,朝野都應嚴肅面對臺灣未來的問題,特別是一個中國問題,應尋找「一個中國」和「臺灣現狀」並存的新論述。他認為找到一中和現狀並存的空間最好的思維就是「國統綱領」,即當年國民黨菁英為此提出的傑作[178]。獨派大老彭明敏則認為:獨派讓步最大底線是「一中」採大英國協模式,只具有象徵性意義,不涉及一國兩制,讓臺灣可以加入聯合國,並在國際社會不受打壓,那麼他可以勉強接受[179]。

從這些論述中很清楚的表明一個事實,那就是臺灣朝野的政治人物對於中共所謂的「一個中國」,提出的對應政策就是接受「一中兩國」的現實,但不能破壞臺灣的現狀,即臺灣擁有的國家主權。歷史經驗告訴我們,當政治不能解決問題的時候,武力是最後的結果。或許明天過後,很多原本執著的問題都已不再那麼值得堅持與重要時,兩岸之間的複雜糾葛,會再度回歸歷史宿命的軌跡。

第六節　百年大業

民國肇建,一個民生經濟橫遭帝國主義剝削掠奪的脆弱共和,在飽經內憂外患之餘,還得全力建設,厚植國力。1945年,日本投降後,中華民國榮登世界四強,成為

---

177 2004年5月27日,《聯合報》,A4版。

178 2004年5月22日,《中國時報》。

179 有關彭明敏的訪問,請參閱《建國會通訊》,第34期,第1版。

聯合國創始會員國，也一掃清帝國在19世紀的衰敗與不平等條約所帶來的壓榨與屈辱。

1949年國共內戰失敗，中華民國在這關鍵年代遷播臺灣；但戰爭失敗的教訓，卻使得國民政府在臺灣得以實踐孫中山先生的三民主義理想。哈佛大學已故東亞巨擘費正清（J.K Fairbank）即指出蔣介石對臺灣經濟建設的貢獻[180]。哈佛大學費正清中心研究員陶涵（Jay Taylor）曾於2000年出版《蔣經國傳》，2009年再完成《蔣介石傳》，陶涵認為「蔣介石對現代中國的功績超過毛澤東」（Modern China owes more to Chiang than to Mao），陶涵對蔣一生的評價是：他始終是維護中國統一、領土完整的愛國者；其次，儘管丟掉大陸，退處孤島，他仍是「最終的倖存者」（ultimate survivor），在臺灣享受了25年和平的建國歲月，為臺灣的現代化和民主政治奠定了基礎。中國大陸經過30年改革開放後，能傲視世人，蔣地下有知，應會感到安慰和引以為傲的，因為這也是他生前奮鬥的目標[181]。

臺灣在美國的保護下，奇蹟般躲過被中共「解放」的命運，也因此避開大陸在毛澤東時代所捲起的「革命狂潮」。毛統治下的中國，由於撕裂傳統文化及倫理價值，人人處於自危和不信任的恐懼中，雖又再歷經30年的「改革開放」，仍無法迅速建立一個富而好禮的祥和社會，使文化建設遠落於經濟發展之後。也因為蔣介石在臺灣的「溫和威權」，才有蔣經國及民主進步黨在經濟繁榮、教育普及的環境中，開創民主解嚴的契機。

臺灣在李登輝及陳水扁時代，民主化雖然繼續鞏固，但也由於他們的大陸政策，不論在政治、經濟，甚至文化上的疏離，使臺灣在兩岸關係因開放大陸探親而趨緩和

---

[180] 費正清認為蔣介石在臺灣成功的諸多因素中，首先就是重用大陸來臺的自由派人士，採行以前「國家資源委員會」曾在大陸推行的策略，即社會主義導向的重工業國營政策。資委會於1942年派往美國深造的31位工程師中，決定留在大陸為共產黨工作的21人中，無人入閣及擔任重要行政官職，而來臺灣的7人中，有3人成為國營工業主腦，2人成為經濟部長，其中一人後來成為全面經濟計畫開發主持人，另一位則做到行政院長。見費正清（John King Fairbank）著，1994，《費正清論中國》，頁389，臺北：正中書局。

[181] 有關陶涵著作介紹及評論，請參考傅建中，〈兩蔣與哈佛〉，《中國時報》2009年3月27日，A23版。汪榮祖，〈評說陶涵蔣介石新傳〉，《傳記文學》中華民國99年1月號第96卷第1期，頁110~125，其中對蔣則有許多負面評價。

之際，再度惡化；在內部也因為國族認同而產生對立及撕裂，在近20年以來，臺灣因蓄意挑起的族群問題，使得方興未艾的民主政治，蒙上一層陰影。2008年，馬英九以765萬選票，得票率58.4%，擊敗民進黨候選人謝長廷、蘇貞昌的544萬餘票，也超過1996年首次民選總統李登輝的得票率54%，成為中華民國最有民意基礎的總統。馬英九的勝選，象徵大部分臺灣選民已經厭倦民粹鬥爭所帶來的動盪，希望一個富強和諧社會的再造，而馬英九在肩負臺灣人民沉重使命之下，積極尋求與中國大陸「和平共存」之道。

一、2008年博鰲論壇

在馬英九、蕭萬長於總統大選獲得勝利後，首度與對岸正式互動的便是2008年的博鰲亞洲論壇。博鰲亞洲論壇是大陸在2001年與日本、菲律賓等26個國家共同成立的首個非官方國際組織，是亞洲及世界各國政府、工商界與學術界高層的對話平臺。2004年時，蕭萬長曾出席該年度博鰲論壇，並與胡錦濤會面，但當時蕭萬長並沒有官職，而胡錦濤也尚未全面掌權。至2008年時蕭萬長已是副總統當選人，胡錦濤也已全面掌權，幾乎可以算是1949年後，兩岸最高領導人的第一次會面，因此使得兩方互動成為此次博鰲論壇的焦點[182]。

由於蕭萬長欲藉此次博鰲論壇與胡錦濤會面，引起綠營人士一貫爭議，呼籲蕭萬長不要讓臺灣被矮化，副總統呂秀蓮更是批評馬、蕭還未上任就向北京妥協，是否對北京有所承諾[183]？雖綠營人士多有質疑，但蕭萬長行前召開記者會中，表明此行定位為國際與兩岸經貿交流的平臺，希望藉由這個機會將臺灣的善意與誠意傳達給對岸，以增加雙方互信的基礎[184]。

4月11日，蕭萬長出發抵達海南，並於4月12日與胡錦濤會面。會上蕭萬長提出「四個希望」，包括「兩岸直航、陸客來臺、經貿關係正常化、恢復兩岸協商機制」。而胡錦濤也以「四個繼續」作為回應，包括「繼續推動兩岸經濟文化等各領域交流合作，繼續推動兩岸週末包機和大陸居民赴臺旅遊的磋商，繼續關心臺灣同胞福

182　2008年4月5日，《經濟日報》，A8版。
183　2008年4月8日，《自由時報》，A3版。
184　2008年4月8日，《經濟日報》，A2版。

社、並切實維護臺灣同胞正當權益，繼續促進恢復兩岸協商談判」[185]。對於這次「蕭胡會」，諸多外國媒體認為是自1949年以來兩岸最高層級的接觸，也是歷史性的重大時刻，雙方均有意改善關係[186]。但民進黨卻批評蕭萬長拿臺胞證，不顧國格和尊嚴，雙方所談內容也不出當年「連胡會」的共識，毫無新意，陸委會更稱兩岸互動與經貿往來不應私下協商[187]。

儘管民進黨方面不認同這次的「蕭胡會」，但此次會面的影響卻反映在股市上。由於雙方提出四個希望、四個繼續，國臺辦亦對兩岸直航、觀光等經貿問題有正面回應，一時之間臺股上揚，並使人看好新總統就任後的情勢[188]。

二、第一、二次江陳會談

國民黨重新執政後，海基會進行人事改組，由國民黨副主席江丙坤擔任海基會董事長，不久中共國臺辦主任陳雲林也被推舉為海協會會長[189]。2008年6月11日，江丙坤率團訪問中國大陸，展開兩岸中斷10年的復談。6月12日，兩方在北京會面，簽下包機與旅遊協議。大陸同意先開放北京、上海浦東、廣州、廈門、南京5個周末包機航點，第二批開放成都、重慶、杭州、大連、桂林、深圳。臺灣同意開放桃園、高雄小港、臺中清泉崗、臺北松山、澎湖馬公、花蓮、金門、臺東8航點。此外開放大陸觀光團來臺，但必須團進團出，平均每日3千人次為原則，留臺期間不超過10天[190]。

7月7日，海協會副會長王在希表示陳雲林希望能於秋天來臺[191]。原本擬定10月底成行，卻因民進黨支持者將於10月25日發動遊行抗爭，以及10月21日海協會副會長張銘清在臺南孔廟遭民眾暴力襲擊，以致來臺時程有所更動，最後確定陳雲林於11月3日抵臺。

11月4日，江丙坤與陳雲林在臺北圓山飯店舉行會談，分為三個部分，一是就第一次江陳會達成的兩項協議進行檢討，並提出辦法；二是就下午簽署兩岸空運、海

---

185 2008年4月13日，《聯合報》，A1版。
186 2008年4月13日，《聯合報》，A4版。
187 2008年4月13日，《自由時報》，A3版。
188 2008年4月16日，《聯合晚報》，A4版。
189 中共中央國臺辦主任由前駐日大使、外交部副部長王毅接任。
190 2008年6月13日，《聯合晚報》，A1版；2008年6月14日，《自由時報》，A2版。
191 2008年7月7日，《聯合晚報》，A8版。

運、郵政、食品安全四項協議最後確認文本;第三就是對未來的兩岸關係情勢及協商交流議題進行交換意見,並且達成初步共識。對於未來兩岸情勢及協商交流部分,雙方達成七個共識:第一是兩岸交流秩序,包括將展開共同打擊犯罪、司法聯繫的協商,擴大食品衛生安全合作、農產品檢疫檢驗;第二是眾所矚目的金融合作,兩岸將進行銀行、證券及期貨的監理合作,雙方銀行相互設處,即相互設立分行、子行等分支機構;三是投資合作,包括協商兩岸投資保障協定、避免雙重課稅協議;四是產業合作,包括產業標準與規格;五是漁業合作;六是文教交流合作;七是兩會之間交流合作事宜[192]。

在這次正式的會面後,11月5日,舉行海基會、海協會兩岸金融座談會,會上江丙坤表示下一次的江陳會重點是討論金融議題,包括簽訂金融監理合作備忘錄(MOU)、雙方金融機構到對岸市場等[193]。11月6日,江丙坤與陳雲林共同主持「兩岸珍稀動植物互贈儀式」,大陸送臺灣1對熊貓與17棵珙桐樹苗;臺灣贈大陸長鬃山羊與梅花鹿各1對,象徵兩岸關係「團團圓圓、長長久久」[194]。其後,前往臺北賓館與總統馬英九會面,但雙方接觸過程僅10分鐘而已。馬總統致詞時表示,兩岸對於臺灣安全與國際空間存有分歧,希望在「正視現實、互不否認、為民興利、兩岸和平」基礎上,雙方積極處理、擴大合作,也希望強化高層互訪與交流[195]。

然而在陳雲林訪臺的數日中,不斷出現抗議人士。除了民進黨支持者外,另有藏獨人士、法輪功支持者等進行活動。在諸多抗議事件中,11月5日,國民黨主席吳伯雄在臺北晶華酒店宴請陳雲林,抗議民眾包圍酒店並發生暴力衝突,使陳雲林一行人至深夜才得以離去[196]。11月6日,馬英九與陳雲林會面後,民進黨發起「圍城」活動,號召群眾走上街頭「嗆馬圍陳」,最後包圍陳雲林下榻的圓山飯店,再次發生嚴重的暴力流血衝突,直到11月7日凌晨被驅離[197]。

192 2008年11月4日,《聯合晚報》,A1版。
193 2008年11月6日,《經濟日報》,A4版。
194 2008年11月7日,《聯合報》,A6版;2008年11月7日,《自由時報》,A8版。
195 2008年11月7日,《聯合報》,A3版;2008年11月7日,《自由時報》,A2版。
196 2008年11月6日,《自由時報》,A2版;2008年11月6日,《聯合晚報》,A4版。
197 2008年11月7日,《聯合報》,A2版;2008年11月7日,《自由時報》,A6版。

這一次由陳雲林的大陸代表團，是兩岸分治以來大陸訪臺官員的最高層級，創下首例，國際媒體多有報導。而中國駐美大使周文重6日在華府表示，海協會長陳雲林的臺灣行成功簽署直航等文件，是互利雙贏的結果，兩岸目前「最重要的是要保持這個勢頭」，雙方可以繼續溝通臺灣參與世界衛生大會（WHA）的問題[198]。

根據民調，五成二的民眾認為這次江陳會談的成果利大於弊，也有四成九的民眾希望能維持現狀，而非急統或急獨。然而對於馬陳會面的情形，有四成六的民眾覺得不存在自我矮化的問題，卻也有三成六的民眾持有疑慮。在兩岸未來關係部分，有四成二民眾認為兩岸關係將趨向緩和，一成五感覺會更緊張，二成一認為不會有重大變化。調查也顯示民進黨的「嗆馬圍陳」活動，有五成三的民眾為此對蔡英文感到不滿[199]。

雖然自從馬政府上臺後，對於兩岸、外交事務，與前政府有明顯不同的作為。然而成為在野黨的民進黨雖言明是要抗議江陳會，但其中群眾暴動，卻仍不外是為了臺獨走向而號召進行，非但對人民福祉毫無幫助，也讓原本陳雲林來訪的行程失焦，使新聞關注所在再次移向民進黨的街頭暴動。

三、2008年亞洲太平洋經濟合作會議（APEC）

2008年的亞太經合會（APEC）於11月22～23日在祕魯舉行。早在7月時，便已傳出可能由前副總統連戰代表馬英九總統出席。由於往年對岸打壓臺灣，故往往要視對岸而在派遣人選上做更動。即便當時總統陳水扁指派的是國民黨籍前副總統李元簇，也因主辦國是大陸，而不被對岸允許，索性不派代表。此後2006、2007年，陳水扁皆派企業界人士參與，而非政府官員。故連戰是否能順利成行，被視為檢視對岸是否對馬政府外交休兵呼籲善意回應的重要指標[200]。

10月29日，總統府正式敲定由連戰出席APEC，創下我國歷來領袖代表層級最高紀錄。為了淡化政治敏感度，總統府宣布連戰出使APEC身分是「國家政策研究基金會董事長」[201]。對此，綠營批連戰是北京首選，不是馬英九總統首選，連戰顯然不適

198 2008年11月7日，《聯合晚報》，A2版。
199 2008年11月7日，《聯合報》，A1版。
200 2008年7月21日，《經濟日報》，A2版。
201 2008年10月30日，《經濟日報》，A11版。

任，這只是北京「拉連制馬」的策略[202]。美國國務院則表示，期待代表「中華臺北」的連戰參加APEC[203]。

11月21日，連戰與胡錦濤在祕魯會面，連戰表示除雙邊自由貿易協定（FTA）要繼續努力推動外，在APEC架構下的多邊自由貿易體系發展也很重要，不管是新加坡等四國的經濟戰略伙伴協定（P4）、亞太自由貿易區（FTAAP），還是亞太共同體倡議，都有助於自由貿易體系的建立，臺灣都樂見其成，也希望能成為其中一員。胡錦濤則指出，不久前，海協會會長陳雲林到臺灣，與海基會簽訂四個協議，為兩岸同胞謀實質性利益，標示兩岸關係發展又掀開新的一頁，也表明兩岸加強交流合作，是人心所向，大勢所趨。他希望雙方抓住這個難得的歷史機遇，為兩岸同胞做好事、做實事，為兩岸謀福祉、謀和平。至於臺灣參與世界衛生組織（WHO）一事，胡錦濤也回應說，兩岸三通之後就可以積極去做[204]。

此次會議，連戰獲得白宮高度評價，國安會亞洲事務資深主任韋德寧表示，這在8年前是難以想像的事，他並形容連戰此次與會，是「真正的開放與真正的改變，也是真正的降低緊張」[205]。

四、2009年博鰲論壇

2009年的博鰲亞洲論壇於4月17～19日在海南博鰲舉行，代表我方出席者為曾任蔣經國與李登輝總統時代外交部長、前監察院長錢復，錢復以「國泰慈善基金會董事長」的民間身分受邀參加，並與中共總理溫家寶會面。出訪前，總統馬英九明確指示就「兩岸經濟合作架構協議」（Economic Cooperation Framework Agreement, ECFA）與對岸接觸，傳達我方「對雙邊有利應先協商」的立場，藉此創造兩岸雙贏的局面，並傳播「同舟共濟、相互扶持、深化合作、開創未來」的兩岸基本理念[206]。不過錢復表示他是以民間個人身分出席，沒有任何官方授權，所以不會幫馬總統「傳話」談

---

202 2008年10月30日，《自由時報》，A1版。
203 2008年11月1日，《聯合報》，A4版。
204 2008年11月23日，《經濟日報》，A4版。
205 2008年11月23日，《經濟日報》，A4版；2008年11月24日，《自由時報》，A6版。
206 2009年4月16日，《自由時報》，A3版；2009年4月16日，《聯合報》，A10版。

ECFA話題[207]。國臺辦主任王毅表示，如果臺灣希望在江陳會談三次會，就兩岸經濟合作架構協議交換意見，大陸方面願意進行「初步探討」，啟動兩岸經濟合作的進程。這是大陸官方首度公開表態，同意在第三次江陳會談時討論ECFA[208]。

4月18日，錢復與溫家寶正式會面，溫家寶向臺灣代表團提出「面向未來，捐棄前嫌，密切合作，攜手並進」16字方針，呼籲兩岸牢牢把握當前難得的和平機遇，共創光明前景，是為回應馬英九總統之前提出的「同舟共濟、相互扶持、深化合作、開創未來」。他並針對全面加強兩岸經濟合作，共抗金融危機，提下一步大陸五點努力：一、推動大陸企業赴臺投資；二、擴大對臺產品採購；三、鼓勵臺資企業到大陸開拓市場；四、增加大陸遊客赴臺旅遊；五、協商建立符合兩岸經濟發展需要、具兩岸特色的經濟合作機制。希望兩岸繼續和平發展，經濟共同繁榮。在堅持「一個中國」原則的前提下，務實探討和解決政治和軍事問題。雙方的對話中，完全沒有談到ECFA與臺灣加入東協「十加三」的問題[209]。

五、第三次江陳會談

繼2008年11月的第二次江陳會談後，2009年4月26日，江丙坤於南京與陳雲林進行第三次會談。會上簽訂三項協議，分別為「海峽兩岸金融合作協議」、「海峽兩岸空運補充協議」、「海峽兩岸共同打擊犯罪及司法互助協議」。會中也對於第四次江陳會談內容做出確認，包括將「避免雙重課稅、漁業勞務合作、農產品檢驗檢疫、產品標準化檢測與認證合作」等四項議題納入協商議題，而有關兩岸的經貿合作協議，即臺灣最為關心的ECFA議題，雙方同意繼續保持意見交換，並不排除納入協商[210]。

5月4日，江丙坤表示，往後第四、五次江陳會談，優先處理的議題有六大項，包括簽署兩岸金融監理備忘錄、建立投資保障、避免雙重課稅、經貿糾紛調處機制。他並指出，三次江陳會談中，已簽署三項協議和發表一項共同聲明，之後將會推動洽簽

207　2009年4月17日，《經濟日報》，A9版。
208　2009年4月18日，《經濟日報》，A2版。
209　2009年4月19日，《聯合報》，A8版。
210　2009年4月26日，《聯合晚報》，A3版。

「兩岸經濟合作架構協議」，將會堅持「三不三要」的談判原則。所謂的「三不」，就是絕對不能矮化主權、不再開放大陸農產品、不開放大陸勞工來臺；「三要」即要透過協商解決關稅問題；同時要與東協及其他貿易伙伴展開FTA洽談；要在WTO精神架構下，擱置爭議[211]。

六、第四次江陳會談

臺灣海基會董事長江丙坤與中國海協會會長陳雲林於2009年12月22日在臺中舉行第四次江陳會，其會談內容擬簽訂四項協議，分別為兩岸標準檢測及認驗證合作協議、兩岸農產品檢疫檢驗合作協議、兩岸漁船船員勞務合作協議與兩岸避免雙重課稅和稅務合作協議，其中兩岸避免雙重課稅和稅務合作協議因技術問題暫不簽署。

兩岸標準檢測及認驗證合作協議內容是未來兩岸將就標準、計量、檢驗、驗證認證及消費品安全等五大項目、交流合作、創造經貿雙贏，確保消費者權益。此項協議所帶來的助益是，兩岸公權力能積極介入，建立一個資訊通報聯繫窗口，從源頭加強管理消費品的安全。兩岸農產品檢疫檢驗合作協議內容是，協商解決農產品、飼料貿易中的檢疫檢驗問題，防範動植物有害生物傳播擴散，確保農產品質量安全；雙方同意提供檢疫檢驗規定、標準、程序等訊息查詢，加強農藥及動物用藥殘留等安全衛生標準交流，建立檢疫檢驗證明文件查核及確認機制；及時通報進出口農產品重大疫情、安全衛生事件訊息、定期通報進出口農產品截獲有害生物、檢出有毒有害物質等情況，因此，協議所帶來的最大助益是開啟農產品通關的官方查證管道。

兩岸漁船船員勞務合作協議的內容是維護兩岸漁船船主、船員正當權益，促進兩岸船員勞務合作；保障船員權益，受簽訂契約議定的工資保護、在指定場所休息、整補或回港避險、人身意外及醫療保險、反交通費等，船主履行契約的義務等權益等；保障船主權益，船員體檢及技能培訓應符合規定、船員遵守管理規定，船員接受船主、船長合理的指揮監督、船員應履行契約義務等；各自建立船員、船主申訴制度，建立突發事件處理機制，如遇重大安全事件，及時通報，共同採取措施[212]。

---

211 2009年5月4日，《聯合晚報》，A5版。
212 2009年12月23日，《聯合報》，A3版。

針對兩岸農產品檢疫檢驗合作協議與兩岸漁船船員勞務合作協議，引起了一些爭議，雲林縣長蘇治芬指出，臺灣與中國皆是WTO會員國，依據WTO的SPS協定即可解決兩岸農產品檢疫問題，簽訂此協議容易產生檢疫標準放寬的問題，將嚴重影響臺灣的農業，至於兩岸漁船船員勞務合作協議簽訂後，未來需經過兩岸政府指定的仲介機構雇用中國漁工，中國政府可以間接干預漁工的工資水準和勞動品質，影響臺灣船東的經營成本，並可能造成仲介公司壟斷利益等情事，且該協議未見對臺灣漁工就業機會與權益保障，反而是保障中國勞工登臺搶工作的第一步[213]。

　　而兩岸避免雙重課稅和稅務合作協議暫不簽訂的理由眾說紛紜，第一，包括雙方對課稅主權有歧異，原協議若臺灣企業在中國無常設機構，則在中國的營利由居住地課稅，即臺灣；但中國卻突然要求改成「所得來源地」課稅，等於由中國課稅[214]；第二，是中共政治不民主，經常以政逼商，將來他們拿到了臺商財稅資料，搞不好成為其要脅臺商的手段；第三，是溯及既往，想當然爾，這個問題不能有溯及既往的公權力追繳行為，否則兩岸財稅資料互通，反而創造一波新的造假與迴避，完全達不成租稅協議的目的；第四，若干臺商在中國大陸逃了不少稅，他們擔心萬一兩岸租稅資料互通，不但不能因雙方租稅扣抵而少繳稅，反而因為資料透明而要多繳稅[215]。

　　針對此項協議的簽署問題，各界看法不一，其中會計師認為，通常租稅協議的簽訂，有助於簽訂雙方避免雙重課稅，達到降低投資風險，並不會造成太大衝擊；但由於為數眾多在中國的臺商，其中有許多屬於未報備部分，如果兩岸一簽訂租稅協議，所有資料將全部曝光，以中國一向查稅查得凶，風險將大大提高，另外，兩岸租稅協議應是為課稅的公平透明，此透明化必須是互利，不能是中國單方面得利[216]。學者表示，此次雙方的臨事慎重，具有正面意義，我國已與17個國家簽署類似協定，主要目的是避免雙重課稅、劃分課稅權，以降低往來兩地企業、個人的租稅負擔，有利確定租稅成本，並促進彼此的投資發展。此外，這樣協議因僅適用於直接投資，亦將引導企業改變投資模式，有助兩岸投資監理的透明化；更重要的是，這可吸引有意進軍

213　2009年12月23日，《自由時報》，A4版。

214　2009年12月23日，《自由時報》，A3版。

215　2009年12月24日，《中國時報》，A16版。

216　2009年12月23日，《自由時報》，A3版。

大陸市場的跨國企業，評估以臺灣為營運基地，亦是臺灣重啟亞太營運中心大計的關鍵。對執政黨而言，則是給一個已被定型化、制式化的江陳會一個「美麗的意外」，它將「形式對等」轉移至議題折衝的「實質對等」；也讓社會對兩岸協議可以有不同的觀感，它是一種真正的談判，且具有破局的可能，更讓民眾知道，原來政府在兩岸協商中亦可有守有為[217]。

伴隨江陳會而來的是兩岸經濟合作架構協議簽署問題，並計畫在2010年1月中、下旬正式展開第一次協商，其主要內容是讓臺灣商品免關稅進入中國市場，同時臺灣也得大幅開放中國商品登臺。

簽署ECFA的有諸多利弊得失，在利益方面，可使臺商在大陸減免6%～9%的關稅；出口企業能夠取得市場及競爭力；GDP將增加1.83％，效益大約是發放消費卷的3倍；跨國企業營運或研發中心設在臺灣，使得就業機會、勞工薪資增加；廉價大陸貨促使國內物價下降；受陸商威脅，業者加速轉型。相對的，可能的隱憂是造成臺灣經濟過度依賴中國大陸；矮化臺灣主權；衝擊臺灣的弱勢產業，尤其是傳統製造業、成衣服飾業與礦業形成部分產業勞工失業。根據行政院勞委會調查，國內最多將有87,000名勞工失業，而中華經濟研究院評估，受損產業的勞工數預估高達163萬人，是74萬名受益產業勞工的兩倍多，工業局也評估，受衝擊中的產業約3,400多家，10萬5千多人工作受影響；勞工薪資水準向下看齊大陸。

關於ECFA簽署問題，各家學者看法不一，臺灣大學經濟系教授林向愷認為，如果一定要跟中國談ECFA，必須在談判時明文約定，簽署ECFA的前提是：中國大陸不得再阻撓臺灣與其他國家洽簽FTA（自由貿易協定），才能確保臺灣未來生存與發展的自由選擇權。他也強調，提升臺灣「經貿自主」的「最佳」策略應該是，突破中國封鎖，積極與先進國家洽簽FTA，同時不與中國簽署ECFA，以免中國經濟的磁吸效應繼續擴大[218]，若簽署了ECFA，未來勢必掀起國內第二波產業出走潮，且臺灣經濟將被邊緣化[219]。臺大國發所教授辛炳隆強調，如果ECFA簽訂後，可以因為兩岸的貿易

217　2009年12月23日，《聯合報》，A2版。

218　2009年12月28日，《聯合報》，A8版。

219　2010年1月2日，《自由時報》，財經版。

障礙降低、貿易量的增加，有著減少國內的結構性失業問題；但如果臺灣產業界在兩岸簽署ECFA後，反而大舉西進中國大陸投資，而取消國內的投資計畫，恐將會使國內的結構性失業現象惡化[220]。

第七節　富強之道

臺灣在蔣經國總統過世之後，民主化進程加快；但也在社會轉型之際出現弊端，為了選舉勝利，以分裂族群及去中國化的訴求已經達到最高點，使臺灣社會從「內地化」與「本土化」論戰，強化到國族認同與政黨惡鬥，一直到2008年馬英九勝選，才顯示臺灣主流民意對政治貪腐、族群仇恨、兩岸對峙、經濟衰退、社會不安等問題的不耐，因而用選票表達他們對臺灣政治穩定與革新的迫切期待。

臺灣在21世紀，必須面對中國大陸快速崛起的事實，不但攸關臺灣內部發展，也影響臺灣在國際社會的參與及生存。2008年歲末，中共總書記胡錦濤發表推動兩岸關係和平發展六點主張：

一、恪守一個中國，增進政治互信；世界上只有一個中國，中國主權和領土完整不容分割。

二、兩岸簽訂綜合性經濟合作協議，探討兩岸經濟共同發展與亞太區域經濟合作機制相銜接的可行途徑。

三、臺灣文化豐富了中華文化的內涵，臺灣同胞愛鄉愛土的臺灣意識，不等於臺獨意識。

四、希望民進黨停止臺獨分裂活動；只要民進黨改變臺獨分裂立場，大陸願正面回應。

五、臺灣參與國際組織活動問題，在不造成兩個中國、一中一臺前提下，通過兩岸務實協商，作出合情合理安排。

六、兩岸就軍事問題接觸交流，探討建立軍事安全互信機制；在「一中」原則基礎上，協商正式結束兩岸敵對狀態，達成和平協議[221]。

---

220 2010年1月2日，《聯合報》，AA1版。
221 2009年1月1日，《聯合報》，A1版。

學者指出，胡錦濤的講話對於大陸內部處理兩岸政治關係的協商談判，有若干重要意義。首先，胡錦濤指導性的宣示，可以調整中共政府各部門步調不一致的情形，使得未來大陸在處理兩岸經貿交流以及應對我國在國際參與的落差減少。其次，一旦中央明確定調，中共各部門的辦事速度與動力都會明顯加快[222]。果不其然，在大陸釋放善意的默契下，臺灣在2009年，採用「中華臺北」名義以觀察員身分參與世界衛生組織（WHA），這是中華民國自1972年退出聯合國，在睽違30餘年後，以觀察員身分重新加入的第一個聯合國附屬國際組織。

　　2009年5月18日，臺灣衛生署長葉金川於WHA在日內瓦的開幕式上，與中共衛生部長陳竺見面，創下兩岸衛生首長共同出席聯合國組織正式會議上互動的首例。就在臺灣重返WHA之後，民進黨籍高雄市長陳菊，也於5月21日抵達北京訪問，推銷高雄市運會及觀光等事項。23日，陳菊飛抵上海。在大陸期間，陳菊先後會見北京市長郭金龍、中國奧會主席劉鵬、上海市長韓正等人。

　　對於陳菊的大陸行，臺灣獨派人士反應激烈及震撼。台聯黨主席黃昆輝就說：「甚表錯愕。」民進黨主席蔡英文認為陳菊去北京是應國際組織要求去行銷高雄世運會，與兩岸問題無直接關聯。呂秀蓮則認為，民進黨應調整兩岸關係，不容許停在美麗島時代的舊思維看待中國，或把現在的中國當做六四天安門事件時的中國。呂秀蓮期許朝野兩黨應共同努力縮短兩岸距離，調整兩岸關係。前立委林濁水則主張民進黨應該好好討論中國政策[223]。前立委李文忠則促黨辯論中國政策，他並批評民進黨基本教義派「立場可議」[224]。

　　陳菊的「破冰之旅」，其實正凸顯民進黨中國政策的迷思，其一貫的反中論述，咬死國民黨改善兩岸關係的努力為「賣臺」，但又無法忽略中國崛起的事實以及與中共交往之必要性。民進黨公職人員登陸，早在2000年7月，高雄市長謝長廷就有意願到廈門進行城市交流，卻遭剛上任的陳水扁總統及陸委會主委蔡英文阻擋，而未能成行。9年後，陳水扁因貪汙繫獄，接任黨主席的蔡英文則改變立場支持陳菊登陸。民

222 黃介正，〈兩岸全方位談判時代來臨〉，《聯合報》，2009年1月1日，A2版。
223 2009年5月22日，《聯合報》，A2版。
224 2009年5月29日，《聯合報》，A2版。

進黨的困境在於，它以往的反中論述及族群政策，使它的基本群眾深陷中國威脅論的恐懼中，從而無法以理性態度及思維能力來面對中國問題。因此，民進黨要如何調整舊思維及論述，將是它在未來迫切面對的問題。

2009年5月26日，國共兩黨在北京舉行最高領導人正式會談。中共總書記胡錦濤再度發表「在新起點上進一步推動兩岸關係向前發展」的六點講話，重申兩岸經濟合作及結束敵對狀態、達成和平協議等事項。胡錦濤在談話中最重要的意義就是引用他2008年底所發表的「胡六點」強調：「我們提出，兩岸可就國家尚未統一的特殊情況下的政治關係問題，建立兩岸軍事安全互信機制問題進行務實探討，表明了我們解決問題的積極思考。」此外，在涉外事務，胡錦濤首次提到「中華臺北」。他說：「中華臺北衛生署應邀出席作為觀察員參加了今年的世界衛生大會，這表明，兩岸中國人有能力有智慧妥善解決臺灣參與國際組織活動問題[225]。」5月28日，中共國臺辦主任王毅在「重慶臺灣周」的開幕式中，具體稱呼「兩岸經濟合作框架協議」，已將兩岸對馬英九總統提出的名稱（簡稱ECFA）「統一」了。

我認為「吳胡」會，真正重要的意義在於雙方都同意以「九二共識」為基礎[226]，而胡錦濤更明確提出，兩岸是「國家尚未統一的特殊情況下政治關係問題」。首先，在「九二共識」方面，2008年3月26日，美國小布希總統致電中共國家主席胡錦濤。白宮國家顧問哈德利轉述說，胡錦濤提到「九二共識」，也就是承認兩岸只有一個中國，但兩岸也同意彼此對「一個中國」有不同的定義。這也是美中（共）兩國高層首度使用「九二共識」一詞，表達兩岸在1992年討論「一個中國」問題的結論，並且認

---

225 2009年5月27日，《中國時報》，A5版。

226 所謂「九二共識」，是指1992年海基會與海協會人員在香港，針對1993年的辜汪會談所達成的一些共識。在過去兩岸關係和緩時，中共默認「九二共識」為「在一個中國原則下，各自口頭表述」。但1999年李登輝總統的「兩國論」，讓中共不承認「九二共識」，只強調「一個中國原則」，2000年臺灣政權輪替，中共欲重拾「九二共識」，但陳水扁總統不承認有此共識。到了2005年北京的「連胡會」，連戰在正式會談中提出「九二共識，一中各表」，強調要顧及「中華民國在臺灣」，以人民福祉為依歸。胡錦濤說，「九二共識既確認雙方均堅持一個中國的共同立場，又擱置雙方政治分歧」。這可為國共兩黨對「九二共識」奠定一致性見解。見藍孝威，〈美背書「九二共識」有共識〉，《聯合報》，2008年3月29日。

同當年對「一個中國」的內涵是各自表述[227]。

　　這也是胡錦濤面對馬英九上任後，兩岸關係的最大障礙，那就是在臺灣沒有市場的「一個中國」即中華人民共和國魔咒的初步解套，其實正反映北京當局開始採用更務實的思維面對美中臺新三解關係，尤其胡錦濤在5月26日談話，似乎更接近當年東西德的相處模式。西德在1972年處理兩德法律定位時發展出的一種論述，西德使用的不是「一德」，而是「整個德國」（Whole Germany），兩國則是「西德」與「東德」，由於雙方都是「整個德國」內部的「部分憲政秩序主體」，雙方關係不同於一般國家在國際法上的「外國關係」，也不是東西德兩個國家內部的「內政關係」，而是「整個德國」的「內部關係」，當時西德總理布朗德稱其為「特殊關係」。「但是東德不同意兩德關係是「一德兩國」。對東德而言，只有兩國，沒有「一德」的存在。為了擱置爭議，雙方在1972年簽署的「基礎條約」中，以agree to disagree（同意歧見）方式處理這個核心問題，這就是我們常用詞「擱置爭議」。學者認為馬總統曾提出的「一德兩國」，若落實在兩岸，可稱為「一中兩國」。意指兩岸都是整個中國的一部分，但是各在其領域內享有最高管轄權，彼此無權在國際間代表另一方，但雙方也不是外國關係[228]。

　　針對大陸的新思維處理兩岸關係，臺灣的馬英九在治理國家政策上，正循蔣經國當年政策前進，即強調清廉、打擊貪汙、調和族群矛盾，尤其在大陸政策位階，將高於外交政策。因為馬英九總統深刻了解，臺灣不製造兩岸關係緊張，就可在美國與中國（共）之間，扮演一個舉足輕重的槓桿平衡者角色。馬英九在出訪貝里斯僑宴時就表示，改善兩岸關係與拓展國際關係，兩者是相輔相成，不是相悖的。總統舉例，美國行政部門2008年10月3日通知國會銷售臺灣64億美元武器，11月6日海協會長陳雲

227　2008年3月28日，《聯合報》，A1版。
228　張亞中，〈一德兩國？一中兩國？〉，2008年6月14日，《聯合報》，A3版。

林訪臺，前副總統連戰出席APEC，臺灣加入政府採購協議[229]，這些都是過去做不到的。再者，臺灣2009年順利參與世衛大會，再度顯示改善兩岸與擴大國際空間是相輔相成[230]。

前副總統呂秀蓮也表示「不能再把中國當六四共產黨」、「胡錦濤與六四無關」，馬英九則同意呂秀蓮談話。馬英九表示，中國大陸現在變大，變得有影響力了，反而更會遵守國際規範，例如對防止核子擴散、反恐，其實大陸很多國際議題的看法與美國一致[231]。

李登輝前總統在接受日本《產經新聞》訪問時指出，「中共並非打從心裡支持馬英九，馬英九與美國的關係過於複雜是原因之一，他向來親美，受美國的影響非常大，不會立即提中臺統一的」。李登輝也評價馬英九「正直、孤高、獨善其身，但又很現代化」[232]。而臺灣民眾在《中國時報》民調中，也有五成肯定外交休兵與制度性協商。半數受訪民眾覺得兩岸互動並未傷害臺灣主權。認為兩岸關係友好的民眾比例高達57%，創歷史新高。不過這分民調也看出統獨意識有被激化傾向，有33%民眾傾向獨立，同樣創下歷史新高[233]。

馬英九總統在大陸民眾之間的形象及聲望都很高，是我這幾年帶學生到大陸進行學術文化交流深刻的體驗，尤其大陸知識分子對於臺灣扁政府時期的一些言論，認為

---

229 政府採購協定（The Agreement on Government Procurement, GPA）是世界貿易組織（WTO）底下的一個協定，簽署會員國共40國，包括美、歐、日、韓、星等國，中國大陸與約旦也正在談判。臺灣是以「臺澎金馬個別關稅領域」的名稱加入，成為第41個會員國。此協定是規範簽署國，一定金額以上的政府採購案，要對國外廠商開放。臺灣加入GPA後，對外開放的採購案將設金額門檻，商品勞務採購在新臺幣545萬以上、工程採購則是2億元以上，必須開放國際標。馬英九總統昨簽署世貿組織政府採購協定（GPA），宣告臺灣正式加入跨國際的採購機制。馬總統表示，GPA締約國商機高達9600億美元（約新臺幣31兆元），政府將全力協助廠商拓展商機。經濟部次長鄧振中表示，全球都努力投入公共工程建設以擴大內需，加入GPA之後，臺灣可享有國際條約保障，確保可與各國廠商競爭主要貿易國的政府採購市場，如美國政府今年相關資訊產品的採購預算將達710億美元，臺灣也可加入競標。官員表示，尚難預估臺灣可能爭取到多少商機，不過相關採購至少可以反映臺灣產品在世界貿易所占比重，約1~2%左右。參見2009年6月9日，《聯合報》，A4版。

230 2008年5月29日，《聯合報》，A2版。

231 2009年6月3日，《中國時報》，A17版。

232 2008年3月27日，《中國時報》，A8版。

233 2009年5月18日，《中國時報》，A1版。

簡直有如大陸當年的文化大革命，造成臺灣的優勢不斷喪失，咸表不解與惋惜[234]。而這位在大陸民眾心目中頗孚眾望的臺灣總統，在接受媒體訪問時，也表達對大陸領導人胡錦濤的看法。馬英九認為大陸過去在江澤民主政時代，只強推「一國兩制、和平統一」，但在臺灣的市場非常小，胡錦濤先生上臺後，比較務實、細膩，不再去強調上述論調，主要是防止臺獨，並且對於「愛鄉愛國的臺灣意識，不等於臺獨意識」，都有深入了解。馬英九認為胡錦濤對臺灣民眾釋放出很多善意，也使得臺灣的同胞，感受到他的善意，有助於兩岸邁向和平與繁榮[235]。

中華民國在臺灣已經歷時一個甲子，繼締造經濟奇蹟之後，再創政治民主化的新猷，而長期的安定及富足環境，也逐漸提升一個富而好禮的公民社會素質，相較於對岸曾經飽受各種政治批鬥運動所帶來的傷害，國民政府在60年前的遷徙臺灣，實在是全體臺灣人民的一項恩典。

由於兩岸關係日趨穩定，因而在2010年6月的第五次江陳會預備性磋商會議上，敲定ECFA早收清單內容，中國大陸同意對臺灣539項產品納入早收清單，總金額約為138.4億美元，而臺灣同意中國大陸降稅的項目有267項，沒有包括農產品，總金額為28.6億美元。ECFA貨品貿易早期收穫計畫已於2011年1月1日生效實施，依ECFA文本附件一貨品貿易早期收穫產品清單及降稅安排，分兩年三階段降稅至零關稅。

2011年元旦ECFA早收清單開始執行後，預期的貿易效益已逐漸顯現。依據海關統計，2011年1～5月不僅我出口大陸（含香港）的金額較去年同期增加11.1％，同期間，臺灣對東協六國的出口亦較去年同期成長29.9％。 ECFA為臺灣廠商節省關稅已逾5千萬美元，觀察早期收穫清單貨品在中國大陸市場表現，在工業產品部分，2011年1～6月工具機（19個稅項）中國大陸自臺灣進口總額達3億60萬美元，較去年同期之1億8,570萬美元增加1億1,490萬美元，成長率為61.9％，高於中國大陸自全球進口成長率42.6％，其中拋光機床（HS84609020）成長率高達2,500％，足見工具機之銷售

---

234 《經濟學人》雜誌以「文化大革命」為題，報導臺灣民進黨政府在蔣介石去世30多年後，積極推動去蔣化，大舉拆除他的塑像，將許多道路重新命名，甚至更改桃園國際機場的名稱，有將之一連串措施與中共文化大革命相提並論之意涵。請參見2007年3月17日，《聯合報》，A4版。

235 《商業周刊》，第1121期，頁44-45。

因ECFA之簽署，在大陸市場優勢明顯。另如噴水織機（HS84463040）、塑膠造粒機（HS84772010）2011年1～6月較去年同期分別成長2,300％、1,775％[236]。

在農產品部分，依據農委會資料顯示，兩岸直航及簽署ECFA之後，2011年1～6月早收清單18個稅項貨品外銷中國大陸的出口值較去年同期成長高達345％，其中秋刀魚、石斑魚、甲魚蛋及茶葉之出口值較去年同期分別增加773％、584％、40％及50％[237]。

ECFA簽署之後，相關經濟效益陸續呈現，表達有意與我國商簽經濟協議的國家增加，予我國免簽待遇的國家也增到115個。已有27家跨國廠商與經濟部簽署投資意向書，預定投資新臺幣1,082.5億元，其中又以光電產業投資最受矚目，投資金額達新臺幣941億元，占整體投資金額約八成[238]。

過去僅單方面開放臺商赴中國大陸投資，造成兩岸資金流動呈現失衡，2009年第三次江陳會談後兩岸達成陸商赴臺投資的共識，經濟部於2009年6月30日正式開放陸商赴臺投資項目，開啟兩岸雙向投資局面。

現今兩岸最敏感的棘手問題，還是國家主權，雖然北京基於兩岸和平穩定的大前提之下，默認一個中國、各自表述；但隨著大陸崛起，胡錦濤及其接班人在承受保守派與民族主義強大壓力下，終將面對所謂「統一」的終極議題。而臺灣能否把握目前和平時機，爭取時效以為「大陸臺灣化」來質化中國，就顯得相對迫切。當兩岸都具備同樣的民主體制和生活環境，「統一」才有意義，而這一切都需要時間的磨合及兩岸領導人的宏觀格局，為兩岸人民締造幸福的雙贏局面，在中華民國建國邁入100年的光輝時刻，歷史終將證明它的存在價值，將是華人社會，乃至於世界地球村的永恆瑰寶。

---

236 〈ECFA簽署一周年成效檢驗——落實「三不」承諾　執行效益逐漸擴大〉，行政院大陸委員會，2011年8月3日，http://www.mac.gov.tw/ct.asp?xItem=95954&ctNode=6409&mp=1

237 〈ECFA早期收穫計畫已顯成效〉，經濟部，2011年8月3日，http://www.moea.gov.tw/Mns/populace/news/News.aspx?kind=1&menu_id=40&news_id=22237

238 〈ECFA早期收穫計畫已顯成效〉，經濟部，2011年8月3日，http://www.moea.gov.tw/Mns/populace/news/News.aspx?kind=1&menu_id=40&news_id=22237

附錄一
中國近代（含臺灣史）大事年表

西元	歷代紀元		大事
1171	宋乾道	7年	南宋泉州知州汪大猷在汛期置兵防守澎湖
1582	明萬曆	10年	羅明堅進入廣東傳教，萬曆28年利瑪竇入北京傳教
1604	萬曆	32年	明將（沈有容）脅之以兵，荷將韋麻郎退出澎湖
1622	天啟	2年	荷蘭復據澎湖，築城於風櫃尾
1624	天啟	4年	荷人撤兵澎湖，轉往大員（臺南平安）築熱蘭遮城
1626	天啟	6年	西班牙據雞籠（基隆）、滬尾（淡水）
1642	崇禎	15年	荷蘭人將西班牙人逐出臺灣北部
1644	崇禎	17年	滿人入關，建大清王朝
1652	永曆	6年	郭懷一在臺南一帶起事抗荷失敗
1661	永曆	15年	鄭成功率軍入臺灣，建東都，置承天府及天興、萬年二縣，包圍荷蘭人於大員
1662	永曆	16年	荷蘭人投降，退出臺灣，鄭成功去世，鄭經繼位
1683	清康熙	22年	清將施琅攻克臺灣，鄭氏政權滅亡
1684	康熙	23年	設福建省臺灣府，設府治於今臺南，轄臺灣縣、鳳山縣、諸羅縣
1689	康熙	28年	中俄訂尼布楚條約
1721	康熙	60年	臺灣朱一貴抗清事件
1723	雍正	元年	臺灣府築城，增設彰化縣、淡水廳
1726	雍正	4年	俄人在北京設教堂，遣留學生來華
1727	雍正	5年	中俄恰克圖條約，臺灣增設澎湖廳
1739	乾隆	4年	艋舺龍山寺落成
1757	乾隆	22年	通商口岸限廣州一口
1784	乾隆	49年	鹿港開港
1786	乾隆	51年	臺灣林爽文抗清事件發生，翌年諸羅縣改稱嘉義縣
1792	乾隆	57年	八里坌與福建五虎門通航
1793	乾隆	58年	英使馬戛爾尼來華談判商務
1796	嘉慶	元年	吳沙率漢人入墾蛤仔難（今宜蘭）
1805	嘉慶	10年	蔡牽攻臺
1809	嘉慶	14年	王得祿殲滅蔡牽於黑水溝

1812	嘉慶	17年	置噶瑪蘭廳
1816	嘉慶	21年	英使阿美士德來華
1823	道光	3年	臺灣淡水廳（竹塹，今新竹）鄭用錫進士及第，為臺灣籍第一位進士
1834	道光	14年	英國取消東印度公司鴉片專賣權，由英國外交部直接管理對華商務，繼續走私鴉片
1840	道光	20年	中、英鴉片戰爭開始，英軍一部犯臺
1842	道光	22年	中英訂立南京條約。魏源出版《海國圖志》
1843	道光	23年	中英五口通商章程、虎門條約簽訂
1844	道光	24年	中美望廈條約、中法黃埔條約，規定領事裁判權、協定關稅、片面最惠國待遇等，准許洋教在口岸傳布
1850	道光	30年	洪秀全率太平軍起事
1853	咸豐	3年	太平軍攻占南京，改稱天京，定為太平天國國都 頂（三邑人）下（同安人）郊拼，同安人敗撤大稻埕
1856	咸豐	6年	太平天國內訌。廣州亞羅船事件
1857	咸豐	7年	英法聯軍之役（修約戰爭）
1858	咸豐	8年	中英、中法、中美、中俄天津條約，中俄璦琿條約 臺灣（安平）、淡水開放通商
1859	咸豐	9年	外人開始管理上海海關（洋稅務司）
1860	咸豐	10年	第二次英法聯軍（換約戰爭），攻占北京，毀圓明園，中英、中法、中美、中俄訂北京條約，12月（1861年1月）成立總理各國通商事務衙門
1862	同治	元年	北京設同文館，曾國藩在安慶設軍械所。臺灣戴潮春抗清事件（林文察平）
1864	同治	3年	湘軍攻陷天京，太平天國亡
1865	同治	4年	江南製造局、金陵機器局成立
1866	同治	5年	福州船政局成立
1867	同治	6年	3月20日美船羅發號在臺灣南端觸礁，船員在瑯嶠（今恆春）遭番人殺害，史稱「羅發號事件」
1868	同治	7年	捻亂覆滅
1872	同治	11年	派遣幼童留美。陝甘回亂平定，上海申報創刊
1874	同治	13年	日本出兵瑯嶠，「牡丹社事件」發生
1875	光緒	元年	船政大臣沈葆楨來臺，奏請「開山撫番」

1877	光緒	3年	派公使駐英、駐日，左宗棠平定新疆回亂。首批海軍學生赴歐洲留學
1879	光緒	5年	日本改琉球為沖繩縣，不再臣屬中國。臺灣增設新竹縣
1883	光緒	9年	中法越南戰爭，波及臺灣，戰爭延續至1885年臺北城完工
1885	光緒	11年	臺灣建省，劉銘傳首任巡撫
1886	光緒	12年	臺灣設機器局、電報總局、清賦局等，開始近代化建設
1887	光緒	13年	臺灣劃為三府一直隸州三廳十一縣，省會設於橋孜圖（今臺中）
1888	光緒	14年	北洋海軍成立。臺灣爆發施九緞事件
1891	光緒	17年	臺北至基隆間鐵路通車
1893	光緒	19年	毛澤東出生
1894	光緒	20年	中日甲午戰爭，孫中山上書李鴻章條陳救國大計。臺灣省會自今臺中移至臺北。興中會創立
1895	光緒	21年	馬關條約，割臺灣予日本，康有為「公車上書」。臺灣民主國抗日。興中會發動首次抗清起事失敗
1896	明治	29年	臺灣總督府結束軍政，公布六三法
1898	光緒	24年	戊戌變法京師大學堂（北京大學前身）開學
1898	明治	31年	臺灣總督兒玉源太郎公布「匪徒刑罰令」，處抗日分子以極刑，頒布〈保甲條例〉，實施〈土地調查〉，確認小租戶為土地所有權人
1899	明治	32年	總督府臺北醫學校成立，臺灣銀行成立（臺灣最大銀行）
1900	光緒	26年	義和團事件，八國聯軍攻占北京
1900	明治	33年	臺灣首座新式製糖會社在今高雄縣橋仔頭成立
1901	光緒	27年	辛丑和約，清廷下詔變法
1901	明治	34年	興建臺灣神社，1944年升格為臺灣神宮
1903	光緒	29年	清廷設商部。張之洞、張百熙奏定學章程，新式學制開始 日俄戰爭
1903	明治	36年	凍結大租權，使一田多主現象消失
1905	光緒	31年	清廷明令廢除科舉制度。同盟會在東京成立。清廷設學部（教育部前身）
1906	光緒	32年	清宣布預備立憲
1908	光緒	34年	光緒帝駕崩，慈禧詔令溥儀嗣位
1908	明治	41年	臺灣南北縱貫鐵路通車，典禮在臺中公園舉行，打狗（高雄）港開始闢建

1909	宣統	元年	各省諮議局開幕
1910	宣統	2年	北京資政院成立
	明治	43年	對泰雅族大嵙崁番社圍剿
1911	宣統	3年	廣州329黃花崗之役，同盟會中部總會成立於上海，川路風潮，武昌起事，孫中山當選臨時大總統
1912	民國	元年	孫中山就任臨時大總統，中華民國成立。袁世凱繼任臨時大總統，約法公布
	大正	元年	阿里山鐵路通車。梁啟超應林獻堂之邀訪臺
1913	民國	2年	宋教仁被刺案，二次革命失敗
			4月8日，巴西是全世界第一個承認中華民國的國家
	大正	2年	羅福星籌畫抗日失敗被捕，翌年處死。臺北—圓山汽車客運通車
1914	民國	3年	袁世凱解散國會與各省議會，中華革命黨在東京成立。第一次大戰爆發，日本出兵攻占青島
	大正	3年	淡水中學（長老教會）、圓山動物園營業、太魯閣事件。坂垣退助「同化會」
1915	民國	4年	日本對華提出21條要求。楊度發起籌安會，袁世凱稱帝
			12月23日，北京政府教育部開始試辦注音字母傳習所
	大正	4年	林獻堂等捐資設臺中中學（今臺中一中）供臺人升學就讀
			余清芳噍吧哖事件
1916	民國	5年	護國軍討袁，袁世凱死。蔡元培任北大校長。胡適倡文學革命
1917	民國	6年	張勳復辟，北京政府段祺瑞對德、奧宣戰，孫中山至廣州組護法軍政府。2月，孫山中發表《民權初步》
1918	民國	7年	軍政府改組，孫中山離粵，北京安福國會成立
1919	民國	8年	五四運動，《孫文學說》出版，中華革命黨改稱中國國民黨
	大正	8年	臺灣總督府新廈（今總統府）落成啟用，首任文官總督田健治郎就任。臺灣電力株式會社（臺電前身）成立，開發日月潭水力發電工程
1920	民國	9年	直皖戰爭，直系勝。粵軍回粵，孫中山返廣州
	大正	9年	連橫《臺灣通史》出版。臺灣實施州、市、郡、街庄制。屏東機場落成

1921	民國	10年	孫中山就任廣州非常政府大總統，中國共產黨成立於上海
	大正	10年	「臺灣議會設置請願運動」開始，「臺灣文化協會」及「總督府評議會」成立
			5月5日，孫山中宣布以「青天白日滿地紅」為國旗
1922	民國	11年	湖南公布省憲法。第一次直奉戰爭。陳炯明砲轟孫中山總統府
			10月18日，蔡元培辭北大校長
	大正	11年	杜聰明獲京都大學醫學博士，為第一位臺籍博士。「法三號」生效。日臺「共學制」總督府高校（今臺師大校址）
1923	民國	12年	曹錕賄選總統。蔣介石率團赴俄考察
	大正	12年	《臺灣民報》在東京創刊，為臺灣人之喉舌。東宮太子抵臺
1924	民國	13年	國民黨改組，聯俄容共，黃埔軍校成立。第二次直奉戰爭。馮玉祥發動「首都革命」。中央通訊社成立
	大正	13年	宜蘭線鐵路通車。治警事件
1925	民國	14年	孫中山北上主張召開國民會議，病逝北京。上海五卅慘案。省港大罷工。國民政府成立於廣州。西山會議派（反共）成立
	大正	14年	臺北橋竣工
1926	民國	15年	中山艦事件。國民革命軍北伐。張作霖在北京任安國軍總司令
	大正	15年	臺灣總督伊澤多喜男命名新種米為「蓬萊米」。臺東至花蓮鐵路開通
1927	民國	16年	革命外交（收回漢口、九江英租界）。清黨。國民政府定都南京，寧（南京）漢（武漢）分裂。蔣介石辭職（第一次下野）。共黨南昌八一暴動、廣州暴動。毛澤東建立井崗山基地
			12月1日，蔣介石與宋美齡結婚，由蔡元培先生福證
	昭和	2年	臺灣民眾黨成立，文化協會分裂
1928	民國	17年	蔣介石復職，繼續北伐。濟南慘案。國民革命軍入北京，張學良東北易幟，全國統一。中央銀行在上海設立，宋子文任總裁
	昭和	3年	臺北帝國大學（今臺灣大學）創立
1929	民國	18年	編遣會議。公布中華民國教育宗旨。中東路事件

1930	民國	19年	關稅自主。左翼作家聯盟成立。中原戰爭。擴大會議派成立。開始剿共
	昭和	5年	嘉南大圳完工。霧社抗日事件
1931	民國	20年	訓政時期約法公布。第一次高考舉行。江西成立中華蘇維埃共和國。918事變。蔣介石辭職（第二次下野）
1932	民國	21年	128事變。蔣介石任軍事委員委員長。滿洲國成立。安內攘外政策。首屆兒童節
	昭和	7年	中山橋完工、菊元百貨店成立（在今日臺北市中正區衡陽路與博愛路口，店內安裝首部新式電梯），為臺灣第一家百貨公司
1933	民國	22年	長城戰爭。廢兩改元。塘沽協定。第五次圍剿共黨。閩變
	昭和	8年	施乾「愛愛寮」收容乞丐
1934	民國	23年	新生活運動，溥儀稱帝，共軍開始「長征」（西竄）
	昭和	9年	全島第一個文藝團體「臺灣文藝聯盟」成立。飛行員楊清溪在臺北墜機。陳進入選帝展，成為臺灣第一位殊榮女畫家
1935	民國	24年	國民政府任蔣介石為特級（五星）上將。河北事件。共黨八一宣言。法幣政策。銀本位改為外匯本位。冀察政務委員會成立。共黨瓦窯堡會議（確認抗日民族統一戰線）。溥儀訪問日本 11月13日，孫傳芳在天津遇刺身亡 12月23日，陳少白病逝北京，享年66歲
1936	民國	25年	中華民國憲法草案（五五憲草）。救國會（七君子）事件。西安事變。綏遠百靈廟事件。國小教師免稅
	昭和	11年	臺灣拓殖株式會社成立。臺灣恢復武官總督，小林躋造就任
1937	民國	26年	七七事變。共黨設立陝甘寧邊區政府，共軍改編國民政府宣布遷都重慶。南京大屠殺
	昭和	12年	推行「皇民化運動」、臺人軍伕首度赴中國戰場 大屯、新高阿里山、次高太魯閣被指定為國家公園
1938	民國	27年	國民參政會召開，蔣介石任國民黨總裁。武漢撤守，王兆銘出走。台兒莊大捷，殲滅日軍萬餘人
	昭和	13年	臺灣實施戰時經濟體制
1939	民國	28年	汪兆銘發表和平宣言。國防最高委員會成立
	昭和	14年	花蓮港峻工通航，宣布「皇民化」、「工業化」、「南進基地」

1940	民國	29年	汪兆銘在南京成立傀儡政府。國民政府通電全國，尊稱孫中山為國父。達賴14世在拉薩舉行坐床大典
	昭和	15年	配合「皇紀2600年」，總督府鼓勵臺灣人改日本姓名。「瑞芳事件」李建興謀反被捕
1941	民國	30年	新四軍事件。美空軍志願隊成立。日軍偷襲珍珠港。國民政府對德、義、日宣戰
	昭和	16年	臺灣總督府推動皇民化與國語家庭運動。「國民學校」、「工業臺灣」政策
1942	民國	31年	蔣介石任盟軍中國戰區最高統帥，簽署聯合國宣言。共黨在延安發動「整風運動」。英美宣布廢除在華不平等條約 8月24日，宋美齡應美國羅斯福總統之邀訪美，爭取美援，以為抗日
	昭和	17年	「臺灣志願兵」入伍，「高砂義勇隊」（原住民）派往菲律賓作戰，「大洋丸」遭擊沉，八田與一遇難
1943	民國	32年	中美、中英平等新約簽字。開羅會議
	昭和	18年	臺灣實施六年制義務教育
1944	民國	33年	日軍發動一號作戰。共黨提出組織聯合政府主張。10萬知識青年從軍
	昭和	19年	美軍開始密集轟炸臺灣。安藤利吉上任
1945	民國	34年	中共七全大會召開，確定毛澤東領導地位。波茨坦宣言。中蘇友好同盟條約。日本無條件投降，臺灣光復，設臺灣省行政長官公署，陳儀任長官。馬歇爾調處國共問題
	昭和	20年	全島徵兵制。吳濁流《亞細亞孤兒》。臺北公會堂受降。帝大改稱「國立臺灣大學」。「臺灣省參議會」林獻堂率團赴南京
1946	民國	35年	政治協商會議在重慶召開。制憲國民大會開幕。5月5日，國府在南京舉行還都大典。政府實施徵兵制。臺灣省參議會成立。吳振輝、郭啟章引進「吳郭魚」，即南洋鯽魚
1947	民國	36年	公布中華民國憲法。馬歇爾調處失敗離華。228事件。臺灣省政府成立。國共內戰轉劇。第一屆國民大會代表選舉（魏道明）。宣布動員戡亂

1948	民國	37年	第一屆國大會議，選蔣介石、李宗仁為行憲第一任正、副總統。立法院開幕。發行金元券。徐蚌（淮海）會戰 3月26日，中研院第一屆院士會議選出吳大猷、陳省身、胡適等81位院士 4月18日，國民大會通過「動員勘亂時期臨時條款」 11月13日，陳布雷自殺
1949	民國	38年	1月27日，「太平輪」與「建元輪」互撞，7百餘人死亡 《自由中國》創刊。3月12日《中央日報》創刊。師範學校「四六事件」。陳誠任省主席。樂信瓦旦（林瑞昌）當選唯一原住民省參議員 蔣介石宣布引退（第三次下野）。國軍在大陸敗退，中華人民共和國成立。臺灣實施戒嚴，「懲治叛亂」「肅清匪諜」條例通過。中華民國中央政府遷臺北，改革幣制（舊臺幣4萬元兌新臺幣1元）。375減租 10月，古寧頭大捷
1950	民國	39年	蔣介石總統復職，陳誠任行政院長，臺灣開始實施地方自治（縣市長）選舉。國民黨改造委員會成立。韓戰爆發。愛國獎券開始發售。大陸開始土地改革 7月26日，大二擔守軍殲滅進犯之共軍3百餘人並俘虜252人
1951	民國	40年	制訂375減租條例，臺灣省臨時省議會成立。美軍顧問團
1952	民國	41年	中、日和平條約在臺北簽字。訂9月28日為教師節。李友邦槍決。「四健會」組織成立。「中國青年反共救國團」成立
1953	民國	42年	實施耕者有其田政策。行政院經濟安定委員會成立，開始實施第一期4年經建計畫。中共開始實施第一期5年計畫
1954	民國	43年	韓戰結束，萬餘名反共義士抵臺。國民大會選蔣介石、陳誠為第二任正、副總統。中共第一屆全國人代會揭幕，通過中華人民共和國憲法。臺灣與美國簽訂共同防禦條約。內政部核定九族原住民。大專聯考
1955	民國	44年	國軍自大陳島撤兵。孫立人案。石門水庫開始興建。軍人免稅
1956	民國	45年	1月3日，中共空軍范天虹駕米格機投奔自由不成，切脈自殺 鍾理和《笠山農場》
1957	民國	46年	楊振寧、李政道獲諾貝爾獎。臺灣省政府疏遷中興新村。劉自然遭槍殺，中美關係惡化。蓬萊米之父磯永吉退休返日

1958	民國	47年	中共開始實施「大躍進」、「人民公社」。警備總部正式成立 金門823砲戰，中共在兩小時內落彈5萬7千餘發，吉星文、趙家驤副司令陣亡
1959	民國	48年	臺灣省臨時議會改稱臺灣省議會。八七水災 11月7日，臺中清泉崗基地啟用 劉少奇任中共主席。彭德懷事件
1960	民國	49年	蔣介石、陳誠當選第三任正副總統。中部橫貫公路通車。楊傳廣獲奧運十項運動銀牌。雷震籌組「中國民主黨」被捕。動員戡亂時期臨時條款。美援首批F104星式戰鬥機抵臺
1961	民國	50年	4月22日，中華商場整建完成
1962	民國	51年	首屆金馬獎舉行。臺灣電視公司開播。香港爆發5月難民潮。公布12月25日為行憲紀念日。國軍自製T2型火箭。2月24日胡適病逝
1963	民國	52年	陳誠因病辭行政院長，嚴家淦繼任。花蓮港開放為國際港 4月24日，電影《梁山伯與祝英台》在臺首映
1964	民國	53年	1月21日，裝甲兵副司令趙志華擬兵諫未果 臺灣第一條高速公路麥克阿瑟公路通車（臺北到基隆），石門水庫完工。毛澤東倡導反蘇俄，中共第一次核子試爆。彭明敏被捕
1965	民國	54年	美國終止對華經濟援助。陳誠病逝。曾文水庫開工。日本臺獨首領廖文毅返臺。11月3日，彭明敏獲特赦
1966	民國	55年	國民大會修正動員戡亂時期臨時條款。蔣介石、嚴家淦當選第四任正、副總統。中共發動文化大革命。加工出口區在高雄成立
1967	民國	56年	臺北市改制為院轄市。中華文化復興運動委員會成立。國家安全局成立
1968	民國	57年	實施九年國民教育。紅葉少棒隊擊敗日本隊，帶動少棒熱潮。中共批劉少奇。許世賢當選嘉義市長
1969	民國	58年	增額中央民意代表選舉。金龍少棒隊獲世界冠軍
1970	民國	59年	「雲州大儒俠」布袋戲在臺視播出，風靡一時 4月24日，蔣經國訪美遇刺

1971	民國	60年	保釣運動。中華民國退出聯合國。林彪事件。澎湖跨海大橋通車 4月26日，宋子文病逝美國
1972	民國	61年	蔣介石、嚴家淦連任第五任正、副總統，蔣經國任行政院長。美總統尼克森訪大陸，中共與美國發表上海聯合公報。臺灣與日本斷交。臺大哲學系事件
1973	民國	62年	推動十大建設。中共與美國互設聯絡辦事處。曾文水庫完工
1974	民國	63年	青棒、青少棒、少棒首度獲得三冠王。大陸批林批孔運動
1975	民國	64年	蔣介石逝世，嚴家淦繼任總統。蔣經國任國民黨主席，9月17日接受「合眾國際社」專訪時，指出臺灣已具備製造核武的能力
1976	民國	65年	丁肇中獲諾貝爾物理獎。臺中港啟用。大陸唐山大地震。毛澤東病死，打倒四人幫，文化大革命結束
1977	民國	66年	取消鹽稅。核一廠開始發電。經濟設計委員會改組為經濟建設委員會。鄉土文學論戰。中壢事件
1978	民國	67年	蔣經國、謝東閔當選第六任正、副總統，孫運璿任行政院長。南北高速公路全線通車。中共召開11屆三中全會，「撥亂反正」
1979	民國	68年	中共與美國建交。美國國會通過臺灣關係法。高雄市改制院轄市。中正機場啟用。美麗島事件。中共全國人大「告臺灣同胞書」。大陸實行「改革開放」，開放觀光。橋頭抗議事件。康寧祥《八十年代》
1980	民國	69年	北迴鐵路竣工。中正紀念堂落成。制訂選舉罷免法。大陸審判四人幫。成立經濟特區。鄧小平任中央軍委主席。新竹科學園區
1981	民國	70年	國家賠償法公布實施。行政院長孫運璿提出三民主義統一中國口號。中共全國人大主席葉劍英提出和平統一9條方針。行政院文化建設委員會成立
1982	民國	71年	東沙、南沙群島納入高雄市行政區，嘉義、新竹改制為省轄市。「三不政策」
1984	民國	73年	蔣經國、李登輝當選第七任正、副總統。鄧小平發表「一國兩制」談話。「江南案」
1986	民國	75年	臺北舊火車站拆除，進行鐵路地下化。中央圖書館新館落成。李遠哲獲諾貝爾化學獎。民主進步黨成立。鹿港「反杜邦」
1987	民國	76年	臺灣地區解除戒嚴。開放大陸探親。解除外匯管制

1988	民國	77年	報禁解除。蔣經國去世。李登輝繼任總統。520遊行（抗議農產品進口）
1989	民國	78年	黨禁解除。大陸八九民運（天安門事件），趙紫陽下臺，由江澤民繼任總書記。鄭南榕自焚
1990	民國	79年	李登輝、李元簇當選第八任正、副總統。海峽交流基金會成立。臺灣加入APEC。「野百合三月學運」，要求廢除萬年國會（法統）
1991	民國	80年	制訂國家統一綱領。海基會成立。宣告終止動員戡亂時期。廢刑法100條
1992	民國	81年	第一屆中央民意代表開始退職。南迴鐵路通車
1993	民國	82年	辜汪會談在新加坡舉行
1994	民國	83年	省縣自治法及直轄市自治法通過，首次舉行省長、直轄市長選舉，宋楚瑜當選省長，陳水扁、吳敦義分別當選臺北、高雄市長
1995	民國	84年	實施全民健保。李登輝訪問美國康乃爾大學，中共抗議
1996	民國	85年	第一屆總統直選，李登輝、連戰當選正、副總統。中共對臺飛彈演習
1997	民國	86年	國民大會修憲，通過自民國87年12月20日起精簡臺灣省政府組織，凍結省長及省議員選舉。臺灣縣市長選舉，民進黨執政縣市過半數。鄧小平去世。香港回歸中國
1998	民國	87年	受東南亞金融風暴波及，經濟不景氣。第二任直轄市長選舉，馬英九（國民黨）、謝長廷（民進黨）分別在臺北市、高雄市勝選
1999	民國	88年	李登輝提「兩國論」，汪道涵中止訪臺。921地震
2000	民國	89年	陳水扁（民進黨）當選第十屆總統。親民黨成立
2002	民國	91年	陳水扁提「一邊一國」，呂秀蓮祕訪印尼 大陸胡錦濤接任總書記，溫家寶接任國務院總理
2003	民國	92年	SARS流行。立院通過「公投法」。「連宋合」、「水蓮配」組合完成
2004	民國	93年	第十一屆總統選舉：投票前發生319槍擊事件，陳水扁、呂秀蓮以微弱多數當選。連戰、宋楚瑜提出當選無效之訴及選舉無效之訴，法院進行全國性驗票 蔣方良逝 跆拳道選手陳詩欣在雅典奧運獲中華臺北第一面金牌

2004	民國	93年	第六屆立委選舉：民進黨89席、國民黨79席、親民黨34席、台聯12席、新黨1席、無黨聯盟6席、無黨籍4席 游錫堃內閣總辭，謝長廷接任行政院長
2005	民國	94年	兩岸春節包機直航，分隔56年後，中國大陸民航包機首次合法降落臺灣 中華人民共和國通過反分裂國家法，臺灣的民進黨政府舉行326護臺灣大遊行抗議 連戰與宋楚瑜相繼訪問中國大陸進行和平之旅、搭橋之旅 任務型國大代表選舉，國民大會開議後廢除，立法委員席次減半，公民投票案入憲 馬英九當選中國國民黨主席 縣市首長選舉：國民黨14席，民進黨6席，新黨1席，無黨籍1席
2006	民國	95年	謝長廷內閣總辭，蘇貞昌接任行政院長 2月15日，孫運璿病逝 婉拒中國大陸所贈大貓熊 國統綱領廢除 台開案，立法院表決罷免總統案未成 雪山隧道通車 施明德領導「百萬人民反貪腐倒扁」運動 國務機要費案起訴吳淑珍貪汙，總統陳水扁宣布一審有罪就下臺 臺灣籍導演李安獲奧斯卡金像獎最佳導演 第十屆直轄市長暨市議員選舉：郝龍斌當選臺北市市長；陳菊當選高雄市市長；宋楚瑜宣布退出政壇 臺灣高速鐵路試營運
2007	民國	96年	特別費案起訴馬英九貪汙，馬辭去中國國民黨主席 吳伯雄當選中國國民黨主席 拒絕北京奧運聖火經臺北赴香港路線 地方制度法修改，臺北縣成為準直轄市 民進黨及國民黨分別提名謝長廷、馬英九角逐總統選舉

2007	民國	96年	行政院長蘇貞昌請辭，由海基會董事長、前行政院院長張俊雄回鍋接任閣揆 中國國民黨17全代會通過提名馬英九、蕭萬長搭檔角逐參選2008年正副總統選舉
2008	民國	97年	馬英九、蕭萬長當選中華民國第12任總統、副總統選舉 副總統蕭萬長以兩岸共同市場基金會董事長名義出席博鰲亞洲論壇（Boao Forum for Asis, BFA），與中國國家主席胡錦濤會見，是繼兩岸分裂後，領導人首度會見 馬英九宣布由東吳大學校長劉兆玄出任行政院長，國民黨副主席江丙坤出任海基會董事長 海峽交流基金會董事長江丙坤與海峽兩岸關係協會會長陳雲林就兩岸空運直航、海運直航、通郵、食品安全等四大議題展開協商並簽署協議 總統馬英九接見中國海協會會長陳雲林，年底江陳會談四項協議生效，臺海兩岸正式展開直接通航、通郵，達成全面大三通 前總統陳水扁因涉及國務機要費案，以貪汙洗錢等罪嫌遭羈押起訴 10月28日，孔子77代嫡孫孔德成病逝 11月9日，「野草莓」學運
2009	民國	98年	海基會董事長江丙坤與中國大陸海協會會長陳雲林舉行南京會談，雙方就兩岸空中定期航班、金融合作、共同打擊犯罪及司法互助達成三項協議 H1N1新型流感疫情蔓延全世界，行政院成立中央流行疫情指揮中心 衛生署長葉金川率領中華臺北代表團，以觀察員身分參加在瑞士日內瓦召開的第62屆世界衛生大會（WHA, World Health Assembly），是中華民國睽違38年後首次參加聯合國外圍組織的活動 中度颱風莫拉克襲臺，強烈豪雨引發土石流為南部山區帶來嚴重災情，吳敦義接替劉兆玄出任閣揆 12月22日，第4次江陳會談在臺中舉行，雙方達成兩岸標準檢測及認證、兩岸農產品檢疫檢驗合作、兩岸漁船勞務合作等三項協議

2010	民國	99年	2月，美國宣布對臺64億美元軍售，其中愛國者三型反彈道飛彈引發北京強烈抗議，質疑美國結合日本、南韓、臺灣，形成反彈道飛彈攔截網
			3月，國防部證實國軍正在發展射程1,200公里的地對地中程飛彈及射程800公里的巡弋飛彈
			4月，「兩岸經濟合作架構協議」（ECFA）第二次協商落幕，臺灣獲得陸方承諾：不要求我方進一步開放農產品進口、不討論陸勞，以及不影響臺灣弱勢傳統產業
			4月6日，上海市長韓正抵臺
			5月17日，第63屆世界衛生組織大會揭幕，前衛生署長葉金川與署長楊志良參加
			6月29日，兩岸於重慶正式簽訂ECFA
			9月2日，大陸文化部長蔡武訪臺，是繼1998年國家科技部部長朱麗蘭之後，又一位部長級官員訪臺
			9月16日，兩岸首度舉行海難聯合搜救演練，建立兩岸搜救部門聯繫機制
			10月27日，臺灣警政署長王卓鈞在北京會晤大陸公安部長孟建柱。9月大陸公安副部長陳智敏訪臺
2011	民國	100年	4月27日，阿里山小火車遭斷樹擊中，陸客5人死亡，百餘人受傷
			6月30日，最高檢察署特偵組依貪汙、洗錢等罪名起訴前總統李登輝

西元	大事記
1949	10月1日，中華人民共和國中央人民政府成立。此前，中國人民政治協商會議第一屆全體會議於9月21～30日召開。會議代行全國人民代表大會職權，通過了起臨時憲法作用的《中國人民政治協商會議共同綱領》，通過了《中國人民政治協商會議組織法》、《中華人民共和國中央人民政府組織法》。會議決定國都定於北平，北平改名為北京；紀年採用西元；在中華人民共和國國歌未正式制定前，以「義勇軍進行曲」為國歌；國旗為紅地五星旗。會議選舉出中央人民政府委員會，毛澤東當選為中央人民政府主席，朱德、劉少奇、宋慶齡、李濟深、張瀾、高崗當選為副主席，陳毅等56人當選為委員。10月1日下午2時，中央人民政府委員會舉行第一次會議，一致決議：接受《共同綱領》為政府施政方針，選舉林伯渠為中央人民政府委員會祕書長，任命周恩來為中央人民政府政務院總理兼外交部長，毛澤東為人民革命軍事委員會主席，朱德為人民解放軍總司令，沈鈞儒為最高人民法院院長，羅榮桓為最高人民檢察署檢察長。為避免國民黨空襲，時間改為下午3時，首都30萬軍民齊集天安門廣場，舉行隆重的開國大典
	10月2日，蘇聯政府決定同新中國建立外交關係。3日，周恩來覆電表示熱忱歡迎，並互派大使。自1949年10月～1950年1月，新中國先後與保加利亞、羅馬尼亞、匈牙利、朝鮮民主主義人民共和國、捷克斯洛伐克、波蘭、蒙古、德意志民主共和國、阿爾巴尼亞和越南民主共和國建立外交關係。至1951年底，新中國與印度、緬甸、巴基斯坦、印尼、瑞典、丹麥、瑞士、列支敦士登、芬蘭建立外交關係
	12月16日，毛澤東抵達莫斯科對蘇聯進行為期2個月的訪問
1950	2月14日，中蘇兩國政府全權代表周恩來、維辛斯基簽署《中蘇友好同盟互助條約》，《中蘇關於中國長春鐵路、旅順口及大連的協定》和《中蘇關於貸款給中華人民共和國的協定》
	6月25日，朝鮮內戰爆發。美國隨即進行武裝干涉，並派遣海軍第七艦隊侵入中國臺灣海峽。28日，中共政府發表聲明，對美國侵略行徑進行嚴厲譴責和抗議，與美關係絕裂

1950	6月30日,《中華人民共和國土地改革法》公布施行。土地改革在新解放區全面展開。到1953年春,除部分少數民族地區外,土改在全國大陸基本完成,3億多無地少地農民(包括新老解放區在內)無償獲得7億畝土地和其他生產資料,封建土地所有制被徹底摧毀
	10月上旬,中共中央作出抗美援朝、保家衛國的戰略決策。10月8日,毛澤東發布命令,將東北邊防軍組成中國人民志願軍,任命彭德懷為司令員兼政治委員。10月19日,中國人民志願軍入朝作戰。全國掀起大規模的抗美援朝運動。1953年7月27日,《關於朝鮮軍事停戰的協定》在朝鮮板門店簽訂。至1958年10月,中國人民志願軍分三批全部撤出朝鮮回國
	10月10日,中共中央發出《關於鎮壓反革命活動的指示》。各地開始進行大規模的鎮壓反革命運動,到1952年10月基本結束
	12月19日,北京市人民政府發出布告,嚴屬取締「一貫道」及所有會道門,由此帶動全國展開了取締反動會道門的鬥爭
1951	5月23日,中央人民政府全權代表和西藏地方政府全權代表在北京簽訂《關於和平解放西藏辦法的協定》(簡稱《十七條協議》),宣告西藏和平解放
	10月26日,人民解放軍進藏部隊進駐拉薩
	12月7日,毛澤東下令展開反貪汙、反浪費、反官僚主義的「三反運動」
1952	1月26日,中共中央發出《關於首先在大中城市開展「五反」鬥爭的指示》,要求在全國大中城市,向違法的資本家開展反對行賄、反對偷稅漏稅、反對盜騙國家財產、反對偷工減料和反對盜竊經濟情報的鬥爭。「五反」運動於1952年10月結束
	6月20日,荊江分洪工程完工,分洪區蓄水量達60億立方米
	年末至1953年春,土地改革運動除新疆、西藏、臺灣外,在全國基本完成
1953	1月1日,中國開始執行發展國民經濟的第一個五年計畫
	3月1日,《中華人民共和國全國人民代表大會及地方各級人民代表大會選舉法》公布施行。隨後,開展第一次全國人口普查工作,在全國範圍內進行普選
	5月15日,中蘇兩國政府簽訂《關於蘇維埃社會主義共和國聯盟政府援助中華人民共和國中央人民政府發展中國國民經濟的協定》,規定蘇聯援助中國新建和改建91個工業項目。加上1950年已確定的50項和1954年增加的15項,共156項,列入「一五」計畫。1955年又商定增加16項,之後再增2項,共174項。後多次調整,確定154項。因156項公布在先,故仍稱「156項工程」。實際施工150項

1953	年底，從1949年5月開始的全國新解放區的剿匪鬥爭基本結束，在大陸範圍內平息了匪患，鞏固了新生的人民政權
	本年，新中國第一部現代漢語字典《新華字典》出版
1954	4月26日～7月21日，新中國首次以五大國之一的身分參加討論和平解決朝鮮問題和恢復印度支那和平問題的日內瓦會議。會議實現了印度支那的停戰
	9月15～28日，第一屆全國人民代表大會第一次會議舉行。會議通過《中華人民共和國憲法》；通過全國人民代表大會、國務院、人民法院、人民檢察院等組織法；選舉毛澤東為中華人民共和國主席，朱德為副主席；劉少奇為全國人民代表大會常務委員會委員長，宋慶齡等13人為副委員長；董必武為最高人民法院院長，張鼎丞為最高人民檢察院檢察長；決定周恩來為國務院總理；決定設立國防委員會和國防部，任命毛澤東兼任國防委員會主席，彭德懷任國防部部長。按照《憲法》規定，全國人民代表大會是中華人民共和國的最高權力機關；國務院即中央人民政府，是最高國家權力機關的執行機關，是最高國家行政機關
	9月28日，中共中央政治局作出《關於成立黨的軍事委員會的決議》。毛澤東任中共中央軍事委員會主席，彭德懷主持軍委日常工作
1955	1月18日，人民解放軍解放一江山島。2月13～26日，大陳島及周邊列島解放。至此，浙江沿海島嶼全部解放，大陳居民全部追隨國民政府遷徙臺灣
	2月21日，國務院發布《關於發行新的人民幣和收回現行的人民幣的命令》。自3月1日起，中國人民銀行發行新人民幣，以新幣1元等於舊幣1萬元的折合比率收回舊人民幣
	4月18～24日，周恩來率中國代表團出席在印尼萬隆舉行，有29個國家參加的亞非會議。這是第一次由亞非國家發起和參加的大型國際會議。中國代表團本著「求同存異」的方針，同其他與會國家一起，為會議的成功作出了貢獻。通過這次會議，中國打開了與亞非國家普遍交往的大門
	7月30日，《中華人民共和國兵役法》公布。從1956年開始，中國人民解放軍由志願兵役制改為義務兵役制
	9月，中國人民解放軍開始實行軍銜制度。27日，授予元帥軍銜及勳章典禮隆重舉行。朱德、彭德懷、林彪、劉伯承、賀龍、陳毅、羅榮桓、徐向前、聶榮臻、葉劍英被授予中華人民共和國元帥軍銜。同日，國務院舉行授予將官軍銜和勳章典禮。首次授銜，共授元帥10名、大將10名、上將55名、中將175名、少將800名。加上補授和晉升，到1965年取消軍銜制度止，共授上將57名、中將177名、少將1,360名

1956	1月28日，國務院全體會議第23次會議通過《國務院關於公布漢字簡化方案的決議》、《國務院關於推廣普通話的指示》，批准成立中央推廣普通話工作委員會。2月9日，中國文字改革委員會發表《中文拼音方案（草案）》

4月28日，中共中央將「百花齊放、百家爭鳴」方針確定為繁榮和發展社會主義科學文化事業的指導方針 |
| 1957 | 4月27日，中共中央發出《關於整風運動的指示》，整風運動隨後展開，把約55萬名知識分子、愛國人士和黨內幹部錯劃為右派分子，造成不幸的後果

5月15～25日，中國新民主主義青年團第3次全國代表大會舉行，決定將「中國新民主主義青年團」改名為「中國共產主義青年團」，選舉胡耀邦為團中央第一書記

11月2～21日，毛澤東率中國代表團訪問蘇聯，並出席在莫斯科召開的社會主義國家共產黨和工人黨代表會議以及64國共產黨和工人黨代表會議。會議通過《社會主義國家共產黨和工人黨宣言》及《和平宣言》 |
| 1958 | 4月22日，人民英雄紀念碑在天安門廣場建成。5月1日，首都50萬人參加揭幕典禮

8月30日，開始在農村實施「人民公社」

9月2日，中國第一座電視臺——北京電視臺正式開播。1973年10月1日正式播出彩色電視節目。1978年5月1日改稱中央電視臺

11月2～10日，毛澤東在鄭州召集中央工作會議。此後到1959年7月，相繼召開一系列會議，初步糾正已經察覺到的「大躍進」和人民公社化運動中出現的「左」傾錯誤 |
| 1959 | 3月10日，西藏地方政府和上層反動集團撕毀關於和平解放西藏的《十七條協定》，發動武裝叛亂。3月20日，人民解放軍駐藏部隊奉命進行平叛作戰。4月1日達賴喇嘛抵印度。1960年底，西藏民主改革基本完成，徹底摧毀了政教合一的封建農奴制度，百萬農奴獲得解放

4月5日，容國團榮獲第25屆世界乒乓球錦標賽男子單打冠軍。這是中國運動員在體育比賽的世界錦標賽中獲得的第一個世界冠軍

4月17～29日，全國政協3屆一次會議舉行，推舉毛澤東為全國政協名譽主席，選舉周恩來為主席，彭真、李濟深等14人為副主席

4月18～28日，2屆全國人大一次會議舉行，選舉劉少奇為中華人民共和國主席，宋慶齡、董必武為副主席，朱德為全國人大常委會委員長，決定周恩來為國務院總理 |

1959	7月2日～8月16日，中共中央在江西盧山先後召開政治局擴大會議和8屆八中全會。原定議題是總結1958年「大躍進」以來的經驗教訓，繼續糾正「左」傾錯誤。但會議後期，毛澤東發動了對彭德懷等人的批判，進而在全黨開展了「反右傾」鬥爭
	8月底，人民大會堂建成。它與同年建成的民族文化宮、民族飯店、華僑大廈、北京火車站、北京工人體育場、中國革命歷史博物館、中國人民革命軍事博物館、釣魚臺國賓館和全國農業展覽館並稱為首都「十大建築」
	9月17日，劉少奇發布《中華人民共和國主席特赦令》，首批特赦蔣介石集團和偽滿洲國的戰爭罪犯。到1975年3月，共分7批特赦了全部在押戰犯並予以公民權
1962	1月11日～2月7日，中共中央召開擴大的工作會議（即7千人大會），總結經驗，統一認識，強調加強民主集中制，切實貫徹調整國民經濟的方針，以迅速扭轉國民經濟困難的局面
	3月2日，周恩來在廣州向出席全國科學工作會議及全國話劇、歌劇和兒童劇創作座談會的代表作《論知識分子問題》的報告，重新肯定中國知識分子的絕大多數已經是勞動人民的知識分子，而不是屬於資產階級的知識分子，強調在社會主義建設中要發揮科學和科學家的作用。3月27日，周恩來在2屆全國人大三次會議上重申了這一觀點
	9月24～27日，中共8屆十中全會召開。會議把社會主義社會一定範圍內存在的階級鬥爭進一步擴大化和絕對化，強調階級鬥爭必須年年講、月月講、天天講
1963	3月5日，全國展開學習雷鋒活動
1964	2月10日，全國農村掀起農業學大寨運動
	7月，文化革命5人小組成立
1965	7月20日，前國民黨政府代總統李宗仁和夫人從海外歸來，抵達北京。周恩來到機場迎接。27日、31日，毛澤東、劉少奇先後接見李宗仁夫婦
1966	2月7日，新華社播發長篇通訊《縣委書記的榜樣——焦裕祿》。隨後，全國掀起學習焦裕祿的熱潮。中央文化革命五人小組提出《二月提綱》
	5月4～26日，中共中央政治局擴大會議召開，通過由毛澤東主持制定的《中國共產黨中央委員會通知》（簡稱《五一六通知》）。8月1～12日，中共8屆十一中全會召開，通過《中國共產黨中央委員會關於無產階級文化大革命的決定》。這兩次會議的召開，是「文化大革命」全面發動的標誌
	6月13日，中共中央、國務院發出通知：「鑒於目前大專學校和高中的文化大革命正在興起，要把這一運動搞深搞透，沒有一定的時間是不行的。」而

1966	且，高等學校招生考試辦法「基本上沒有跳出資產階級考試制度的框框」，因此，「必須徹底改革」，「決定1966年高等學校招收新生的工作推遲半年進行」
	7月24日，中共中央、國務院發出《關於改革高等學校招生工作的通知》，決定「從今年起，高等學校招生，取消考試，採取推薦與選拔相結合的辦法」，並指出：「高等學校選拔新生，必須堅持政治第一的原則」，「貫徹執行黨的階級路線」。這兩項通知由於「停課鬧革命」，當時並沒有執行
	8月18日，紅衛兵集結北京參加文革慶祝大會
	10月27日，中國第一顆裝有核彈頭的地對地導彈飛行爆炸成功
1967	7月18日，劉少奇被批鬥
1968	6月，河北滿城漢墓出土了西漢中山靖王劉勝及其妻竇綰的兩套金縷玉衣和大批珍貴文物
1969	1月30日，李宗仁病逝北京，享年79歲
	4月1～24日，中國共產黨第九次全國代表大會舉行。大會肯定了「無產階級專政下繼續革命」的理論，使「文化大革命」的錯誤理論和實踐合法化。九大在思想上、政治上和組織上的指導方針都是錯誤的。28日，中共9屆一中全會選舉毛澤東為中央委員會主席，林彪為副主席；毛澤東、林彪、陳伯達、周恩來、康生為中央政治局常委
	10月，新中國第一條地下鐵道線路（北京火車站至石景山區蘋果園）建成，全長23.6公里
	11月12日，劉少奇逝世
1970	4月24日，中國第一顆人造地球衛星發射成功
1971	9月13日，林彪、葉群等人叛國外逃，在蒙古人民共和國溫都爾汗機毀人亡。林彪反革命集團的覆滅，客觀上宣告了「文化大革命」的理論和實踐的失敗
	10月25日，第26屆聯合國大會以壓倒多數的票數通過2758號決議，恢復中華人民共和國在聯合國的一切合法權利，並立即把蔣介石集團的代表從聯合國及其所屬一切機構中排除
1972	1月6日，陳毅逝世
	2月21～28日，美國總統尼克森訪問中國。尼克森訪華期間，毛澤東會見尼克森，周恩來同尼克森舉行會談。28日，中美雙方在上海發表《聯合公報》，標誌著兩國關係正常化進程的開始
	7月，湖南省長沙市郊的馬王堆出土一座距今2100多年的西漢早期墓葬

1972	9月25～29日，日本國內閣總理大臣田中角榮應邀訪問中國，談判並解決中日邦交正常化問題。29日，中日兩國政府發表《聯合聲明》，宣布即日起建立外交關係
1973	3月10日，中共中央恢復鄧小平黨的組織生活和國務院副總理職務
	8月24～28日，中國共產黨第10次全國代表大會舉行。中共十大繼續了中共九大的「左」傾路線。8月30日，中共10屆一中全會選舉毛澤東為中央委員會主席，周恩來、王洪文、康生、葉劍英、李德生為副主席；毛澤東、王洪文、葉劍英、朱德、李德生、張春橋、周恩來、康生、董必武為中央政治局常委
1974	7月，中國考古工作者開始對陝西臨潼縣秦始皇陵東側的秦代兵馬俑坑進行發掘工作
	8月1日，中央軍委發布命令，將中國自行設計製造的第一艘核潛艇命名為「長征一號」，正式編入海軍戰鬥序列。人民海軍從此進入擁有核潛艇的新階段
1975	1月5日，中共中央任命鄧小平為中共中央軍委副主席兼中國人民解放軍總參謀長
	1月13～17日，四屆全國人大一次會議舉行。大會重申四個現代化的目標；選舉朱德為全國人大常委會委員長，任命周恩來為國務院總理、鄧小平等為副總理
1976	1月8日，周恩來逝世。11日下午，首都百萬群眾佇立在數十里長街上，送別周恩來。15日，周恩來追悼大會在人民大會堂隆重舉行
	3月下旬～4月5日，北京、南京等地爆發悼念周恩來，反對王洪文、張春橋、江青、姚文元「四人幫」的群眾運動。4月5日，首都群眾在天安門廣場的悼念活動被定性為「反革命事件」遭到鎮壓及逮捕。4月7日，中央政治局根據毛澤東提議，任命華國鋒為中共中央第一副主席、國務院總理
	7月6日，朱德逝世。11日，朱德追悼大會在人民大會堂隆重舉行
	7月28日，河北省唐山、豐南地區發生芮氏7.8級強烈地震，並波及天津、北京等地，造成24.2萬多人死亡，16.4萬多人受重傷
	9月9日，毛澤東逝世。18日，首都百萬群眾在天安門廣場舉行追悼大會。全國各省、市、自治區都舉行了悼念活動
	10月6日，華國鋒下令逮捕四人幫，延續10年之久的「文化大革命」至此結束
	10月7日，華國鋒任黨中央主席、中央軍委主席

1977	7月16～21日，黨的10屆三中全會在北京舉行。全會通過關於追認華國鋒任中共中央主席、中央軍委主席的決議；關於恢復鄧小平領導職務的決議；關於王洪文、張春橋、江青、姚文元反黨集團的決議；關於提前召開黨的第11次全國代表大會的決議

8月12～18日，中國共產黨第11次全國代表大會舉行。大會宣告「文化大革命」已經結束，重申在20世紀內把中國建設成為社會主義的現代化強國，但未能從根本上糾正「文化大革命」的錯誤。8月19日，中共11屆一中全會選舉華國鋒為中央委員會主席，葉劍英、鄧小平、李先念、汪東興為副主席，上述5人為中央政治局常委

10月12日，國務院批轉教育部《關於1977年高等學校招生工作的意見》，決定從本年起，高等學校招生採取自願報名、統一考試、擇優錄取的辦法，恢復「文化大革命」中被廢棄的高考制度。11月28日～12月25日，全國約570萬青年參加高考，27萬餘人被錄取 |
| 1978 | 2月24日～3月8日，全國政協5屆一次會議舉行，通過了《中國人民政治協商會議章程》，選舉鄧小平為全國政協主席，烏蘭夫等22人為副主席

2月26日～3月5日，5屆全國人大一次會議舉行，重申在20世紀內實現四個現代化的奮鬥目標；選舉葉劍英為全國人大常委會委員長，任命華國鋒為國務院總理

4月5日，中共中央批准中央統戰部和公安部《關於全部摘掉右派分子帽子的請示報告》。9月17日，中共中央批轉《貫徹中央關於全部摘掉右派分子帽子決定的實施方案》，指出對過去錯劃了的人，要做好改正工作。到11月，全國摘掉右派分子帽子的工作全部完成。對錯劃右派的改正工作於1980年基本結束

5月10日，中共中央黨校內部刊物《理論動態》第60期發表《實踐是檢驗真理的唯一標準》一文。11日，《光明日報》以特約評論員的名義公開發表此文。此後，在鄧小平的領導、支持下，開展了一場關於真理標準問題的全國性大討論。這場討論為中共11屆三中全會作了重要的思想準備，對黨和國家的歷史進程產生了重大而深遠的影響

10月31日～12月10日，國務院召開全國知識青年上山下鄉工作會議，決定調整政策，在城市積極開闢新領域、新行業，為更多的城鎮中學畢業生創造就業和升學條件，逐步縮小上山下鄉的範圍，有安置條件的城市不再動員下鄉。1981年11月，國務院知青辦併入國家勞動總局，歷經20餘年的城鎮知識青年上山下鄉結束

12月16日，中美建交聯合公報發表，決定自1979年1月1日起兩國建立外交關係。同日，美國宣布斷絕同臺灣的外交關係 |

1979	1月1日，全國人大常委會發表《告臺灣同胞書》，提出尊重臺灣現狀、實現和平統一的大政方針，建議兩岸實現通商、通郵、通航。同日，國防部長徐向前發表聲明，宣布從即日起停止對大金門、小金門、大擔、二擔等島嶼的炮擊。至此，從1958年開始的對上述地區的炮擊結束
	1月29日～2月5日，鄧小平對美國進行訪問。這是中華人民共和國成立後中國領導人第一次訪問美國
	7月15日，中共中央、國務院批轉廣東省委、福建省委關於對外經濟活動實行特殊政策和靈活措施的報告，決定先在深圳、珠海試辦出口特區，待取得經驗後，再考慮在汕頭和廈門設置特區。1980年5月16日，中共中央、國務院批轉《廣東、福建兩省會議紀要》，正式將「出口特區」改名為「經濟特區」
1980	2月23～29日，中共11屆五中全會召開，決定重新設立中央書記處；通過《關於黨內政治生活的若干準則》；通過為劉少奇平反的決議；建議全國人大修改憲法第45條，取消關於公民「有運用大鳴、大放、大辯論、大字報的權利」的規定
	8月30日～9月10日，5屆全國人大3次會議召開，通過《國籍法》、《婚姻法》、《中外合資經營企業所得稅法》和《個人所得稅法》。根據中共中央建議，會議決定華國鋒不再擔任國務院總理，由趙紫陽接任；同意一批老一輩革命家不再兼任國務院副總理和全國人大常委會副委員長的請求
1981	5月29日，宋慶齡逝世
	6月27～29日，中共11屆六中全會召開，通過《中國共產黨中央委員會關於建國以來黨的若干歷史問題的決議》。全會同意華國鋒辭去中央委員會主席和中央軍事委員會主席職務的請求，選舉胡耀邦為中央委員會主席，趙紫陽、華國鋒為副主席，鄧小平為中央軍事委員會主席。中央政治局常務委員會由胡耀邦、葉劍英、鄧小平、趙紫陽、李先念、陳雲、華國鋒組成
	9月30日，葉劍英向新華社記者發表談話，闡明關於臺灣回歸祖國、實現祖國和平統一的九條方針
	10月9日，胡耀邦向蔣經國等人發出邀請，歡迎他們回大陸和故鄉看看
1982	8月17日，中美兩國政府就分步驟直到最後徹底解決美國向臺灣出售武器問題發表《中華人民共和國和美利堅合眾國聯合公報》。這是中美兩國政府繼1972年上海公報和1979年建交公報之後發表的第3個關於中美關係的重要公報
	9月1～11日，中國共產黨第12次全國代表大會舉行。鄧小平在開幕詞中提出，走自己的道路，建設有中國特色的社會主義。胡耀邦代表第11屆中央委員會作《全面開創社會主義現代化建設的新局面》的報告。大會決定設立中央顧問委員會。9月12～13日，中共12屆一中全會選舉胡耀邦、葉劍英、鄧小平、

1982	趙紫陽、李先念、陳雲為中央政治局常委，胡耀邦為中央委員會總書記，決定鄧小平為中央軍事委員會主席，批准鄧小平為中央顧問委員會主任、陳雲為中央紀律檢查委員會書記
	11月26日～12月10日，5屆全國人大5次會議召開，通過新的《中華人民共和國憲法》；批准國民經濟和社會發展第6個5年計畫等。新《憲法》加強了人民代表大會制度，擴大了全國人大常委會的職權，規定設立國家主席和副主席，設立國家中央軍事委員會；國務院實行總理負責制，國家領導人連續任職不得超過兩屆
1983	4月5日，中國人民武裝員警部隊總部成立
	6月6～21日，6屆全國人大一次會議舉行，選舉李先念為中華人民共和國主席，烏蘭夫為副主席，彭真為全國人大常委會委員長，鄧小平為中華人民共和國中央軍事委員會主席，決定趙紫陽為國務院總理
1984	7月28日～8月12日，中國體育代表團在美國洛杉磯舉行的第23屆奧運會上獲得15枚金牌，也是中國首次在奧運會上贏得金牌
	9月26日，中英兩國政府在北京草簽關於香港問題的聯合聲明，確認中國政府於1997年7月1日對香港恢復行使主權。12月19日，聯合聲明在北京正式簽署
1986	10月22日，葉劍英逝世。同日中共中央召開紀念紅軍長征50周年大會
1987	1月16日，中共中央政治局舉行擴大會議，同意胡耀邦辭去總書記職務，一致推選趙紫陽為代理總書記
	3月26日，中葡兩國政府在北京草簽關於澳門問題的聯合聲明，確認中國政府於1999年12月20日對澳門恢復行使主權。4月13日，聯合聲明正式簽署
	10月14日，國務院有關方面負責人就臺灣國民黨當局有限制地開放臺灣同胞赴大陸探親一事發表談話指出，熱情歡迎臺灣同胞到祖國大陸探親旅遊，保證來去自由；同時也希望臺灣當局允許大陸同胞到臺灣探親
	10月25日～11月1日，中國共產黨第13次全國代表大會舉行。趙紫陽代表第12屆中央委員會作《沿著有中國特色的社會主義道路前進》的報告。11月2日，中共13屆一中全會選舉趙紫陽、李鵬、喬石、胡啟立、姚依林為中央政治局常委，趙紫陽為中央委員會總書記，決定鄧小平為中央軍事委員會主席，批准陳雲為中央顧問委員會主任，喬石為中央紀律檢查委員會書記
1988	4月26日，中共海南省委員會和海南省人民政府正式掛牌，這是中共統治下第23個行省及第5個經濟特區
	5月20日，北京市宣布以中關村為中心建立新技術產業開發試驗區
	9月14～27日，中國自行研製的導彈核潛艇在東海海域進行水下發射運載火箭試驗並取得成功

1988	9月17日，中國體育代表團在韓國漢城舉行的第24屆奧運會上獲得5枚金牌、11枚銀牌、12枚銅牌
1989	2月25～26日，剛就職一個多月的美國總統喬治‧布希出訪中國，雙方領導就中美關係、國際問題等交換了意見
	3月5～6日，西藏自治區少數分裂分子在拉薩蓄意製造嚴重騷亂事件，公安幹警採取果斷措施，控制了事態的發展
	4月11日，中共中央決定喬石兼任中央黨校校長
	4月15日，胡耀邦逝世
	4月18日，北京高校學生上街遊行、演講，在人民大會堂東門外、中南海新華門前靜坐示威，並衝擊新華門
	5月16日，鄧小平會見來訪的蘇聯最高蘇維埃主席團主席、蘇共中央總書記戈巴契夫。中蘇關係實現正常化
	6月4日，北京高層在鄧小平授意下，驅逐鎮壓及逮捕參與民運的學生和民眾
	6月23～24日，中共13屆四中全會召開，撤銷趙紫陽黨內一切領導職務，選舉江澤民為中央委員會總書記。全會明確宣告，黨的11屆三中全會以來的路線和基本政策，絕不會因為發生這場政治風波而動搖
	7月12日，旅居海外大陸民運人士在法國巴黎成立「中國民主之家」
1990	3月20日～4月4日，7屆全國人大3次會議召開，通過《關於設立香港特別行政區的決定》、《中華人民共和國香港特別行政區基本法》等；決定接受鄧小平辭去國家中央軍委主席職務的請求，選舉江澤民為國家中央軍委主席
	4月18日，中共中央、國務院同意上海市加快浦東地區的開發，在浦東實行經濟技術開發區和某些經濟特區的政策
	11月26日，上海證券交易所正式成立。這是改革開放以來中國大陸開業的第一家證券交易所。1991年7月3日，深圳證券交易所正式開業
1991	4月8日，新華社報導，7屆人大4次會議舉行第五次會議。會議決定任命鄒家華、朱鎔基為國務院副總哩，錢其琛為國務委員
	5月14日，在北京保外就醫的江青在其住地自殺身亡，享年77歲
	12月16日，海峽兩岸關係協會成立。汪道涵任會長，榮毅仁任名譽會長。1992年，海峽兩岸關係協會與臺灣方面的海峽交流基金會在兩岸事務性商談中就表述堅持一個中國原則達成共識，後被稱為「九二共識」
1992	7月25日～8月9日，中國體育代表團在西班牙巴賽隆納舉行的第25屆奧運會上獲得16枚金牌、22枚銀牌、16枚銅牌，金牌總數和獎牌總數列第四位

1992	10月12～18日，中國共產黨第14次全國代表大會舉行。江澤民代表第13屆中央委員會作《加快改革開放和現代化建設步伐，奪取有中國特色社會主義事業的更大勝利》的報告。19日，中共14屆一中全會選舉江澤民、李鵬、喬石、李瑞環、朱鎔基、劉華清、胡錦濤為中央政治局常委，江澤民為中央委員會總書記，決定江澤民為中央軍事委員會主席，批準尉健行為中央紀律檢查委員會書記
1993	3月15～31日，8屆全國人大一次會議舉行。會議通過的《中華人民共和國憲法修正案》肯定中國正處於社會主義初級階段；國家實行社會主義市場經濟。會議通過《關於設立中華人民共和國澳門特別行政區的決定》、《中華人民共和國澳門特別行政區基本法》等。會議選舉江澤民為國家主席、國家中央軍委主席，榮毅仁為國家副主席，喬石為全國人大常委會委員長，決定李鵬為國務院總理
	4月27～29日，海峽兩岸關係協會會長汪道涵和臺灣海峽交流基金會董事長辜振甫在新加坡舉行會談，雙方簽訂《汪辜會談共同協定》等四項協定
1994	3月31日，千島湖事件，臺胞數十人遭劫匪殺害
	12月14日，長江三峽工程正式開工
1995	1月30日，江澤民針對兩岸關係發表「江八點」
	11月16日，京九鐵路全線貫通。京九鐵路北起北京，南至深圳，連接香港九龍，總長2,536公里
	11月29日，第10世班禪轉世靈童經金瓶掣簽認定，國務院特准堅贊諾布繼任第11世班禪額爾德尼
1996	4月25日，江澤民與來訪的俄羅斯總統葉爾欽在北京簽署中俄聯合聲明，宣布兩國發展平等信任的、面向21世紀的戰略協作伙伴關係
	7月19日～8月4日，中國體育代表團在美國亞特蘭大舉行的第26屆奧運會上獲得16枚金牌、22枚銀牌和12枚銅牌，金牌數和獎牌總數均列第4位
1997	2月19日，鄧小平逝世。2月25日，中共中央、全國人大常委會、國務院、全國政協、中央軍委在北京人民大會堂隆重舉行追悼大會
	4月26日，彭真在北京逝世
	6月18日，重慶直轄市正式成立
	6月30日午夜至7月1日凌晨，中英兩國政府香港政權交接儀式在香港舉行，宣告中國政府對香港恢復行使主權，中華人民共和國香港特別行政區成立。中國國家主席江澤民、國務院總理李鵬和英國王子查爾斯、首相布萊爾等出席儀式
	7月1日，中華人民共和國香港特別行政區政府成立

1997	9月12～18日，中國共產黨第15次全國代表大會舉行。江澤民代表第14屆中央委員會作《高舉鄧小平理論偉大旗幟，把建設有中國特色社會主義事業全面推向21世紀》的報告。大會通過關於《中國共產黨章程修正案》的決議，把鄧小平理論確立為黨的指導思想。19日，中共15屆一中全會選舉江澤民、李鵬、朱鎔基、李瑞環、胡錦濤、尉健行、李嵐清為中央政治局常委，江澤民為中央委員會總書記，決定江澤民為中央軍事委員會主席，批准尉健行為中央紀律檢查委員會書記
	10月26日～11月2日，應美國總統柯林頓的邀請，國家主席江澤民到美國進行國事訪問，江澤民與柯林頓以及美國其他領導人進行會談，就中美關係和雙方共同關心的國際與地區問題深入交換了意見，並發表《中美聯合聲明》
	11月16日，釋放異議人士魏京生赴美就醫
1998	3月5～19日，9屆全國人大一次會議舉行，批准國務院機構改革方案，決定調整和減少專業經濟部門，加強宏觀調控和執法監管部門，國務院部委從40個減少到29個。會議選舉江澤民為國家主席、國家中央軍委主席，胡錦濤為國家副主席，李鵬為全國人大常委會委員長，朱鎔基為國務院總理
	6月25日～7月3日，美國總統柯林頓到中國進行為期9天的國事訪問。江澤民指出，中美元首實現互訪，代表了兩國人民的共同願望，標誌著兩國關係進入一個新的發展階段
	6月中旬～9月上旬，中國南方特別是長江流域及北方的嫩江、松花江流域出現歷史上罕見的特大洪災
	12月19日，名作家錢鍾書病逝，享年88歲
1999	3月5～15日，第9屆全國人民代表大會第2次會議舉行，通過了《中華人民共和國憲法修正案》
	4月25日，北京爆發最大規模的「法輪功」信眾示威
	5月7日，以美國為首的北約使用3枚導彈，從不同角度襲擊了中華人民共和國駐南斯拉夫聯盟共和國大使館，造成館舍嚴重毀壞，迄今為止已有3人死亡，20餘人受傷
	7月1日，《中華人民共和國證券法》實施，這是中國第一部證券法律
	7月19日，中共中央發出關於共產黨員不准修煉「法輪大法」的通知
	11月20日，中國第一艘載人航太試驗飛船「神舟號」發射成功
	12月19日午夜至20日凌晨，中葡兩國政府舉行澳門政權交接儀式，宣告中國政府對澳門恢復行使主權，中華人民共和國澳門特別行政區成立。中國國家主席江澤民、國務院總理朱鎔基和葡萄牙總統桑帕約、總理古特雷斯等出席儀式

2000	1月26日零時45分，中國研製的運載火箭「長征3號甲」在西昌衛星發射中心將「中星—22號」衛星發射升空，衛星進入預定軌道
	9月15日～10月1日，中國體育代表團在澳大利亞雪梨舉行的第27屆奧運會上獲得28枚金牌、16枚銀牌和15枚銅牌，名列金牌榜和獎牌榜第3名
	12月18日，京滬高速公路（北京至上海）全線貫通，全長1,262公里
	12月27日，《國務院關於實施西部大開發若干政策措施》正式發布，標誌著中國實施西部大開發戰略邁出實質性步伐。同日中共軍委頒布實施《中國人民解放軍裝備條例》
2001	6月15日，上海合作組織成員國元首會議在上海舉行。中國、俄羅斯、哈薩克斯坦、吉爾吉斯斯坦、塔吉克斯坦、烏茲別克斯坦六國元首共同簽署《上海合作組織成立宣言》
	7月16日，中國國家主席江澤民和俄羅斯總統普京在莫斯科簽署了《中華人民共和國和俄羅斯聯邦睦鄰友好合作條約》、《中俄元首莫斯科聯合聲明》
	7月21日，中國國家主席江澤民和烏克蘭總統庫奇馬共同簽署了《中華人民共和國和烏克蘭關於在21世紀加強全面友好合作關係的聯合聲明》
	10月8日，中國國家主席江澤民在中南海會見了前來中國進行工作訪問的日本首相小泉純一郎，小泉再次就侵略歷史表示道歉
	10月29日，正在英國進行正式訪問的中國國家副主席胡錦濤與英國首相布雷爾在首相府舉行會談，雙方就中英關係及共同關心的國際問題廣泛深入的交換了看法
	11月10日，在卡達首都杜哈舉行的世界貿易組織第4屆部長級會議通過中國加入世界貿易組織的決定。12月11日，中國正式成為世貿組織成員，標誌著中國對外開放進入新的階段
2002	2月8～24日，中國體育代表團在美國鹽湖城舉行的第19屆冬季奧運會上以2枚金牌、2枚銀牌、4枚銅牌的成績名列獎牌榜第13位，也是中國首次在冬奧會上贏得金牌
	4月12～13日，博鰲亞洲論壇首屆年會在海南省舉行
	5月1日，美國總統布希在白宮會見了中國國家副主席胡錦濤
	11月8～14日，中國共產黨第16次全國代表大會舉行。江澤民代表第15屆中央委員會作《全面建設小康社會，開創中國特色社會主義事業新局面》的報告。大會通過關於《中國共產黨章程（修正案）》的決議，把「三個代表」重要思想確立為黨必須長期堅持的指導思想。15日，16屆一中全會選舉胡錦濤、吳邦國、溫家寶、賈慶林、曾慶紅、黃菊、吳官正、李長春、羅幹為中

2002	央政治局常委,胡錦濤為中央委員會總書記,決定江澤民為中央軍事委員會主席,批准吳官正為中央紀律檢查委員會書記
2003	3月5～18日,10屆全國人大一次會議舉行,選舉胡錦濤為國家主席,江澤民為國家中央軍委主席,吳邦國為全國人大常委會委員長,曾慶紅為國家副主席,決定溫家寶為國務院總理 10月15日～16日,「神舟5號」載人飛船成功升空並安全著陸。中國成為世界上第3個獨立掌握載人航太技術的國家 11月2日,博鰲亞洲論壇2003年年會在海南省博鰲開幕 12月9日,中國國務院總理溫家寶在白宮與美國總統布希舉行會談,雙方就中美關係和其他重大國際問題深入交換了看法
2004	8月13～29日,中國體育代表團在希臘雅典舉行的第28屆奧運會上獲得32枚金牌、17枚銀牌、14枚銅牌,金牌數列第2位、獎牌總數列第3位
2005	1月17日,趙紫陽因病逝世,享年85歲 4月29日,胡錦濤在北京與中國國民黨主席連戰舉行正式會談。會後共同發布「兩岸和平發展共同願景」。5月12日,胡錦濤與親民黨主席宋楚瑜舉行正式會談。7月12日,胡錦濤會見新黨主席郁慕明率領的大陸訪問團 6月2日,中國和俄羅斯在符拉迪沃斯托克互換《中華人民共和國和俄羅斯聯邦關於中俄國界東段的補充協定》批准書 10月12～17日,載有2名太空人的「神舟6號」載人飛船成功發射並順利著陸
2006	4月26日,上海磁浮列車正式營運 5月20日,長江三峽大壩全線建成,全長2,309公尺 7月1日,青藏鐵路全線通車。青藏鐵路是世界上海拔最高、線路最長的高原鐵路,全長1,956公里
2007	3月5～16日,10屆全國人大五次會議召開,通過《物權法》,強調國家保障一切市場主體的平等法律地位和發展權利;國家、集體、私人的物權和其他權利人的物權受法律保護,任何單位和個人不得侵犯。會議還通過《企業所得稅法》,統一了內外資企業的所得稅稅制 6月26日,杭州灣跨海大橋(嘉興市海鹽至寧波市慈溪)正式貫通,總長36公里 7月11日,國務院發出《關於在全國建立農村最低生活保障制度的通知》,提出2007年在全國建立農村最低生活保障制度,要求將符合條件的農村貧困人口全部納入保障範圍

2007	8月7日，國務院發出《關於解決城市低收入家庭住房困難的若干意見》，要求以城市低收入家庭為物件，進一步建立健全城市廉租住房制度，改進和規範經濟適用住房制度，加大棚戶區、舊住宅區改造力度
	10月15～21日，中國共產黨第17次全國代表大會舉行。胡錦濤代表第16屆中央委員會作《高舉中國特色社會主義偉大旗幟，為奪取全面建設小康社會新勝利而奮鬥》的報告。大會通過關於《中國共產黨章程（修正案）》的決議，將科學發展觀寫入黨章。22日，17屆一中全會選舉胡錦濤、吳邦國、溫寶、賈慶林、李長春、習近平、李克強、賀國強、周永康為中央政治局常委，胡錦濤為中央委員會總書記，決定胡錦濤為中央軍事委員會主席，批准賀國強為中央紀律檢查委員會書記
	10月24日，中國第一顆繞月探測衛星「嫦娥一號」發射成功並進入預定地球軌道
	12月9日，中國社會科學院和西安考古單位調查，推斷項羽未曾火燒阿房宮
2008	年初，中國南方部分地區遭遇嚴重低溫雨雪冰凍災害
	2月29日，北京首都國際機場3號航站樓正式投入運營。該航站樓總體建築面積近100萬平方公尺
	3月3～14日，全國政協11屆一次會議舉行，選舉賈慶林為全國政協主席
	3月5～18日，11屆全國人大一次會議舉行，批准國務院機構改革方案，探索實行職能有機統一的大部門體制，調整變動機構15個，減少正部級機構4個。改革後，除國務院辦公廳外，國務院組成部門設置27個。會議選舉胡錦濤為國家主席、國家中央軍委主席，吳邦國為全國人大常委會委員長，習近平為國家副主席，決定溫家寶為國務院總理，李克強任副總理。習、李二人被視為中共第五代接班人
	3月中旬，拉薩等地發生打砸搶燒嚴重犯罪事件。事件發生後，黨和政府果斷處置，控制了事態發展
	4月12日，博鰲亞洲論壇2008年年會在海南博鰲開幕。此次會談促成中華人民共和國主席胡錦濤與中華民國副總統蕭萬長會面，此次會談中，蕭萬長提出四項要求，分別是盡速啟動週末包機、開放大陸觀光客赴臺、兩岸經貿關係正常化、盡早恢復兩岸的協商機制
	4月18日，京滬高速鐵路（北京南站至上海虹橋站）全線開工，全長1,318公里
	5月8日，奧運聖火傳抵世界第一高峰——珠穆朗瑪峰峰頂。8月，第29屆奧運於北京開幕

2008	5月12日，四川汶川縣發生芮氏8級地震，造成69,227人遇難，17,923人失蹤，受災民眾1,510萬人。臺灣行政院宣布提供20億現金與物資協助四川賑災 6月12日，海協會會長陳雲林與海基會董事長江丙坤在北京舉行會談。6月13日，雙方在釣魚臺國賓館簽署《海峽兩岸包機會談紀要》與《海峽兩岸關於大陸居民赴臺灣旅遊協議》 8月20日，華國鋒逝世 9月25～28日，「神舟7號」載人航太飛行獲得圓滿成功。中國太空人首次實施空間出艙活動 10月14日，被蘇聯占領近80年的黑瞎子島，經過44年交涉後，俄羅斯交還西邊領土174平方公里給中國，中國今後對該島另一半主權將不再提返還要求 12月15日，海峽兩岸分別在北京、天津、上海、福州、深圳以及臺北、高雄、基隆等城市同時舉行海上直航、空中直航以及直接通郵的啟動和慶祝儀式。兩岸「三通」邁開歷史性步伐
2009	6月16日，中國、巴西、俄羅斯、印度「金磚四國」領導人在俄羅斯葉卡捷琳堡會晤，胡錦濤對四國合作提出四點建議 7月5日，烏魯木齊發生打砸搶燒嚴重暴力犯罪事件。事件發生後，黨和政府果斷處置，控制了事態發展 9月22～25日，胡錦濤出席在紐約舉行的聯合國氣候變化峰會、第64屆聯合國大會一般性辯論、安理會核不擴散與核裁軍峰會，以及在匹茲堡舉行的20國集團領導人第3次金融峰會 11月17日，美國總統歐巴馬在北京與胡錦濤舉行雙邊會談，歐巴馬強調「一個堅強的美中伙伴關係」的重要。在談話中，歐巴馬也促兩岸加強經濟、政治及其他領域的對話，建立更積極穩定的關係 12月14日，國家副主席習近平在東京會見了日本首相鳩山由紀夫，雙方就中日關係和其他共同關心的國際和地區問題深入交換了意見，達成廣泛共識 12月22日，中國大陸海協會會長陳雲林與臺灣海基會董事長江丙坤於臺灣簽署《兩岸標準檢測及認驗證合作協議》、《兩岸農產品檢驗檢疫協議》、《兩岸漁船船員勞務合作協議》 12月25日，六四民運人士劉曉波因參與起草「零八憲章」，被北京中級法院依「煽動顛覆國家政權」罪，判處11年徒刑

2010	1月1日，中國大陸與東協自由貿易區正式運作，將有逾90％產品實施零關稅。而東協與澳洲、紐西蘭自由貿易協定（AANZFTA）也從年初上路
	1月5日，中共國務院任命駐英大使傅瑩等為外交部副部長，成為自1974年王海蓉之後，中共第二位女性副部長，而臺灣駐英代表張小月則是中華民國的首位女性大使
	2月3日，中共20名離退幹部聲援劉曉波，其中包括94歲的毛澤東前祕書李銳、90歲的新華社前副社長李普等人，數天後劉曉波判刑確定
	2月9日，揭露四川地震豆腐渣工程的維權人士譚作人以「煽動顛覆國家政權」罪名，判刑5年
	4月14日，青海省玉樹藏族自治州發生大地震，數百人喪生
	5月1日～10月31日，世界博覽會在中國上海舉行，臺北市也以臺灣館參與盛會
	5月4日，臺灣海峽兩岸旅遊交流協會（臺旅會）北京辦事處成立於秀水市場對面，大陸海峽兩岸旅遊交流協會（海旅會）也於7日在臺北掛牌運作
	6月4日，民運人士吾爾開希闖中共駐日使館，6日獲開釋
	6月7～9日，全國高考，報名總數957萬，比去年少65萬人，全國計畫招生657萬，凡作弊者，列入「誠信檔案」
	7月，前駐美大使周文重接替龍永圖出任博鰲亞洲論壇祕書長
	中國南方遭暴雨侵襲，造成湖南、湖北、江西、浙江、重慶等10省市共1,900萬人受災
	7月30日，中國近代「力學之父」、「應用數學之父」之稱的大陸科學家，前上海大學校長錢偉長在上海逝世。他與錢學森、錢三前並稱大陸科學界「三錢」
	8月，重慶啟動戶改，10年內千萬農民轉戶進城。2011年4月，國務院院會通過戶籍改革，在重慶、廣東、吉林進行「逐步取消農業戶口」的改革試點
	8月7～8日，甘肅省舟曲縣爆發土石流災變，約1,200多人罹難，5千多人失蹤
	8月20日，慈濟基金會獲中共國務院批准，成為第一家境外人士成立的大陸全國性基金會，總會「靜思書院」設在蘇州十全街
	8月24日，河南航空公司的客機飛往哈爾濱伊春市的林都機場，降落時墜毀於跑道，造成40餘人死亡

2011	1月11日，大陸新世代的隱形戰機「殲女」在成都試飛成功
	1月14日，前中央政治局常委、軍委副主席劉華清病逝北京，享年95歲
	2月，大陸網友發起「中國茉莉花革命」，作家冉雲飛以顛覆罪被捕
	4月3日，異議人士艾未未遭拘，6月22日獲釋
	5月1日，酒駕採最嚴厲處罰，室內全面禁煙
	6月28日，大陸開放陸客赴臺灣自由行
	7月23日，溫州動車追撞，造成數十人死亡、近兩百人受傷慘劇。28日《人民日報》在頭版刊載評論文章〈中國不要帶血的GDP〉
	9月27日，上海地鐵發生列車追撞事故，造成295人受傷

資料來源：中華人民共和國人民政府http://big5.gov.cn/gate/big5/www.gov.cn/及作者增補完成

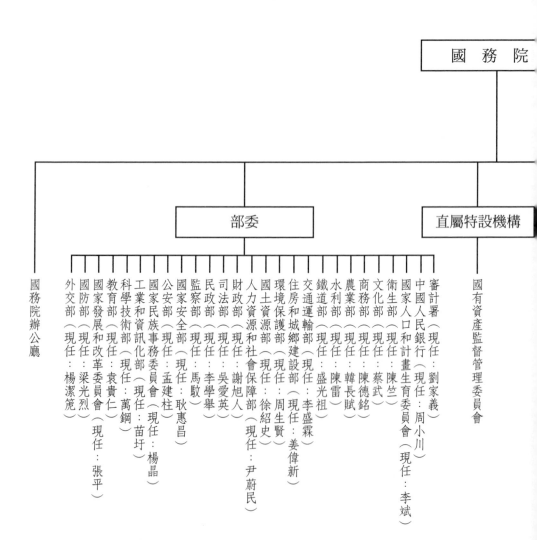

附錄三
中華人民共和國國務院組織表

國　務　院

部委

直屬特設機構

國務院辦公廳

外交部（現任：楊潔箎）

國防部（現任：梁光烈）

國家發展和改革委員會（現任：張平）

教育部（現任：袁貴仁）

科學技術部（現任：萬鋼）

工業和資訊化部（現任：苗圩）

國家民族事務委員會（現任：楊晶）

公安部（現任：孟建柱）

國家安全部（現任：耿惠昌）

監察部（現任：馬馼）

民政部（現任：李學舉）

司法部（現任：吳愛英）

財政部（現任：謝旭人）

人力資源和社會保障部（現任：尹蔚民）

國土資源部（現任：徐紹史）

環境保護部（現任：周生賢）

住房和城鄉建設部（現任：姜偉新）

交通運輸部（現任：李盛霖）

鐵道部（現任：盛光祖）

水利部（現任：陳雷）

農業部（現任：韓長賦）

商務部（現任：陳德銘）

文化部（現任：蔡武）

衛生部（現任：陳竺）

國家人口和計畫生育委員會（現任：李斌）

中國人民銀行（現任：周小川）

審計署（現任：劉家義）

國有資產監督管理委員會

總理：溫家寶

副總理：李克強、回良玉、張德江、王岐山

國務委員：劉延東、梁光烈、馬凱、孟建柱、戴秉國

祕書長：馬凱（兼）

直屬機構	辦事機構	事業單位

直屬機構
- 國家稅務總局
- 國家工商行政管理總局
- 國家品質監督檢驗檢疫總局
- 國家廣播電影電視總局
- 國家新聞出版總局
- 國家體育總局
- 國家安全生產監督管理總局
- 國家統計局
- 國家林業局
- 國家智慧財產權局
- 國家旅遊局
- 國家宗教事務局
- 國務院參事室
- 國務院機關事務管理局
- 國家預防腐敗局

辦事機構
- 國務院僑務辦公室
- 國務院港澳事務辦公室
- 國務院法制辦公室
- 國務院研究室

事業單位
- 新華通訊社
- 中國科學院
- 中國社會科學院
- 中國工程院
- 國務院發展研究中心
- 國家行政學院
- 中國地震局
- 中國氣象局
- 中國銀行業監督管理委員會
- 中國證券監督管理委員會
- 中國保險監督管理委員會
- 國家電力監管委員會
- 全國社會保障基金理事會
- 國家自然科學基金委員會
- 國務院臺灣事務辦公室
- 國務院新聞辦公室
- 國家檔案局

附錄四
中華人民共和國2011年地方領導一覽表

省（區、市）	書記	省（區、市）長
北京	劉淇	郭金龍
河北	張慶黎	張慶黎（代）
內蒙古	胡春華	巴特爾
吉林	孫政才	王儒林
上海	俞正聲	韓正
浙江	趙洪祝	夏寶龍（代）
福建	孫春蘭	蘇樹林
山東	姜異康	姜大明
湖北	李鴻忠	王國生
廣東	汪洋	黃華華
海南	羅保銘	蔣定之（代）
四川	劉奇葆	蔣巨峰
雲南	秦光榮	李紀恒（代）
陝西	趙樂際	趙正永
青海	強衛	駱惠寧
新疆	張春賢	努爾·白克力
天津	張高麗	黃興國
山西	袁純清	王君
遼寧	王珉	陳政高
黑龍江	吉炳軒	王憲魁
江蘇	羅志軍	李學勇
安徽	張寶順	王三運
江西	蘇榮	鹿心社（代）
河南	盧展工	郭庚茂
湖南	周強	徐守盛
廣西	郭聲琨	馬飆
重慶	薄熙來	黃奇帆
貴州	栗戰書	趙克志
西藏	陳全國	白瑪赤林
甘肅	陸浩	劉偉平
寧夏	張毅	王正偉
	行政長官	立法會主席
香港	曾蔭權	曾鈺成
澳門	崔世安	劉焯華

資料來源：中華人民共和國中央人民政府網站。

國家圖書館出版品預行編目資料

百年大業：中華民國發展史／李功勤著．
--二版 . --臺北市：幼獅, 2011.11
面； 公分. --（生活閱讀）
ISBN 978-957-574-850-0（平裝）

1.中華民國史 2.臺灣史 3.兩岸關係

628 100021225

◎生活閱讀

百年大業：中華民國發展史

作 者=李功勤

出 版 者=幼獅文化事業股份有限公司

發 行 人=李鍾桂

總 經 理=王華金

總 編 輯=劉淑華

主 編=林泊瑜

編 輯=朱燕翔

封面設計=黃建瑜

美術編輯=陳怡如

總 公 司=10045臺北市重慶南路1段66-1號3樓

電 話=(02)2311-2832

傳 真=(02)2311-5368

郵政劃撥=00033368

門市

●松江展示中心：10422臺北市松江路219號

電話：(02)2502-5858轉734 傳真：(02)2503-6601

●苗栗育達店：36143苗栗縣造橋鄉談文村學府路168號（育達商業科技大學內）

電話：(037)652-191 傳真：(037)652-251

印 刷=祥新印刷股份有限公司 幼獅樂讀網

定 價=400元 http://www.youth.com.tw

港 幣=133元 e-mail：customer@youth.com.tw

二 版=2011.11

二 刷=2014.07

書 號=960144

幼獅文化事業公司／讀者服務卡／

感謝您購買幼獅公司出版的好書！
為提升服務品質與出版更優質的圖書，敬請撥冗填寫後（免貼郵票）擲寄本公司，或傳真
（傳真電話02-23115368），我們將參考您的意見、分享您的觀點，出版更多的好書。並
不定期提供您相關書訊、活動、特惠專案等。謝謝！

基本資料

姓名：＿＿＿＿＿＿＿＿＿＿＿＿＿＿先生／小姐

婚姻狀況：□已婚 □未婚　職業：　□學生 □公教 □上班族 □家管 □其他

出生：民國＿＿＿＿＿年＿＿＿＿＿月＿＿＿＿＿日

電話：（公）＿＿＿＿＿（宅）＿＿＿＿＿（手機）＿＿＿＿＿

e-mail：＿＿＿＿＿＿＿＿＿＿＿

聯絡地址：＿＿＿＿＿＿＿＿＿＿＿

1.您所購買的書名：**百年大業──中華民國發展史**

2.您通常以何種方式購書？：□1.書店買書　□2.網路購書　□3.傳真訂購　□4.郵局劃撥
（可複選）　□5.幼獅門市　□6.團體訂購　□7.其他

3.您是否曾買過幼獅其他出版品：□是，□1.圖書　□2.幼獅文藝　□3.幼獅少年
□否

4.您從何處得知本書訊息：□1.師長介紹　□2.朋友介紹　□3.幼獅少年雜誌
（可複選）　□4.幼獅文藝雜誌 □5.報章雜誌書評介紹＿＿＿＿＿＿報
□6.DM傳單、海報　□7.書店　□8.廣播(　　　)
□9.電子報、edm　□10.其他＿＿＿＿＿

5.您喜歡本書的原因：□1.作者　□2.書名　□3.內容　□4.封面設計　□5.其他

6.您不喜歡本書的原因：□1.作者　□2.書名　□3.內容　□4.封面設計　□5.其他

7.您希望得知的出版訊息：□1.青少年讀物　□2.兒童讀物　□3.親子叢書
□4.教師充電系列　□5.其他

8.您覺得本書的價格：□1.偏高　□2.合理　□3.偏低

9.讀完本書後您覺得：□1.很有收穫　□2.有收穫　□3.收穫不多　□4.沒收穫

10.敬請推薦親友，共同加入我們的閱讀計畫，我們將適時寄送相關書訊，以豐富書香與心
靈的空間：
(1)姓名＿＿＿＿e-mail＿＿＿＿電話＿＿＿＿
(2)姓名＿＿＿＿e-mail＿＿＿＿電話＿＿＿＿
(3)姓名＿＿＿＿e-mail＿＿＿＿電話＿＿＿＿

11.您對本書或本公司的建議：
＿＿＿＿＿＿＿＿＿＿＿＿＿＿＿＿＿＿＿

10045　台北市重慶南路一段66-1號3樓

幼獅文化事業公司 收

· ·

請沿虛線對折寄回

客服專線：02-23112832 分機208　傳真：02-23115368

e-mail：customer@youth.com.tw

幼獅樂讀網http：//www.youth.com.tw